Gambero Rosso
2017

Berebene

Berebene 2017
del Gambero Rosso

Gambero Rosso S.p.A.
via Ottavio Gasparri, 13/17
00152 Roma
tel. 06/551121
fax 06/55112260
www.gamberorosso.it
gambero@gamberorosso.it

curatori
Stefania Annese
William Pregentelli

segreteria organizzativa
Giulia Sciortino

schede
Stefania Annese
Francesco Beghi
Antonio Boco
Giuseppe Carrus
Paolo De Cristofaro
Gianni Fabrizio
Nicola Frasson
Eleonora Guerini
Massimo Lanza
Giorgio Melandri
Franco Pallini
Nereo Pederzolli
William Pregentelli
Pierpaolo Rastelli
Leonardo Romanelli
Lorenzo Ruggeri
Marco Sabellico
Herbert Taschler
Paolo Zaccaria

impaginazione
Marina Proietti

direttore editoriale
Laura Mantovano

responsabile grafica
Chiara Buosi

direttore commerciale
Francesco Dammicco

responsabile distribuzione e vendita prodotti editoriali
Eugenia Durando

produzione
Angelica Sorbara

Ufficio Pubblicità
Responsabile Paola Persi
Mail: ufficio.pubblicita@gamberorosso.it
Tel. 06551121 - 065511206

distribuzione in edicola per l'Italia
SO.DI.P "Angelo Patuzzi" S.p.A
via Bettola, 18
20092 Cinisello Balsamo (MI)
tel. 02660301
fax 0266030320

distribuzione in libreria
Messaggerie Libri S.p.A.
via Verdi, 8
20090 Assago (MI)
tel. 02 457 741
fax 0245 701 032

Distributore per l'estero:
SO.DI.P. SpA, Via Bettola, 18
20092 Cinisello Balsamo(MI)
Tel +3902/66030400, FAX +3902/66030269
e-mail: sies@sodip.it
www.siesnet.it

stampa
Stampato per conto di
Gambero Rosso S.p.A.
nel mese di ottobre 2016
Arti Grafiche Boccia SpA
Via Tiberio Claudio Felice, 7
81131 Salerno
www.artigraficheboccia.com

ISBN 978-88-6641-116-1

copyright©2016
Gambero Rosso S.p.A.
I diritti di traduzione, di riproduzione,
di memorizzazione elettronica
e di adattamento totale o parziale,
con qualsiasi mezzo (compresi i microfilm
e le copie fotostatiche) sono riservati
per tutti i Paesi

Berebene Low Cost
Iscrizione al Tribunale di Roma,
n. 381/2010 del 7 ottobre 2010
Direttore Responsabile Paolo Cuccia

Quella che state sfogliando è la ventisettesima edizione del Berebene, la guida che dal 1991 vi accompagna nell'acquisto dei vini dal miglior rapporto qualità prezzo. Già dalla copertina avrete notato la prima di una piccola serie di novità. Se fino allo scorso anno il limite della fascia di prezzo considerata si fermava ai 10 euro, quest'anno abbiamo sentito la necessità di innalzarla fino a 13. Un cambiamento di questo tipo è connaturato a una pubblicazione di questo genere, che deve tener conto degli aumenti dei prezzi di listino e anche del fatto che per pochi euro rischiavamo di escludere etichette davvero preziose, vini che riescono a raccontare territori ed esperienze tanto quanto le etichette più blasonate e costose. E così dai 668 Oscar della passata edizione, quest'anno ne abbiamo scovati ben 718. L'altra novità è quella delle bollicine. Negli ultimi anni abbiamo registrato una produzione spumantistica sempre più elevata per numeri e qualità, non solo nelle zone storicamente vocate, ma un po' in tutto lo Stivale, molto spesso da varietà autoctone che fino a qualche anno fa assolvevano

Berebene sommario

Valle d'Aosta 11 **Piemonte** 17 **Liguria** 45 **Lombardia** 51
Trentino 67 **Alto Adige** 77 **Veneto** 93 **Friuli** 117
Emilia Romagna 129 **Toscana** 145 **Marche** 163
Umbria 183 **Lazio** 195 **Abruzzo** 207 **Molise** 223
Campania 227 **Basilicata** 245 **Puglia** 251 **Calabria** 267
Sicilia 277 **Sardegna** 297 **Indici** 313

esclusivamente alla funzione di produrre vini fermi. Per questo abbiamo deciso di inserire anche gli spumanti, cercando di completare il quadro del panorama vinicolo nostrano con tutte le tipologie. Come sempre poi, troverete sei etichette, tre di bianco e tre di rosso suddivise tra nord, centro e sud: sono i nostri Oscar Nazionali, riconoscimenti che vanno a quei vini che incarnano lo spirito della pubblicazione, ottimi sia per il palato che per il portafogli e in più facilissimi da reperire. Quest'anno sono: per i bianchi il Collio Sauvignon '15 di Primosic, l'Orvieto Classico Torricella '15 di Bigi e la Falanghina del Sannio Taburno '15 della Cantina del Taburno; per i rossi invece abbiamo scelto il Colli Berici Tai Rosso '15 di Dal Maso, il Chianti Cetamura '15 di Badia a Coltibuono e il Cirò Rosso Classico '15 di Librandi. E qui arriva l'ultima novità di questa edizione. Visto il successo sempre più vasto dei rosati, abbiamo deciso per la prima volta di assegnare tre Oscar Nazionali anche a questa tipologia; diamo quindi il benvenuto nel club al Bardolino Chiaretto Classico Santepietre '15 di Lamberti, al Cerasuolo d'Abruzzo Donna Bosco Rosé '15 di Nestore Bosco e Five Roses 72° Anniversario '15 di Leone De Castris.

gli oscar qualità/prezzo nazionali vini rossi

pag 100 — Colli Berici Tai Rosso '15 Dal Maso

pag 146 — Chianti Cetamura '15 Badia a Coltibuono

pag 269 — Cirò Rosso Cl. '15 Librandi

gli oscar qualità/prezzo nazionali vini rosati

pag 98

Bardolino Chiaretto Cl. Ca' Vegar '15
Cantina di Castelnuovo

pag 208

Cerasuolo d'Abruzzo Donna Bosco Rosé '15
Nestore Bosco

pag 255

Five Roses 72° Anniversario '15
Leone de Castris

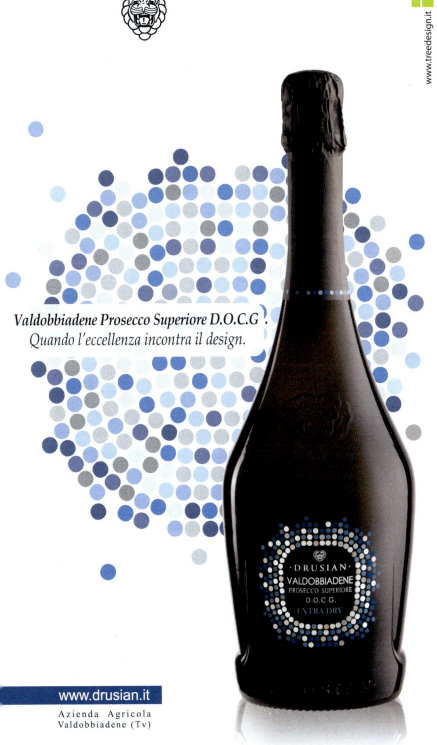

gli oscar qualità/prezzo regionali

alto adige

A. A. Lago di Caldaro Cl. Sup. Greifenberg '15
Cantina di Caldaro
pag. 77

valle d'aosta

Valle d'Aosta Chambave Muscat '15
La Crotta di Vegneron
pag 11

veneto

Soave '15
Dal Cero
Tenuta di Corte Giacobbe
pag. 93

piemonte

Dolcetto d'Alba '15
Cantina Pertinace
pag 17

friuli venezia giulia

Blanc di Simon '15
Simon di Brazzan
pag. 117

liguria

Rossese di Dolceacqua '15
Maccario Dringenberg
pag 45

emilia romagna

Romagna Sangiovese Sup. Vign. Galassi '15
Gruppo Cevico
pag. 129

lombardia

OP Pinot Nero Brugherio '14
Marchese Adorno
pag 51

toscana

Morellino di Scansano Roggiano '15
Cantina Vignaioli del Morellino di Scansano
pag 145

trentino

Cuvée Brut Riserva
Cesarini Sforza
pag. 67

Berebene 2017

marche
Verdicchio dei Castelli di Jesi Cl. Sup. Andrea Felici '15
Andrea Felici
pag 163

umbria
Torgiano Rosso Rubesco '13
Lungarotti
pag 183

lazio
Capolemole Bianco '15
Marco Carpineti
pag 195

abruzzo
Cerasuolo d'Abruzzo Baldovino '15
Tenuta I Fauri
pag 207

molise
Molise Tintilia 200 Metri '15
Tenimenti Grieco
pag 223

campania
Calù '15
Sclavia
pag. 227

basilicata
Aglianico del Vulture Balì '13
Cantina di Venosa
pag 245

puglia
Tenute Nero di Troia '15
Rasciatano
pag 251

calabria
Terre di Cosenza Sette Chiese '15
Serracavallo
pag 267

sicilia
Sicilia Nero d'Avola '14
Feudo Principi di Butera
pag 277

sardegna
Vermentino di Sardegna I Papiri '15
Santa Maria La Palma
pag 297

LA CANNA DA ZUCCHERO CONVERTE LA LUCE SOLARE IN SACCAROSIO. E I CINICI IN CREDENTI.

Prima le chiusure alternative non erano considerate valide come il sughero naturale. Rappresentavano il compromesso che si doveva accettare per la carenza di sughero naturale. Ora però puoi finalmente avere il meglio.

La Green Line di Nomacorc è una nuova gamma di chiusure ricavate dalla canna da zucchero. Ti offre l'immagine e la qualità di cui hai bisogno per i vini più longevi garantendo le performance che ti aspetti da Nomacorc: totale controllo del trasferimento di ossigeno senza riduzione o deterioramento. Sono le chiusure più „dolci" che tu abbia mai visto.

NOMACORC®

CLOSER TO NATURE

valle d'aosta

Come si è detto in passato in numerosissime occasioni, la Valle d'Aosta non può produrre vini di primo prezzo. Il motivo più immediato è da ricercare nella fortissima richiesta di vino locale che arriva dalla vocazione della regione: il turismo. Se poi aggiungiamo che ad una domanda importante e costante non corrisponde un'offerta altrettanto cospicua e regolare, si capisce al volo perché mediamente i vini valdostani siano piuttosto cari. D'altro canto, come si può facilmente immaginare, i costi di produzione sono molto elevati. I terreni adatti alla vite sono poco comodi e per diventare agricoltore bisogna far mostra di una volontà ferrea e costante, senza mai vacillare. Spesso si tratta di viticoltura estrema sia per le fortissime pendenze, che possono richiedere la costruzione di terrazzamenti o continue manutenzioni dei muretti che li sostengono, sia per l'altitudine. Ciò che è certo è che il clima, fatto di estati brevi e di inverni lunghi, spinge la pianta a ritardare la maturazione o a portare a perfetta maturazione un quantitativo di uva molto ridotto rispetto a regioni più fortunate. È difficile vivere di sola vigna e quindi sovente il viticoltore abbina questa passione a impieghi più sicuri e remunerativi, con conseguente nascita di numerose cantine cooperative. D'altro canto, però, bianchi e rossi della regione non sono ancora così noti sui mercati internazionali da raggiungere quotazioni da capogiro e quindi anche i migliori vini hanno prezzi abbordabili e, soprattutto, una parte della produzione rientra in una fascia di prezzo medio-alta e tante etichette sono state selezionate per il Berebene.

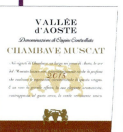

Valle d'Aosta Chambave Muscat '15
La Crotta di Vegneron
p.zza Roncas, 2
Chambave [AO]
tel. 016646670
www.lacrotta.it
13.00 euro

I soci di quest'importante realtà cooperativa possiedono e coltivano 39 ettari di vigne, principalmente nei dintorni di Chambave e di Nus. È quindi del tutto naturale che la cantina concentri i suoi sforzi su queste sottozone della denominazione Valle d'Aosta e sui vitigni più importanti: muscat e malvoisie (pinot grigio). Lo Chambave Muscat, che nasce da uve raccolte tra i 450 e i 680 metri d'altitudine, offre fragranti ricordi di uva fresca e un palato dalla stuzzicante nota amarognola.

gli Oscar

Valle d'Aosta Torrette Sup. '14
Château Feuillet
loc. Château Feuillet, 12
Saint Pierre
tel. 3287673880
www.chateaufeuillet.vievini.it
13.00 euro

Valle d'Aosta Petite Arvine '15
Château Feuillet
loc. Château Feuillet, 12
Saint Pierre
tel. 3287673880
www.chateaufeuillet.vievini.it
13.00 euro

Château Feuillet nasce nel 1997 per volontà di Maurizio Fiorano. Partito con appena mezzo ettaro vitato, messo a disposizione dalla famiglia di sua moglie, il titolare ha portato l'azienda, passo dopo passo, a una dimensione che le permettesse di sopravvivere. Oggi Maurizio si occupa dei suoi cinque ettari, ad altitudini comprese tra 700 e 900 metri. Risultati e nuovi impianti indicano che la cantina sta puntando sulla Petite Arvine. L'annata 2015 ha aromi agrumati e minerali e bocca di grande freschezza.

Nulla lasciava presagire che Maurizio Fiorano sarebbe diventato viticoltore. La svolta fu l'incontro con la futura moglie di origine valdostana. Nel 1997, dopo diversi anni di tentennamenti, decide che le vigne di proprietà della moglie a Saint-Pierre sono un ottimo punto di partenza. In poco tempo Maurizio dimostra di saperci fare e i suoi vini raggiungono traguardi entusiasmanti. Il Torrette Supérieur '14, da sole uve petit rouge leggermente appassite, ha belle note di bacche nere e bocca sapida.

Valle d'Aosta Pinot Noir '15
Les Crêtes
loc. Villetos, 50
Aymavilles [AO]
tel. 0165902274
www.lescretesvins.it
12.60 euro

Intorno al 1750 la famiglia Charrère, originaria dell'Alta Savoia, si trasferì ad Aymavilles. Con la concretezza che caratterizza le persone di montagna, fu Antoine, padre dell'attuale proprietario Costantino, a decidere di dedicarsi a vigne e cantina. Oggi, venti ettari vitati danno respiro ad una gamma molto ben fornita, tra vitigni autoctoni salvati e alloctoni ben acclimatati. Il Pinot Nero fermentato e affinato in acciaio, punta tutto sulla beva immediata: aromi fruttati e tannini molto delicati.

Saro Djablo
Feudo di San Maurizio
fraz. Maillod, 44
Sarre [AO]
tel. 3383186831
www.vinievino.com
13.00 euro

Nel 1989 il giovane Michel Vallet decide di recuperare alcuni vecchi vigneti terrazzati. Dopo un importante lavoro di reimpianto di uve rosse rare (vuillermin, cornalin, mayolet), gli ettari vitati sono diventati sette, suddivisi in 34 appezzamenti. Quest'anno si fa strada il Saro Djablo, nato nel 2001 vinificando insieme le uve dei vecchi ceppi salvati (petit rouge, fumin, mayolet, gamay, barbera). Un rosso fine e armonico, con aromi fruttati e vegetali ben bilanciati.

Valle d'Aosta Blanc de Morgex et de La Salle '15
Cave du Mont Blanc de Morgex et La Salle
fraz. La Ruine
Chemin des Îles, 31
Morgex [AO]
tel. 0165800331
www.caveduvinblanc.com

10.00 euro

Pochi vitivinicoltori indipendenti e questa importante realtà cooperativa che lavora il 90% delle uve raccolte nel comprensorio (19 ettari a vigna per circa 140mila bottiglie all'anno): questa è la situazione della denominazione. Per fortuna, la Cave du Mont Blanc e i suoi 80 soci sfornano vini tipici e di ottima qualità. Quest'anno si è fatto notare il Blanc de Morgex et de La Salle base: un raffinato bianco dai profumi di erbe di montagna e pera e con struttura delicata ma armonica.

gli altri vini

Château Feuillet
loc. Château Feuillet, 12
Saint Pierre
tel. 3287673880
www.chateaufeuillet.vievini.it
Valle d'Aosta Torrette '15
10.10 euro

Cave du Mont Blanc de Morgex et La Salle
fraz. La Ruine
Chemin des Îles, 31
Morgex [AO]
tel. 0165800331
www.caveduvinblanc.com
Valle d'Aosta Blanc de Morgex et de La Salle Vini Estremi '15
11.60 euro

La Source
loc. Bussan Dessous, 1
Saint Pierre
tel. 0165904038
www.lasource.it
Valle d'Aosta Cornalin '14
13.00 euro

le migliori enoteche

L'Uva e un quarto
via Challand, 21a
Aosta
tel. 0165235842

Roberto Jacquemod gestisce ormai da qualche anno questa valida enoteca, che in poco tempo e divenuta uno dei punti di riferimento per enofili e semplici curiosi. Ospitata nei locali storici della Macelleria Valle, a due passi dalla piazza Chanoux di Aosta, non rimarrete certo delusi dalla intrigante e mirata selezione di etichette, arricchita da chicche introvabili e che strizza l'occhio ai piccoli produttori naturali. Tante le referenze a rappresentare il territorio oltre a un angolo riservato a Champagne poco noti ma di grandissimo valore. Non mancano i distillati, italiani e stranieri, e una proposta molto interessante di microbirrifici nazionali.

le altre enoteche

AOSTA E PROVINCIA

Grand Paradis
via S. Anselmo, 121
Aosta
tel. 016544047

Enoteca dell'Albergo Les Neiges d'Antan
fraz. Crêt de Perrères, 10
Cervinia
tel. 0166948775

Bottiglieria Berard
Bourgeous, 48
Cogne [AO]
tel. 016575151

Brasserie Les Pertzes
via Grappein, 93
Cogne [AO]
tel. 0165749227

Goio
v.le Monte Bianco, 18
Courmayeur [AO]
tel. 0165842482

Les Gourmandises
via Roma, 44
Courmayeur [AO]
tel. 0165842138

Café Quinson
p.zza Principe Tommaso, 9
Morgex [AO]
tel. 0165809499

Mario Benedetti
p.zza Jumeaux, 3
Valtournenche [AO]
tel. 0166949164

piemonte

In questa pubblicazione, il Piemonte ha sempre trovato ampia rappresentanza. D'altronde parlando di rapporto qualità prezzo si prendono in considerazione due parametri, uno dei quali, di sicuro, ai vini piemontesi non fa difetto: la qualità. Siamo di fronte ad una delle regioni che la critica internazionale esalta, ponendo i suoi vini migliori nel gotha dell'enologia mondiale. Di conseguenza, però, questi riconoscimenti hanno fatto salire la domanda di queste denominazioni più prestigiose e di pari passo i loro prezzi. La difficoltà, dunque, non è reperire vini buoni, ma trovarli in vendita al pubblico entro la fascia di prezzo prestabilita. Questo criterio selettivo, che rappresenta poi l'essenza stessa della nostra pubblicazione, va ad eliminare a priori tutti i Barolo, i Barbaresco e buona parte delle etichette più ambite del panorama regionale. Fortunatamente, l'innalzamento della fascia di prezzo da 10 a 13 euro ha permesso ad una buona fetta di vini esclusi in passato per pochi centesimi di rientrare nelle selezioni. Il Piemonte propone nel Berebene 2017 ben 75 vini, suddivisi come segue: rossi 67% e bianchi 33%. Tra i bianchi ben sei sono dolci, a riprova dell'importanza per la regione del vitigno moscato, mentre tra i rossi sorprende trovare un frizzante dolce prodotto da malvasia di Casorzo. Per ovvi motivi circa il 75% dei vini selezionati è dell'annata 2015, che, oltre a essere l'ultima messa in commercio, non prevede una serie di costi legati all'invecchiamento, in legno o in bottiglia. La parte del leone, comunque, la fa ancora una volta l'uva barbera che nelle sue varie declinazioni regala a questa selezione ben venti etichette. Oltre ai già citati Moscato e Nebbiolo, seguono nove Dolcetto e sette Gavi. A testimonianza del fatto che le sorti del vino piemontese non dipendono solo dalla cultivar nebbiolo.

Dolcetto d'Alba '15
Cantina Pertinace
loc. Pertinace, 2
Treiso [CN]
tel. 0173442238
www.pertinace.com
9.70 euro

Cesare Barbero, figlio di Mario, uno dei fondatori, è oggi alla guida di questa piccola cooperativa formata da tredici soci che coltivano i loro vigneti sulle colline di Treiso. Questa piccola realtà ha saputo tener fede agli obiettivi iniziali: prodotti di qualità e prezzi contenuti. Sfruttando il terroir di Treiso la cantina ha sempre presentato un grande Dolcetto. La versione 2015 è fragrante e croccante.

gli Oscar

Nebbiolo d'Alba Tardiss '14
F.lli Abrigo
loc. Berfi
via Moglia Gerlotto, 2
Diano d'Alba [CN]
tel. 017369104
www.abrigofratelli.com
13.00 euro

Gli Abrigo sono partiti dalla zona di Barbaresco a metà degli anni '30 per trasferirsi a Diano d'Alba nella Cascina dei Berfi. Generazione dopo generazione l'azienda è arrivata a Mariarita e al fratello Ernesto. Con l'ingresso in cantina del figlio e del genero di quest'ultimo, si è assistito ad un incremento delle dimensioni - 27 ettari - e della qualità. Ci è stato presentato un grande Nebbiolo d'Alba Tardiss '14, ricco di sentori mentolati, balsamici e fruttati e di grande freschezza gustativa.

Barbera del M.to Giulin '14
Giulio Accornero e Figli
Cascina Ca' Cima, 1
Vignale Monferrato [AL]
tel. 0142933317
www.accornerovini.it
11.60 euro

Da fine '800 la famiglia Accornero ha stabilito la sua sede a Ca' Cima, intorno alla quale vegetano 20 ettari di vigna, in maggior parte a barbera e grignolino. Sono proprio queste due uve che hanno dato all'azienda la notorietà. Ermanno ha avuto il coraggio di rilanciare il Grignolino del Monferrato come rosso da invecchiamento, mentre alla Barbera ha dedicato le sue migliori etichette. La Giulin '14, figlia di un'annata fresca, brilla per il suo frutto croccante e per la vibrante e accattivante beva.

Langhe Sauvignon Basarico '15
Marco e Vittorio Adriano
fraz. San Rocco
Seno d'Elvio, 13a
Alba [CN]
tel. 0173362294
www.adrianovini.it
11.60 euro

Agricoltori da sempre, la famiglia Adriano si avvicina alla viticoltura quando Giuseppe e Aldo, rispettivamente il nonno e il padre degli attuali titolari Marco e Vittorio, acquistano una piccola cascina e mettono a dimora i primi vigneti. Il grande sviluppo avviene negli anni '80 quando i due fratelli e le rispettive consorti entrano in azienda. Con loro si arriva a 27 ettari vitati - quasi interamente a San Rocco Seno d'Elvio, salvo il vigneto Basarin di Neive - e 160mila bottiglie. Quest'anno ci ha stupito il profumato Sauvignon, un vino fragrante ad un prezzo davvero vantaggioso.

Piemonte Grignolino Sansoero '15
Marchesi Alfieri
p.zza Alfieri, 28
San Martino Alfieri [AT]
tel. 0141976015
www.marchesialfieri.it
9.20 euro

La Marchesi Alfieri da oltre trent'anni è una delle aziende storiche del territorio astigiano. Anche se il barbera è il vitigno che costituisce più del 75% degli ettari vitati aziendali, vengono coltivati anche pinot nero, nebbiolo e grignolino. Il Piemonte Grignolino Sansoero '15 è di bella tipicità, con le sue note di frutti di bosco, mentre al palato ha freschezza, buon frutto, spiccata acidità e un finale piacevole e rinfrescante.

Barbera d'Asti
Al Casò '15
Alice Bel Colle
reg. Stazione, 9
Alice Bel Colle [AL]
tel. 014474413
www.cantinaalicebc.it
6.90 euro

Questa importante cantina sociale, costituita da 150 soci che lavorano circa 370 ettari vitati, si trova nell'Alto Monferrato e produce principalmente Moscato d'Asti, senza trascurare altri classici che nascono dai tipici vitigni del territorio, come il brachetto, il dolcetto, il barbera o il cortese. Ci è molto piaciuta la Barbera d'Asti Al Casò '15, dagli intensi profumi di frutti rossi e terra bagnata, mentre il palato è di grande struttura, succoso e di bella persistenza.

Nebbiolo d'Alba '14
Antica Cascina
Conti di Roero
loc. Val Rubiagno, 2
Vezza d'Alba [CN]
tel. 017365459
www.oliveropietro.it
8.40 euro

L'azienda della famiglia Olivero è situata in uno splendido anfiteatro naturale nel comune di Vezza d'Alba, circondata da vigneti di proprietà, cui si aggiungono vigne a Canale e Monteu Roero. Ben realizzato il Nebbiolo d'Alba '14, che nonostante la difficile annata presenta profumi di frutti neri, con note floreali e di terra bagnata, mentre il palato è di bella complessità, con tannini fini e un piacevole finale dai toni salmastri.

Moscato d'Asti
Canelli '15
L'Armangia
fraz. San Giovanni, 122
Canelli [AT]
tel. 0141824947
www.armangia.it
7.40 euro

L'azienda della famiglia Giovine conta su vigneti situati in vari comuni, a cominciare da quelli che si trovano sulla collina di Sant'Antonio a Canelli, su terreni calcarei di medio impasto, dove vengono coltivate principalmente le uve bianche, mentre a Moasca, San Marzano Oliveto e Castel Boglione, su terreni in genere più pesanti e compatti, si trovano le uve rosse. Il Moscato d'Asti Canelli '15 si presenta con note di mandarino e scorza di arancia candita, cui fa seguito un palato coerente, di buona freschezza e tensione.

Barbera d'Asti '15
Paolo Avezza
reg. Monforte, 62
Canelli [AT]
tel. 0141822296
www.paoloavezza.com
8.10 euro

Paolo Avezza guida la piccola azienda di famiglia da oltre quindici anni. Sono sette gli ettari vitati di proprietà, tre a Canelli e quattro a Nizza Monferrato, da dove nascono le varie versioni aziendali di Barbera. La Barbera d'Asti '15 è ricca di note fruttate - in particolare di ciliegia ferrovia fresca - scorrevole e piacevole, d'immediata e facile beva, proprio come dev'essere una buona Barbera d'annata.

Barbera d'Asti 50
Anni di Barbera '14
Cantina Sociale
Barbera
dei Sei Castelli
via Opessina, 41
Castelnuovo Calcea [AT]
tel. 0141957137
www.barberaseicastelli.it
9.90 euro

Quasi 300 soci per più di 600 ettari vitati: queste sono le cifre che può vantare la Cantina Sociale Barbera dei Sei Castelli, la maggiore azienda produttrice di Barbera d'Asti a denominazione. La Barbera d'Asti 50 Anni di Barbera si conferma anche con la difficile annata 2014 un vino di grande piacevolezza e dall'ottimo rapporto qualità prezzo, ricco di frutto e di buona materia, con una spiccata acidità a sostegno del lungo finale.

Barbera d'Asti Amormio '15
Antonio Bellicoso
fraz. Molisso, 5a
Montegrosso d'Asti [AT]
tel. 0141953233
8.40 euro

Antonio Bellicoso ha fondato la sua azienda nel 2003 e realizza i suoi vini da vero e proprio "one man show", a cominciare dal lavoro nei quattro ettari vitati aziendali fino alla vinificazione in cantina e all'imbottigliamento. I vigneti sono dedicati principalmente, ben l'80%, al barbera. La Barbera d'Asti Amormio '15, lavorata in solo acciaio, ha bei sentori floreali con note di frutti rossi, terra bagnata e tabacco, mentre al palato è di bella nitidezza, sapida ed equilibrata.

Moscato d'Asti Su Reimond '15
Bera
via Castellero, 12
Neviglie [CN]
tel. 0173630500
www.bera.it
11.10 euro

L'azienda della famiglia Bera è da diversi anni ai vertici della produzione moscatista. I vigneti vantano un'età media di circa quarant'anni e sono situati su terreni collinari di tipo argilloso tufaceo, a un'altitudine che varia fra i 320 e i 380 metri. Il Moscato d'Asti Su Reimond '15 è ampio e complesso al naso, con sentori di melone e frutto della passione, erbe officinali, agrumi e pesca, mentre il palato è fresco ed equilibrato, sempre di buona aromaticità e con note agrumate, lungo e avvolgente.

Gavi del Comune di Gavi Grifone delle Roveri '15
Cinzia Bergaglio
via Gavi, 29
Tassarolo [AL]
tel. 0143342203
www.vinicinziabergaglio.it
7.10 euro

Nei geni di Cinzia Bergaglio l'interesse per la vigna e la cantina c'è da quando, ancora bambina, aiutava prima il nonno e poi il padre, divenuto poi anche fattore de La Scolca. Nel 2002 Cinzia, aiutata dalla famiglia, decide di mettersi in proprio e di produrre il suo vino. Oggi lavora nove ettari di vigne quasi interamente a cortese, suddivise in due blocchi distinti: uno a Tassarolo e l'altro a Gavi, nella frazione Rovereto dove nasce il Grifone delle Roveri, un magnifico Gavi fresco e potente.

Dogliani Pianezzo '15
Francesco Boschis
fraz. San Martino di Pianezzo, 57
Dogliani [CN]
tel. 017370574
www.boschisfrancesco.it
7.60 euro

Ironia della sorte, i Boschis, viticoltori in Dogliani, frazione Pianezzo, sono originari di Barolo. Nel 1919 Telesforo Boschis fondò l'azienda e insieme al figlio Francesco furono semplici rivenditori di uve fino al 1968. Da quella data, con l'arrivo delle nuove generazioni, prima Mario e successivamente i figli Marco e Paolo, la crescita divenne esponenziale. La grandine del 2015 ha ridotto le rese e dato grande concentrazione al Dogliani, che offre note di confettura di more al naso e tanta morbida pienezza al palato.

Colli Tortonesi Barbera Boccanera '15
Luigi Boveri
loc. Montale Celli
via XX Settembre, 6
Costa Vescovato [AL]
tel. 0131838165
www.boveriluigi.com
8.40 euro

Di solito è nei Colli Tortonesi che si possono trovare rossi e bianchi tra i meno costosi del Piemonte e tra gli habitué di questa pubblicazione c'è da annoverare proprio Luigi Boveri. Anche se la cantina lavora principalmente uve barbera, non si disdegnano altri vitigni tradizionali (timorasso, croatina e cortese) con i quali vengono raggiunti ottimi risultati. La Barbera Boccanera, con i suoi raffinati aromi di frutto e spezie e con il suo palato morbido, rientra di diritto in questa Guida.

Dogliani '15
Bricco del Cucù
loc. Bricco, 10
Bastia Mondovì [CN]
tel. 017460153
www.briccocucu.com
7.60 euro

A Bastia Mondovì il clima si fa più fresco per la vicinanza delle Alpi e l'uva dolcetto diventa regina incontrastata dei filari. In prossimità del sacrario partigiano, Dario Sciolla coltiva nocciole e vigne a circa 500 metri sul livello del mare, aiutato, oggi, dalle figlie Chiara e Irene. Il Dogliani '15 rappresenta un nuovo traguardo per la famiglia: ha veste rubino violacea impenetrabile, profumi di more e cacao e una struttura da fuoriclasse.

Langhe Sauvignon Castella '15
Bricco Maiolica
fraz. Ricca
via Bolangino, 7
Diano d'Alba [CN]
tel. 0173612049
www.briccomaiolica.it
10.90 euro

Nel 1928 "Cumot" Bernardo Accomo riesce finalmente a comprare la Cascina Rolando e cinque ettari di vigneto sul Bricco Maiolica di Diano d'Alba. Da quei filari iniziali si arriva agli odierni 24 ettari di Beppe Accomo e della compagna Claudia Castella, che ha messo a disposizione anche le sue vigne. Tra i vini di una gamma che gode di ottima reputazione, abbiamo scelto l'ultimo nato: il Sauvignon Castella. Circa 8000 bottiglie, prodotte da sauvignon fumé, dal magistrale equilibrio tra ricchezza e freschezza.

Malvasia di Casorzo Dolce Stil Novo '15
Bricco Mondalino
reg. Mondalino, 5
Vignale Monferrato [AL]
tel. 0142933204
www.gaudiovini.it
8.00 euro

La famiglia Gaudio vinifica da generazioni le uve dei propri vigneti ma è solo dal '73, con il lavoro di Amilcare Gaudio e con la costruzione di una cantina perfettamente attrezzata, che l'azienda vende l'intera produzione in bottiglia. Oltre le varietà locali più note, si produce anche la rara e profumatissima Malvasia di Casorzo: una bella veste rubino e un'esplosione di rose e frutti di bosco, con armonico finale dolce.

Colline Novaresi Vespolina Maria '15
Francesco Brigatti
via Olmi, 31
Suno [NO]
tel. 032285037
www.vinibrigatti.it
10.10 euro

Alessandro Brigatti, nonno di Francesco, attuale proprietario, era già rinomato per la qualità del suo vino nei primi decenni del '900, quando lo vendeva in botti da 350 litri nei paesi limitrofi. La notorietà cresce con il figlio Luciano che inizia a commercializzare il prodotto in bottiglia con la benedizione dei suoi clienti e di Gino Veronelli. Oggi, tra i prodotti dalla cantina, si distingue la Vespolina che presenta una beva allettante, grazie alla ruspante trama tannica e ai sentori di pepe nero.

**Moscato d'Asti Lumine '15
Ca' d'Gal**
fraz. Valdivilla
s.da Vecchia di Valdivilla, 1
Santo Stefano Belbo [CN]
tel. 0141847103
www.cadgal.it
11.40 euro

L'azienda di Alessandro Boido, tra le più importanti del panorama moscatista, conta su 12 ettari vitati, quasi completamente dedicati al moscato, situati principalmente sulle colline di Santo Stefano Belbo su terreni che vanno dal sabbioso all'argilloso calcareo. Il Moscato d'Asti Lumine '15 ha intensi profumi di erbe aromatiche e pepe bianco, mentre il palato, fresco ed equilibrato, ma anche ricco e di carattere, è giocato più su toni di frutta bianca e pesca.

**Colline Novaresi Nebbiolo Melchiòr '09
Ca' Nova**
via San Isidoro, 1
Bogogno [NO]
tel. 0322863406
www.cascinacanova.it
12.30 euro

Ristrutturando la cascina settecentesca posta nello splendido scenario del Golf Club di Bogogno, con vista sul massiccio del Monte Rosa, Vittorio e la figlia Giada Codecasa hanno creato nel 1996 una cantina in grado di valorizzare i vini dell'Alto Piemonte. Prima del recente arrivo del Ghemme, i Nebbiolo affinati in legno sono stati le punte di diamante aziendali. Il Melchiòr, affinato per un anno in barriques e molto a lungo in bottiglia, presenta aromi tipici di genziana e tannini di giusta austerità.

**Dolcetto di Ovada '15
La Caplana**
via Circonvallazione, 4
Bosio [AL]
tel. 0143684182
www.lacaplana.com
5.90 euro

A cavallo tra le due denominazioni più importanti del Piemonte meridionale, la famiglia Guido è coinvolta nella vitivinicoltura e nel commercio del vino da oltre un secolo. La produzione si divide tra il Gavi, bianco prodotto da uve cortese, e il Dolcetto di Ovada. Proprio questo vino - sempre contraddistinto dall'ottimo rapporto qualità prezzo - offre, nella versione 2015, una beva di grande piacere senza nulla togliere alla sua forte personalità.

**Roero '13
Pierangelo Careglio**
loc. Aprato, 15
Baldissero d'Alba [CN]
tel. 017240436
www.cantinacareglio.com
9.20 euro

Questa piccola azienda familiare fondata nel 1986 coltiva nei suoi otto ettari vitati i vitigni tipici del territorio roerino, arneis, barbera, favorita e nebbiolo, e propone una gamma di vini di ottima qualità. Quest'anno ci è piaciuto soprattutto il Roero '13, risultato tra i migliori della tipologia, grazie a profumi di piccoli frutti rossi, incenso e terra bagnata, con sfumature speziate, mentre il palato, anche se ancora con tannini un po' aggressivi, è lungo e polposo, ricco di frutto e sapido.

Nebbiolo d'Alba Piadvenza '12
Casavecchia
via Roma, 2
Diano d'Alba [CN]
tel. 017369321
www.cantinacasavecchia.com
12.40 euro

La presenza dei Casavecchia a Diano d'Alba è attestata almeno dal 1800; proprio a quell'epoca risale la casa che ospita la bella cantina con volte ad archi in mattoni. I dieci ettari di vigne - metà dei quali a dolcetto - vengono curati dai fratelli Marco e Luca, attualmente aiutati anche da Carlo. Il Nebbiolo d'Alba Piadvenza nasce a Diano, a 400 metri di altitudine, ed è affinato in grandi fusti di rovere. Un rosso di classe con aromi di lampone e tabacco e bella polpa fruttata ad armonizzare la trama tannica.

Barbera d'Asti '15
Cascina Barisél
reg. San Giovanni, 30
Canelli [AT]
tel. 0141824848
www.barisel.it
8.00 euro

Cascina Barisél è una piccola azienda che conta su meno di cinque ettari vitati, ma che produce e imbottiglia i propri vini da oltre trent'anni. La maggior parte dei vigneti si trova a Canelli, tutt'intorno alla cascina, su terreni calcarei. La Barbera d'Asti '15 presenta sentori di tè nero e spezie, mentre il palato è giocato più su una vibrante acidità, con toni di frutto rosso fresco, per un finale scorrevole e accattivante.

Moscato Spumante Tardivo '14
Cascina Fonda
via Spessa, 29
Mango [CN]
tel. 0173677877
www.cascinafonda.com
10.90 euro

L'azienda dei fratelli Marco e Massimo Barbero conta su 12 ettari vitati, suddivisi in svariati vigneti nei comuni di Mango e Neive, tutti impiantati principalmente a moscato e che vedono la presenza di piante che vanno dai trentacinque ai sessant'anni di età. Il Moscato Spumante Tardivo '14 ha una tipica nota aromatica di salvia con sfumature di agrumi, sia freschi sia canditi, e di pesca gialla, mentre il palato è fine e complesso, con dolcezza e freschezza acida perfettamente equilibrate.

Barbera d'Asti Le More '15
Cascina Gilli
via Nevissano, 36
Castelnuovo Don Bosco [AT]
tel. 0119876984
www.cascinagilli.it
7.70 euro

Gianni Vergnano da più di trent'anni propone una produzione di alta qualità dalle uve tipiche di questo territorio, dalle più note come la barbera o la bonarda a quelle poco praticate come la freisa o la malvasia di Castelnuovo. La Barbera d'Asti Le More '15 interpreta perfettamente il ruolo della Barbera d'annata, grazie a profumi terrosi, con sfumature di frutti neri, e un palato fitto fino all'opulenza, tannini fini e acidità ben presente che garantiscono un fresco finale.

Barbera d'Asti Sup. '12
Cascina Giovinale
s.da San Nicolao, 102
Nizza Monferrato [AT]
tel. 0141793005
www.cascinagiovinale.it
9.20 euro

Bruno Ciocca e Anna Maria Solaini hanno fondato Cascina Giovinale all'inizio degli anni Ottanta. Sono sette gli ettari vitati di proprietà, tutti situati sulla collina di San Nicolao, appena fuori Nizza Monferrato, su terreni calcareo sabbiosi, con una modesta quantità di argilla. La Barbera d'Asti Superiore '12 si propone al naso con i classici sentori di frutta matura (prugna e ciliegia) e di spezie orientali, mentre il palato è fresco e di buon equilibrio, ricco di polpa, succoso e di grande piacevolezza.

M.to Rosso Ruanera '13
Cascina La Barbatella
s.da Annunziata, 55
Nizza Monferrato [AT]
tel. 0141701434
www.labarbatella.com
9.20 euro

La Cascina La Barbatella è situata sopra Nizza Monferrato e conta su soli quattro ettari vitati che la circondano ad anfiteatro. Se l'uva principale coltivata è la barbera, troviamo anche pinot nero, cabernet sauvignon, cortese e sauvignon. Il Monferrato Rosso Ruanera '13 è un blend da cabernet sauvignon (70%) e barbera dai profumi di frutti neri, spezie e macchia mediterranea, mentre il palato è fruttato, di medio corpo, nitido e piacevole.

Dolcetto di Diano d'Alba Sorì della Rivolia '15
Renzo Castella
via Alba, 15
Diano d'Alba [CN]
tel. 017369203
7.20 euro

La famiglia Castella ha una lunga tradizione agricola a Diano d'Alba: oltre ai vigneti, l'azienda produce frutta e alleva animali. Eppure solo nel 2001, dopo il diploma da enotecnico di Renzo, le uve di proprietà vengono vinificate in casa e si inizia a vendere parte del vino in bottiglia. Oggi, i dieci ettari di vigne, suddivise tra dolcetto, barbera e nebbiolo, e la cantina sono al centro dell'attenzione. Il Dolcetto Rivolia '15 ha enorme carattere e grande concentrazione: un rosso da invecchiare.

Grignolino d'Asti '15
Castello del Poggio
loc. Poggio, 9
Portacomaro [AT]
tel. 0141202543
www.poggio.it
8.70 euro

La tenuta della famiglia Zonin si estende per 180 ettari, di cui 158 a vigneto, fra Portacomaro e Santa Margherita di Costigliole d'Asti, su terreni di tipo limoso argilloso, in cui sono coltivati tutti i vitigni tipici di quest'area del Piemonte, dal moscato alla barbera, dal brachetto al grignolino. Il Grignolino d'Asti '15 è molto classico nelle sue note di pepe, con sfumature di piccoli frutti rossi e sentori vegetali, e dal palato scorrevole e piacevole.

Barbera d'Asti La Leona '15
Castello di Razzano
fraz. Casarello
via San Carlo, 2
Alfiano Natta [AL]
tel. 0141922124
www.castellodirazzano.it
6.70 euro

La famiglia Oleraro, da tempo insediata nello storico castello di Razzano di Alfiano Natta, può godere di una della più affascinanti cantine dell'intero Piemonte. Oltre alle cantine, in parte adibite a museo, in questa magnifica dimora del XVII secolo è anche nato un magnifico relais con tredici camere. L'uva barbera è la regina dei vigneti di casa e La Leona, fermentata e affinata in acciaio, esprime tutta la potenza dell'annata, a partire dagli aromi complessi e scuri di china e terra bagnata.

Gavi del Comune di Tassarolo Spinola '15
Castello di Tassarolo
Cascina Alborina, 1
Tassarolo [AL]
tel. 0143342248
www.castelloditassarolo.it
6.40 euro

L'imponente Castello di Tassarolo, proprietà dei marchesi Spinola dal 1300, probabilmente non ha più l'allure che aveva nel XVII secolo ma testimonia perfettamente l'importanza storica della famiglia. Insieme a Massimiliana Spinola, che si occupa di marketing e pubbliche relazioni, troviamo alla testa dei venti ettari vitati Henry Finzi-Costantine. I vigneti sono coltivati con metodi biodinamici (dal 2006) e tutti i vini, come il fresco e profumato Gavi Spinola '15, provengono da uve biologiche certificate.

Grignolino del M.to Casalese San Bastiano '15
Castello di Uviglie
via Castello di Uviglie, 73
Rosignano Monferrato [AL]
tel. 0142488132
www.castellodiuviglie.com
9.20 euro

Il Castello di Uviglie, costruito in origine nel XIV secolo, si trova a otto chilometri da Casale Monferrato nel comune di Rosignano Monferrato e dalla fine del '400, come testimoniano le cantine storiche, vi si produce vino. Nel 1992, Simone Lupano acquista e modernizza l'azienda (120 ettari di cui 25 vitati), adibendola anche a soggiorno di charme. Nell'ampia gamma di Simone, oltre alle Barbera, emerge il complesso e fine Grignolino, ricco di aromi di pepe e liquirizia e di tannini fitti ma armonici.

Verduno Basadone '15
Castello di Verduno
via Umberto I, 9
Verduno [CN]
tel. 0172470284
www.castellodiverduno.com
12.80 euro

Nel Castello di Verduno, allora proprietà del re Carlo Alberto, il generale Staglieno sperimentò le prime vinificazioni del Barolo secco. Nel 1909, Giovanni Battista Burlotto acquista il castello dai Savoia e nel 1953 riprende la produzione di vino. Oggi Gabriella Burlotto e Franco Bianco lavorano dieci ettari vitati tra Verduno e Barbaresco. Figlio dell'uva pelaverga, il Verduno Basadone ha i classici profumi speziati di pepe e fruttati di fragola, e una beva pericolosamente accattivante.

Barbera d'Asti '15
Cerutti
via Canelli, 205
Cassinasco [AT]
tel. 0141851286
www.cascinacerutti.it
7.60 euro

Gianmario Cerutti gestisce l'azienda di famiglia fondata negli anni Trenta. Sono sei gli ettari vitati aziendali, in cui trovano spazio principalmente moscato e barbera. Anche quest'anno la Barbera d'Asti "base" ci è sembrata avere un rapporto qualità prezzo assolutamente da segnalare. La versione 2015 è ricca di frutto, con note di frutti rossi di bosco e sfumature di macchia mediterranea, ha grande freschezza e tenuta acida, è scorrevole e di piacevole beva.

Dogliani '15
Cantina Clavesana
fraz. Madonna della Neve, 19
Clavesana [CN]
tel. 0173790451
www.inclavesana.it
6.20 euro

Per numero di ettari coltivati in Piemonte - circa cinquemila - il dolcetto si gioca la terza posizione con il nebbiolo in netta rimonta. Ed è proprio il dolcetto l'uva più importante per i 350 conferitori della Cantina di Clavesana. Dopo avere impostato un severo lavoro di controllo delle rese con i vignaioli più meritevoli, il percorso ha portato alla nascita delle diverse selezioni. Per questa pubblicazione invece, abbiamo scelto il Dogliani più semplice, esaltato dalla vendemmia 2015; ci è piaciuto per gli aromi vinosi e fruttati e per la splendida armonia gustativa.

Colli Tortonesi Croatina La Romba '15
La Colombera
s.da comunale per Vho, 7
Tortona [AL]
tel. 0131867795
www.lacolomberavini.it
10.10 euro

A pochi chilometri da Tortona, nel borgo di Vho, la famiglia Semino produce frutta, vino e cereali da tre generazioni. Dopo un periodo passato a vendere le uve, Piercarlo inizia a vinificare in proprio, affinando anno dopo anno le sue capacità. La svolta avviene con la decisione della figlia Elisa di fermarsi in cantina e creare nuovi canali commerciali. Tra le numerose etichette ci colpisce per la beva immediata e gustosa la Croatina La Romba, ricca di aromi speziati, in particolare bacche di ginepro.

Colli Tortonesi Barbera Sant'Andrea '15
Vigne Marina Coppi
via Sant'Andrea, 5
Castellania [AL]
tel. 0131837089
www.vignemarinacoppi.com
12.60 euro

L'azienda nasce nel 2003 a Castellania quando Francesco Bellocchio, nipote di Fausto Coppi, decide di tornare alle origini. Tra i numerosi vini del tortonese, Barbera e Timorasso fanno la parte del leone. Frutto di una fortunata vendemmia la Sant'Andrea, piccola Barbera di casa Coppi, ha raggiunto quest'anno livelli assoluti di concentrazione e profondità. Ha veste impenetrabile, profumi complessi di prugna, terra bagnata e cacao, ma malgrado la maturità del frutto conserva al palato una vibrante acidità.

Langhe Nebbiolo '14
Giuseppe Cortese
s.da Rabajà, 80
Barbaresco [CN]
tel. 0173635131
www.cortesegiuseppe.it
13.00 euro

Gli otto ettari vitati appartenenti alla famiglia Cortese sono interamente compresi nell'anfiteatro che si sviluppa tra il Rabajà e il Trifolera. Più della metà dei vigneti, in particolare a nebbiolo, sono piantati nel Rabajà, con magnifica esposizione al sole. Piercarlo e Tiziana Cortese mostrano la stessa attenzione sia per il semplice Langhe Nebbiolo che per i Barbaresco. Circa seimila bottiglie per questo Oscar che proviene dalle vigne più giovani e viene affinato per un anno in botti di legno.

Moscato d'Asti Tenuta del Fant '15
Il Falchetto
fraz. Ciombi
via Valle Tinella, 16
Santo Stefano Belbo [CN]
tel. 0141840344
www.ilfalchetto.com
8.40 euro

L'azienda della famiglia Forno è stata fondata nel 1940. Sono diversi i vigneti di proprietà, tra i quali spicca il nucleo originario aziendale dedicato al moscato, situato sulle colline di Santo Stefano Belbo. E anche quest'anno i Moscato d'Asti de il Falchetto sono tra i migliori assaggiati, come il Tenuta del Fant '15, verticale e fresco, con sentori di aghi di pino, erbe officinali e frutta bianca, dal palato fine, elegante e con un lungo finale piacevolmente agrumato.

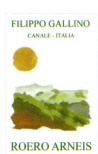

Roero Arneis '15
Filippo Gallino
fraz. Valle del Pozzo, 63
Canale [CN]
tel. 017398112
www.filippogallino.com
8.40 euro

L'azienda della famiglia Gallino è stata fondata nel 1961 ed è stata tra le prime a credere nelle potenzialità del territorio del Roero. I 14 ettari di vigneti aziendali sono situati su terreni argilloso sabbiosi sulle colline di Canale, in alcuni dei più noti cru del Roero, come Briccola, Renesio o Mompissano. Il Roero Arneis '15 è scorrevole, con toni di frutta gialla e sfumature vegetali, di buona materia e piacevolezza, con un finale di carattere e in spinta.

Barbera d'Alba Sup. Ca' d' Pistola '13
Generaj
b.ta Tucci, 4
Montà [CN]
tel. 0173976142
www.generaj.it
13.00 euro

La famiglia Viglione gestisce 12 ettari situati nella parte più settentrionale del Roero, su terreni che vanno dalla sabbia rossa alle zolle di calcare a zone misto ghiaiose, dove sono impiantati i tipici vitigni di questo territorio, dal nebbiolo all'arneis al barbera. La Barbera d'Alba Superiore Ca' d'Pistola '13 è una delle migliori Barbera roerine presentate quest'anno: profumi di frutti neri a nocciolo, cacao e caffè, cardamomo e cannella, per un palato ricco di frutto, lungo e avvolgente.

Dolcetto d'Alba Madonna di Como V. Miclet '15
Tenuta Langasco
fraz. Madonna di Como, 10
Alba [CN]
tel. 0173286972
www.tenutalangasco.it
10.10 euro

L'avventura della famiglia Sacco con la vite è iniziata a Mango tre generazioni fa con l'uva moscato per proseguire dal 1979 a Madonna di Como, frazione di Alba con dolcetto, barbera e nebbiolo. Claudio Sacco possiede oggi 25 ettari, di cui 22 vitati, in un corpo unico. Nella gamma dei vini spicca spesso il Dolcetto che trova in quest'angolo di Langa uno dei territori d'elezione. Il Vigna Miclet '15 ha classe e armonia, grazie alla finezza tannica e all'equilibrio tra note fruttate e ammandorlate.

Erbaluce di Caluso '15
Podere Macellio
via Roma, 18
Caluso [TO]
tel. 0119833511
www.erbaluce-bianco.it
6.90 euro

È una lunga storia quella della famiglia Bianco, alla guida di Podere Macellio già dall'800, quando Ferdinando esportava già i suoi vini in Francia. I grandi bianchi prodotti negli ultimi anni sono opera di Renato e Daniele Bianco, che hanno saputo allargare l'offerta ad un gustoso spumante metodo classico. L'Erbaluce fermo '15 è elegante e ricco, ma offre un lungo finale salino.

Roero Bric Volta '13
Malabaila di Canale
via Madonna dei Cavalli, 93
Canale [CN]
tel. 017398381
www.malabaila.com
10.20 euro

La Malabaila di Canale lavora 22 ettari vitati, tutti all'interno di una grande tenuta di 90 ettari, situati sui classici terreni roerini, di notevole pendenza e di tipo marnoso e sabbioso, sciolti e facili all'erosione, in cui vengono coltivati principalmente arneis, barbera e nebbiolo. Il Roero

Bric Volta '13 è sottile ed elegante, con profumi balsamici e di frutti di bosco, di piacevolissima beva e con un lungo finale ben sostenuto dalla sapidità.

Barbera d'Asti Valmorena '14
Marchesi Incisa della Rocchetta
via Roma, 66
Rocchetta Tanaro [AT]
tel. 0141644647
www.marchesiincisawines.it
11.80 euro

L'azienda della famiglia Incisa della Rocchetta, che già nel XIX secolo era una realtà vinicola affermata nel Monferrato, è stata ristrutturata e rimodernata nel 1990. I 17 ettari vitati aziendali, situati su terreni di tipo sabbioso argilloso, sono impiantati soprattutto a barbera. La Barbera d'Asti Valmorena '14 presenta profumi di ciliegia nera e liquirizia, con note di cacao e sfumature balsamiche, e un palato in cui alcol, acidità e tannino sono in bell'equilibrio, con un finale sapido e rinfrescante.

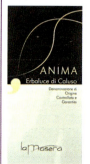

Erbaluce di Caluso Anima '15
La Masera
s.da San Pietro, 32
Piverone [TO]
tel. 0113164161
www.lamasera.it
8.40 euro

Un gruppo di amici d'infanzia e i ricordi dei deliziosi passiti prodotti dai vecchi del paese: ecco la scintilla che ha fatto nascere nel 2005 La Masera. Oggi, cinque ettari vitati - principalmente ad erbaluce - nei comuni di Settimo Rottaro, Piverone e Azeglio e una produzione in rapida crescita, che sfiora le 20mila bottiglie, sono una solida realtà. L'Anima '15 è un Erbaluce dai sottili ma invitanti profumi di fiori di campo e clorofilla e dall'inaspettata grassezza gustativa, bilanciata da una lunga scia salata.

Gavi del Comune di Gavi Et. Gialla '15
La Mesma
fraz. Monterotondo, 7
Gavi [AL]
tel. 0143342012
www.lamesma.it
8.40 euro

Nel 2001 le sorelle Paola, Francesca e Anna Rosina decidono di affiancare un vigneto alla casa estiva di Monterotondo. A questi primi quindici ettari vitati se ne aggiungono altri dieci a Tassarolo nel 2004, con l'acquisto di vigne e cantina annessa. Proveniente dai ceppi giovani della vigna di Monterotondo, l'Etichetta Gialla '15 ha doti di grande bevibilità grazie ai profumi di frutta bianca e alla buona persistenza al palato.

Barbera d'Alba Pelisa '14
Monchiero Carbone
via Santo Stefano Roero, 2
Canale [CN]
tel. 017395568
www.monchierocarbone.com
9.20 euro

Francesco Monchiero ha saputo portare l'azienda di famiglia ai vertici del panorama roerino. I vigneti di proprietà sono situati principalmente a Canale, ma anche a Vezza d'Alba, Monteu Roero e Priocca. Nel 2014 Francesco ha deciso di non produrre il cru aziendale della Barbera, il Mombirone, mettendo le uve del cru nell'uvaggio della Barbera d'Alba base, la Pelisa. Il risultato è una Barbera di grande ricchezza di frutto, ma anche di affascinante complessità, con un lungo finale ben sostenuto dall'acidità.

Ruchè di Castagnole M.to Vegan '15
Montalbera
via Montalbera, 1
Castagnole Monferrato [AT]
tel. 0119433311
www.montalbera.it
12.20 euro

L'azienda della famiglia Morando è situata a Castagnole Monferrato e conta su un corpo unico di vigneti disposti ad anfiteatro, costituito da 130 ettari vitati impiantati prevalentemente a ruchè su suoli che vanno dall'argilloso al calcareo. Il Ruchè di Castagnole Monferrato Vegan '15 è varietale al naso, nei suoi toni di rosa e frutta rossa con un filo di spezie, e si propone con un palato grintoso, di buon frutto, dai tannini in evidenza ma di carattere e dalla spiccata personalità.

Ruchè di Castagnole M.to '15
Tenuta Montemagno
via Cascina Valfossato, 9
Montemagno [AT]
tel. 014163624
www.tenutamontemagno.it
13.00 euro

Ormai da qualche anno è rinata la Tenuta Montemagno, nell'omonimo paese in provincia di Asti. Importanti investimenti hanno fatto diventare quest'antico maniero una moderna e attrezzata cantina, con a disposizione quindici ettari vitati e un elegante relais di campagna. Alla testa dell'azienda troviamo Alberto Ravetti, coadiuvato dal consulente enologo Gianfranco Cordero. La gamma ripercorre i vitigni classici del Monferrato, tra i quali anche il raro e aromatico Ruchè, con i suoi aromi di rosa e suoi tannini morbidi.

Roero Arneis '15
Stefanino Morra
loc. San Pietro
via Castagnito, 50
Castellinaldo [CN]
tel. 0173213489
www.morravini.it
10.90 euro

Sono 11 gli ettari vitati della famiglia Morra, tutti situati nei comuni di Canale, Castellinaldo e Vezza d'Alba sui tipici terreni del Roero di tipo sabbioso e calcareo. Il Roero Arneis è uno dei cavalli di battaglia dell'azienda, e anche la versione 2015 è particolarmente convincente. Si propone al naso con toni spiccatamente aromatici, mentre al palato emergono più le note fruttate, in particolare di pesca gialla e agrumi, per un finale grintoso, fresco e di bella lunghezza.

Dolcetto d'Alba Piano delli Perdoni '15
F.lli Mossio
fraz. Cascina Caramelli
via Montà, 12
Rodello [CN]
tel. 0173617149
www.mossio.com
9.10 euro

Nelle colline a sud di Alba nascono i migliori Dolcetto del Piemonte. I terreni e il microclima locale conferiscono a quest'uva capricciosa un'incredibile finezza pur conservando un'ottima struttura. Nelle mani dei fratelli Mossio, in presenza di un'annata come la 2015, il Dolcetto si trasforma in oro: un rosso potente e ricco, caratterizzato da profumi di bacche nere e da delicatezza tannica.

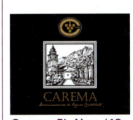

Carema Et. Nera '13
Cantina dei Produttori Nebbiolo di Carema
via Nazionale, 32
Carema [TO]
tel. 0125811160
www.caremadoc.it
8.00 euro

A questa cantina va un plauso particolare: avere salvaguardato la viticoltura in una zona dalla morfologia impervia e difficile da coltivare, soprattutto in assenza di forze giovani (l'età media dei 71 soci conferitori è di 55 anni). Il Carema '13, dopo aver affrontato un invecchiamento di due anni, di cui uno in botti grandi di rovere e castagno, si presenta con veste scarica, intensi aromi di erbe officinali e frutta sotto spirito e trama tannica molto delicata. Un grande Nebbiolo di montagna.

Roero Arneis Serra Lupini '15
Angelo Negro e Figli
fraz. Sant'Anna, 1
Monteu Roero [CN]
tel. 017390252
www.negroangelo.it
10.10 euro

L'azienda della famiglia Negro è una delle più importanti e conosciute cantine del Roero, e può contare su 60 ettari vitati, situati in diversi comuni roerini, e in particolare in alcuni veri e propri cru, come Serra Lupini, da cui nasce questo Roero Arneis. La versione 2015 al naso propone sentori di frutta bianca fresca, mentre il palato è coerente, sapido e con un finale particolarmente piacevole e rinfrescante.

Barbera d'Asti Le Pole '15
Cantina Sociale di Nizza
s.da Alessandria, 57
Nizza Monferrato [AT]
tel. 0141721348
www.nizza.it
6.40 euro

Questa importante cantina sociale fondata nel 1955 ha oggi circa 200 soci conferitori che lavorano più di 550 ettari vitati, riuscendo a proporre una serie di vini di grande affidabilità e costanza e dal rapporto qualità prezzo davvero interessante. Quest'anno ci ha particolarmente convinto la Barbera d'Asti Le Pole '15, dai profumi di frutti neri, terra bagnata e macchia mediterranea, e dal palato coerente, di bella nitidezza, con un finale piacevole e di notevole spinta acida.

Langhe Nebbiolo '12
Figli Luigi Oddero
loc. Borgata Bettolotti
fraz. Santa Maria
Tenuta Parà, 95
La Morra [CN]
tel. 0173500386
www.figliluigioddero.it
13.00 euro

Luigi Oddero, scomparso nel 2009, faceva parte dei patriarchi del Barolo, avendo seguito le orme del nonno che a fine '800 imbottigliava già Barolo. Con il fratello Giacomo ha guidato la cantina di famiglia per oltre 50 anni, fino al 2005 quando creò la propria azienda. Oggi gli eredi posseggono 35 ettari vitati di cui 18 a nebbiolo da Barolo. Questo Langhe Nebbiolo '12, nato nei filari di Santa Maria di La Morra e affinato da 12 a 24 mesi in legno grande e poi un anno in bottiglia, è degno di un Barolo.

Colli Tortonesi Timorasso Derthona Ronchetto '14
Paolo Giuseppe Poggio
via Roma, 67
Brignano Frascata [AL]
tel. 0131784929
www.cantinapoggio.com
12.00 euro

Sulle colline della Val Curone, in provincia di Alessandria, Paolo Poggio prosegue il lavoro iniziato decenni addietro dal nonno Giuseppe. Come spesso accade in quest'angolo meno noto del Piemonte, le aziende agricole sono miste e quella di Paolo non fa eccezione: oltre all'uva ci sono mele, pere, pesche e susine. Quest'anno salutiamo per la prima volta nel nostro Berebene un Timorasso. La nuova fascia di prezzo ci permette di assaggiare un potente Ronchetto '14 dai complessi cenni di gesso.

Barbera d'Alba
V. S. Caterina '15
Guido Porro
via Alba, 1
Serralunga d'Alba [CN]
tel. 0173613306
www.guidoporro.com
10.10 euro

I Porro, come tante altre realtà contadine di Serralunga, sono viticoltori da sempre, ma solo con l'ultima generazione, cioè con l'impegno di Guido, si è affermata la vendita in bottiglia dell'intera produzione. In pochi anni l'azienda si è affermata per la finezza dei suoi Barolo venduti a prezzi molto convenienti, ma a rimanere sotto i 13 euro al pubblico è la Barbera V. S. Caterina '15, una vera esplosione di frutta, soprattutto prugna e ciliegia, abbinata a una bocca polposa e vellutata.

Dolcetto di Diano d'Alba
Sörì Colombè '15
Giovanni Prandi
fraz. Cascina Colombè
via Farinetti, 5
Diano d'Alba [CN]
tel. 017369248
www.prandigiovanni.it
7.60 euro

L'azienda Giovanni Prandi, con circa cinque ettari vitati, è interamente a gestione familiare. Creata negli anni Venti da Maggiorino Farinetti, bisnonno dell'attuale titolare, iniziò da subito a vendere il vino delle proprie cascine. Pensando al dolcetto, vitigno iconico del luogo, il comune di Diano d'Alba ha delimitato ben 77 cru, qui detti "sörì". Alessandro Prandi ne coltiva due, il Sörì Cristina e il Sörì Colombè, che ospitiamo con piacere su queste pagine in virtù di una grande eleganza olfattiva e di una trama tannica vellutata.

Gavi Il Forte '15
Cantina Produttori del Gavi
via Cavalieri di Vittorio Veneto, 45
Gavi [AL]
tel. 0143642786
www.cantinaproduttoridelgavi.it
7.60 euro

La Cantina Produttori del Gavi si chiama così dal 1974, ma questa cooperativa festeggia nel 2016 i suoi 65 anni di vita. Oggi, può contare su 95 soci che si dividono 220 ettari vitati, piantati sulla totalità degli undici comuni che delimitano la zona di produzione. Tra le numerose etichette, tutte di ottima qualità e proposte a prezzi molto vantaggiosi, abbiamo selezionato l'entry level della gamma: il Gavi Il Forte. Ricco di aromi di felci e fiori bianchi, possiede una vibrante acidità al palato.

Gavi '15
La Raia
s.da Monterotondo, 79
Novi Ligure [AL]
tel. 0143743685
www.la-raia.it
10.90 euro

La famiglia Rossi Cairo, tra le sue numerose attività, dimostra un interesse spiccato per il vino: nel 2003 acquista La Raia a Gavi e nel 2015 Tenuta Cucco a Serralunga d'Alba. Ad occuparsi delle realtà agricole troviamo il giovane Piero, che nel 2007 ha conseguito per la cantina e per i suoi 42 ettari vitati la certificazione Demeter che contraddistingue le aziende biodinamiche. Quello che proponiamo qui è un Gavi d'annata di grande finezza, con aromi di fiori bianchi e di susina e sapida pienezza al gusto.

Barbera d'Alba '13
Rizzi
via Rizzi, 15
Treiso [CN]
tel. 0173638161
www.cantinarizzi.it
10.90 euro

La famiglia Dellapiana possiede buona parte della

maestosa collina dei Rizzi dal XIX secolo, ma solo nel 1974 Ernesto fonda l'azienda vitivinicola. Oggi i figli Jole e Enrico coltivano 35 ettari di vigne, con oltre il 40% a nebbiolo da Barbaresco, mentre il resto è piantato a barbera, dolcetto, moscato, pinot nero e chardonnay. Sempre ottima la Barbera d'Alba affinata parzialmente in botti grandi. La 2013 si distingue per gli aromi complessi e raffinati e per la bocca morbida.

Colline Novaresi Nebbiolo Valplazza '12
Rovellotti
Interno Castello, 22
Ghemme [NO]
tel. 0163841781
www.rovellotti.it
9.40 euro
I fratelli Rovellotti, Paolo e Antonello, si proclamano viticoltori a Ghemme da circa 600 anni; di sicuro le cantine aziendali, ospiti del castello-ricetto di Ghemme del XI secolo, sono tra le più antiche del nostro paese. I risultati sono nettamente cresciuti negli ultimi anni e questo Nebbiolo Valplazza '12 ne è la dimostrazione: si mostra ancora molto giovane con i suoi aromi di bacche rosse e liquirizia e con tannini ben bilanciati dalla polpa.

Ruchè di Castagnole M.to il Cavaliere '15
Cantine Sant'Agata
reg. Mezzena, 19
Scurzolengo [AT]
tel. 0141203186
www.santagata.com
8.60 euro
Claudio e Franco Cavallero gestiscono dal 1992 l'azienda di famiglia, e sono tra i maggiori produttori di ruchè, un'uva coltivata principalmente nel vigneto di proprietà che si trova a Scurzolengo. Il Ruchè di Castagnole Monferrato il Cavaliere '15 presenta al naso la caratteristica aromaticità del vitigno, con note di frutti neri e macchia mediterranea, e un palato di buon frutto, piacevole e nitido, lungo e fresco.

Gavi del Comune di Gavi Bric Sassi
**Tenuta Manenti '15
Roberto Sarotto**
via Ronconuovo, 13
Neviglie [CN]
tel. 0173630228
www.robertosarotto.com
9.20 euro
Dopo un passato da esportatori di vino, la famiglia Sarotto torna, dalla metà degli anni '40 a vendere uve. L'attività di vinificazione riprende nei primi anni '80 con l'arrivo in cantina di Roberto, fresco enologo di famiglia. Grazie al suo lavoro, l'azienda supera gli 80 ettari vitati, anche grazie all'acquisto, all'inizio del nuovo millennio, della Tenuta Manenti, 15 ettari a Zerbetta di Gavi. Il Bric Sassi '15 ha grandi doti di freschezza olfattiva e gustativa, con fiori di campi e cenni minerali.

Moscato d'Asti Capsula Oro '15
Sergio Grimaldi Ca' du Sindic
loc. San Grato, 15
Santo Stefano Belbo [CN]
tel. 0141840341
www.cadusindic.it
10.90 euro
L'azienda della famiglia Grimaldi è una delle più note nel panorama moscatista. I vigneti, situati tutti nel comune di Santo Stefano Belbo, nel cuore della zona di produzione del Moscato d'Asti, vedono la presenza di piante che raggiungono anche i sessant'anni di età. Il Moscato d'Asti Capsula Oro '15 è senza dubbio tra i migliori della tipologia, grazie ai sentori di mela, salvia e aghi di pino, e a un palato piacevole, fresco ed equilibrato, ricco di polpa e di acidità.

Erbaluce di Caluso Dry Ice '15
Giovanni Silva
Cascine Rogge, 1b
Agliè [TO]
tel. 3473075648
www.silvavini.com
9.20 euro

Sulle dolci colline moreniche di Agliè, i Silva coltivano la vigna da tre generazioni e dal 1995 sono diventati produttori. Giovanni cura i dodici ettari a vigneto con l'aiuto del nipote Stefano e insieme vinificano l'erbaluce nelle tre tipologie classiche. L'Erbaluce fermo Dry Ice, dopo un'iniziale criomacerazione, fermenta in acciaio dove si affina per lungo tempo sulle fecce fini. Il 2015 ha profumi di frutta matura e di fiori ed è armonico e scorrevole al palato.

Gavi '15
La Smilla
via Garibaldi, 7
Bosio [AL]
tel. 0143684245
www.lasmilla.it
7.60 euro

Nel punto più meridionale della regione, dove il Piemonte confina con la Liguria e il comune di Bosio confina direttamente con quello di Genova, la famiglia Guido produce Gavi e Dolcetto di Ovada nella vecchia cantina posta al centro della cittadina. Malgrado l'annata calda, il Gavi '15 risente dell'influenza dell'Appennino Ligure e porta in sé doti di grande freschezza. La sua classe sta nei delicati aromi di felci e pietra focaia e nel lungo finale salino.

Grignolino del M.to Casalese '15
Tenuta Tenaglia
s.da Santuario di Crea, 5
Serralunga di Crea [AL]
tel. 0142940252
www.tenutatenaglia.it
8.70 euro

Tenuta Tenaglia è un'importante e storica azienda del Casalese. Dal 2001 appartiene alla famiglia tedesca Ehrmann, che, con l'arrivo di Sabine, ha aumentato l'estensione viticola portandola a trenta ettari, 19 tra Serralunga di Crea e Ponzano in provincia di Alessandria e 11 a Grazzano Badoglio in quella di Asti. Il focus aziendale è sempre stata la Barbera, senza però abbandonare l'altro pupillo locale: il Grignolino. Il 2015 è un grande classico con aromi di pepe nero e bocca giustamente tannica.

Roero Arneis Monic '15
Tibaldi
s.da San Giacomo, 49
Pocapaglia [CN]
tel. 0172421221
www.cantinatibaldi.com
13.00 euro

La Tibaldi è una piccola azienda che oggi vede alla guida le sorelle Monica e Daniela, la quarta generazione della famiglia, e che propone la classica gamma di vini del Roero, basati su arneis, barbera, favorita e nebbiolo. Quest'anno ci ha particolarmente convinto il Roero Arneis Monic '15, dagli intensi profumi di gelsomino e pesca gialla, mentre il palato ha corpo e pienezza, buona profondità e tenuta.

Colline Novaresi Bianco Particella 40 '15
Vigneti Valle Roncati
via Nazionale, 10a
Briona [NO]
tel. 3355732548
www.vignetivalleroncati.it
8.35 euro

Una decina di anni addietro, Corrado Grosso e la moglie Cecilia Bianchi hanno creato quasi dal nulla un'azienda vitivinicola di successo. La cantina ha sede a Briona mentre i dieci ettari vitati si estendono tra Briona a Ghemme. In cantina i rossi a base nebbiolo (Fara, Ghemme e Sizzano) la fanno da padrone, ma lasciano spazio anche all'erbaluce, unico vitigno bianco autoctono. Il Particella 40 del 2015 è un bianco fresco e di buon corpo, con profumi eleganti che spaziano dal floreale al fruttato.

Barbera d'Asti Sorì dei Mori '15
Cantina Sociale di Vinchio Vaglio Serra
fraz. reg. San Pancrazio, 1
s.da prov.le 40 km 3,75
Vinchio [AT]
tel. 0141950903
www.vinchio.com

7.90 euro

La cantina cooperativa Vinchio Vaglio Serra conta su 185 soci conferitori che lavorano circa 420 ettari vitati, situati principalmente lungo le colline dell'Alto Monferrato e caratterizzati da terreni di natura prevalentemente calcarea e sabbiosa. Ottimo il rapporto qualità prezzo della Barbera d'Asti Sorì dei Mori '15, di piacevole immediatezza, dai toni balsamici e fruttati, con un palato sempre giocato su toni di frutti rossi croccanti e succosi.

Barbera d'Asti Bio '15
Terre da Vino
via Bergesia, 6
Barolo [CN]
tel. 0173564611
www.vitecolte.it

8.00 euro

Attualmente il marchio Terre da Vino è esclusivamente dedicato ai vini venduti nella grande distribuzione mentre i prodotti di punta sono etichettati Vite Colte. La forza di questa realtà è di avvalersi delle basi provenienti dalla singole cantine sociali associate e quindi di poter contare su oltre 5000 ettari vitati in tutto il Piemonte. Molto interessante la nuova Barbera d'Asti Bio - con tiratura di 15mila pezzi nel 2015 ma destinata a crescere - dalla bocca fruttata e succosa.

gli altri vini

Abbona
b.go San Luigi, 40
Dogliani [CN]
tel. 0173721317
www.abbona.com
Dogliani San Luigi '15
10.90 euro

Anna Maria Abbona
fraz. Moncucco, 21
Farigliano [CN]
tel. 0173797228
www.annamariabbona.it
Dogliani Sorì dij But '15
9.70 euro

Orlando Abrigo
via Cappelletto, 5
Treiso [CN]
tel. 0173630533
www.orlandoabrigo.it
**Barbera d'Alba
Roreto '14**
10.60 euro

F.lli Abrigo
loc. Berfi
via Moglia Gerlotto, 2
Diano d'Alba [CN]
tel. 017369104
www.abrigofratelli.com
**Diano d'Alba
Sorì dei Berfi '15**
10.10 euro

**Giulio Accornero
e Figli**
Cascina Ca' Cima, 1
Vignale Monferrato [AL]
tel. 0142933317
www.accornerovini.it
**Grignolino
del M.to Casalese
Bricco del Bosco '15**
9.90 euro

**Marco e Vittorio
Adriano**
fraz. San Rocco
Seno d'Elvio, 13a
Alba [CN]
tel. 0173362294
www.adrianovini.it
Dolcetto d'Alba '15
9.60 euro

Claudio Alario
via Santa Croce, 23
Diano d'Alba [CN]
tel. 0173231808
www.alarioclaudio.it
**Dolcetto di Diano d'Alba
Costa Fiore '15**
9.90 euro

Alice Bel Colle
reg. Stazione, 9
Alice Bel Colle [AL]
tel. 014474413
www.cantinaalicebc.it
**Barbera d'Asti
Filari Sociali '15**
8.40 euro

**Antichi Vigneti di
Cantalupo**
via Michelangelo Buonarroti, 5
Ghemme [NO]
tel. 0163840041
www.cantalupo.net
**Colline Novaresi
Primigenia '13**
7.60 euro

**Antico Borgo
dei Cavalli**
via Dante, 54
Cavallirio [NO]
tel. 016380115
www.vinibarbaglia.it
**Colline Novaresi Bianco
Lucino '15**
12.60 euro

L'Armangia
fraz. San Giovanni, 122
Canelli [AT]
tel. 0141824947
www.armangia.it
**M.to Bianco
Enneenne '14**
7.10 euro

Banfi Piemonte
via Vittorio Veneto, 76
Strevi [AL]
tel. 0144362600
www.castellobanfi.com
**Dolcetto d'Acqui
L'Ardì '15**
7.70 euro
**Moscato d'Asti
Sciandor '15**
9.20 euro

Osvaldo Barberis
b.ta Valdibà, 42
Dogliani [CN]
tel. 017370054
www.osvaldobarberis.com
Dogliani Valdibà '15
9.20 euro

**Bea
Merenda con Corvi**
s.da Santa Caterina, 8
Pinerolo [TO]
tel. 3356824880
www.merendaconcorvi.it
**Pinerolese Barbera
Foravia '15**
10.90 euro

Bera
via Castellero, 12
Neviglie [CN]
tel. 0173630500
www.bera.it
Langhe Arneis '15
10.00 euro

Nicola Bergaglio
fraz. Rovereto
loc. Pedaggeri, 59
Gavi [AL]
tel. 0143682195
**Gavi
del Comune di Gavi '15**
11.80 euro

Cinzia Bergaglio
via Gavi, 29
Tassarolo [AL]
tel. 0143342203
www.vinicinziabergaglio.it
Gavi La Fornace '15
6.20 euro

piemonte

gli altri vini

Borgo Maragliano
via San Sebastiano, 2
Loazzolo [AT]
tel. 014487132
www.borgomaragliano.com
El Calié '15
7.30 euro

Luigi Boveri
loc. Montale Celli
via XX Settembre, 6
Costa Vescovato [AL]
tel. 0131838165
www.boveriluigi.com
**Colli Tortonesi Cortese
Terre del Prete '15**
8.40 euro

Gianfranco Bovio
fraz. Annunziata
b.ta Ciotto, 63
La Morra [CN]
tel. 017350667
www.boviogianfranco.com
**Dolcetto d'Alba
Dabbene '15**
6.70 euro

Braida
loc. Ciappellette
s.da Provinciale 27, 9
Rocchetta Tanaro [AT]
tel. 0141644113
www.braida.it
**Moscato d'Asti
V. Senza Nome '15**
10.40 euro

Brangero
via Provinciale, 26
Diano d'Alba [CN]
tel. 017369423
www.brangero.com
**Dolcetto di Diano d'Alba
Sörì Rabino Soprano '15**
8.60 euro

Bricco del Cucù
loc. Bricco, 10
Bastia Mondovì [CN]
tel. 017460153
www.briccocucu.com
Langhe Bianco Livor '15
6.70 euro
**Langhe Rosso
Superboum '13**
6.40 euro

**Broglia
Tenuta La Meirana**
loc. Lomellina, 22
Gavi [AL]
tel. 0143642998
www.broglia.it
**Gavi del Comune di Gavi
La Meirana '15**
12.30 euro

G. B. Burlotto
via Vittorio Emanuele, 28
Verduno [CN]
tel. 0172470122
www.burlotto.com
Verduno Pelaverga '15
10.90 euro

Ca' del Baio
via Ferrere Sottano, 33
Treiso [CN]
tel. 0173638219
www.cadelbaio.com
Moscato d'Asti 101 '15
9.90 euro

La Caplana
via Circonvallazione, 4
Bosio [AL]
tel. 0143684182
www.lacaplana.com
**Dolcetto di Ovada
Narcys '13**
11.60 euro
Gavi Villa Vecchia '15
7.60 euro

Carussin
reg. Mariano, 27
San Marzano Oliveto [AT]
tel. 0141831358
www.carussin.it
Barbera d'Asti Asinoi '15
9.20 euro

Casalone
via Marconi, 100
Lu [AL]
tel. 0131741280
www.casalone.it
**Barbera d'Asti
Rubermillo '13**
10.10 euro

Cascina Bongiovanni
loc. Uccellaccio
via Alba Barolo, 3
Castiglione Falletto [CN]
tel. 0173262184
www.cascinabongiovanni.com
**Dolcetto
di Diano d'Alba '15**
11.80 euro

Cascina Chicco
via Valentino, 14
Canale [CN]
tel. 0173979411
www.cascinachicco.com
**Nebbiolo d'Alba
Monpissano '14**
13.00 euro

Cascina Flino
via Abelloni, 7
Diano d'Alba [CN]
tel. 017369231
**Diano di Diano d'Alba
Sorì Cascina Flino '15**
9.20 euro

Cascina Fonda
via Spessa, 29
Mango [CN]
tel. 0173677877
www.cascinafonda.com
**Asti Spumante
Bel Piasì '15**
9.40 euro
**Dolcetto d'Alba
Brusalino '14**
7.90 euro

Cascina Galarin
Giuseppe Carosso
via Carossi, 12
Castagnole delle Lanze [AT]
tel. 0141878586
www.galarin.it
**Barbera d'Asti
Le Querce '14**
9.20 euro
**Moscato d'Asti
Prá Dône '15**
9.20 euro

Cascina Gilli
via Nevissano, 36
Castelnuovo Don Bosco [AT]
tel. 0119876984
www.cascinagilli.it
Freisa d'Asti Arvelé '13
11.60 euro
Freisa d'Asti Il Forno '14
8.20 euro

Cascina Giovinale
s.da San Nicolao, 102
Nizza Monferrato [AT]
tel. 0141793005
www.cascinagiovinale.it
**Barbera d'Asti Sup.
Nizza Anssèma '13**
13.00 euro

Cascina Val del Prete
s.da Santuario, 2
Priocca [CN]
tel. 0173616534
www.valdelprete.com
Roero Arneis Luèt '15
8.40 euro

Castellari Bergaglio
fraz. Rovereto, 136r
Gavi [AL]
tel. 0143644000
www.castellaribergaglio.it
**Gavi del Comune di
Tassarolo Fornaci '15**
9.50 euro

Castello del Poggio
loc. Poggio, 9
Portacomaro [AT]
tel. 0141202543
www.poggio.it
Barbera d'Asti '14
9.20 euro

Castello di Uviglie
via Castello di Uviglie, 73
Rosignano Monferrato [AL]
tel. 0142488132
www.castellodiuviglie.com
**Barbera del M.to
Bricco del Conte '15**
8.40 euro
**M.to Bianco
San Martino '15**
8.40 euro

Chionetti
b.ta Valdiberti, 44
Dogliani [CN]
tel. 017371179
www.chionettiquinto.com
Dogliani Briccolero '15
13.00 euro
Dogliani San Luigi '15
11.40 euro

Col dei Venti
via La Serra, 38
Vaglio Serra [AT]
tel. 0141793071
www.coldeiventi.com
Barbera d'Asti '15
7.60 euro

Conterno Fantino
via Ginestra, 1
Monforte d'Alba [CN]
tel. 017378204
www.conternofantino.it
**Langhe Chardonnay
Prinsipi '15**
9.70 euro

Deltetto
c.so Alba, 43
Canale [CN]
tel. 0173979383
www.deltetto.com
**Barbera d'Alba Sup.
Bramé '14**
11.80 euro

Gianni Doglia
via Annunziata, 56
Castagnole delle Lanze [AT]
tel. 0141878359
www.giannidoglia.it
Grignolino d'Asti '15
8.80 euro

Poderi Luigi Einaudi
loc. Cascina Tecc
b.ta Gombe, 31/32
Dogliani [CN]
tel. 017370191
www.podereieinaudi.com
Dogliani '15
10.20 euro

gli altri vini

Benito Favaro
s.da Chiusure, 1bis
Piverone [TO]
tel. 012572606
www.cantinafavaro.it
**Erbaluce di Caluso
Le Chiusure '15**
8.00 euro

Carlo Ferro
fraz. Salere, 41
Agliano Terme [AT]
tel. 0141954000
www.ferrovini.com
**Barbera d'Asti Sup.
Notturno '15**
8.40 euro

Tenuta Garetto
s.da Asti Mare, 30
Agliano Terme [AT]
tel. 0141954068
www.garetto.it
**Barbera d'Asti
Tra Neuit e Dì '15**
8.00 euro

La Ghibellina
fraz. Monterotondo, 61
Gavi [AL]
tel. 0143686257
www.laghibellina.it
**Gavi del Comune di Gavi
Mainìn '15**
10.20 euro

Carlo Giacosa
s.da Ovello, 9
Barbaresco [CN]
tel. 0173635116
www.carlogiacosa.it
Barbera d'Alba Mucin '15
10.10 euro

La Gironda
s.da Bricco, 12
Nizza Monferrato [AT]
tel. 0141701013
www.lagironda.com
**Piemonte Sauvignon
L'Aquilone '15**
9.20 euro

Malabaila di Canale
via Madonna dei Cavalli, 93
Canale [CN]
tel. 017398381
www.malabaila.com
Roero Arneis '15
8.70 euro

Paolo Manzone
loc. Meriame, 1
Serralunga d'Alba [CN]
tel. 0173613113
www.barolomeriame.com
**Barbera d'Alba Sup.
Fiorenza '14**
11.60 euro

**Marchese
Luca Spinola**
fraz. Rovereto di Gavi
loc. Cascina Massimiliana, 97
Gavi [AL]
tel. 0143682514
www.marcheselucaspinola.it
**Gavi
del Comune di Gavi '15**
8.20 euro

Monchiero Carbone
via Santo Stefano Roero, 2
Canale [CN]
tel. 017395568
www.monchierocarbone.com
**Roero Arneis Cecu d'La
Biunda '15**
12.30 euro

Montalbera
via Montalbera, 1
Castagnole Monferrato [AT]
tel. 0119433311
www.montalbera.it
**Grignolino d'Asti
Grigné '15**
9.60 euro

Stefanino Morra
loc. San Pietro
via Castagnito, 50
Castellinaldo [CN]
tel. 0173213489
www.morravini.it
Barbera d'Alba '14
10.90 euro

Berebene 2017

F.lli Mossio
fraz. Cascina Caramelli
via Montà, 12
Rodello [CN]
tel. 0173617149
www.mossio.com
**Dolcetto d'Alba
Bricco Caramelli '15**
12.80 euro

Fiorenzo Nada
via Ausario, 12c
Treiso [CN]
tel. 0173638254
www.nada.it
Dolcetto d'Alba '15
8.70 euro

Pecchenino
b.ta Valdiberti, 59
Dogliani [CN]
tel. 017370686
www.pecchenino.com
Langhe Maestro '15
12.90 euro

Pelissero
via Ferrere, 10
Treiso [CN]
tel. 0173638430
www.pelissero.com
**Dolcetto d'Alba
Munfrina '15**
8.60 euro

Pescaja
via San Matteo, 59
Cisterna d'Asti [AT]
tel. 0141979711
www.pescaja.com
Terre Alfieri Arneis '15
9.90 euro

Giovanni Prandi
fraz. Cascina Colombè
via Farinetti, 5
Diano d'Alba [CN]
tel. 017369248
www.prandigiovanni.it
**Dolcetto di Diano d'Alba
Sörì Cristina '15**
7.60 euro

Cantina Produttori del Gavi
via Cavalieri di Vittorio Veneto, 45
Gavi [AL]
tel. 0143642786
www.cantinaproduttoridelgavi.it
**Gavi del Comune di Gavi
La Maddalena '15**
10.90 euro
Gavi Primi Grappoli '15
9.10 euro

La Raia
s.da Monterotondo, 79
Novi Ligure [AL]
tel. 0143743685
www.la-raia.it
**Gavi V. della Madonnina
Ris. '14**
12.10 euro

Ressia
via Canova, 28
Neive [CN]
tel. 0173677305
www.ressia.com
**Langhe Favorita
La Miranda '15**
7.40 euro

Il Rocchin
loc. Vallemme, 39
Gavi [AL]
tel. 0143642228
www.ilrocchin.it
Dolcetto di Ovada '15
7.00 euro
**Gavi
del Comune di Gavi '15**
7.10 euro

Flavio Roddolo
fraz. Bricco Appiani
loc. Sant'Anna, 5
Monforte d'Alba [CN]
tel. 017378535
Dolcetto d'Alba Sup. '12
10.10 euro

Poderi Rosso Giovanni
p.zza Roma, 36/37
Agliano Terme [AT]
tel. 0141954006
www.poderirossogiovanni.it
**Barbera d'Asti San
Bastian '15**
6.70 euro

San Bartolomeo
loc. Vallegge
Cascina San Bartolomeo, 26
Gavi [AL]
tel. 0143643180
www.sanbartolomeo-gavi.com
Gavi Quinto '15
8.40 euro

Tenuta San Sebastiano
Cascina San Sebastiano, 41
Lu [AL]
tel. 0131741353
www.dealessi.it
Piemonte Grignolino '15
6.40 euro

Paolo Saracco
via Circonvallazione, 6
Castiglione Tinella [CN]
tel. 0141855113
www.paolosaracco.it
**Piemonte
Moscato d'Autunno '15**
12.80 euro

Giacomo Scagliola
reg. Santa Libera, 20
Canelli [AT]
tel. 0141831146
www.scagliola-canelli.it
**Moscato d'Asti
Canelli Sifasol '15**
8.10 euro

Sergio Grimaldi Ca' du Sindic
loc. San Grato, 15
Santo Stefano Belbo [CN]
tel. 0141840341
www.cadusindic.it
Dolcetto d'Alba '15
8.40 euro

La Smilla
via Garibaldi, 7
Bosio [AL]
tel. 0143684245
www.lasmilla.it
**Gavi
del Comune di Gavi '15**
8.70 euro
M.to Rosso Calicanto '12
10.10 euro

Socré
s.da Terzolo, 7
Barbaresco [CN]
tel. 3487121685
www.socre.it
**Cisterna d'Asti
De Scapin '13**
9.20 euro

Sottimano
loc. Cottà, 21
Neive [CN]
tel. 0173635186
www.sottimano.it
Maté '15
10.10 euro

La Spinetta
via Annunziata, 17
Castagnole delle Lanze [AT]
tel. 0141877396
www.la-spinetta.com
**Moscato d'Asti
Biancospino '15**
11.60 euro
**Moscato d'Asti
Bricco Quaglia '15**
11.60 euro

Tacchino
via Martiri della Benedicta, 26
Castelletto d'Orba [AL]
tel. 0143830115
www.luigitacchino.it
Barbera del M.to '14
10.00 euro

Trediberri
b.ta Torriglione, 4
La Morra [CN]
tel. 3391605470
www.trediberri.com
Langhe Nebbiolo '15
8.80 euro

Poderi Vaiot
Borgata Laione, 43
Montà [CN]
tel. 0173976283
www.poderivaiot.it
Roero Arneis '15
7.60 euro

Vicara
via Madonna delle Grazie, 5
Rosignano Monferrato [AL]
tel. 0142488054
www.vicara.it
**Barbera del M.to
Volpuva '15**
8.40 euro

Villa Giada
reg. Ceirole, 10
Canelli [AT]
tel. 0141831100
www.villagiada.wine
**Moscato d'Asti
Canelli '15**
9.20 euro

Cantina Sociale di Vinchio Vaglio Serra
fraz. reg. San Pancrazio, 1
s.da prov.le 40, km. 3,75
Vinchio [AT]
tel. 0141950903
www.vinchio.com
**Grignolino d'Asti
Le Nocche '15**
7.70 euro
**Moscato d'Asti
Valamasca '15**
7.90 euro

Virna
via Alba, 24
Barolo [CN]
tel. 017356120
www.virnabarolo.it
**Langhe Arneis
Solouno '15**
9.40 euro

le migliori enoteche

le altre enoteche

Fracchia & Berchialla
via Vernazza, 9
Alba [CN]
tel. 0173440508

Questa storica insegna albese ha aperto i battenti in via Vernazza quasi quarant'anni fa. Dolcetto, Barolo, Barbaresco, e tutto quello che le Langhe e il Piemonte vinicolo in genere può offrire: le etichette si affollano sugli scaffali di Fracchia e Berchialla insieme ai nomi più prestigiosi (e rari) del panorama vinicolo nazionale e internazionale, con una nutrita selezione di referenze dalla Francia, dalla Borgogna al Bordeaux al Rodano, senza trascurare il Nuovo Mondo.

Antica Enoteca del Borgo
via Monferrato, 4
Torino
tel. 0118190461

Marco Peyron e la sorella Federica sono il motore di questa insegna storica nella zona della Gran Madre. Ospitalità, servizio impeccabile e una professionalità che ha pochi eguali in città, a testimoniare che quando c'è passione i risultati non possono mancare. Ovviamente il Piemonte e la Toscana fanno la parte del padrone, ma si strizza l'occhio anche ai cugini d'Oltralpe, soprattutto alla regione dello Champagne. Un consiglio? Trovatevi da queste parti per l'aperitivo: non ve ne pentirete.

Rosso Rubino
via Madama Cristina, 21
Torino
tel. 011 6502183

I giovani proprietari di questa fornita enoteca offrono al pubblico una scelta di circa 1600 etichette con una particolare attenzione per la produzione di realtà piemontesi ed internazionali (in primo piano francesi e neozelandesi). Il personale altamente qualificato vi attende con un'interessante proposta gastronomica e un menu sempre in trasformazione, anche tra pranzo e cena. Inoltre corsi e approfondimenti mirati per conoscere il vino si intervallano durante l'anno offrendo agli appassionati incontri didattici.

ALESSANDRIA E PROVINCIA

La Curia
via Bollente, 72
Acqui Terme [AL]
tel. 0144356049

Mezzo Litro
c.so Monferrato, 49
Alessandria
tel. 0131223501

ASTI E PROVINCIA

La Cantina
via Palio, 13/15
Asti
tel. 0141530217

Colli Astiani
via Agliano, 9
Montegrosso d'Asti [AT]
tel. 0141953069

Enoteca Regionale del Monferrato
p.zza del Popolo, 12
Penango [AT]
tel. 0142933243

BIELLA E PROVINCIA

La Mia Crota
via Torino, 36c
Biella
tel. 01530588

Enoteca Regionale della Serra
via al Castello
Roppolo [BI]
tel. 016198501

CUNEO E PROVINCIA

Enoteca Regionale di Barbaresco
P.zza del Municipio, 7
Barbaresco [CN]
tel. 0173635251

Tre Galli
via Sant'Agostino, 25
Torino
tel. 0115216027

Locale raffinato e accogliente che ricorda nel design interno l'atmosfera romantica e piacevole di un bistrot parigino. La vineria Tre Galli è una tra le più fornite di Torino: più di 1200 etichette affollano gli scaffali della cantina mentre la carta dei vini propone un'ampia selezione di vini dolci e passiti, bottiglie appartenenti a piccole denominazioni fino ad arrivare agli Icewine austriaci. Il ristorante, aperto fino a mezzanotte, offre prodotti di estrema qualità e piatti in cui la materia prima è altamente selezionata.

Enoteca Regionale del Barolo
p.zza Falletti, 1
Barolo [CN]
tel. 017356277

Enoteca Regionale del Roero
via Roma, 57
Canale [CN]
tel. 0173978228

Enoteca Regionale Piemontese Cavour
Castello di Grinzane
Grinzane Cavour [CN]
tel. 0173262159

Vinbar
via Roma, 46
La Morra [CN]
tel. 0173509104

Bottega di Rosanna
via C. Battisti, 2
Neive [CN]
tel. 0173677014

La Botte Gaia
p.zza Garibaldi, 7/8
Saluzzo [CN]
tel. 017541879

NOVARA E PROVINCIA
Lombardi
v.lo Monte Ariolo, 4a
Novara
tel. 032135815

Tre Archi
via Novara, 108a
Oleggio [NO]
tel. 0321992338

TORINO E PROVINCIA
Reviglio
via Roma, 71
Ciriè [TO]
tel. 0119212372

le altre enoteche

La Brenta
via Marconi, 1
Quincinetto [TO]
tel. 0125757276

La Favorita
via Cavour, 20c
Settimo Torinese [TO]
tel. 0118005230

Enoteca Bar Barisone Il Buon Bere
via N. Fabrizi, 14
Torino
tel. 0117495793

Casa del Barolo
via A. Doria, 7
Torino
tel. 011532038

La Cave à Millèsime
c.so De Gasperi, 21
Torino
tel. 011593112

Delsanto
via Piazzi, 5
Torino
tel. 0115807940

Gabri
c.so Raffaello, 6
Torino
tel. 0116692926

P.I.A.N.A.
via Garibaldi, 38
Torino
tel. 0114366707

Il Vinaio
via Cibrario, 38
Torino
tel. 011480277

Vinarium
via Madama Cristina, 119
Torino
tel. 0116505208

VERBANIA E PROVINCIA

Casa Bava
p.zza 27-28 Maggio, 8
Cannobio [VB]
tel. 032371247

Garrone
via Scapaccino, 36
Domodossola [VB]
tel. 0324242990

La Bottiglieria Osteria del Castello
p.zza Castello, 9
Verbania
tel. 0323516579

VERCELLI E PROVINCIA

Enoteca Regionale di Gattinara e delle Terre del Nebbiolo del Nord Piemonte
c.so Valsesia, 112
Gattinara [VC]
tel. 0163834070

Vista la morfologia della regione, incastonata tra le Alpi, l'Appennino e il mare, rimane poco spazio pianeggiante o moderatamente ripido da dedicare all'agricoltura e quindi si può affermare che in Liguria la terra coltivabile costa cara. Costa altresì caro coltivare la vite e in certe zone la meccanizzazione è pressoché impossibile, cosa che automaticamente fa lievitare i prezzi dei vini. La fascia dei vini a buon mercato rimane molto ristretta ma è significativo osservare come sia bastato allargare leggermente le maglie della fascia di prezzo della nostra pubblicazione per trovare un'amplissima lista di etichette tra le quali selezionare quelle che abbiamo inserito qui di seguito. Anzi, si può notare come anche in questa regione siano entrate a far parte della nostra selezione aziende e vini molto prestigiosi, meritevoli, in passato, addirittura dei Tre Bicchieri nella Guida Vini d'Italia. Rispetto allo scorso anno la selezione si è arricchita con diverse etichette di Vermentino dei Colli di Luni e di Pigato della Riviera di Ponente di case famose (Lunae Bosoni, Conti Picedi Benettini, Laura Aschero e BioVio) e di belle scoperte e riscoperte come Rossana Ruffini o Cantine Calleri. Ma, in mezzo a tanti ottimi bianchi, anche i rossi stanno ottenendo risultati entusiasmanti, tanto che abbiamo deciso di assegnare l'Oscar Regionale al fragrante Rossese di Dolceacqua di Maccario Dringenberg, in buona compagnia con il Beragna di Ka' Manciné. Il dato che emerge dalle pagine che seguono è che la regione conferma anche nell'ambito dei vini meno costosi i grandi progressi qualitativi raggiunti nelle ultime vendemmie.

Rossese di Dolceacqua '15
Maccario Dringenberg
via Torre, 3
San Biagio della Cima [IM]
tel. 0184289947
11.80 euro

Giovanna Maccario è diventata vignaiola più di 15 anni fa, alla morte del padre Mario, storico viticoltore di San Biagio della Cima. Da allora, con l'aiuto del marito Goetz Dringenberg, si è prodigata a far conoscere il Rossese in Italia, pur possedendo meno di 4 ettari vitati. Con ceppi spesso molto vecchi nei cru più rinomati della zona (Brae, Luvaira, Posaú e Curli) Giovanna produce vini di grande personalità. Il base 2015 ha raffinati aromi di corteccia e spezie e trama tannica molto elegante.

l'oscar regionale

gli oscar

Ormeasco di Pornassio '15
Carlo Alessandri
via Umberto I, 15
Ranzo [IM]
tel. 0183318114
10.10 euro

Come spesso accade nei comuni ad alta densità viticola certi cognomi sono ricorrenti, come gli Alessandri a Ranzo, zona d'elezione per il Pigato. Tra le due aziende Alessandri quella di Carlo è la più piccola con soli 2 ettari vitati. Nata nel 1982, dai vigneti di Cian Survan e Russeghine produce tutti i vini tipici della Valle Arroscia, principalmente Pigato e Ormeasco, un clone della cultivar dolcetto.
L'Ormeasco '15 ha intense note di more e cacao e un palato polposo, vellutato e persistente.

Riviera Ligure di Ponente Pigato '15
Laura Aschero
p.zza Vittorio Emanuele, 7
Pontedassio [IM]
tel. 0183710307
www.lauraaschero.it
13.00 euro

Laura Aschero, donna di grande determinazione, creò nel 1981 una piccola azienda vitivinicola a Pontedassio, in provincia di Imperia. Subito il figlio Marco Rizzo si interessò a quell'attività, prima ammodernando la cantina e poi crescendo in qualità e in dimensioni, fino a superare di poco i 5 ettari di vigna. In tre etichette significative (Pigato, Vermentino e Rossese) l'azienda propone un'immagine veritiera del Ponente Ligure. Il Pigato '15 abbina le classiche note di macchia mediterranea a una piacevole grassezza al palato.

Riviera Ligure di Ponente Vermentino Aimone '15
BioVio
fraz. Bastia
via Crociata, 24
Albenga [SV]
tel. 018220776
www.biovio.it
8.00 euro

L'azienda della famiglia Vio - attualmente conosciuta come BioVio - nacque nel 1980 a Bastia d'Albenga. Questa piccola realtà si è ingrandita e ha diversificato le sue attività, riorganizzando il lavoro. Oggi Giobatta, aiutato dalla moglie e le figlie, coltiva 14 ettari: 6 in collina dedicati alla vite e il resto in pianura per le erbe aromatiche. Nella splendida gamma dei vini, tutti da coltivazione biologica certificata, spicca il floreale e fruttato Vermentino, di ottimo equilibrio al palato.

Portofino Çimixà L'Antico '15
Bisson
c.so Gianelli, 28
Chiavari [GE]
tel. 0185314462
www.bissonvini.it
12.10 euro

L'azienda nasce nel 1978 per volontà di Pierluigi Lugano che, intuendo l'enorme potenziale inespresso dietro ai vini liguri, decide di comprare e vinificare piccole partite di uve rare della provincia di Genova. Dopo una partenza pionieristica, il titolare compra e pianta vigneti in due tenute (Tenuta di Trigoso e Campegli) fino a raggiungere le attuali dimensioni di 12 ettari. Bella scoperta il Çimixà '15: profuma di albicocca e clorofilla allo stesso tempo e possiede una bocca fresca e sapida.

Bansìgu '15
Bruna
fraz. Borgo
via Umberto I, 81
Ranzo [IM]
tel. 0183318082
www.brunapigato.it
10.90 euro

All'inizio degli anni '70, Riccardo Bruna è stato uno dei pionieri del vino ligure, tra i primi a credere in particolar modo nel Pigato. Attualmente l'azienda è gestita dalle figlie Annamaria e, soprattutto, da Francesca e il marito Roberto. I vigneti, in maggior parte a pigato, constano di 8 ettari in Valle d'Arroscia tra Ortovero e Ranzo. Quest'anno abbiamo molto apprezzato un rosso: il morbido e avvolgente Bansìgu, a base di granaccia con piccole aggiunte di uve locali, ricco di aromi di mora e viola, con un finale di tabacco.

Valpolcevera Bianchetta Genovese Bunassa '15
Enoteca Andrea Bruzzone
via Bolzaneto, 96r
Genova
tel. 0107455157
www.andreabruzzonevini.it
7.10 euro

Andrea Bruzzone è il discendente di una famiglia di commercianti di vino che opera in Val Polcevera e nell'entroterra genovese già da metà '800. Oltre a proseguire il lavoro dell'enoteca, la sua passione lo ha spinto a vinificare le uve di piccole aziende della Val Polcevera. Dalla vendemmia 1995 Andrea propone, infatti, vini prodotti nelle proprie cantine. Nella sua gamma si è fatta notare la Bianchetta Genovese Bunassa. Da questo vecchio vitigno autoctono nasce un vino ricco di aromi erbacei e dalla struttura snella e beverina.

Riviera Ligure di Ponente Pigato di Albenga Saleasco '15
Cantine Calleri
loc. Salea
reg. Fratti, 2
Albenga [SV]
tel. 018220085
www.cantinecalleri.com
12.10 euro

Anche a Salea di Albenga c'è un caso di omonimia tra due aziende: Cantine Calleri di Marcello Calleri e La Vecchia Cantina di Umberto Calleri. Negli anni '50 Aldo Calleri, commerciante in vini piemontesi, decide di dedicarsi anche alla vendita di quelli liguri e poi alla produzione. Nel 1965 nasce l'azienda e con l'arrivo di Marcello la cantina e la produzione si assestano, mentre gli accordi con i fornitori di uve vengono rinsaldati. Il risultato: un grande Saleasco dalla forte personalità iodata. È raffinato e vellutato, sorretto da un grande equilibrio.

Cinque Terre Costa da' Posa '15
Cantina Cinque Terre
fraz. Manarola
loc. Groppo
Riomaggiore [SP]
tel. 0187920435
www.cantinacinqueterre.com
13.00 euro

Un plauso speciale va a questa cooperativa che, con il suo lavoro e quello dei soci, contribuisce a mantenere il paesaggio delle Cinque Terre. I numerosi conferitori totalizzano circa 45 ettari di vigne terrazzate, dalle quali si ricavano una media annua di 200mila bottiglie. Da diverso tempo vengono vinificati separatamente le uve provenienti dalle zone più vocate. Il Costa da' Posa '15 di Volastra mostra una bella personalità. Cenni di macchia mediterranea e fiori bianchi e un palato di buon equilibrio.

Dolceacqua Beragna '15
Ka' Manciné
fraz. San Martino
via Maciurina, 7
Soldano [IM]
tel. 339 3965477
www.kamancine.it
12.40 euro

La zona di Dolceacqua offre

panorami e vigne mozzafiato con pendenze che non permettono la meccanizzazione dei vigneti: 90 ettari vitati totali per più di 30 viticoltori. Con 3,5 ettari di filari scoscesi, rilevati nel 1998 dalla sua famiglia, Maurizio Anfosso non fa eccezione. Il Beragna proviene da una ripida vigna ad alberello piantata oltre un secolo fa. L'annata 2005 ci regala un vino dai tannini delicati e dalla spiccata sapidità, con aromi di erbe officinali e paté di oliva: un vero fuoriclasse.

Colli di Luni Vermentino Et. Grigia '15
Cantine Lunae Bosoni
fraz. Isola di Ortonovo
via Bozzi, 63
Ortonovo [SP]
tel. 0187669222
www.cantinelunae.com
11.60 euro

La famiglia Bosoni si dedica all'agricoltura da generazioni, ma è solo con Paolo e il fratello Lucio che si assiste ad una svolta decisa verso la viticoltura specializzata. I fratelli Bosoni controllano tra proprietà e affitto, oppure attraverso piccole produzioni conferite da 150 viticoltori locali, circa 65 ettari a vigneto tra Ortonovo e Castelnuovo Magra. Il Vermentino Etichetta Grigia è il fratello minore del più noto Etichetta Nera, ma il 2015 riesce a farsi apprezzare per i profumi agrumati.

Colli di Luni Vermentino '15
Conte Picedi Benettini
via Mazzini, 57
Sarzana [SP]
tel. 0187625147
www.picedibenettini.it
8.20 euro

I conti Picedi Benettini producono vino sul territorio da tempi immemorabili. Oggi il testimone è nelle mani dell'anziano Nino che mette l'impegno di un ragazzino per ottenere dalle tre tenute di famiglia (Villa Il Chioso a Baccano di Arcola, Tenuta di Barcola nei pressi di Lerici, Fattoria di Ceserano a Fivizzano) i migliori prodotti possibili. Il Colli di Luni Vermentino '15 offre una buona complessità al naso con aromi di frutta matura e cenni di rosmarino, mentre dona al palato una buona sapidità.

Colli di Luni Vermentino Portolano '15
Rossana Ruffini
via Tirolo, 58
Bolano [SP]
tel. 0187939988
9.00 euro

L'azienda di Rossana Ruffini e del marito Guido Brandani è una delle ultime arrivate nel panorama ligure. L'avventura inizia nel 2003 con l'impianto in collina di una parte dei vigneti che hanno preso il posto di querce e castagni. I primi vini vengono prodotti nel 2007. Per ora gli ettari sono circa 4, ma già si pensa di ampliare l'azienda. Il Portolano '15 è stata una delle più belle novità di quest'anno. Al naso unisce i timbri fruttati, balsamici e minerali, mentre al palato è denso e salato.

gli altri vini

Carlo Alessandri
via Umberto I, 15
Ranzo [IM]
tel. 0183318114
Riviera Ligure di Ponente Vermentino '15
9.20 euro

La Baia del Sole Federici
fraz. Luni antica
via Forlino, 3
Ortonovo [SP]
tel. 0187661821
www.cantinefederici.com
Colli di Luni Eutichiano '15
10.90 euro
Colli di Luni Vermentino Gladius '15
9.20 euro

BioVio
fraz. Bastia
via Crociata, 24
Albenga [SV]
tel. 018220776
www.biovio.it
Riviera Ligure di Ponente Pigato Ma René '15
9.90 euro

Cantine Bregante
via Unità d'Italia, 47
Sestri Levante [GE]
tel. 018541388
www.cantinebregante.it
Golfo del Tigullio Portofino Bianco '15
5.90 euro

Bruna
fraz. Borgo
via Umberto I, 81
Ranzo [IM]
tel. 0183318082
www.brunapigato.it
Riviera Ligure di Ponente Pigato Majé '15
11.60 euro

Cantine Calleri
loc. Salea
reg. Fratti, 2
Albenga [SV]
tel. 018220085
www.cantinecalleri.com
Dolceacqua '15
10.40 euro

Fontanacota
fraz. Ponti
via Provinciale, 137
Pornassio [IM]
tel. 3339807442
www.fontanacota.it
Pornassio '15
10.10 euro
Riviera Ligure di Ponente Pigato '15
10.10 euro
Riviera Ligure di Ponente Vermentino '15
10.10 euro

Giacomelli
via Palvotrisia, 134
Castelnuovo Magra [SP]
tel. 0187674155
www.azagricolagiacomelli.it
Colli di Luni Vermentino Pianacce '15
10.00 euro

Cantine Levante
via Villa Ragone, 21
Sestri Levante [GE]
tel. 0185 42466
Portofino Bianchetta Genovese '15
8.20 euro

Il Monticello
via Groppolo, 7
Sarzana [SP]
tel. 0187621432
www.ilmonticello.it
Colli di Luni Rosso Rupestro '15
8.70 euro

Colli di Luni Vermentino Groppolo '15
10.50 euro

Conte Picedi Benettini
via Mazzini, 57
Sarzana [SP]
tel. 0187625147
www.picedibenettini.it
Colli di Luni Vermentino Il Chioso '15
11.60 euro

Podere Grecale
loc. Bussana
via Ciousse
Sanremo [IM]
tel. 01841956107
www.poderegrecale.it
Riviera Ligure di Ponente Pigato '15
11.40 euro

Poggio dei Gorleri
fraz. Diano Gorleri
via San Leonardo
Diano Marina [IM]
tel. 0183495207
www.poggiodeigorleri.com
Ormeasco di Pornassio Peinetti '15
10.40 euro

Il Torchio
via delle Colline, 24
Castelnuovo Magra [SP]
tel. 3318585633
Colli di Luni Vermentino '15
10.10 euro

Valdiscalve
loc. Reggimonti
s.da prov.le 42
Bonassola [SP]
tel. 0187818178
www.vermenting.com
Colline di Levanto Bianco Terre del Salice '15
10.10 euro

La Vecchia Cantina
fraz. Salea
via Corta, 3
Albenga [SV]
tel. 3393733641
www.lavecchiacantinacalleri.it
Riviera Ligure di Ponente Albenganese Pigato '15
12.60 euro

Migone
p.zza San Matteo, 4/6r
Genova
tel. 0102473282

Giovanni Migoni acquistò i locali che prima ospitavano le cantine dell'azienda Ivaldi nel 1925. Siamo al cospetto della più antica enoteca di Genova, ospitata in un palazzo risalente al Quattrocento, nella centrale piazza San Matteo che può vantare un nutrito assortimento di etichette italiane, arricchito da bollicine, nostrane e d'Oltralpe. La selezione dei vini alla mescita è in grado di assecondare ogni richiesta e per chi volesse mettere qualcosa sotto i denti, c'è l'adiacente Osteria che permette di accompagnare i calici con i piatti della tradizione genovese.

Enoteca Baroni
via Cavour, 18
Lerici [SP]
tel. 0187966301

In questa enoteca troverete una valida selezione di vini regionali e nazionali, oltre ad alcune etichette francesi. Accolti con gentilezza e professionalità, potrete fare acquisti di vini d'annata e prodotti tipici, da conserve e salse liguri alle paste artigianali, oltre a potervi fermare per una pausa in qualsiasi momento della giornata. L'insegna è consigliabile per la colazione, per un pranzo veloce e per un gustoso aperitivo, in cui i tanti vini in mescita possono essere accompagnati da taglieri di salumi, focacce e crostini. Ma non fermatevi qui: chi desideri degustare annate introvabili è nel posto giusto poiché la cantina dell'enoteca ospita bottiglie che sono una vera rarità.

GENOVA E PROVINCIA
Bisson
c.so Gianelli, 28
Chiavari [GE]
tel. 0185314462

Enoteca Bruzzone
via Bolzaneto, 96r
Genova
tel. 0107455157

Seghezzo
via Cavour, 1
Santa Margherita Ligure [GE]
tel. 0185287172

U Fundu
via Nazionale, 120
Sestri Levante [GE]
tel. 0185458308

Enoteca Grazia
c.so Colombo, 65
Sestri Levante [GE]
tel. 018542647

IMPERIA E PROVINCIA
Enoteca Lupi
loc. Oneglia
via V. Monti, 13
Imperia
tel. 0183291610

Bacchus
via Roma, 65
Sanremo [IM]
tel. 0184530990

Il Forletto
via Corradi, 44
Sanremo [IM]
tel. 0184509128

Marone
via San Francesco, 61
Sanremo [IM]
tel. 0184506916

LA SPEZIA E PROVINCIA
Enoteca Internazionale
via Roma, 62/66
Monterosso al Mare [SP]
tel. 0187817278

lombardia

La Lombardia del Berebene, anche quest'anno, è targata Oltrepò Pavese. Se l'insidiosa annata 2014 aveva creato diversi problemi alla Bonarda, il 2015 ne segna il riscatto – non a caso sono arrivati anche i primi Tre Bicchieri alla tipologia – con vini profumati e succosi, integri nelle sensazioni fruttate e ricchi ed esuberanti nel sorso. Anche il Pinot Nero trova spazio tra le righe delle pagine che seguono, non nelle versioni Metodo Classico – che nonostante l'innalzamento della fascia non rientrano sotto i 13 euro – ma in quelle più giovani e fresche, improntate alla bevibilità. Proprio uno di questi si aggiudica l'Oscar Regionale; si tratta del Brugherio '14 di Marchese Adorno, tra le aziende storiche del territorio. Ma il "Vecchio Piemonte" è anche terra di bianchi dal buon rapporto qualità prezzo, soprattutto quando abbiamo a che fare con il riesling, un vitigno da cui i viticoltori stanno ottenendo versioni sempre più centrate. Se anche Lugana, con due vini piacevoli e immediati, e il mantovano firmano la loro presenza nel nostro vademecum per i buoni acquisti, è la Valtenesi che fa registrare un gradito exploit con i suoi Chiaretto: la costa bresciana del Garda regala sempre più spesso rosé armonici, fragranti e golosi.

OP Pinot Nero Brugherio '14
Marchese Adorno
via Garlassolo, 30
Retorbido [PV]
tel. 0383374404
www.marcheseadorno-wines.it
9.90 euro

Al fianco dei classici Pinot Nero adatti all'invecchiamento, sta prendendo sempre più piede una tipologia più giovane, fresca, fragrante, meno "impegnativa", se vogliamo usare questo termine. È questo il caso del Brugherio '14 di Marchese Adorno, azienda che sta emergendo sempre più nel vasto panorama vitivinicolo oltrepadano. Varietale nei profumi, di violetta e piccoli frutti di bosco, elegante, nitido e setoso nel tannino, è fresco, di grande bevibilità e molto eclettico per quanto riguarda gli abbinamenti.

gli Oscar

Rebo Montecorno '13
Avanzi
via Trevisago, 19
Manerba del Garda [BS]
tel. 0365551013
www.avanzi.net
13.00 euro

Questa azienda è una di quelle che puntano maggiormente alla valorizzazione del rebo, un incrocio di origine trentina tra merlot e teroldego che ben si è acclimatato sui colli della Valtenesi, sulla sponda bresciana del Lago di Garda. In questo caso abbiamo a che fare con un vino di una certa forza, con note di prugna leggermente sovramature, un corpo ben sostenuto dall'intelaiatura acida e tannica, e un finale di spessore con sentori di liquirizia.

OP Pinot Grigio Clastidium '15
Ballabio
via San Biagio, 32
Casteggio [PV]
tel. 0383805728
www.ballabio.net
11.80 euro

La storica azienda casteggiana fondata da Angelo Ballabio sta vivendo una fase di importante rilancio, puntando in particolare sugli spumanti Metodo Classico e sui vini tradizionali della zona. Non è il primo anno che il Clastidium (nome romano di Casteggio), da uve pinot grigio, si rivela vino di sicuro interesse. Varietale nei suoi sentori di pera Williams e mela gialla, è fresco e armonico, ben eseguito, non privo di una certa eleganza e di ricchezza.

OP Bonarda Vivace La Peccatrice '15
Bisi
loc. Cascina San Michele
fraz. Villa Marone, 70
San Damiano al Colle [PV]
tel. 038575037
www.aziendagricolabisi.it
6.00 euro

Claudio Bisi è uno dei viticoltori oltrepadani che stimiamo maggiormente. Rossista per vocazione e per caratteristiche pedoclimatiche dell'azienda (anche se più volte abbiamo segnalato il suo Riesling Renano), fa un rigoroso lavoro di selezione in vigna per ottenere le uve migliori abbassando le rese. La sua Bonarda è sempre tra le migliori, e stilisticamente si differenzia soprattutto per il fatto di essere completamente secca. Impenetrabile nel colore, ha una gran ricchezza di frutti di bosco neri, polpa, tannino ben maturo e finale ammandorlato di lunga persistenza.

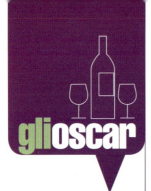

OP Bonarda Vivace Cresta del Ghiffi '15
F.lli Agnes
via Campo del Monte, 1
Rovescala [PV]
tel. 038575206
www.fratelliagnes.it
7.60 euro

Pignola è il nome che gli abitanti di Rovescala danno alla varietà di croatina locale dalla conformazione del grappolo, piccolo e compatto, a forma appunto di pigna. I fratelli Agnes sono i cultori di questo vitigno e, grazie a un buon lavoro in vigna, riescono a regalare vini dall'encomiabile costanza qualitativa. Tra le migliori dell'Oltrepò c'è la Bonarda Vivace '15 Cresta del Ghiffi, per chi ama un residuo zuccherino marcato. Sentori tipici di frutti neri assicurano un gusto avvolgente, polposo e di buona struttura.

Il Bardughino '15
Alessio Brandolini
fraz. Boffalora, 68
San Damiano al Colle [PV]
tel. 038575232
www.alessiobrandolini.com
6.70 euro

Seguiamo da tempo Alessio Brandolini, che si sta dimostrando anno dopo anno un ragazzo in gamba. Dopo la prematura scomparsa del babbo si è trovato la piccola azienda di famiglia interamente sulle spalle, si è rimboccato le maniche e **ha continuato a migliorare la qualità dei** prodotti ampliando senza eccessi la gamma. Già più volte abbiamo segnalato questa Malvasia Secca che sorprende per l'ampiezza della gamma aromatica e l'intensità del palato.

Valtènesi Chiaretto Roseri '15
Cà Maiol
via Colli Storici, 119
Desenzano del Garda [BS]
tel. 0309910006
www.camaiol.it
10.90 euro

Si presenta bene questo Chiaretto, con un colore brillante che invita alla beva. Avvicinando il bicchiere al naso, emergono franchi e nitidi profumi di piccoli frutti a bacca rossa e agrumi (mandarino, arancia). All'assaggio, non manca la polpa fruttata, con una bella freschezza acida e una convincente sapidità. La beva è fluida, l'insieme armonico, il finale coerente e di buona lunghezza.

Il Marinoni '15
Ca' del Gè
fraz. Ca' del Gè, 3
Montalto Pavese [PV]
tel. 0383870179
www.cadelge.it
11.80 euro

Stefania, Sara e Carlo Padroggi sono tre ragazzi in gamba che, col supporto di mamma Lucia, portano avanti il lavoro del padre Enzo, mancato ormai da qualche anno. I loro terreni prevalentemente calcarei e gessosi sono adatti in particolare alla coltivazione delle uve a bacca bianca. Altre volte abbiamo segnalato la piacevolezza del loro Italico; il Marinoni '15, invece, è un Renano in purezza di notevole struttura e ampiezza aromatica, caratterizzato da sentori di menta e di frutti gialli.

OP Bonarda La Casetta '15
Ca' di Frara
via Casa Ferrari, 1
Mornico Losana [PV]
tel. 0383892299
www.cadifrara.com
10.90 euro

La famiglia Bellani, con Luca ormai alla guida dell'azienda di famiglia da molti anni, è in grado di proporre un'ampia gamma di vini territoriali di particolare interesse. Abbiamo segnalato più volte il Riesling Renano e il Pinot Grigio raccolta tardiva, per esempio. Quest'anno però vogliamo porre l'accento sulla Bonarda La Casetta '15, vinificata ferma, che convince per l'ampiezza e l'integrità del frutto a bacca rossa, per la struttura e la bevibilità, il tutto reso ancor più accattivante da un leggero residuo zuccherino.

Lugana '15
Ca' Lojera
loc. Rovizza
via 1866, 19
Sirmione [BS]
tel. 0457551901
www.calojera.com
10.20 euro

Chi è alla ricerca di un vino bianco armonico, equilibrato,

sostanzioso e franco troverà senz'altro soddisfazione nel Lugana "base" di Ca' Lojera. I profumi parlano di frutti tropicali e pesca bianca, mentre in bocca è fresco, pieno, nitido, con una polpa fruttata convincente e salda, una lieve tendenza verso il dolce che rientra nei canoni della piacevolezza e un'armonia complessiva encomiabili, senza cedimenti nel finale.

**OP Bonarda Vivace '15
Cà Tessitori**
via Matteotti, 15
Broni [PV]
tel. 038551495
www.catessitori.it
6.70 euro
L'azienda condotta da Luigi Giorgi con il fattivo contributo dei figli Giovanni e Francesco sta da tempo migliorando e affinando la produzione, puntando molto sul Metodo Classico. In questo caso segnaliamo però un altro vino tradizionale del territorio, la Bonarda '15. Intensa, profumata di piccoli frutti neri e di viola con netti sentori balsamici, equilibrata e con il giusto nerbo, ha struttura, tannini avvolgenti, bocca piena e bel finale lievemente ammandorlato.

**OP Riesling '13
Calatroni**
loc. Casa Grande, 7
Montecalvo Versiggia [PV]
tel. 038599013
www.calatronivini.it
8.40 euro
Insistiamo nel dire che Christian e Stefano Calatroni sono due ragazzi in gamba che propongono una gamma di vini interessanti, Metodo Classico incluso, oltretutto a prezzi molto convenienti. Non è la prima volta che segnaliamo il loro Riesling Renano in purezza, che viene prodotto in una versione più giovane e in questa, linea Viticoltori in Montecalvo, destinata a essere denominata Riserva. Il 2013 è sapido, profumato di agrumi e fieno, ricco, molto varietale, ancora sulla strada che porterà alla luce sentori più terziari.

**Valtènesi Chiaretto
RosaMara '15
Costaripa**
via Costa, 1a
Moniga del Garda [BS]
tel. 0365502010
www.costaripa.it
9.90 euro
Mattia Vezzola guida questa importante realtà gardesana, attiva già dal 1936. Il suo lavoro di valorizzazione sull'uva groppello è stato costante. Tra i vini più riusciti da segnalare sicuramente il Chiaretto Rosamara, che ogni anno risulta tra i migliori della tipologia. Il '15 ha un colore che tende al ramato, con profumi di piccoli frutti che si ritrovano in un palato snello, saldo ed elegante.

**OP Sangue di Giuda
Lella '15
Fiamberti**
via Chiesa, 17
Canneto Pavese [PV]
tel. 038588019
www.fiambertivini.it
9.40 euro
L'azienda di Ambrogio e Giulio Fiamberti ha nei vini della più classica tradizione oltrepadana il suo punto di forza. Il Sangue di Giuda è uno di questi. Vino rosso dolce e frizzante, deve essere beverino, profumato di frutti di bosco, franco, non troppo dolce (altrimenti diventa stucchevole), vellutato nei tannini e con finale appena ammandorlato. Proprio come questo Lella '15, ampio ed espressivo, al cui corredo aromatico vanno aggiunte note di prugna e sentori floreali.

**OP Bonarda Vivace
Rubiosa '15
Le Fracce**
fraz. Mairano
via Castel del Lupo, 5
Casteggio [PV]
tel. 038382526

www.lefracce.com
11.30 euro

Questa storica azienda, da anni di proprietà della Fondazione Bussolera Branca, è uno dei capisaldi dell'Oltrepò Pavese vitivinicolo. La Bonarda La Rubiosa è sempre stata un simbolo di quello che potremmo dire lo stile casteggiano di questo vino, ovvero meno carico di colore e con profumi più floreali che fruttati rispetto alle versioni provenienti dalle località orientali del territorio. Il 2015 non fa eccezione: elegante, profumata di violetta, ha nell'equilibrio il suo punto di forza.

OP Pinot Nero Carillo '14
Frecciarossa
via Vigorelli, 141
Casteggio [PV]
tel. 0383804465
www.frecciarossa.com
9.10 euro

Questo vino mutua il curioso nome da Carillo Radici, ingegnere bergamasco, marito di Margherita Odero, figlia di quel Giorgio Odero che diede impulso all'azienda acquisita dal padre nel 1919 e cui è dedicato il Pinot Nero più "grande", più volte Tre Bicchieri. Alla sua seconda uscita, questo Carillo '14, profumato di ribes e violetta, ha grande equilibrio, risultando fine, elegante, intrigante nella sua varietalità pacata, dalla beva facile ma non privo di sfumature più complesse.

Vecchio Ponte '15
Giubertoni
fraz. San Nicolò Po
via Papa Giovanni XXIII
Bagnolo San Vito [MN]
tel. 0376252762
www.cantinegiubertoni.it
6.70 euro

Questa antica cantina produce oggi una serie di Lambrusco di ottimo livello, ciascuno dei quali con differenti caratteristiche aromatiche. Il Vecchio Ponte '15, ottenuto da uve salamino, Ruberti e ancellotta, ha una bella spuma violacea vivace che aiuta a diffondere ampi profumi di violetta, fragola, lampone, mora. In bocca ha corpo, nerbo, grinta e un lungo finale fruttato che lascia la bocca fragrante.

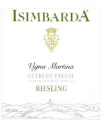

OP Riesling V. Martina '15
Isimbarda
fraz. Castello
Cascina Isimbarda
Santa Giuletta [PV]
tel. 0383899256
www.isimbarda.com
10.10 euro

Il nome dell'azienda evoca la storia dell'Oltrepò Pavese: pare che i Marchesi Isimbardi producessero vino sin dal XVII secolo su questi terreni calcarei e marnosi ideali per la coltivazione di uve a bacca bianca. Il Riesling Vigna Martina, come tutti gli anni, rivela da giovane la sua anima floreale, fruttata, con un tocco di zafferano ed erbe aromatiche e bella polpa. Poi, avendo la pazienza di attenderlo, col passare degli anni emergeranno le note terziarie tipiche del nobile vitigno.

al Scagarün '15
Cantine Lebovitz
loc. Governolo
v.le Rimembranze, 4
Roncoferraro [MN]
tel. 0376668115
www.cantinelebovitz.it
4.20 euro

Quasi cent'anni di storia per l'azienda della famiglia Lebovitz, ora guidata da Gianni assieme al nipote Paolo Zamboni. Tra i vini che ci sono piaciuti di più quest'anno spicca al Scagarun, nome bizzarro per un Lambrusco rifermentato in bottiglia ottenuto da uve Ruberti, Maestri, Marani e una piccola quota di ancellotta. Dal colore impenetrabile, ha un naso di amarena piuttosto elegante, una gioviale briosità in bocca, è secco e persistente, di grande piacevolezza ed equilibrio.

Lugana Imperiale '15
Monte Cicogna
via delle Vigne, 6
Moniga del Garda [BS]
tel. 0365503200

www.montecicogna.it
8.10 euro

L'interpretazione del Lugana che l'azienda della famiglia Materossi dà al suo Imperiale '15 la si intuisce sin dal colore giallo paglierino abbastanza carico: il vino è infatti intenso nel profumo, fruttato e maturo, e in bocca dà immediatezza, freschezza, armonia, senza eccessi: un bel bianco equilibrato, pronto, fragrante, soddisfacente anche nella profondità finale.

**Valtènesi
Il Chiaretto '15
Pasini
San Giovanni**
fraz. Raffa
via Videlle, 2
Puegnago sul Garda [BS]
tel. 0365651419
www.pasinisangiovanni.it
10.00 euro

Da una delle aziende principi di questa zona del Garda bresciano, ecco un bel Chiaretto che ben si presenta con un colore brillante che invita alla beva. Al naso emergono franchi e nitidi profumi di piccoli frutti a bacca rossa e agrumi (mandarino, arancia). All'assaggio non manca la polpa fruttata, con una bella freschezza e una convincente sapidità. La beva è fluida, l'insieme armonico, il finale coerente e preciso, molto piacevole e pulito.

**OP Bonarda Vivace '15
Andrea Picchioni**
fraz. Camponoce, 8
Canneto Pavese [PV]
tel. 0385262139
www.picchioniandrea.it
7.60 euro

Andrea Picchioni è un produttore che va encomiato: pur senza aver fatto studi specifici in materia, non ha ereditato l'azienda di famiglia come avviene in molti altri casi, non solo in Oltrepò, ma l'ha fondata personalmente, giovanissimo, nel 1988. Da allora ricerca della qualità e sostenibilità ambientale sono progrediti di pari passo sino a farne una delle cantine più interessanti del territorio. Questa Bonarda '15 è generosa, ricca, opulenta senza perdere in facilità di beva.

**OP Riesling
Vign. del Pozzo '13
Piccolo Bacco
dei Quaroni**
fraz. Costamontefedele
Montù Beccaria [PV]
tel. 038560521
www.piccolobaccodeiquaroni.it
10.10 euro

L'azienda di Mario Cavalli e Laura Brazzoli è una piccola, interessante realtà situata nell'Oltrepò orientale, a pochi passi dal confine con l'Emilia. Zona soprattutto di vini rossi, ma la Vigna del Pozzo, piantata a riesling renano, è capace di dare un vino dal profilo molto interessante e variegato. Questo 2013 ci ha particolarmente colpito perché è fine, profondo, e l'avanzare delle note minerali caratteristiche del vitigno si integra molto bene con sentori floreali e di erbe aromatiche.

**Valtènesi Torrazzo '15
Pratello**
via Pratello, 26
Padenghe sul Garda [BS]
tel. 0309907005
www.pratello.com
13.00 euro

Ecco un rosso - da uve marzemino e groppello - di quelli che si vorrebbe bere volentieri a secchiate con gli amici, magari bello fresco di temperatura. La ciliegia e la marasca sono i primi frutti che emergono al naso, completati da note di prugna e di frutti di bosco in bocca, ma ciò che conta di più non è tanto la varietà degli aromi quanto la bevibilità, sostenuta da nerbo e da un tannino ben levigato.

 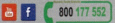

80 Vendemmie Rosso '15
Cantina Sociale Cooperativa di Quistello
via Roma, 46
Quistello [MN]
tel. 0376618118
www.cantinasocialequistello.it
8.40 euro

Nell'immaginario collettivo Lambrusco è sinonimo di Emilia, ma guardando la cartina geografica si può facilmente vedere come il territorio mantovano al di là del fiume Po, dunque ancora in Lombardia, sia territorialmente attiguo. La Cantina di Quistello opera con validi risultati sapendo produrre selezioni molto interessanti come questo 80 Vendemmie '15, rifermentato in bottiglia, dal colore impenetrabile, brioso, fragrante e profumato di frutti di bosco, schietto e intenso come deve essere un vino di questa tipologia.

San Martino della Battaglia Campo del Soglio '15
Cantine Selva Capuzza
fraz. San Martino della Battaglia
loc. Selva Capuzza
Desenzano del Garda [BS]
tel. 0309910381
www.selvacapuzza.it
11.60 euro

Sulla scheda tecnica aziendale il vitigno indicato per la produzione di questo vino è chiamato "tuchì". Non è difficile intuire che si tratta di un tocai, il vitigno che come molti sanno non può più dare il suo nome a un vino per l'assonanza con il Tokaj ungherese. A parte questo, si tratta di un vino elegante, suadente, caratterizzato da profumi soprattutto floreali e da una vena minerale molto fine e intrigante.

OP Bonarda Vivace '15
Vanzini
fraz. Barbaleone, 7
San Damiano al Colle [PV]
tel. 038575019
www.vanzini-wine.com
9.20 euro

L'azienda di Antonio, Pierpaolo e Monica Vanzini è sinonimo di produzione sincera e ben rappresentativa del territorio oltrepadano. La gamma di vini proposti è sempre ottima e, fattore da non sottovalutare, a prezzi contenuti. Uno dei loro punti di forza sono gli spumanti Metodo Martinotti; un altro è questa Bonarda Vivace '15 fresca e fragrante, con note di frutti di bosco in apertura, tanta freschezza e schiettezza di aromi e una bocca lineare e pulita, molto godibile.

OP Bonarda Vivace Possessione di Vergombera '15
Bruno Verdi
via Vergomberra, 5
Canneto Pavese [PV]
tel. 038588023
www.brunoverdi.it
8.20 euro

Paolo Verdi è ormai da tempo entrato nell'élite dei produttori oltrepadani di alto livello. Riesce a offrire tipologie differenti, dal Metodo Classico ai rossi da invecchiamento, sempre con risultati eccellenti. La sua Bonarda '15 è tra le migliori del territorio: molto caratteristica, dalla bella spuma morbida, è intensa, profumata di frutti di bosco, di viola e ha quella caratteristica nota balsamica tipica dei versanti ripidi di Canneto Pavese.

gli altri vini

Marchese Adorno
via Garlassolo, 30
Retorbido [PV]
tel. 0383374404
www.marcheseadorno-wines.it
Cliviano '14
11.60 euro
**OP Bonarda Vivace
Costa del Sole '15**
9.10 euro

F.lli Agnes
via Campo del Monte, 1
Rovescala [PV]
tel. 038575206
www.fratelliagnes.it
**OP Bonarda
Millennium '13**
13.00 euro
**Possessione
del Console '15**
10.90 euro

Anteo
loc. Chiesa
Rocca de' Giorgi [PV]
tel. 038599073
www.anteovini.it
**OP Bonarda Vivace
Staffolo '15**
8.20 euro

Antica Tesa
loc. Mattina
via Merano, 28
Botticino [BS]
tel. 0302691500
**Botticino
Pià de la Tesa '12**
11.80 euro

Avanzi
via Trevisago, 19
Manerba del Garda [BS]
tel. 0365551013
www.avanzi.net
Lugana Sirmione '15
9.40 euro

Ballabio
via San Biagio, 32
Casteggio [PV]
tel. 0383805728
www.ballabio.net
**OP Bonarda
V. delle Cento Pertiche '15**
10.10 euro

La Basia
loc. La Basia
via Predefitte, 31
Puegnago sul Garda [BS]
tel. 0365555958
www.labasia.it
Garda Marzemino '13
11.60 euro

Bertagna
loc. Bande
s.da Madonna della Porta, 14
Cavriana [MN]
tel. 037682211
www.cantinabertagna.it
Lugana '15
8.30 euro

Podere Bignolino
loc. Bignolino
s.da prov.le 44
Broni [PV]
tel. 0383870160
www.poderebignolino.it
Riesling '15
7.60 euro

Bisi
loc. Cascina San Michele
fraz. Villa Marone, 70
San Damiano al Colle [PV]
tel. 038575037
www.aziendagricolabisi.it
OP Riesling LaGrà '15
6.70 euro

Tenuta Il Bosco
loc. Il Bosco
Zenevredo [PV]
tel. 0385245326
www.ilbosco.com
OP Bonarda Vivace '15
8.10 euro
**Philèo Extra Dry Rosé
Martinotti**
9.70 euro

Alessio Brandolini
fraz. Boffalora, 68
San Damiano al Colle [PV]
tel. 038575232
www.alessiobrandolini.com
Il Beneficio '12
5.40 euro
**OP Bonarda Vivace
Il Cassino '15**
5.50 euro

La Brugherata
fraz. Rosciate
via G. Medolago, 47
Scanzorosciate [BG]
tel. 035655202
www.labrugherata.it
Rosso di Alberico '15
9.70 euro

Ca' del Gè
fraz. Ca' del Gè, 3
Montalto Pavese [PV]
tel. 0383870179
www.cadelge.it
OP Riesling Brinà '15
8.40 euro

Ca' del Santo
loc. Campolungo, 4
Montalto Pavese [PV]
tel. 0383870545
www.cadelsanto.it
**OP Bonarda
RossoPassione '15**
7.60 euro

Ca' di Frara
via Casa Ferrari, 1
Mornico Losana [PV]
tel. 0383892299
www.cadifrara.com
**OP Bonarda Vivace
Monpezzato '15**
7.00 euro

Ca' Tessitori
via Matteotti, 15
Broni [PV]
tel. 038551495
www.catessitori.it
OP Rosso Borghesa '15
8.40 euro

Calatroni
loc. Casa Grande, 7
Montecalvo Versiggia [PV]
tel. 038599013
www.calatronivini.it
OP Bonarda Vivace Vigiö '15
6.70 euro

Castello di Cigognola
p.zza Castello, 1
Cigognola [PV]
tel. 0385284828
www.castellodicigognola.com
OP Barbera Dodicidodici '14
11.60 euro

Castello di Luzzano
loc. Luzzano, 5
Rovescala [PV]
tel. 0523863277
www.castelloluzzano.it
OP Bonarda Vivace Sommossa '15
7.70 euro

Le Chiusure
fraz. Portese
via Boschette, 2
San Felice del Benaco [BS]
tel. 0365626243
www.lechiusure.net
Valtènesi Chiaretto '15
11.60 euro

Citari
fraz. San Martino della Battaglia
loc. Citari, 2
Desenzano del Garda [BS]
tel. 0309910310
www.citari.it
Lugana Torre '15
9.00 euro

Conte Vistarino
fraz. Scorzoletta, 82/84
Pietra de' Giorgi [PV]
tel. 038585117
www.contevistarino.it
OP Bonarda L'Alcova '15
9.20 euro

La Costa
fraz. Costa
via Galbusera Nera, 2
Perego [LC]
tel. 0395312218
www.la-costa.it
Vino del Quattordici '14
11.80 euro

Costaripa
via Costa, 1a
Moniga del Garda [BS]
tel. 0365502010
www.costaripa.it
Lugana Pievecroce '15
9.90 euro
Valtènesi Chiaretto Molmenti '12
9.90 euro

Ferghettina
via Saline, 11
Adro [BS]
tel. 0307451212
www.ferghettina.it
Curtefranca Bianco '15
8.20 euro

Fiamberti
via Chiesa, 17
Canneto Pavese [PV]
tel. 038588019
www.fiambertivini.it
OP Bonarda Vivace La Briccona '15
8.20 euro
OP Pinot Nero Nero '13
8.00 euro

gli altri vini

Finigeto
loc. Cella, 27
Montalto Pavese [PV]
tel. 328 7095347
www.finigeto.com
**OP Bonarda
La Grintosa '15**
9.20 euro

Frecciarossa
via Vigorelli, 141
Casteggio [PV]
tel. 0383804465
www.frecciarossa.com
OP Riesling Gli Orti '14
8.90 euro

I Gessi
fraz. Fossa, 8
Oliva Gessi [PV]
tel. 0383896606
www.cantineigessi.it
**OP Pinot Nero
MariaCristina M. Cl. '12**
13.00 euro
OP Bonarda I Gessi '15
7.10 euro
**OP Pinot Grigio
Crocetta '15**
8.40 euro
**OP Pinot Nero Rosé
Maria Cristina**
10.90 euro

F.lli Giorgi
fraz. Camponoce, 39a
Canneto Pavese [PV]
tel. 0385262151
www.giorgi-wines.it
**OP Bonarda Vivace
La Brughera '15**
8.00 euro
**OP Buttafuoco Storico
V. Casa del Corno '12**
11.30 euro

Isimbarda
fraz. Castello
Cascina Isimbarda
Santa Giuletta [PV]
tel. 0383899256
www.isimbarda.com
**OP Bonarda Vivace
V. delle More '15**
9.60 euro

La Pergola - Civielle
via Pergola, 21
Moniga del Garda [BS]
tel. 0365502002
www.cantinelapergola.it
**Garda Cl.
Groppello Elianto '15**
8.40 euro
Lugana Biocòra '15
8.40 euro

Cantine Lebovitz
loc. Governolo
v.le Rimembranze, 4
Roncoferraro [MN]
tel. 0376668115
www.cantinelebovitz.it
**Lambrusco Mantovano
Rosso dei Concari '15**
5.90 euro

Lurani Cernuschi
via Convento, 3
Almenno San Salvatore [BG]
tel. 035642576
www.luranicernuschi.it
Opis '15
9.90 euro

Marangona
loc. Marangona 1
Pozzolengo [BS]
tel. 030919379
www.marangona.com
Lugana '15
7.50 euro

Martilde
fraz. Croce, 4a
Rovescala [PV]
tel. 0385756280
www.martilde.it
Malvasia Piume '15
8.00 euro

Tenuta Mazzolino
via Mazzolino, 34
Corvino San Quirico [PV]
tel. 0383876122
www.tenuta-mazzolino.com
**OP Bonarda
Mazzolino '15**
9.10 euro

Monsupello
via San Lazzaro, 5
Torricella Verzate [PV]
tel. 0383896043
www.monsupello.it
Barbera I Gelsi '13
11.80 euro
Chardonnay '15
9.70 euro

Francesco Montagna
via Cairoli, 67
Broni [PV]
tel. 038551028
www.cantinemontagna.it
OP Bonarda Sabion '15
9.40 euro
OP Buttafuoco Bertè & Cordini '13
8.10 euro

Montelio
via D. Mazza, 1
Codevilla [PV]
tel. 0383373090
Müller Thurgau '15
7.30 euro

Monterucco
Valle Cima, 38
Cigognola [PV]
tel. 038585151
www.monterucco.it
OP Bonarda V. Il Modello '15
7.10 euro
OP Sangue di Giuda '15
5.90 euro

Pasini - San Giovanni
fraz. Raffa
via Videlle, 2
Puegnago sul Garda [BS]
tel. 0365651419
www.pasinisangiovanni.it
Lugana Il Lugana Bio '15
10.00 euro

Perla del Garda
via Fenil Vecchio, 9
Lonato [BS]
tel. 0309103109
www.perladelgarda.it
Lugana Perla '15
11.40 euro

Piccolo Bacco dei Quaroni
fraz. Costamontefedele
Montù Beccaria [PV]
tel. 038560521
www.piccolobaccodeiquaroni.it
OP Bonarda Mons Acutus '15
6.70 euro

Francesco Quaquarini
loc. Monteveneroso
via Casa Zambianchi, 26
Canneto Pavese [PV]
tel. 038560152
www.quaquarinifrancesco.it
OP Bonarda Vivace '15
7.60 euro
OP Sangue di Giuda '15
8.10 euro

Cantina Sociale Cooperativa di Quistello
via Roma, 46
Quistello [MN]
tel. 0376618118
www.cantinasocialequistello.it
Gran Rosso del Vicariato di Quistello '15
5.90 euro

Ricci Curbastro
via Adro, 37
Capriolo [BS]
tel. 030736094
www.riccicurbastro.it
Curtefranca Bianco V. Bosco Alto '11
11.80 euro

Cantine Selva Capuzza
fraz. San Martino della Battaglia
loc. Selva Capuzza
Desenzano del Garda [BS]
tel. 0309910381
www.selvacapuzza.it
Lugana San Vigilio '15
8.20 euro
Lugana Selva '15
10.00 euro

Pietro Torti
fraz. Castelrotto, 9
Montecalvo Versiggia [PV]
tel. 038599763
www.pietrotorti.it
OP Bonarda Vivace '15
7.10 euro
Uva Rara '15
10.10 euro

Travaglino
loc. Travaglino, 6a
Calvignano [PV]
tel. 0383872222
www.travaglino.it
OP Pinot Nero Pernero '15
8.70 euro
OP Riesling Campo della Fojada '15
10.90 euro

F.lli Turina
via Pergola, 68
Moniga del Garda [BS]
tel. 0365502103
www.turinavini.it
Marzemino '14
10.00 euro

Vanzini
fraz. Barbaleone, 7
San Damiano al Colle [PV]
tel. 038575019
www.vanzini-wine.com
OP Sangue di Giuda '15
10.10 euro
Pinot Nero Extra Dry Martinotti
10.90 euro
Pinot Nero Extra Dry Martinotti Rosé
11.80 euro

Bruno Verdi
via Vergomberra, 5
Canneto Pavese [PV]
tel. 038588023
www.brunoverdi.it
OP Bonarda Possessione di Vergombera '15
8.20 euro
OP Sangue di Giuda Paradiso '15
7.20 euro

gli altri vini

Cantine Virgili
via M. Donati, 2
Mantova
tel. 0376322560
www.cantinevirgili.com
Inciostar '15
6.90 euro

Visconti
fraz. San Martino della Battaglia
via Selva Capuzza, 1
Desenzano del Garda [BS]
tel. 0309910381
www.viscontiwines.it
Lugana Collo Lungo '15
9.60 euro

Chiara Ziliani
via Franciacorta, 7
Provaglio d'Iseo [BS]
tel. 030981661
www.cantinachiaraziliani.it
Franciacorta Rosé Conte di Provaglio
11.80 euro
Franciacorta Satèn Conte di Provaglio
10.10 euro

le migliori enoteche

le altre enoteche

BERGAMO E PROVINCIA

Donizetti
via Gombito, 17
Bergamo
tel. 035242661

N'Ombra de Vin
via San Marco, 2
Milano
tel. 026599650

Giacomo Corà aprì la sua enoteca nel 1973, all'interno di quello che una volta era il refettorio dei frati agostiniani della chiesa di San Marco. Oggi è il figlio Cristiano a guidare con successo questa storica insegna milanese. Moltissime le etichette nazionali ma chi ama i grandi nomi d'Oltralpe non rimarrà affatto deluso. E in più non mancano Champagne, distillati e soprattutto un'ampia scelta di specialità gastronomiche. La versatilità è una delle frecce nella faretra di Cristiano; aperitivo, pranzo, cena e dopo cena: il locale si trasforma durante la giornata per adattarsi facilmente alle esigenze dei suoi molti affezionati clienti; si va dal pranzo di lavoro, veloce e gustoso, alla cena a lume di candela nella cantina, al dj set e alla musica dal vivo per animare la serata. Ce n'è davvero per tutti i gusti.

Wineria
p.zza C. Caneva, 4
Milano
tel. 0239464196

Bere bene a piccoli prezzi: Stefano Rimassa ha dato vita nel 2012 a un progetto innovativo e di grande fruibilità. È possibile acquistare bottiglie di buon vino a meno di venti euro e conoscere piccoli produttori che arricchiscono il patrimonio ampelografico italiano. Abbandonato il posto fisso, Stefano ha dato vita al suo sogno nel cassetto ideando questa enoteca estremamente curata nei dettagli con ambienti moderni e spazi di design. Le etichette poi sono state scelte con attenzione e degustate dal proprietario per offrire al cliente le eccellenze nazionali e del territorio.

Enoteca del Borgo
via Borgo Santa Caterina, 46
Bergamo
tel. 035239726

La Lunetta
via Sant'Orsola, 14
Bergamo
tel. 035215333

Vineria Cozzi
via B. Colleoni, 22
Bergamo
tel. 035238836

BRESCIA E PROVINCIA

Il Carato
via Solferino, 23b
Brescia
tel. 030295610

Berealto
via Europa, 2
Salò [BS]
tel. 0365520217

COMO E PROVINCIA

Vini e Affini
via Regina, 18
Cernobbio [CO]
tel. 031510303

Delizie di Bacco
via Briantea, 19
Como
tel. 031266063

Ottantaquattro
via Milano, 84
Como
tel. 031270482

Soldati
via Briantea, 45
Tavernerio [CO]
tel. 031426204

le altre enoteche

CREMONA E PROVINCIA

Catullo
via Santa Maria in Betlem, 28/30
Cremona
tel. 037232077

Enoteca Cremona
via Platina, 18
Cremona
tel. 0372451771

LECCO E PROVINCIA

In Vino Veritas
via Ghislanzoni, 83
Lecco
tel. 0341363593

Penati
via M. D'Oggiono, 14
Oggiono [LC]
tel. 0341576065

MANTOVA E PROVINCIA

Buca della Gabbia
via Cavour, 98
Mantova
tel. 0376366901

MILANO E PROVINCIA

Sangiorgio
via per Imbersago, 30
Cologno Monzese [MI]
tel. 022542045

Alcoliche Alchimie
via A. Poliziano, 3
Milano
tel. 0234690988

La Bottega del Vinaiolo
via G. Washington, 91
Milano
tel. 0239529530

Enoclub
via Friuli, 15
Milano
tel. 0255182421

L'Enoteca dei Transiti
c.so di Porta Romana, 128
Milano
tel. 0245478308

Ronchi
via San Vincenzo, 12
Milano
tel. 0289402627

Vino al Vino
via G. Spontini, 11
Milano
tel. 0229414928

Mondo Vino
s.da st.le Paullese km 1,950
San Donato Milanese [MI]
tel. 0255602347

Il Vinaio
p.zza Centro Commerciale
San Felice, 12
Segrate [MI]
tel. 027531446

MONZA BRIANZA E PROVINCIA

Dall' Enologo
via Aliprandi, 3
Giussano [MB]
tel. 0362850753

Meregalli
via Italia, 24
Monza
tel. 039324940

PAVIA E PROVINCIA

Bolis
c.so Manzoni, 27
Pavia
tel. 038232328

Enoteca Castello
v.le Argonne, 20
Pavia
tel. 038229617

SONDRIO E PROVINCIA

Calanda
via Pontiglia, 305
Livigno [SO]
tel. 0342996247

Dalla Valle
loc. Madonna di Tirano
via B. Mario Omodei, 7
Sondrio
tel. 0342701112

trentino

Una regione in crescita, soprattutto nell'area spumantistica, è quella che si evince sfogliando queste pagine. Qui convivono anime enologiche diverse sia per dimensioni che per filosofie produttive, grazie alla presenza di una miriade di piccole e grandi realtà vitivinicole che cercano di operare sinergicamente per incidere sui mercati italiani ed esteri. Ovviamente le diatribe interne non mancano, ma la volontà di un confronto interno per tutelare i vini di montagna unisce tutti i vignaioli del distretto. Ecco perché la regione eccelle per la quantità di vini prodotti dall'ottimo rapporto qualità prezzo. Cantine sociali e piccoli aziende lavorano per garantire l'eccellenza di vini destinati al consumo quotidiano e prodotti principalmente dalle varietà autoctone. Nosiola, teroldego, marzemino, lagrein, kerner e müller thurgau sono solo alcuni dei vitigni utilizzati nei vini della regione, a cui si aggiungono tipologie internazionali vinificate in purezza o assemblati in blend. Da segnalare anche la volontà nel recuperare antichi vitigni e nel dare spazio ad aziende biodinamiche che contribuiscono a diversificare la produzione. Certamente il Trentino trova nella tradizione spumantistica la sua più alta espressione vinicola e grazie all'introduzione di vini rosati e spumanti in questa nuova edizione del Berebene possiamo segnalare il nostro top sul versante delle bollicine: Cuvée Brut Riserva di Cesarini Sforza. Versatile e decisamente fragrante al naso è uno spumante che testimonia come si possa bere bene con un occhio di riguardo al portafoglio.

Cuvée Brut Riserva
Cesarini Sforza
fraz. Ravina
via Stella, 9
Trento
tel. 0461382200
www.cesarinisforza.com
11.60 euro

Buon timbro armonico, agile e scattante nella sua struttura, dal naso molto floreale, fine quanto delicato. In bocca mostra personalità, in stile decisamente "montano", grazie alla quota di chardonnay che lo contraddistingue. Ben amalgamato e di facile approccio, versatile e particolarmente piacevole. È lo spumante vanto della Cesarini Sforza ottenuto con un processo di lavorazione esclusivo - metodo Nereo Cavazzani - sintesi di una caparbia vocazione alle migliori bollicine. Proposto a un prezzo decisamente onesto, per uno spumante che non ha nulla da invidiare ai suoi fratelli a denominazione.

gli oscar

Teroldego '15
Cantina Aldeno
via Roma, 76
Aldeno [TN]
tel. 0461842511
www.cantina-aldeno.it
9.10 euro

È questo un Teroldego "fuori zona", prodotto lontano dal Campo Rotaliano, con uve vendemmiate nella piana tra Trento e Rovereto, zone generalmente da merlot e da uva adatta ai Trento. Ecco perché incuriosisce questa versione, decisamente ben fatta. Un vino fresco, di pronta beva, dai toni tipici di viola mammola e di confettura di ribes, granato intenso nel colore e con una versatile quanto croccante scorrevolezza gustativa che lo rendono assolutamente idoneo a un consumo vario. Forse non sarà in sintonia con le versioni più robuste di Teroldego Rotaliano, ma è proprio per questa sua delicata personalità che spicca tra le tante versioni di questo vino.

Lagrein Merlot '15
Nicola Balter
via Vallunga II, 24
Rovereto [TN]
tel. 0464430101
www.balter.it
10.00 euro

La semplicità del vino che si concretizza in un blend oramai diventato un classico del Berebene, proprio perché ottenuto da un sapiente assemblaggio di queste due uve maturate al sole che bacia l'alta collina di Rovereto. Un'enclave di cultura enoica custodito da Nicola Balter e dai suoi due giovani figli, che propongono un vino rosso - per loro che sono spumantisti provetti - di facile approccio e appagante. Succoso quel tanto che basta, persistente e agile nella sua struttura, comunque di giusta serbevolezza, proprio perché in grado di resistere in un meditato spazio temporale.

Teroldego Rotaliano Primo '14
Barone de Cles
via G. Mazzini, 18
Mezzolombardo [TN]
tel. 0461601081
www.baronedecles.it
12.10 euro

Dinastia nobiliare legata all'evoluzione stessa del vino trentino, generazioni di sagaci quanto caparbi vignaioli, da sempre custodi del Teroldego Rotaliano. Il giovane Giulio de Cles ha preso la gestione dell'azienda di famiglia da poche vendemmie, con subitanei risultati qualitativi. Questa versione può essere considerata come "vino della casa", proposto per un consumo gioviale, immediato. Del resto si presenta con una piacevole carica fruttata, gentile nell'insieme, ma con un nerbo strutturale invidiabile.

Santacolomba Solaris '15
Cantina Sociale di Trento
via dei Viticoltori, 2/4
Volano [TN]
tel. 0461920186
www.cantinasocialetrento.it
13.00 euro

Dedicato nel nome a una località baciata da un caratteristico lago e circondata da singolari pareti porfiriche, questo vino nasce da uno sperimentale impegno attuato dalla Cantina Sociale di Trento sfruttando le potenzialità delle viti interspecifiche, ovvero quelle resistenti alle malattie fungine e che non hanno bisogno di alcun trattamento. Un bianco dunque spontaneo nella sua semplicità, molto accattivante negli aromi di frutta candita. Sapido, dal sapore di mele mature, sorretto da croccante acidità; beverino e per certi versi meditativo. Un vino che invita a scoprire l'originalità di queste uve assolutamente naturali.

Trentino Müller Thurgau Zeveri '15
Cavit
via del Ponte, 31
Trento
tel. 0461381711
www.cavit.it
11.60 euro

La verticalità dei terrazzamenti vitati delle alte colline trentine trasferita in questo vino prodotto in centinaia di migliaia d'esemplari, grazie alla forza e all'oculatezza di un colosso enoico come Cavit. L'azienda riesce a mantenere integra l'originalità del vitigno, rilanciando il carattere festoso di questo vino per certi versi spensierato, volutamente di pronta beva, adatto a ogni convivio, sia d'estate sia nei mesi più freddi. Selezione curata in ogni dettaglio, a partire dal nome: Zeveri erano i tini che un tempo usavano i contadini trentini.

Trentino Pinot Nero Mokner '13
Concilio
Zona Ind. 2
Volano [TN]
tel. 0464411000
www.concilio.it
12.40 euro

Classe ed eleganza, bella versatilità e un vino di valore assoluto, ben oltre il prezzo proposto. Frutto di oculate selezioni viticole, giuste vinificazioni e una potenza commerciale insita nell'indole di Concilio. Pinot Nero dal colore intrigante, esile nella sua trama vellutata, ma con il carattere tipico del vitigno in questione. Per un vino appunto di classe superiore e di sicura piacevolezza, elegante in tutto e di certa ulteriore piacevole evoluzione.

Teroldego Rotaliano Marco Donati '14
Marco Donati
via Cesare Battisti, 41
Mezzocorona [TN]
tel. 0461604141
www.cantinadonatimarco.it
10.90 euro

Un Teroldego con i fiocchi: floreale, leggermente speziato, pieno, rotondo e di buona amalgama, con una struttura di giusto equilibrio gustativo e bei tannini vellutati. Alcol e glicerina, lo rendono assolutamente godibile se consumato ancora giovane, ma sicuramente piacevole anche dopo una meditata custodia in cantina. Vino dunque sia di pronta beva sia da destinare a prossime degustazioni, comunque di bella suggestione e sicura personalità.

Trentino Sauvignon Simboli '15
La-Vis
Valle di Cembra
via Carmine, 7
Lavis [TN]
tel. 0461440111
www.la-vis.com
9.50 euro

Quando la forza non è solo nel nome. Prodotto in alcune centinaia di migliaia di bottiglie è una sorta di prototipo di vino bianco di montagna, molto accattivante, facile, corroborante al palato, decisamente fragrante al naso. Volutamente acidulo e di stampo nordico, ha un buon timbro aromatico e una sagace scorrevolezza gustativa oltre a essere onestissimo in tutto. È veramente un gran bel bere. Alla portata di tutti.

Teroldego Rotaliano Castel Firmian '15
Mezzacorona
via del Teroldego, 1e
Mezzocorona [TN]
tel. 0461616399
www.mezzacorona.it
11.80 euro

Il Rotaliano per consuetudine, Teroldego di potenza e versatilità, gentile nella sua possanza, armonico nella gamma fruttata, con una scorrevolezza gustativa che regge il confronto con versioni molto più meditate. Ha quindi l'impronta dei suoi fratelli austeri e la grazia della gioventù, con naso gentile, frutti rossi croccanti, bocca piena, ottima acidità e succosa persistenza finale. Una garanzia, in tutto.

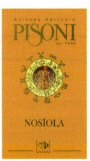

Nosiola '15
Pisoni
loc. Sarche
fraz. Pergolese di Lasino
via San Siro, 7a
Madruzzo
tel. 0461564106
www.pisoni.net
7.60 euro

L'onestà enologica di una dinastia di vignaioli che da sempre fa vino in Valle dei Laghi, e che scommette sulle varietà autoctone e sulla nosiola in particolare, vinificata dopo una surmaturazione per ottenere il Vino Santo. Questa è la versione più schietta, immediata, per gustare un vino con poco frutto - è la caratteristica del vitigno - ma dalla squisita amarognola nota gustativa, che lo rende un classico tra i vini del Trentino. Da consumare dopo poche stagioni dalla vendemmia.

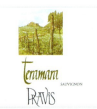

Sauvignon Teramara '15
Pravis
loc. Le Biolche, 1
Madruzzo
tel. 0461564305
www.pravis.it
13.00 euro

Più varietale che vegetale, per dirla in termini enologici, ma con una grinta gustativa decisamente ben delineata. Gentilmente agrumato, entra al palato con dinamica persistenza, spiccata acidità e fine sapidità. Complesso nell'insieme, mostra un carattere di piacevole rusticità, con potenzialità di buona evoluzione in sintonia con l'attuale bella freschezza. Proprio come quelli di Pravis che intendono i loro vini autentici interpreti del carattere dolomitico.

Maso Lizzone '14 Riva del Garda
loc. San Nazzaro, 4
Riva del Garda [TN]
tel. 0464552133
www.agririva.it
11.80 euro

Il lago di Garda bacia i vigneti collinari e quelli rivieraschi, acque dove costantemente veleggiano surfisti. Area viticola particolarmente fortunata, angolo di mediterraneo tra le Dolomiti di Brenta. Da un blend di uve a bacca rossa - cabernet, merlot e rebo - nasce questo rosso di buon nerbo, dedicato nel nome a un antico ponte romano ancora presente sul torrente Sarca. Vigoroso all'assaggio, si distende con scorrevolezza gentile al palato, vino di buona versatilità e altrettanta serbevolezza.

Trentino Lagrein '15
Cantina Rotaliana
via Trento, 65b
Mezzolombardo [TN]
tel. 0461601010
www.cantinarotaliana.it
10.90 euro

Ecco un Lagrein di assoluto valore, proposto da una cantina da sempre ai vertici

PROFONDAMENTE LEGATO ALLA SUA TERRA
MARZEMINO D'ISERA "ETICHETTA VERDE"

CANTINA D'ISERA

Via al Ponte, 1
38060 - Isera (TN)
Tel. +39 0464 433795
info@cantinaisera.it

nella valorizzazione del miglior Teroldego Rotaliano, presentato in almeno quattro versioni, tutte di ottimo pregio. Questo Lagrein è però più curioso di tanti altri vini, in quanto intenso nella sua ancor giovane trama, ma corroborante e di fine armonia, ottimo equilibrio e facile bevibilità. Senza nulla togliere all'insieme dei suoi tratti, ha una fisionomia rotonda, bei tannini, vivo in bocca, rotondo e appagante.

**Trentino Pinot Grigio '15
Cantina Sociale Roverè della Luna**
via IV Novembre, 9
Roverè della Luna [TN]
tel. 0461658530
www.csrovere1919.it
8.20 euro

Il Pinot grigio ha trovato la sua seconda patria proprio sul conoide di Roverè della Luna, zona incuneata tra Trentino e Alto Adige, dove le viti segnano ogni spazio agricolo. La locale cantina sociale lo propone in diverse versioni, improntate alla fragranza e a una certa spensieratezza, proprio come suggerisce questa tipologia di vino. Naso con note di pera e banana, una lieve speziatura e sentori di erbe aromatiche. È leggermente sapido in bocca, con una buona acidità, per un bere fresco, immediato, giovane.

**Trento Brut Antares '11
Toblino**
fraz. Sarche
via Longa, 1
Madruzzo
tel. 0461564168
www.toblino.it
13.00 euro

Un Trento decisamente ben fatto, ottenuto prevalentemente da uve chardonnay raccolte in Valle dei Laghi, zona tra Trento, il Garda e le Dolomiti di Brenta, area tra le più vocate alla vite di tutto il Trentino. La Cantina Toblino lo propone con orgoglio e a un prezzo assolutamente competitivo, per dimostrare come il Trento possa essere strumento di condivisione enologica per avvicinare i giovani a un consumo responsabile. Queste bollicine riescono sicuramente a coinvolgere: brillante nel color oro paglierino, sentori di frutta esotica, in bocca è sapido e scorrevole, ben fatto e decisamente accattivante.

**Moscato Giallo '15
Vallarom**
fraz. Masi, 21
Avio [TN]
tel. 0464684297
www.vallarom.it
13.00 euro

Campi Sarni è la zona più rossista del Trentino, che la famiglia Scienza valorizza anche con altre varietà. È il caso del Moscato Giallo, versione secca, da gustare prevalentemente come aperitivo, in grado di coniugare immediatezza e sapidità. Splendido nel color oro lucente, ha sentori evoluti, senza nessuna concessione alla surmaturazione, anzi è acidulo nella sua rotonda nota varietale, fresco e immediato, gioioso compagno di degustazioni variegate.

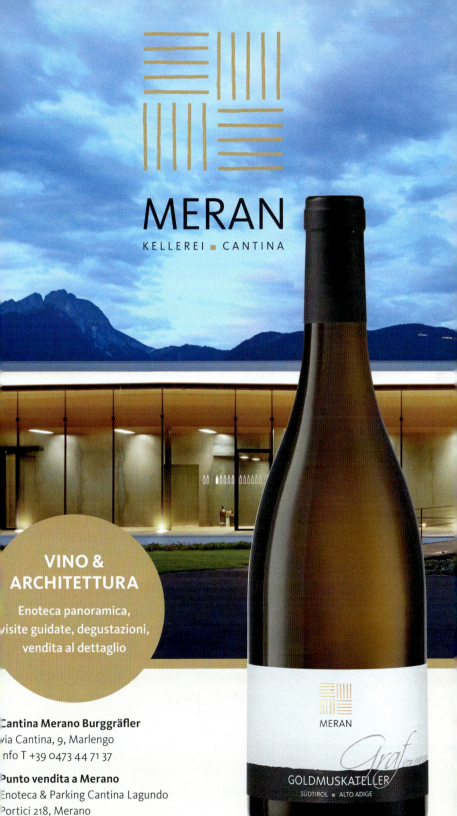

gli altri vini

Cantina Aldeno
via Roma, 76
Aldeno [TN]
tel. 0461842511
www.cantina-aldeno.it
Trentino Traminer '15
7.50 euro

Barone de Cles
via G. Mazzini, 18
Mezzolombardo [TN]
tel. 0461601081
www.baronedecles.it
Teroldego Rotaliano Maso Scari '13
11.90 euro

Bellaveder
loc. Maso Belvedere
Faedo [TN]
tel. 0461650171
www.bellaveder.it
Trentino Müller Thurgau San Lorenz '15
10.40 euro

Bolognani
via Stazione, 19
Lavis [TN]
tel. 0461246354
www.bolognani.com
Teroldego Armilo '14
10.60 euro
Trentino Gewürztraminer Sanròc '14
12.80 euro

Borgo dei Posseri
loc. Pozzo Basso, 1
Ala [TN]
tel. 0464671899
www.borgodeiposseri.com
Merlot Rocol '14
12.40 euro

Müller Thurgau Quaron '15
11.60 euro

Cavit
via del Ponte, 31
Trento
tel. 0461381711
www.cavit.it
Trentino Pinot Nero Bottega Vinai '14
11.80 euro

Cantina d'Isera
via al Ponte, 1
Isera [TN]
tel. 0464433795
www.cantinaisera.it
Trentino Marzemino '13
9.10 euro

De Vescovi Ulzbach
p.zza Garibaldi, 12
Mezzocorona [TN]
tel. 0461605648
www.devescoviulzbach.it
Teroldego Rotaliano '14
12.60 euro

Dorigati
via Dante, 5
Mezzocorona [TN]
tel. 0461605313
www.dorigati.it
Teroldego Rotaliano '14
10.80 euro
Trentino Lagrein '14
11.60 euro

Endrizzi
loc. Masetto, 2
San Michele all'Adige [TN]
tel. 0461650129
www.endrizzi.it
Teroldego Rotaliano Tradizione '14
9.70 euro
Trentino Traminer Aromatico '15
8.00 euro

Fondazione Mach
via Edmondo Mach, 1
San Michele all'Adige [TN]
tel. 0461615252
www.ismaa.it
Cabernet Franc Monastero '13
11.80 euro

Gaierhof
via IV Novembre, 51
Roverè della Luna [TN]
tel. 0461658514
www.gaierhof.com
Teroldego Rotaliano '14
8.60 euro
Teroldego Rotaliano Sup. '13
11.70 euro

Grigoletti
via Garibaldi, 12
Nomi [TN]
tel. 0464834215
www.grigoletti.com
Trentino Marzemino '15
8.40 euro

La-Vis Valle di Cembra
via Carmine, 7
Lavis [TN]
tel. 0461440111
www.la-vis.com
Teroldego Pergole Alte Bio '15
8.10 euro
Trentino Cabernet Sauvignon Ritratti '12
12.60 euro
Trentino Müller Thurgau V. delle Forche '15
10.10 euro

Maso Grener
loc. Masi di Pressano
Lavis [TN]
tel. 0461871514
www.masogrener.it
FP Chardonnay & Sauvignon '15
10.60 euro

Maso Poli
loc. Masi di Pressano, 33
Lavis [TN]
tel. 0461871519
www.masopoli.com
Trentino Nosiola '15
10.60 euro
Trentino Sorni Rosso Marmoram '12
12.40 euro
Trentino Traminer '15
12.90 euro

Mezzacorona
via del Teroldego, 1e
Mezzocorona [TN]
tel. 0461616399
www.mezzacorona.it
**Teroldego Rotaliano
Castel Firmian Ris. '13**
9.00 euro

Casata Monfort
via Carlo Sette, 21
Lavis [TN]
tel. 0461246353
www.cantinemonfort.it
Sotsas '13
11.80 euro
**Trentino Pinot Grigio
Rosé '15**
10.10 euro
**Trentino Traminer
Aromatico '15**
11.70 euro

Mori - Colli Zugna
via del Garda, 35
Mori [TN]
tel. 0464918154
www.cantinamoricollizugna.it
**Trentino Sup. Marzemino
Terra di San Mauro '14**
10.70 euro
**Trentino Traminer
Pendici del Baldo '15**
10.00 euro

Moser
fraz. Gardolo di Mezzo
via Castel di Gardolo, 5
Trento
tel. 0461990786
www.cantinemoser.com
Teroldego '13
11.30 euro

Pojer & Sandri
loc. Molini, 4
Faedo [TN]
tel. 0461650342
www.pojeresandri.it
Müller Thurgau Palai '15
10.50 euro

Pravis
loc. Le Biolche, 1
Madruzzo
tel. 0461564305
www.pravis.it
Kerner '15
8.50 euro

**Müller Thurgau
St. Thomà '15**
8.00 euro

Riva del Garda
loc. San Nazzaro, 4
Riva del Garda [TN]
tel. 0464552133
www.agririva.it
Teroldego Rivaldego '15
7.40 euro
Trento Brut BrezzaRiva
11.80 euro

Cantina Rotaliana
via Trento, 65b
Mezzolombardo [TN]
tel. 0461601010
www.cantinarotaliana.it
**Teroldego Rotaliano
Et. Rossa '15**
10.90 euro

Cantina Sociale
Roverè della Luna
via IV Novembre, 9
Roverè della Luna [TN]
tel. 0461658530
www.csrovere1919.it
Trentino Pinot Grigio '12
7.50 euro

Tenuta
San Leonardo
fraz. Borghetto all'Adige
loc. San Leonardo
Avio [TN]
tel. 0464689004
www.sanleonardo.it
Vette di San Leonardo '15
12.60 euro

Arcangelo Sandri
via Vanegge, 4a
Faedo [TN]
tel. 0461650935
www.arcangelosandri.it
**Trentino Müller Thurgau
Cosler '15**
8.80 euro

Enrico Spagnolli
via G. B. Rosina, 4a
Isera [TN]
tel. 0464409054
www.vinispagnolli.it
Trentino Marzemino '14
6.60 euro

**Trentino
Moscato Giallo '15**
8.00 euro

Toblino
fraz. Sarche
via Longa, 1
Madruzzo
tel. 0461564168
www.toblino.it
**Trentino
Chardonnay Bio '15**
7.10 euro
**Trentino Traminer
Aromatico Bio '15**
9.90 euro

Vallarom
fraz. Masi, 21
Avio [TN]
tel. 0464684297
www.vallarom.it
**Trentino
Marzemino Bio '15**
11.80 euro

Villa Corniole
fraz. Verla
via al Grec', 23
Giovo [TN]
tel. 0461695067
www.villacorniole.com
**Trentino Müller Thurgau
Petramontis '15**
10.60 euro

Luigi Zanini
via De Gasperi, 42
Mezzolombardo [TN]
tel. 0461601496
www.zaniniluigi.com
Teroldego Rotaliano '15
6.70 euro
**Teroldego Rotaliano
Le Cervare '14**
12.10 euro

Roberto Zeni
fraz. Grumo
via Stretta, 2
San Michele all'Adige [TN]
tel. 0461650456
www.zeni.tn.it
**Trentino Nosiola
Palustella '15**
9.50 euro

le migliori enoteche

Grado 12°
l.go Carducci, 12
Trento
tel. 0461982496

Si respira un'atmosfera storica varcando la soglia di questa enoteca che ha aperto i battenti nel lontano 1929. Tutti gli enoappassionati che ruotano intorno a Trento sono passati di qua, prima o dopo. E il motivo è semplice: Grado 12° offre un assortimento davvero vasto di etichette, sia di vini e bollicine, che di distillati, grappe, liquori, oltre a una selezione eccellente di oli extravergine di razza, pescati in varie zone d'Italia e del mondo, e l'aggiunta di grandi prodotti artigianali di gastronomia dolce e salata. Il tutto è accompagnato da esperienza, competenza e passione, ingredienti che rendono la visita un'occasione speciale. Infine non possiamo non menzionare le degustazioni e gli incontri con i produttori che aiutano a diffondere un bere consapevole e la cultura del vino.

le altre enoteche

TRENTO E PROVINCIA

Specialità Lunelli
loc. Sarche
Calavino [TN]
tel. 0461564166

Valentini
via Rio Antermont, 4
Canazei [TN]
tel. 0462601134

El Zirm
via Roma, 46
Pozza di Fassa [TN]
tel. 0462764033

Drogheria Micheli
via Mercerie, 16/20
Rovereto [TN]
tel. 0464421154

Enoteca del Corso
c.so III Novembre, 64
Trento
tel. 0461916424

Enoteca Provinciale del Trentino
via SS. Trinità, 24 Palazzo Roccabruna
Trento
tel. 0461887101

altoadige

Nonostante le varie difficoltà di praticare la viticoltura su terreni impervi, l'Alto Adige è riuscito a coniugare qualità e quantità. Con una superficie vitata circa diciotto volte più grande di quella della Valle d'Aosta e con condizioni colturali simili, questa regione ha saputo, grazie alla cooperazione, mantenere dei prezzi alquanto moderati. In questa zona la vite non è mai stata abbandonata ma è rimasta, come era stata in passato, una fetta parziale del reddito contadino. Questo ha permesso di conservare in una zona morfologicamente difficile oltre cinquemila ettari di vigneto, dai quali attingere uve di qualità per produrre buoni vini, che non alleggeriscono troppo la borsa. Trattandosi di una moltitudine di piccole aziende a conduzione familiare, che avrebbero costi troppo elevati qualora dovessero vinificare e vendere il proprio vino in bottiglia, sono nate nel corso del secolo scorso numerose cantine sociali. Oggi, poche zone in Italia possono contare tante realtà cooperative in un territorio così ristretto. Se percorriamo la strada del vino ci possiamo rendere conto che ogni comune ha la propria cantina cooperativa e qualcuno ne annovera addirittura due. In Alto Adige l'innalzamento delle fasce di prezzo non ha provocato alcun cambiamento significativo, al contrario di altre regioni dove fissare il limite a 13 euro ha permesso di rimpolpare in modo cospicuo le nostre selezioni. Dei 46 vini selezionati per questa pubblicazione più della metà sono rossi e ben 20 sono prodotti dal vitigno rosso che per secoli ha dato da mangiare ai contadini locali: la schiava (in particolare con le denominazioni Santa Maddalena e Lago di Caldaro); mentre tra i bianchi la fanno da padrone i due Pinot (Bianco e Grigio) e lo Chardonnay.

A. A. Lago di Caldaro Cl. Sup. Greifenberg '15
Cantina di Caldaro
via Cantine, 12
Caldaro/Kaltern [BZ]
tel. 0471963149
www.kellereikaltern.com
7.60 euro

La schiava è il vitigno più importante per la storica cantina di Caldaro e trova la sua grande interpretazione nelle etichette del Pfarrhof, del biodinamico Solos e del Kalkofen, tre grandissimi rappresentanti di questo vitigno autoctono. Ma anche il Lago di Caldaro Classico Superiore Greifenberg è un rappresentante più che valido della sua famiglia: fermentato sulle bucce con macerazione di una settimana a temperatura controllata, si presenta con colore rosso rubino, con note fruttate con sentori di piccola frutta di bosco e mandorla amara al naso, sapido e pieno al palato, con finale morbido e fresco.

gli**oscar**

Omnes Dies '15
Abbazia di Novacella
fraz. Novacella
via dell'Abbazia, 1
Varna/Vahrn [BZ]
tel. 0472836189
www.abbazianovacella.it
7.80 euro

Le origini dell'Abbazia di Novacella risalgono al 1142. Da secoli, in una delle zone vitivinicole più settentrionali d'Italia, vigne pregiate producono uve bianche, che vengono vinificate nella cantina del convento. Omnes Dies è un vino fresco e fruttato, pensato e consigliato per un consumo quotidiano, come suggerito dal nome stesso. Da uve müller thurgau e kerner, è un vino invitante e aromatico con profumi articolati di pesca, noce moscata e agrumi, succoso e dalla beva sincera.

A. A. Santa Maddalena Cl. '15
Cantina Bolzano
p.zza Gries, 2
Bolzano/Bozen
tel. 0471270909
www.cantinabolzano.com
7.10 euro

La Cantina Bolzano è stata fondata nel 2001 dopo la fusione delle due storiche cantine di Gries e di Santa Maddalena, da sempre garanti di alta qualità. Stephan Filippi, l'enologo responsabile, non ci delude neanche quest'anno con i suoi Santa Maddalena, i suoi Lagrein e tutti gli altri vini della sua vasta gamma. Il Santa Maddalena Classico ha un colore rosso rubino, è intenso, sa di viole, di mandorle, rose e ciliegie rosse al naso mentre in bocca è pieno, rotondo, corposo e persistente.

A. A. Schiava Grigia Kaltenburg '15
Josef Brigl
loc. San Michele Appiano
via Madonna del Riposo, 3
Appiano/Eppan [BZ]
tel. 0471662419
www.brigl.com
10.60 euro

Dal XIV secolo il nome Brigl è legato indissolubilmente al vino altoatesino. Nella nuova sede di Appiano, vengono lavorate le uve provenienti dai migliori vigneti della zona, dando vita a una gamma aziendale di tutto rispetto. La Schiava Grigia Kaltenburg '15 è un vino leggero a basso contenuto tannico, di colore rubino intenso, con sentori di frutta rossa e mandorle amare. Accompagna bene antipasti e specialità tipiche della cucina tirolese e carni bianche e si adatta anche fuori pasto.

A. A. Lago di Caldaro Scelto Sup. Bischofsleiten '15
Castel Sallegg
v.lo di Sotto, 15
Caldaro/Kaltern [BZ]
tel. 0471963132
www.castelsallegg.it
10.00 euro

La tenuta Castel Sallegg dei conti Kuenburg, nel cuore di Caldaro, è una delle storiche aziende vitivinicole della zona. Il loro tradizionale Lago di Caldaro Scelto Bischofsleiten '15, da schiava gentile in purezza, è elaborato da uve che provengono dalla migliore selezione dei vigneti Bischofsleiten a San Giuseppe al Lago di Caldaro. È un vino di colore rosso rubino, dal sapore delicato, con aromi di lamponi e spezie, equilibrato, sapido e fresco con tannini morbidi in bocca.

A. A. Pinot Grigio Mont Mès '15
Castelfeder
via Portici, 11
Egna/Neumarkt [BZ]
tel. 0471820420
www.castelfeder.it
8.90 euro

Castelfeder della famiglia Giovanett, a Cortina sulla Strada del Vino, da qualche anno fa parlare di sé e dei suoi vini. Le uve per questo Pinot Grigio provengono da vigneti nella Bassa Atesina, Cortina, Margrè e Salorno, tra le zone più tradizionali della regione. È un vino di colore giallo paglierino brillante, dal profumo floreale e vivace, con sentori di frutta matura come mela, pera, pesca e melone, e di spezie. In bocca è ben strutturato, persistente ed elegante, di grande bevibilità e gradevolezza. Si accompagna a primi piatti, crostacei e molluschi, pollame e carni di suino e vitello.

A. A. Chardonnay Altkirch '15
Cantina Produttori Colterenzio
loc. Cornaiano/Girlan
s.da del Vino, 8
Appiano/Eppan [BZ]
tel. 0471664246
www.colterenzio.it
9.90 euro

310 ettari di vigneti, 280 soci, circa 1,6 millioni di bottiglie, questi sono i numeri della Cantina Produttori di Colterenzio. Le uve per lo Chardonnay Altkirch provengono da vigneti selezionati. Vinificato a temperatura controllata in acciaio inox, il vino si presenta di colore giallo verdolino, con note delicate di mango e ananas, armonico, pieno e sapido, con bella persistenza in bocca. Da abbinare a primi piatti, frutti di mare, pesce e piatti a base di carni bianche.

A. A. Schiava Cl. '15
Tenuta Donà
fraz. Riva di Sotto
Appiano/Eppan [BZ]
tel. 0473221866
www.weingut-dona.com
9.20 euro

"Il vino: uno stile di vita". Seguendo questo motto e in base a una lunga esperienza, la famiglia Donà gestisce la propria cantina ad Appiano sulla Strada del Vino. L'azienda si trova immersa tra palazzi storici e vigneti tradizionali coltivati a pergola e produce vini tipici di alta qualità dai vitigni tradizionali della zona: pinot bianco, chardonnay e sauvignon, lagrein, merlot e schiava. Proprio quest'ultima si aggiudica l'Oscar: un vino delizioso, con un naso complesso di fragoline di bosco, spezie e grafite. Al palato è dinamico, minerale e di grande energia.

A. A. Schiava '15
Tenuta Ebner Florian Unterthiner
fraz. Campodazzo, 18
Renon/Ritten [BZ]
tel. 0471353386
www.weingutebner.it
10.00 euro

La Tenuta Ebner sorge sull'altopiano soleggiato del Renon, nella parte più meridionale della Valle Isarco. Florin e Brigitte Unterthiner si dedicano con passione e competenza alla vinificazione delle proprie uve che provengono da vigneti a volte davvero scoscesi. Come quello da cui deriva la loro Schiava: 450 metri d'altitudine e una vertiginosa pendenza del 30-35%. La versione 2015 ha un bouquet fruttato con note di ciliegie, lamponi e violetta, e una bocca fresca, piena e sapida con tannini morbidi. Ideale con tutti i piatti leggeri della cucina tirolese, ma anche, servito bello fresco, con pasta e pesce.

A. A. Lagrein Gries '15
Egger-Ramer
via Guncina, 5
Bolzano/Bozen
tel. 0471280541
www.egger-ramer.com
8.40 euro

Da cinque generazioni la

famiglia Egger-Ramer si dedica alla viticoltura nelle zone classiche di produzione del Santa Maddalena e del Lagrein a Bolzano-Gries. Il Lagrein Gries da Oscar proviene da vigneti che si trovano a un'altitudine di 250 metri. È un vino di colore rosso rubino intenso, con aromi fruttati ed eleganti al naso, floreale e speziato, equilibrato, ben strutturato e sapido in bocca. Da abbinare con selvaggina, volatili e formaggio stagionato.

A. A. Lago di Caldaro Cl. Sup. Leuchtenburg '15
Erste+Neue
via delle Cantine, 5/10
Caldaro/Kaltern [BZ]
tel. 0471963122
www.erste-neue.it
9.90 euro

La Erste+Neue di Caldaro, fondata nel lontano 1900, dopo la fusione con la Cantina Caldaro nel 2016 presenta per l'ultima volta il suo eccellente assortimento di vini. Da sempre grande importanza alla Schiava, e in particolare al Lago di Caldaro Scelto. Tra questi il Leuchtenburg, che è da sempre uno dei rappresentanti più tipici, ha un bouquet caratteristico e fruttato, con sentore di ciliegie, un sapore avvolgente e morbido, leggermente tannico.

448 s.l.m. '15
Cantina Girlan
loc. Cornaiano/Girlan
via San Martino, 24
Appiano/Eppan [BZ]
tel. 0471662403
www.girlan.it
8.90 euro

Innovazione e spirito pionieristico sono state le forze trainanti che nel 1923 hanno portato alla fondazione della Cantina Girlan, principi che la cantina prosegue nel lavoro quotidiano con l'innovativo enologo Gerhard Kofler. Abbiamo scelto per l'Oscar il Bianco 448 s.l.m., un vino in cui vengono raggruppati i vitigni storici della zona: pinot bianco, chardonnay e sauvignon. Al naso è fresco e delicato, mentre in bocca l'acidità è in equilibrio con una leggera nota aromatica.

A. A. Santa Maddalena Cl. '15
Glögglhof Franz Gojer
fraz. Santa Maddalena
via Rivellone, 1
Bolzano/Bozen
tel. 0471978775
www.gojer.it
10.00 euro

Le prime notizie storiche sul maso Glöggl risalgono al 1470. Franz Gojer ha ereditato nel 1983 la tenuta dalla famiglia, ormai divenuta un vero e proprio monumento e un punto di riferimento per i viticoltori del Santa Maddalena. Franz è famoso soprattutto per i Lagrein ma il suo Santa Maddalena non è da sottovalutare: il 2015 è un vino onesto e piacevole, di colore rosso rubino intenso, con profumo fresco e fruttato e sfumature di ciliegie e violetta. In bocca è fresco e pieno, caratteristico e morbido. Un vino da tutto pasto.

A. A. Santa Maddalena Cl. '15
Griesbauerhof Georg Mumelter
via Rencio, 66
Bolzano/Bozen
tel. 0471973090
www.griesbauerhof.it
10.00 euro

Griesbauerhof di Georg Mumelter ci presenta ogni anno una piccola gamma di carattere, tipicità e di grande qualità. Il Santa Maddalena Classico '15 cresce su pergole a 300 metri d'altitudine, su terreni sabbiosi limosi di origine porfirica. 95% schiava e 5% lagrein, viene vinificato in acciaio e affinato in acciaio e in botti grandi di rovere. Il risultato: un caratteristico e tipico Santa Maddalena di colore rosso rubino intenso, fruttato e speziato al naso, morbido e vellutato in bocca con struttura elegante e fresca e finale succoso e lungo.

A. A. Pinot Bianco Mediaevum '15
Gumphof - Markus Prackwieser
loc. Novale di Presule, 8
Fiè allo Sciliar/Völs am Schlern [BZ]
tel. 0471601190
www.gumphof.it
9.60 euro

Il Gumphof, all'entrata della Valle Isarco, sotto Fiè allo Sciliar, è diventato un ricercato punto di riferimento per gli amanti dei vini della Valle Isarco. Il giovane Markus Prackwieser fa dai suoi cinque ettari di vigneti, posti su quei costoni da brividi all'ingresso della Valle Isarco, etichette che migliorano di anno in anno. Nuovo nella sua gamma di vini eccezionali, è il Pinot Bianco Mediaevum, un vino di colore giallo paglierino, fruttato al naso con note di mele fresche e fiori, sapido e minerale in bocca.

A. A. Müller Thurgau Sòfì '15
Franz Haas
via Villa, 6
Montagna/Montan [BZ]
tel. 0471812280
www.franz-haas.it
10.00 euro

Franz Haas è un personaggio mitico nel mondo della viticoltura altoatesina: "Per me il vino è sinonimo di compagnia e di gioia. Pensare di aprire una bottiglia di vino, mi rende felice." Il suo Müller Thurgau Sòfì, il nome di sua figlia Sofia, si presenta con un vivace colore giallo paglierino, con aromi che ricordano note di moscato, frutta fresca, pesche e fiori, con gusto elegante e sapido e un finale molto piacevole.

A. A. Pinot Grigio '15
Cantina Kurtatsch
s.da del Vino, 23
Cortaccia/Kurtatsch [BZ]
tel. 0471880115
www.cantina-cortaccia.it
10.10 euro

Il rispetto delle tradizioni abbinate a tecniche di lavorazione moderne permettono alla Cantina Cortaccia di ottenere il meglio della qualità. La selezione di vini presentata anno dopo anno è notevole e, da una gamma solida abbiamo scelto per l'Oscar il Pinot Grigio '15, un vino fresco e ricco di estratti, morbido e cremoso al palato, in grado di coniugare estrema bevibilità e compattezza gustativa. Da servire con funghi, frutti di mare e zuppa di pesce.

A. A. Müller Thurgau '15
Laimburg
loc. Laimburg, 6
Vadena/Pfatten [BZ]
tel. 0471969700
www.laimburg.bz.it
10.00 euro

Dal 1975 il Centro di Sperimentazione Agraria e Forestale guida gli sviluppi dell'economia agraria altoatesina, attraverso una ricerca mirata. L'annessa azienda agricola, il Podere Laimburg, comprende anche la cantina. Per l'Oscar abbiamo scelto il Müller Thurgau, un vino di colore giallo con riflessi verdi, delicato nel profumo con note di noce moscata, equilibrato in bocca grazie a una bella acidità e sapidità. Un vino ideale per un fresco aperitivo.

A. A. Lagrein '15
Larcherhof - Spögler
via Rencio, 82
Bolzano/Bozen
tel. 0471365034
11.80 euro

Hans Jochen ed Eduard Spögler della storica Larcherhof a Bolzano coltivano cinque ettari di vigneto ai piedi del Renon, nella zona classica del Santa Maddalena, utilizzando metodi naturali e rispettosi dell'ambiente. Le possenti viti di lagrein hanno più di un secolo di vita; nell'annata 2015 hanno regalato un vino dal bouquet gradevole, con note di more e viola, speziato e invitante, mentre la bocca si rivela corposa e strutturata, con tanni morbidi e succosi.

A. A. Chardonnay Palladium '15
K. Martini & Sohn
loc. Cornaiano
via Lamm, 28
Appiano/Eppan [BZ]
tel. 0471663156
www.martini-sohn.it
10.70 euro

L'azienda familiare Martini, nata nel 1979, si trova in mezzo alle campagne di Cornaiano, circondata dai vigneti storici della zona. La gamma dei vini presentati da Gabriel, Maren e Lukas Martini è molto valida, anno per anno. Lo Chardonnay '15 è certamente da Oscar ma soprattutto un valido rappresentante della gamma aziendale. Il bouquet è intenso e ricorda frutti esotici come ananas e banane, ma anche mela e pesca; in bocca è fresco e vivace, invitante e di pronta beva. Accompagna bene antipasti e piatti a base di pesce.

A. A. Pinot Bianco Amperg '15
Maso Hemberg - Klaus Lentsch
s.da Reinsperg, 18a
Appiano/Eppan [BZ]
tel. 0471967263
www.klauslentsch.eu
10.00 euro

Klaus Lentsch è un piccolo e appassionato vignaiolo di terza generazione, con un bellissimo maso all'inizio della Valle Isarco. Le uve per il suo Pinot Bianco da Oscar provengono da vigneti attorno a Caldaro. Il mosto viene macerato a freddo, pigiato in maniera soffice e fermentato a temperatura controllata. È un Pinot Bianco convincente, di colore giallo chiaro con riflessi verdognoli, fresco e fruttato al naso con note di mela verde e fiori di prato, vivace e robusto in bocca. Si accosta ad antipasti leggeri e a piatti a base di pesce.

A. A. Schiava Meranese Schickenburg '15
Cantina Meran Burggräfler
via Cantina, 9
Marlengo/Marling [BZ]
tel. 0473447137
www.cantinamerano.it
9.00 euro

L'area viticola occidentale dell'Alto Adige si presenta unita sotto il nuovo marchio Meran. La Burggräfler e la vicina Merano, dopo la loro recente fusione sono diventate una realtà enologica molto importante. Fra i vini più tipici della zona c'è anche quest'anno il Meranese Schickenburg '15, una Schiava, che nasce sulle colline di Marlengo. Di colore rosso rubino intenso, si presenta con i caratteristici profumi di frutti rossi e violetta, al palato è morbido e rotondo, molto armonico, con un bel retrogusto di ciliegia e una beva fresca e invitante.

A. A. Lagrein '15
Cantina Convento Muri-Gries
p.zza Gries, 21
Bolzano/Bozen
tel. 0471282287
www.muri-gries.com
11.70 euro

La Cantina Convento Muri-Gries è sicuramente uno dei migliori interpreti del Lagrein in Alto Adige come dimostra nuovamente il Lagrein '15, un vino più che meritevole del nostro Oscar. Proveniente da un vigneto a Bolzano/Gries, cresce su terreni ghiaiosi e soffici dell'area alluvionale del fiume Talvera. Fermentato con le vinacce, questo Lagrein si presenta con un colore rosso granato scuro, con note fruttate molto intense di prugne mature, ribes neri, cioccolato e note di violetta. Al palato è intenso e vellutato grazie a una bella struttura tannica, elegante, morbido e fresco.

A. A. Pinot Bianco '15
Cantina Nals Margreid
via Heiligenberg, 2
Nalles/Nals [BZ]
tel. 0471678626
www.kellerei.it
11.20 euro

Nei vigneti della Cantina Nals Margreid cresce un ampio spettro di pregiati vitigni autoctoni, che originano una gamma di vini di altissima qualità. Un grande rappresentante di questi vini è il Pinot Bianco '15. La severa limitazione della resa e la raccolta di uve ben mature conferiscono a questo vino il suo ampio bagaglio di aromi: mele e ananas al naso anticipano la freschezza e vivacità del sorso. Dotato di carattere robusto, è ricco, pieno e piacevolmente avvolgente.

A. A. Lago di Caldaro Scelto Cl. '15
Niklaserhof Josef Sölva
loc. San Nicolò
via delle Fontane, 31a
Caldaro/Kaltern [BZ]
tel. 0471963434
www.niklaserhof.it
7.10 euro

La famiglia Sölva si dedica già da secoli con dedizione alla coltivazione della vite. All'azienda appartengono 4,5 ettari di vigneti divisi su diverse particelle nelle zone più vocate del territorio. I vini di Josef e Dieter Sölva convincono con la loro tipicità e qualità. Un bell'esempio è, come al solito, il Lago di Caldaro Classico Scelto '15, di colore rosso rubino, dal bouquet caratteristico e fruttato, con leggero sentore di ciliegie, ha un sapore avvolgente e morbido, leggermente tannico; un vino da bere fresco e in compagnia.

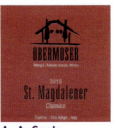

A. A. Santa Maddalena Cl. '15
Obermoser H. & T. Rottensteiner
fraz. Rencio
via Santa Maddalena, 35
Bolzano/Bozen
tel. 0471973549
www.obermoser.it
9.70 euro

L'azienda vinicola Obermoser della famiglia Rottensteiner si trova in posizione stupenda sulla collina Santa Maddalena, sopra Bolzano. Da generazioni la famiglia si concentra sulla cura, l'evoluzione e l'affinamento dei vini tipici della zona, tra i quali soprattutto il Lagrein e il Santa Maddalena. E abbiamo scelto proprio quest'ultimo per l'Oscar, un vino caratteristico e tipico, fruttato e speziato al naso, con sentori di amarene e frutti di bosco, morbido e vellutato in bocca con struttura elegante e fresca e sfumature di mandorle amare nel retrogusto.

A. A. Santa Maddalena Cl. '15
Pfannenstielhof Johannes Pfeifer
via Pfannestiel, 9
Bolzano/Bozen
tel. 0471970884
www.pfannenstielhof.it
13.00 euro

Pfannenstielhof è un'azienda a gestione familiare, situata nella zona classica del Santa Maddalena. I vini di Johannes Pfeifer sono noti per la loro costante e concreta qualità, tanto che il suo Santa Maddalena '09 fu il primo della denominazione a ottenere i Tre Bicchieri. Il 2015 è certamente un vino da Oscar: di colore rosso rubino intenso, ha aromi fruttati di ciliegie e mandorle, mentre in bocca è morbido e sapido, fresco e armonico. Un vino goloso e di pronta beva.

A. A. Santa Maddalena Cl. '15
Tenuta Plonerhof
loc. Untermagdalena, 29
Bolzano/Bozen
tel. 0471975559
www.magdalenerwein.it
9.00 euro

La Tenuta Plonerhof della famiglia Geier è situata nel cuore della zona classica del Santa Maddalena a Bolzano. La viticultura in questa zona vanta una secolare tradizione familiare oggi portata avanti da Simon Geier che coltiva le uve vinificate poi dal padre enologo Leo. Il loro Santa Maddalena Classico (90% schiava e 10% lagrein) ha il suo marchio di fabbrica in un rosso rubino intenso, nel gusto fresco e fruttato di ciliegie e prugne mature, nella sua rotondità e complessità al palato, nella piacevole e leggera acidità.

A. A. Lago di Caldaro Cl. Sup. '15
Tenuta Ritterhof
s.da del Vino, 1
Caldaro/Kaltern [BZ]
tel. 0471963298
www.ritterhof.it
6.80 euro

La Tenuta Ritterhof a Caldaro lunga la strada del vino è dal 1999 di proprietà della famiglia Roner, famosi distillatori di grappe altoatesini. La tenuta produce la gamma completa dei vini dell'Alto Adige, con una qualità che cresce di anno in anno. Il Lago di Caldaro Classico Superiore '15 è tipico e caratteristico. È un rosso vinificato tradizionalmente, leggero e invitante, di colore rosso rubino, gradevolmente fruttato con note di lamponi e mandorla, leggero, rotondo, fresco e piacevolissimo al palato.

A. A. Santa Maddalena Cl. Premstallerhof '15
Tenuta Hans Rottensteiner
fraz. Gries
via Sarentino, 1a
Bolzano/Bozen
tel. 0471282015
www.rottensteiner-weine.com
10.00 euro

La casa vitivinicola Rottensteiner si trova all'entrata della Val Sarentino, in mezzo alla zona classica del Lagrein e a due passi dall'area del Santa Maddalena Classico. La famiglia è una delle più vecchie famiglie di vignaioli dell'Alto Adige, collegata da molte generazioni alla viticoltura. Il Santa Maddalena Premstallerhof '15 è anche quest'anno da Oscar. Il colore è di un intenso rosso rubino, i profumi sono fruttati con note di ciliegie e mandorle amare. In bocca è sapido e pieno, speziato, con ritorni di mandorla, tannini morbidi e un finale fresco e lungo.

A. A. Pinot Bianco '15
Cantina Produttori San Michele Appiano
via Circonvallazione, 17/19
Appiano/Eppan [BZ]
tel. 0471664466
www.stmichael.it
8.00 euro

La Cantina di San Michele Appiano è parte integrante della storia vitivinicola altoatesina. Il grado di affidabilità e il valore assoluto dei prodotti di questa cantina cooperativa sotto la guida del mitico kellermeister Hans Terzer ormai sono fuori discussione. Il Pinot Bianco '15 si presenta con un colore giallo corallino che racchiude tutta la sua grande razza; equilibrato negli aromi di frutta matura, altrettanto ben amalgamato nei sapori, con una buona acidità e una piacevole morbidezza.

A. A. Pinot Bianco Plötzner '15
Cantina Produttori San Paolo
loc. San Paolo
via Castel Guardia, 21
Appiano/Eppan [BZ]
tel. 0471662183
www.kellereistpauls.com
10.60 euro

La Cantina Produttori di San Paolo, fondata nel 1907, conta 210 soci che coltivano 180 ettari di vigneti, dando vita a una vasta gamma di prodotti di grande qualità. Quest'anno abbiamo di nuovo scelto per l'Oscar il Pinot Bianco Plötzner, un vino tipico ed elegante. Fermentato in botte di legno, si presenta di colore giallo paglierino, con note fruttate di mela, pesca e albicocca; elegante e fresco ha una piacevole acidità, ben amalgamata a una bella mineralità nel retrogusto.

A. A. Pinot Bianco '15
Cantina Terlano
via Silberleiten, 7
Terlano/Terlan [BZ]
tel. 0471257135
www.cantina-terlano.com
10.00 euro

Nel 1893 a Terlano fu fondata una delle prime cantine sociali dell'Alto Adige. Oggi la Terlano è sinonimo di tradizione e di qualità ed è famosa in tutto il mondo per i suoi grandi vini bianchi. Uno di questi è il Terlaner Pinot Bianco. Il 2015 si presenta con colore giallo paglierino, con profumi fruttati che ricordano pera, limetta, uva spina e camomilla, con buona complessità, morbidezza ed eleganza; gusto fruttato, fresco e minerale, dalla lunga persistenza.

A. A. Müller Thurgau Classic '15
Tiefenbrunner
fraz. Niclara
via Castello, 4
Cortaccia/Kurtatsch [BZ]
tel. 0471880122
www.tiefenbrunner.com
8.30 euro

L'azienda vitivinicola Tiefenbrunner con la Castello Turmhof, a Enticlara, ha una lunga tradizione sulle spalle. La famiglia Tiefenbrunner ha creato una delle più importanti e famose aziende della bassa atesina. Il piccolo fratello del blasonato Feldmarschall è il Müller Thurgau Classic, che cresce sui vigneti collinari di Penone a Corona, ad altitudini che vanno dai 600 ai 900 metri. Si presenta con un colore giallo chiaro con sfumature verdoline, con profumi fruttati e aromi di erbe selvatiche, erba fresca e noce moscata al naso, ben strutturato, pieno ed equilibrato, fresco e minerale con lungo finale sapido in bocca.

A. A. Pinot Grigio '15
Cantina Tramin
s.da del Vino, 144
Termeno/Tramin [BZ]
tel. 0471096633
www.cantinatramin.it
9.20 euro

Willi Stürz, anima ed enologo dell'azienda, stupisce ogni anno con nuove sorprese nella completa gamma di altissimo livello e di grandissima qualità. L'Oscar quest'anno lo abbiamo assegnato al Pinot Grigio '15 di Termeno, un vino pieno, ricco di estratto e di decisa freschezza. Si presenta di colore giallo paglierino, con sapore delicato, fruttato e piacevolmente morbido. Ottimo come aperitivo e in abbinamento con piatti a base di funghi, pesce e frutti di mare.

A. A. Chardonnay '15
Thomas Unterhofer
loc. Pianizza di Sopra, 5
Caldaro/Kaltern [BZ]
tel. 0471669133
www.weingut-unterhofer.com
11.60 euro

La famiglia Unterhofer si occupa di viticoltura da tre generazioni e attualmente è Thomas, vignaiolo serio e metodico, a occuparsi dell'azienda con passione e dedizione. Quest'anno l'Oscar va allo Chardonnay '15, da viti di 35 anni d'età; affinato in grandi botti di legno, si presenta con un intenso colore giallo paglierino, note di frutta esotica e fiori al naso, fresco e vivace, pieno ed elegante al palato. Ottimo con primi piatti, pasta, risotti, pesce e carne bianca.

A. A. Santa Maddalena Cl. '15
Untermoserhof Georg Ramoser
via Santa Maddalena, 36
Bolzano/Bozen
tel. 0471975481
12.60 euro

L'azienda Untermoserhof risale al 1630 e viene gestita oggi in quarta generazione dalla famiglia Ramoser. Il suo Santa Maddalena Classico '15 è composto perlopiù da schiava con un piccolissimo saldo di lagrein. È un vino di colore rosso rubino intenso con sapore gradevolmente tenue e fruttato, contrappuntato da un leggero sentore di mandorle; in bocca è fresco e morbido, succoso e lungo.

A. A. Valle Isarco Sylvaner '15
Cantina Produttori Valle Isarco
via Coste, 50
Chiusa/Klausen [BZ]
tel. 0472847553

www.cantinavalleisarco.it
9.10 euro
La Cantina Valle Isarco a Chiusa ha festeggiato qualche anno fa i suoi primi 50 anni. Il 90% della produzione riguarda i vini bianchi tipici della zona e, tra questi, uno dei più significativi è il Sylvaner. Da Oscar quello dell'annata 2015; il vino rispecchia con il suo carattere fresco, fruttato e intenso il territorio della valle. I profumi sono delicati e leggermente aromatici, con sentori di pesca e mela, mentre in bocca è secco e morbido con una bella impronta minerale nel finale.

A. A. Santa Maddalena Cl. '15
Tenuta Waldgries
loc. Santa Giustina, 2
Bolzano/Bozen
tel. 0471323603
www.waldgries.it
13.00 euro

La storica azienda vitivinicola Waldgries è situata sopra Bolzano, nella zona classica del Santa Maddalena e gode di un microclima particolarmente caldo e mite, unico in tutta la regione. Heinrich e Christian Plattner sono fra i migliori interpreti dei vini classici della zona, il Lagrein e il Santa Maddalena. Quest'ultimo, nella versione 2015, ha un colore rosso rubino carico, profumi intensi che ricordano la mandorla, la viola e il garofano e sapori gustosi e pieni con stoffa rotonda e carezzevole.

A.A. Santa Maddalena Cl. '15
Wassererhof
loc. Novale di Fiè, 21
Fiè allo Sciliar/Völs am Schlern [BZ]
tel. 0471724114
www.wassererhof.com
10.90 euro

Il maso Wassererhof è situato ai piedi dello Sciliar, a Novale di Fiè. La storia avventurosa della tenuta risale al lontano 1366 e oggi ospita una tenuta vinicola e una trattoria agricola dei fratelli Christoph e Andreas Mock. La schiava per il Santa Maddalena Classico cresce su un pendio ripido con terreno argilloso in località Costa, a 350 metri d'altitudine. Il vino si presenta con colore rosso rubino vivo, note di amarena e frutti a bacca rossa al naso, intenso ed elegante, con tannino fine e persistente al palato.

A. A. Gewürztraminer Artyo '15
Josef Weger
loc. Cornaiano
via Casa del Gesù, 17
Appiano/Eppan [BZ]
tel. 0471662416
www.wegerhof.it
9.80 euro

La casa vinicola Weger fondata nel 1820 a Cornaiano è pioniera nella storia della viticoltura altoatesina; ben sei generazioni hanno portato la cantina ai livelli qualitativi di oggi. Johannes Weger, attuale discendente della stirpe, lavora con tanto impegno e passione, e i risultati di tanta dedizione diventano sempre più evidenti, anno dopo anno. Il Gewürztraminer Artyo '15 cresce in collina a un'altitudine di 435 metri, a Cornaiano. Di colore giallo paglierino convince con una spiccata e tipica aromaticità, con sentori speziati, corpo pieno ed eleganza al palato.

A. A. Pinot Grigio '15
Peter Zemmer
s.da del Vino, 24
Cortina Sulla Strada del Vino/Kurtinig [BZ]
tel. 0471817143
www.peterzemmer.com
10.20 euro

Dalla sua fondazione nel 1928 la viticoltura fa parte della storia della famiglia Zemmer, a Cortina sulla Strada del Vino, dove ha avuto sempre un ruolo molto importante. La gamma aziendale assicura una costanza qualitativa molto alta, come dimostra il Pinot Grigio '15, di colore giallo paglierino brillante, delicatamente aromatico e fruttato, con note di pera e melone, fresco, vivace e ben equilibrato in bocca, accattivante con sottile acidità e rotondità.

gli altri vini

Abbazia di Novacella
fraz. Novacella
via dell'Abbazia, 1
Varna/Vahrn [BZ]
tel. 0472836189
www.abbazianovacella.it
**A. A. Valle Isarco
Grüner Veltliner
Praepositus '14**
12.10 euro
**A. A. Valle Isarco
Müller Thurgau '15**
10.90 euro

Befehlhof
via Vezzano, 14
Silandro/Schlanders [BZ]
tel. 0473742197
Pinot Nero '13
8.00 euro

Cantina Bolzano
p.zza Gries, 2
Bolzano/Bozen
tel. 0471270909
www.cantinabolzano.com
**A. A. Santa Maddalena Cl.
Huck am Bach '15**
10.00 euro

Josef Brigl
loc. San Michele Appiano
via Madonna del Riposo, 3
Appiano/Eppan [BZ]
tel. 0471662419
www.brigl.com
**A. A. Gewürztraminer
Windegg '15**
13.00 euro
**A. A. Pinot Bianco
Haselhof '15**
10.80 euro

Cantina di Caldaro
via Cantine, 12
Caldaro/Kaltern [BZ]
tel. 0471963149
www.kellereikaltern.com
**A. A. Lago di Caldaro
Scelto Cl. Sup.
Pfarrhof '15**
10.90 euro

Castel Sallegg
v.lo di Sotto, 15
Caldaro/Kaltern [BZ]
tel. 0471963132
www.castelsallegg.it
A. A. Pinot Nero '14
10.20 euro

Castelfeder
via Portici, 11
Egna/Neumarkt [BZ]
tel. 0471820420
www.castelfeder.it
**A. A. Pinot Bianco
Vom Stein '15**
8.00 euro

**Erbhof Unterganzner
Josephus Mayr**
fraz. Cardano
via Campiglio, 15
Bolzano/Bozen
tel. 0471365582
www.tirolensisarsvini.it
**A. A. Sauvignon
Platt & Pignat '15**
11.10 euro

Erste+Neue
via delle Cantine, 5/10
Caldaro/Kaltern [BZ]
tel. 0471963122
www.erste-neue.it
**A. A. Lago di Caldaro Cl.
Sup. Puntay '15**
11.10 euro

Cantina Girlan
loc. Cornaiano/Girlan
via San Martino, 24
Appiano/Eppan [BZ]
tel. 0471662403
www.girlan.it
**A. A. Pinot Bianco
Plattenriegl '15**
12.60 euro
**A. A. Pinot Grigio
H. Lun '15**
10.00 euro

**Glögglhof
Franz Gojer**
fraz. Santa Maddalena
via Rivellone, 1
Bolzano/Bozen
tel. 0471978775
www.gojer.it
**A. A. Vernatsch
Alte Reben '15**
8.40 euro

**Gummerhof
Malojer**
via Weggestein, 36
Bolzano/Bozen
tel. 0471972885
www.malojer.it
**A. A. Lagrein
Gummerhof zu Gries '14**
9.00 euro
**A. A. Müller Thurgau
Kreiter '15**
8.00 euro

Kettmeir
via delle Cantine, 4
Caldaro/Kaltern [BZ]
tel. 0471963135
www.kettmeir.com
A. A. Pinot Bianco '15
10.10 euro
A. A. Sauvignon '15
12.60 euro

**Tenuta Klosterhof
Oskar Andergassen**
loc. Clavenz, 40
Caldaro/Kaltern [BZ]
tel. 0471961046
www.garni-klosterhof.com
**A. A. Pinot Bianco
Trifall '15**
10.10 euro

**Köfererhof - Günther
Kerschbaumer**
fraz. Novacella
via Pusteria, 3
Varna/Vahrn [BZ]
tel. 3474778009
www.kofererhof.it
**A. A. Valle Isarco
Müller Thurgau '15**
11.60 euro

Larcherhof - Spögler
via Rencio, 82
Bolzano/Bozen
tel. 0471365034
A. A. Santa Maddalena Cl. '15
9.20 euro

K. Martini & Sohn
loc. Cornaiano
via Lamm, 28
Appiano/Eppan [BZ]
tel. 0471663156
www.martini-sohn.it
A. A. Lago di Caldaro Cl. Felton '15
8.20 euro
A. A. Pinot Bianco Palladium '15
10.00 euro

Cantina Meran Burggräfler
via Cantina, 9
Marlengo/Marling [BZ]
tel. 0473447137
www.cantinamerano.it
A. A. Schiava Schickenburg Graf von Meran '15
7.50 euro
A. A. Val Venosta Pinot Bianco Sonnenberg '15
12.60 euro

Cantina Convento Muri-Gries
p.zza Gries, 21
Bolzano/Bozen
tel. 0471282287
www.muri-gries.com
A. A. Lagrein Rosato '15
8.00 euro

Niklaserhof Josef Sölva
loc. San Nicolò
via delle Fontane, 31a
Caldaro/Kaltern [BZ]
tel. 0471963434
www.niklaserhof.it
A. A. Kerner '15
9.80 euro
A. A. Pinot Bianco '15
8.00 euro
A. A. Pinot Bianco Klaser Ris. '13
12.60 euro

Tenuta Ritterhof
s.da del Vino, 1
Caldaro/Kaltern [BZ]
tel. 0471963298
www.ritterhof.it
A. A. Sauvignon '15
8.00 euro

Cantina Produttori San Paolo
loc. San Paolo
via Castel Guardia, 21
Appiano/Eppan [BZ]
tel. 0471662183
www.kellereistpauls.com
A. A. Sauvignon Kössler '15
9.90 euro

Stachlburg Baron von Kripp
via Mitterhofer, 2
Parcines/Partschins [BZ]
tel. 0473968014
www.stachlburg.com
A. A. Pinot Nero '13
13.00 euro

Cantina Terlano
via Silberleiten, 7
Terlano/Terlan [BZ]
tel. 0471257135
www.cantina-terlano.com
A. A. Pinot Bianco Finado Andriano '15
8.90 euro

Cantina Tramin
s.da del Vino, 144
Termeno/Tramin [BZ]
tel. 0471096633
www.cantinatramin.it
A. A. Pinot Bianco Moriz '15
10.00 euro

Thomas Unterhofer
loc. Pianizza di Sopra, 5
Caldaro/Kaltern [BZ]
tel. 0471669133
www.weingut-unterhofer.com
A. A. Sauvignon '15
9.70 euro
A. A. Schiava Campenn '15
9.20 euro

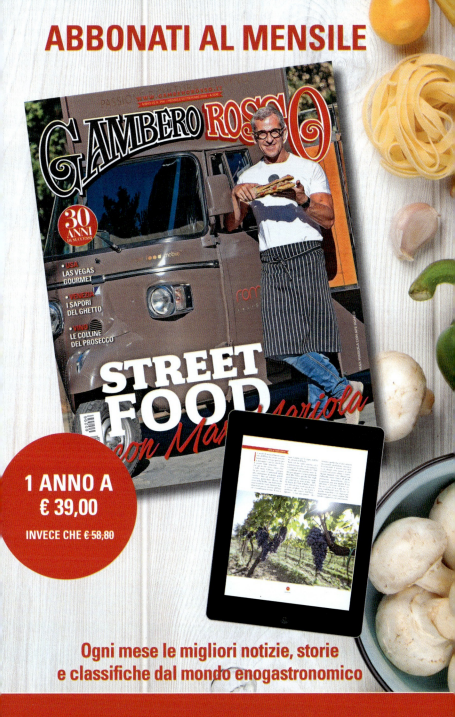

gli altri vini

Tenuta Unterortl Castel Juval
loc. Juval, 1b
Castelbello Ciardes/Kastelbell Tschars [BZ]
tel. 0473667580
www.unterortl.it
A. A. Val Venosta Pinot Bianco '15
9.70 euro

Wassererhof
loc. Novale di Fiè, 21
Fiè allo Sciliar/Völs am Schlern [BZ]
tel. 0471724114
www.wassererhof.com
A. A. Santa Maddalena Cl. Mumelterhof '15
10.90 euro

Peter Zemmer
s.da del Vino, 24
Cortina Sulla Strada del Vino/Kurtinig [BZ]
tel. 0471817143
www.peterzemmer.com
A. A. Pinot Grigio Selection R Ris. '14
10.20 euro

le migliori enoteche

Meraner Weinhaus/Casa del Vino di Merano
via Roma, 76
Merano/Meran [BZ]
tel. 0473232253

Fondato nel 1977 dalla famiglia Hölzl, la Meraner Weinhaus è oggi una delle migliori enoteche dell'Alto Adige. Una grande professionalità e competenza, oltre a un vero amore per il vino, caratterizzano il lavoro di Günther Hölzl e del suo team, composto da un gruppo di seri professionisti pronti a soddisfare le richieste della clientela. Sono oltre 2000 le etichette proposte tra quelle regionali, nazionali e straniere che fanno bella mostra sugli scaffali dell'accogliente locale. Completano l'offerta una bella selezione di distillati pregiati, tante specialità alimentari e accessori per la degustazione del vino. Inoltre si organizzano eventi, degustazioni e assaggi dei migliori prodotti regionali.

Hofer Market
loc. Prati-Val di Vizze/Wiesen-Pfitsch
via Brennero, 21
Vipiteno/Sterzing [BZ]
tel. 0472765152

Un vero e proprio market del lusso per il vino. Toni Hofer è riuscito a regalare a enofili e professionisti del settore una vasta boutique dove trovare una valida selezione di vini. Gli scaffali ospitano la più ampia gamma di vini regionali che possiate immaginare. Ma non ci si ferma qui: grande selezione del meglio della produzione italiana presentata da personale gentile e professionale. Interessanti i prezzi proposti: una vera oasi del buon rapporto qualità prezzo. Buona offerta di prodotti gastronomici. Non mancano distillati, whisky, rum agricoli e grappe.

le altre enoteche

BOLZANO E PROVINCIA

Enoteca Vis à Vis
Riva di Sotto, 21b
Appiano/Eppan [BZ]
tel. 0471662919

Il Bacaro
via Argentieri, 17
Bolzano/Bozen
tel. 0471971421

Enoteca Baccus
via Leonardo da Vinci, 1
Bolzano/Bozen
tel. 0471970176

Gandolfi
v.le Druso, 349
Bolzano/Bozen
tel. 0471920335

Gidi
via Michel Gasmair, 20d
Bolzano/Bozen
tel. 0471270456

Weingalerie
via Rio Bianco, 10
Bressanone/Brixen [BZ]
tel. 0472836001

Harpf Bottiglieria
via Centrale, 53a
Brunico/Bruneck [BZ]
tel. 0474537131

Enoteca Gourmet Ladele
via Palade, 6
Lana/Lana [BZ]
tel. 0473290924

le altre enoteche

Enoteca Riffeser Otto
Strada, 40
Selva di Val Gardena/
Wolkenstein in Gröden [BZ]
tel. 0471794293

Egarter
via Sonnwend, 21
Sesto/Sexten [BZ]
tel. 0474 710116

Casa del Vino
Strada del Vino, 15
Termeno/Tramin [BZ]
tel. 0471863225

Vinzenz-zum feinen Wein
via Città Nuova, 4
Vipiteno/Sterzing [BZ]
tel. 0472760342

veneto

Il Veneto era tradizionalmente una regione che i nostri genitori percorrevano in lungo e in largo alla ricerca di buoni vini da comprare in damigiana e successivamente imbottigliare a casa. Oggi quel mercato del vino sta scomparendo, l'appassionato si è emancipato e il vino è proposto quasi esclusivamente in bottiglia. Questo vagabondaggio è ancora molto diffuso, spesso nei week end, durante le manifestazioni dedicate al vino, ma il fine ultimo è rimasto lo stesso, quello di reperire direttamente dal produttore una piccola scorta di vino che ci accompagnerà durante tutto l'anno. Vini che sappiano essere di buona qualità, proposti al prezzo giusto e che mantengano un profilo gustativo che non ricerca opulenza o complessità quanto invece versatilità a tavola, semplicità nel sorso, immediatezza aromatica. Il Veneto da questo punto di vista è una terra fortunata, impregnata di una cultura enologica che non ha mai perso di vista la bevibilità, che oggi ritroviamo in produzioni che spaziano dai vitigni internazionali che caratterizzano le pianure e la parte orientale della regione a quelli autoctoni molto più presenti a ovest. Se in pianura sono le varietà a bacca bianca a far da padrone, ecco che nei Colli Euganei emerge la ricchezza dei Cabernet, per tornare in un mondo di semplicità e leggerezza con il tai rosso nei vicini Colli Berici. Nel veronese invece le denominazioni più blasonate sono ormai fuori portata per questa pubblicazione, ma da Gambellara a Soave, da Custoza a Bardolino i vini da inseguire e scoprire sono moltissimi, giocati su una fragranza aromatica mai scontata e un sorso che ha nella spinta acida, e sapida, un puntello per scardinare qualsiasi abbinamento.

Soave '15
Dal Cero
Tenuta di Corte Giacobbe
via Moschina, 11
Roncà [VR]
tel. 0457460110
www.vinidalcero.com

l'oscar regionale

7.70 euro

Il Soave è uno dei grandi bianchi italiani, interprete del bere quotidiano tanto quanto di rappresentare la capacità di evolvere e migliorare per anni tipica dei vini più importanti. La famiglia Dal Cero ne propone due versioni, e tra queste segnaliamo la più semplice, capace di colpire per l'intensità dei suoi profumi di susina bianca e mela, con una fresca sfumatura floreale sullo sfondo. In bocca la sapida spinta acida ne amplifica la piacevolezza. Bevetelo subito come aperitivo o attendete anche un paio di anni, non avrà paura di affrontare pesci importanti o gli animali da cortile nelle cotture più rispettose della loro delicatezza.

gliOscar

Valpolicella Cl. '15
Stefano Accordini
fraz. Cavalo
loc. Camparol, 10
Fumane [VR]
tel. 0457760138
www.accordinistefano.it
8.00 euro

L'azienda di Tiziano Accordini si trova nell'alta Valpolicella, quasi a dominare la denominazione dall'alto. Interprete molto apprezzato di Amarone, non ha mai disdegnato la produzione del vino più semplice, quello che racconta il territorio e le sue uve. Rubino non troppo intenso alla vista, al naso dona suggestioni di ciliegia e pepe, che si ritrovano in un palato asciutto, di medio corpo e grande grinta. Imperdibile!

Lison-Pramaggiore Chardonnay '15
Ai Galli
via Loredan, 28
Pramaggiore [VE]
tel. 0421799314
www.aigalli.it
11.80 euro

La denominazione di Lison Pramaggiore si estende lungo la fascia costiera che da Venezia si allunga in direzione del vicino Friuli. L'azienda di Pramaggiore propone questo Chardonnay profumato di frutto giallo, con una delicata sfumatura di rovere che racconta il tipo di affinamento effettuato. Al palato rivela medio corpo e una spiccata tensione, dovuta più alla sapidità che alla spinta acida.

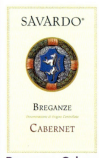

Breganze Cabernet Sup. Savardo '14
Beato Bartolomeo
via Roma, 100
Breganze [VI]
tel. 0445873112
www.cantinabreganze.it
9.60 euro

La grande struttura cooperativa del vicentino opera sul territorio collinare che va da Thiene a Bassano, nonché sulla pianura prospiciente queste colline. La linea Savardo offre prodotti di buona qualità a un prezzo interessante, acquistabili anche nel punto vendita della cantina. Il Cabernet Superiore è frutto della fresca vendemmia 2014, porge al naso note intense, con il frutto maturo attraversato da accenni vegetali, in bocca è agile e scattante.

Bardolino Dafne '15
Benazzoli
loc. Costiere, 25
Pastrengo [VR]
tel. 0457170395
www.benazzoli.com
6.70 euro

Quella della famiglia Benazzoli è un'azienda in cui lo spirito di gioventù portato dalle nuove leve sta dando una spinta interessante alla produzione. Quasi trenta ettari di vigneto per una produzione che ha al centro dell'obiettivo il Bardolino, la rossa denominazione gardesana che ha nell'aromaticità e nella prontezza di beva il suo pilastro centrale. Dafne si muove proprio su questo sentiero, risultando un vino che saprà accompagnare con sapidità le vostre cene estive.

Bardolino '15
Bergamini
loc. Colà
via Cà Nova, 2
Lazise [VR]
tel. 0456490407
www.bergaminivini.it
5.00 euro

Bergamini è una bella realtà familiare attiva da un secolo sul territorio gardesano, fra la zona classica e quella meridionale della denominazione. Ottimo il loro Bardolino, un rosso che profuma di frutto selvatico e spezie, che in bocca si fa apprezzare per la sapida e tesa leggerezza. Servito fresco di cantina sarà perfetto per una cena estiva, magari in accompagnamento a un pesce di lago dal gusto pieno e grintoso.

Prosecco Brut
BiancaVigna
loc. Ogliano
via Monte Nero, 8
Conegliano [TV]
tel. 0438788403
www.biancavigna.it
6.70 euro

I fratelli Moschetta in pochi anni hanno saputo fare di BiancaVigna una delle realtà emergenti del mondo del Prosecco. Accanto a un'apprezzata produzione proveniente dalla zona storica, propongono anche questo interessante Prosecco Brut, interpretato mettendo in luce l'animo più nervoso e scattante della tipologia. Profumi tenui e raffinati introducono un sorso asciutto e grintoso che saprà accompagnare i vostri pasti più leggeri.

Venezia Merlot '15
Borgo Molino
fraz. Roncadelle
via Fontane, 3
Ormelle [TV]
tel. 0422851625
www.borgomolino.it
11.80 euro

L'azienda di Roncadelle ha trasformato la sua attività, dedicando sempre maggiori attenzioni e impegno nella produzione di spumanti metodo Charmat. Rimane però una piccola ma apprezzata produzione di vini fermi, tra i quali segnaliamo questo fragrante Merlot. Al naso si colgono i profumi di frutto rosso, erbe aromatiche, e spezie, che si distendono in un sorso piacevolmente scorrevole e ben sostenuto dall'acidità.

Pinot Grigio '15
Borgo Stajnbech
via Belfiore, 109
Pramaggiore [VE]
tel. 0421799929
www.borgostajnbech.com
10.00 euro

Il Pinot Grigio rappresenta un po' la croce e la delizia del vino veneto, un bianco che, se da un lato ha dato successo a un territorio, dall'altro è stato spesso sinonimo di vinellino leggero e con poco gusto. Borgo Stajnbech rende giustizia a questa grande uva facendone un bianco che profuma di pera e fiori freschi, dotato di un palato solido e di buona pienezza. Ottimo su un pesce al forno arricchito dalla presenza di patate e pomodorini.

Venezia Chardonnay Nicopeja '15
Bosco del Merlo
via Postumia, 12
Annone Veneto [VE]
tel. 0422768167
www.boscodelmerlo.it
8.90 euro

La grande azienda di Annone Veneto è un punto di riferimento imprescindibile per gli appassionati di vini veneti, interprete di uno stile che unisce la riconoscibilità del vitigno a doti quali l'eleganza e la prontezza di beva. Provate questo Chardonnay, intensamente profumato di frutto giallo e fiori, in bocca si muove con tensione e sapidità, risultando un calice perfetto per accompagnare un risotto di pesce.

Valpolicella Cl. '15
Luigi Brunelli
via Cariano, 10
San Pietro in Cariano [VR]
tel. 0457701118
www.brunelliwine.com
7.60 euro

Profumi intensi di ciliegia e prugna, un palato ricco, cremoso e avvolgente, rinfrescato sul finale da una sferzata acida. Ecco cosa troverete all'assaggio del

Valpolicella di casa Brunelli. Un calice da servire rigorosamente a temperatura di cantina che potrà accompagnare una cena estiva o, con un po' di pazienza, un brasato di manzo con verdure. Vi stupirà la sua piacevolezza.

Manzoni Bianco '15
Ca' Corner
via Cà Corner Sud, 55
Meolo [VE]
tel. 042161191
www.vinicacorner.com
6.00 euro

L'azienda della famiglia Gasparini si trova a Meolo, a due passi da Venezia e dalla sponda del mare Adriatico. Su terreni fortemente argillosi crescono le uve destinate a questo fragrante bianco, un vino che, proposto a un prezzo davvero imbattibile, mette in mostra profumi agrumati e di fiori, con una sottile nota di pietra focaia che emergerà solo con il tempo. In bocca è succoso e sapido, con una fresca acidità che lo rende perfetto a tavola.

Corti Benedettine del Padovano Merlot Ser Ugo '15
Ca' Ferri
via Ca' Ferri, 43
Casalserugo [PD]
tel. 049655518
www.vinicaferri.com
5.90 euro

L'azienda della famiglia Prandstraller possiede vigneti sui Colli Euganei e sulla pianura che contorna Casalserugo. Qui produce questo fragrante rosso, un Merlot dai profumi di ciliegia e prugna, con una fresca sfumatura vegetale sullo sfondo. Sorso immediato e succoso che ne fa un vino compagno di molti pasti, armonioso e appagante, non teme di confrontarsi anche con la cucina più ardita.

Soave Cl. San Michele '15
Ca' Rugate
via Pergola, 36
Montecchia di Crosara [VR]
tel. 0456176328
www.carugate.it
8.20 euro

Uno dei vini immancabili della nostra pubblicazione, un bianco che interpreta perfettamente il ruolo di vino immediato, succoso e che convince anche i palati più esigenti. Merito di Michele Tessari che ha saputo interpretare la garganega esaltando tanto la capacità di dare vini dal pronto consumo quanto quella di reggere l'urto del tempo che passa. Potete consumarlo immediatamente o provare a conservarne qualche bottiglia per due, tre anni. Vi sorprenderà.

Soave Cl. Castello '15
Cantina del Castello
v.lo Corte Pittora, 5
Soave [VR]
tel. 0457680093
www.cantinacastello.it
9.60 euro

Arturo Stocchetti è il presidente del Consorzio del Soave, uno dei produttori più importanti della denominazione scaligera. Da vigneti disseminati lungo le colline della zona classica ricava le uve per questo fragrante Soave, delicatamente profumato di fiori e frutto bianco, che dona al palato delicatezza e tensione, per un sorso succoso e di estrema piacevolezza.

Dal 1870
una storia di Passione,
Famiglia, Terra
e Vino

ZENI 1870

Soave '15
La Cappuccina
fraz. Costalunga
via San Brizio, 125
Monteforte d'Alpone [VR]
tel. 0456175036
www.lacappuccina.it
8.20 euro

L'azienda dei fratelli Tessari è attiva da moltissimo nel territorio di Soave, dedita all'agricoltura biologica da trent'anni, quando ancora pochissimi si interessavano all'impatto dell'agricoltura sull'ambiente. Ottimo il loro Soave '15, un bianco dai profumi semplici e immediati che ricordano la frutta bianca e i fiori, che in bocca colpisce per la capacità di offrire piacevolezza e al tempo stesso affrontare i piatti più semplici della cucina italiana.

Il Durello '15
Casa Cecchin
via Agugliana, 11
Montebello Vicentino [VI]
tel. 0444649610
www.casacecchin.it
9.20 euro

La durella è il vitigno che caratterizza l'area della Lessinia, un susseguirsi di monti fra le province di Verona e Vicenza che nella parte più alta vedono la presenza di alpeggi, mentre nella parte meno elevata è proprio la viticoltura la presenza più importante. Un'uva dai profumi tenui e raffinati e un sorso rigido e di grande acidità. Casa Cecchin la interpreta esaltando la propensione gastronomica di quest'uva, per un bianco asciutto e che non teme abbinamenti arditi.

Marzemina Bianca '15
Casa Roma
via Ormelle, 19
San Polo di Piave [TV]
tel. 0422855339
www.casaroma.com
7.60 euro

Gigi Peruzzetto ha preso un vitigno pressoché abbandonato e ne ha fatto un vino di grande carattere. Al naso si colgono intense le note di frutto bianco e fiori, arricchite dalla presenza di sfumature di olive in salamoia che caratterizzano quest'uva bianca. Al palato soprattutto sapidità e tensione, per un sorso di grinta che bene si sposa alla cucina di mare, anche in presenza di pesci gustosi e rustici come le alici o le sardine.

Bardolino Chiaretto Cl. Ca' Vegar '15
Cantina di Castelnuovo
s.da s.le 11
via Palazzina, 2
Castelnuovo del Garda [VR]
tel. 0457570522
3.80 euro

La grande struttura cooperativa di Castelnuovo ha nella linea Ca' Vegar la massima espressione qualitativa dei vini di tradizione. Eccelle questo Bardolino Chiaretto, un rosato proveniente dalla zona classica che lambisce la sponda orientale del Lago di Garda, che mette in mostra un corredo aromatico di frutti di bosco e fiori che ritroviamo in un sorso succoso e di piacevole bevibilità.

Custoza '15
Cavalchina
loc. Cavalchina
fraz. Custoza
via Sommacampagna, 7
Sommacampagna [VR]
tel. 045516002
www.cavalchina.com
8.10 euro

Franco e Luciano Piona sono fra gli interpreti più conosciuti e apprezzati del veronese, produttori che si dedicano alla fresche tipologie gardesane come ai potenti rossi della Valpolicella. Segnaliamo il vino che più di ogni altro rappresenta l'azienda, il Custoza, un bianco che mette in mostra tutta la spinta aromatica che le uve della tradizione possono donare, che in bocca conquista per la sua spinta succosa e appagante.

Gambellara Cl. Bocara '15
Cavazza
c.da Selva, 22
Montebello Vicentino [VI]
tel. 0444649166
www.cavazzawine.com
8.40 euro

Un classico della nostra pubblicazione il Gambellara Bocara della famiglia Cavazza, un bianco che giunge dalla zona classica del Gambellara che dona al naso intense suggestioni di frutto bianco e fiori, caratterizzato da un sorso semplice e al tempo stesso molto piacevole. Ottimo aperitivo, saprà accompagnare con destrezza i vostri primi piatti a base di verdure o, se vi piace osare un po' di più, un petto di pollo alle erbe.

Cabernet Sauvignon '15
Giorgio Cecchetto
fraz. Tezze di Piave
via Piave, 67
Vazzola [TV]
tel. 043828598

www.rabosopiave.com
7.20 euro

L'azienda di Giorgio Cecchetto è dedita a una produzione che ha nella ricchezza fruttata e la facilità di approccio i suoi cavalli di battaglia. Esemplare l'assaggio di questo Cabernet Sauvignon, un rosso dalla veste rubino intensa che anticipa un frutto dolce e disponibile che non manca di irretire. In bocca la rotondità del sorso è sottolineata da tannini levigati e da una succosa spinta acida.

Pinot Grigio Tralcetto '15
Italo Cescon
fraz. Roncadelle
p.zza dei Caduti, 3
Ormelle [TV]
tel. 0422851033
www.cesconitalo.it
10.10 euro

L'azienda della famiglia Cescon è fra le interpreti più conosciute del territorio del Piave, la zona di pianura trevigiana che giunge a lambire le prime colline. La linea Tralcetto, riconoscibile per la presenza di un piccolo tralcio di vite legato al collo delle bottiglie, identifica la produzione più semplice, quella che ricerca la riconoscibilità del vitigno in un sorso succoso e di buona piacevolezza. Perfetto per le vostre cantine.

Rosabianco '15
Conte Collalto
via XXIV Maggio, 1
Susegana [TV]
tel. 0438435811
www.cantine-collalto.it
8.20 euro

La storica azienda di Susegana propone questo insolito vino ottenuto da uno dei numerosi incroci messi a punto dal professor Manzoni. Nato da due genitori quali il trebbiano e il traminer aromatico, si presenta con una veste paglierina che non lascia immaginare il turbinio aromatico che sprigiona al naso. Intenso, di frutti esotici e fiori, liquirizia, si muove in bocca con agilità e pienezza, risultando un ottimo vino da accompagnare a piatti profumati e leggeri.

Soave '15
Corte Adami
via Circonvallazione Aldo Moro, 32
Soave [VR]
tel. 0457680423
www.corteadami.it
7.60 euro

L'azienda di Soave propone una gamma di vini fedele alle denominazioni di Soave e Valpolicella, vini dai profumi nitidi e dall'ottima propensione alla beva. Segnaliamo questo Soave che si avvale di affinamento in acciaio per donare al naso profumi di fiori di tiglio e mela Golden. In bocca si allunga con sapidità e tensione, risultando asciutto e beverino. Un perfetto aperitivo da condividere con gli amici.

Bardolino Le Fontane '15
Corte Gardoni
loc. Gardoni, 5
Valeggio sul Mincio [VR]
tel. 0457950382
www.cortegardoni.it
8.20 euro

Il concetto di vino quotidiano non è legato solo a una questione economica: si tratta di vini che hanno un profilo aromatico e gustativo che li rende interessanti e di ottima qualità mantenendo doti quali la leggerezza e la facilità di consumo. Tutte caratteristiche che troviamo perfettamente espresse nel Bardolino Le Fontane della famiglia Piccoli, un rosso profumato di frutti selvatici e pepe che in bocca è sapido, succoso e di godibilissima bevibilità.

Soave Roncathe '15
Corte Moschina
via Moschina, 1
Roncà [VR]
tel. 0457460788

www.cortemoschina.it
7.40 euro

Posta in posizione decentrata, quasi al confine con la vicina denominazione di Gambellara, Corte Moschina è una delle realtà più interessanti del Soave. Nell'ampia gamma di vini proposta abbiamo selezionato questo Roncathe, un bianco dai profumi semplici e fragranti di frutto e fiori, dotato di un sorso succoso e immediato che vi appagherà. Proposto a un prezzo interessante non può mancare nelle vostre cantine.

Custoza Val dei Molini '15
Cantina di Custoza
loc. Custoza
via Staffalo,1
Sommacampagna [VR]
tel. 045516200
www.cantinadicustoza.it
6.60 euro

La Cantina di Custoza propone questo fragrante bianco di facile reperibilità nel mercato. I profumi delicatamente fruttati e floreali introducono un vino dal carattere semplice ma non per questo banale, dotato di un sorso immediato e di grande piacevolezza. Consideratelo il classico vino da stappare in qualsiasi occasione e godete della sua succosa bevibilità, non vi deluderà.

Colli Berici Tai Rosso '15
Dal Maso
c.da Selva, 62
Montebello Vicentino [VI]
tel. 0444649104
www.dalmasovini.com
6.90 euro

L'azienda Dal Maso si trova a Selva di Montebello, nel cuore della denominazione di Gambellara. Da molti anni però ha esteso le sue attenzioni ai vicini Colli Berici, dove produce questo squisito Tai Rosso. Un calice dai profumi di frutti di bosco rinfrescati da sfumature di erbe fini che si esaltano in un sorso spigliato e succoso. Provatelo a temperatura fresca, saprà conquistare per la sua beva immediata e appagante.

Valdobbiadene Extra Dry
Domus - Picta
via Arcol, 51
Valdobbiadene [TV]
tel. 0423973971
www.domus-picta.com
12.20 euro

Questa realtà di Valdobbiadene propone un'ampia gamma di prodotti dedicati quasi esclusivamente alla glera. Questo Valdobbiadene Extra Dry è un Prosecco che gioca con le note più intensamente fruttate della tipologia, con il frutto esotico che lascia intravedere una fresca nota di agrumi. In bocca è sapido e succoso, per un risultato tutto da bere. Freschezza, leggerezza e immediatezza vi colpiranno.

Valdobbiadene Dry Mill. '15
Francesco Drusian
fraz. Bigolino
loc. San Giacomo
Valdobbiadene [TV]
tel. 0423982151
www.drusian.it
12.60 euro

In un momento in cui sembra che gli spumanti debbano essere solo secchi, fa piacere segnalare questo rotondo Valdobbiadene Dry della famiglia Drusian. Al naso si stagliano nette le note di frutto esotico e agrumi che trovano sviluppo in un palato succoso, retto dal pregevole equilibrio tra la componente dolce, quella acida e infine le carezzevoli bollicine. Ottimo con la pasticceria secca, da provare come sfida accompagnato alla soppressa trevigiana.

Soave Danieli '15
Fattori
fraz. Terrossa
via Olmo, 6
Roncà [VR]
tel. 0457460041

www.fattoriwines.com
8.70 euro

L'azienda di Antonio Fattori si trova al limite orientale della denominazione di Soave, anche se possiede molti ettari di vigneti che interessano un po' tutta la zona, comprese la vicina Lessinia e la Valpolicella. Il Soave Danieli presenta un corredo aromatico variegato e intenso, dominato dal frutto bianco cui fanno eco note di fiori e spezie. In bocca si distende con grazia e semplicità, donando al palato una grande piacevolezza.

Bardolino '15
Le Fraghe
loc. Colombara, 3
Cavaion Veronese [VR]
tel. 0457236832
www.fraghe.it
9.20 euro

L'azienda di Matilde Poggi si trova al limite settentrionale della denominazione gardesana, dove i vigneti crescono su suoli fortemente ciottolosi sempre carezzati dalla brezza che giunge dalla Valdadige. L'ottima vendemmia 2015 ha conferito al Bardolino di Le Fraghe un profilo particolarmente fruttato al naso, mentre in bocca l'acidità tipica del vitigno e in particolar modo della zona di Affi, viene compensata da morbidezza e polpa.

Valpolicella Cl. Le Quare '15
Gamba Gnirega
via Gnirega, 19
Marano di Valpolicella [VR]
tel. 0456801714
www.vini-gamba.it
8.00 euro

L'azienda dei fratelli Aldrighetti accoglie i visitatori nella bella struttura di casa, immersa nei vigneti della Valpolicella. Qui produce, accanto ad Amarone e Ripasso, anche questo fragrante Valpolicella, un rosso dalla veste poco intensa che profuma di piccoli frutti, pepe ed erbe aromatiche. In bocca ha corpo snello e una grande propensione alla beva, che ne fa un perfetto vino da tutti i giorni.

Venezia Cabernet Sauvignon '15
Gambrinus
via Capitello, 22
San Polo di Piave [TV]
tel. 0422855246
www.gambrinus.it
6.50 euro

A San Polo di Piave opera l'azienda Gambrinus, che divide il suo impegno tra la gestione dello storico locale e la produzione di vino. Provate questo Cabernet Sauvignon, un rosso che profuma di prugna e spezie, rinfrescato da una sottile vena vegetale che dona leggerezza e territorialità. In bocca non aspettatevi grandi strutture quanto invece un frutto generoso e succoso che si dona al palato rinvigorito da una buona tessitura tannica.

Chardonnay Dei Carni '15
Giusti Wine
via del Volante, 4
Nervesa della Battaglia [TV]
tel. 0422720198
www.giustiwine.com
13.00 euro

L'azienda della famiglia Giusti si sviluppa alle pendici del Montello e sulla pianura antistante. Proprio da questi estesi vigneti provengono le uve destinate allo Chardonnay dei Carni, un bianco profumato di mela e fiori, dotato di un sorso che coniuga ricchezza e agilità. Perfetto come aperitivo, non avrà problemi ad accompagnare piatti freschi e di media struttura, come un'insalata di pasta estiva.

Bardolino '15
Gorgo
fraz. Custoza
loc. Gorgo
Sommacampagna [VR]
tel. 045516063
www.cantinagorgo.com
7.50 euro

Il Bardolino è il rosso più importante della zona che si affaccia sul lago di Garda, un rosso ottenuto soprattutto da uve corvina e rondinella che lungo le sponde del bacino si esaltano con profumi raffinati di piccoli frutti e pepe, mentre in bocca rimane agile e scattante, proprio come quello proposto dalla famiglia Bricolo. Se non volete rischiare accompagnatelo a una grigliata con gli amici, se preferite le sfide, provatelo con una zuppa di pesce di mare.

Bardolino Cl. Santepietre '15
Lamberti
via Gardesana, 13/15
Pastrengo [VR]
tel. 0456778100
www.cantinelamberti.it
8.40 euro

La grande azienda che fa capo al Gruppo Italiano Vini ha sempre avuto un occhio di riguardo per la produzione del rosso gardesano. La linea Santepietre è la punta di diamante di casa e il Bardolino è sempre uno dei più convincenti della denominazione. Profumi intensi che ricordano la marasca e le spezie, con una fresca nota di erbe fini sullo sfondo. In bocca è asciutto e dotato di buona tensione, che lo rende perfetto compagno di tutti gli insaccati.

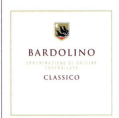

Bardolino Cl. '15
Lenotti
via Santa Cristina, 1
Bardolino [VR]
tel. 0457210484
www.lenotti.com
6.10 euro

La cantina della famiglia Lenotti è interprete puntuale di tutti i vini che fanno riferimento alla sponda del lago di Garda. Abbiamo scelto questo Bardolino, un rosso che profuma di frutti di bosco e pepe, con una nota di erbe aromatiche che dona una sferzata di freschezza. In bocca si fa apprezzare per l'armonia che dona, tratteggiata dalla caratteristica spinta acida. Un rosso da servire fresco in accompagnamento a una grigliata di sardine.

Conegliano Valdobbiadene Extra Dry
Le Manzane
loc. Bagnolo
via Maset, 3
San Pietro di Feletto [TV]
tel. 0438486606
www.lemanzane.it
11.00 euro

Non tragga in inganno la categoria Extra Dry, quello de Le Manzane non è certo un Prosecco dal profilo morbido e accondiscendente. L'azienda di San Pietro di Feletto sfrutta l' ottima vendemmia 2015 per proporne una versione tutta grinta e tensione. Al naso i profumi sono tipici, dominati dalla mela golden e i fiori. In bocca invece il vino si distende con decisione, sostenuto da una sapida e ficcante acidità che esalta la pressione delle bollicine, per un risultato tutto da bere.

Soave Cl. Campolungo '15
Villa Mattielli
via Carcera, 21
Soave [VR]
tel. 0457675104
13.00 euro

Villa Mattielli è una giovane e dinamica azienda profondamente inserita nel tessuto agricolo di Soave, che allarga i suoi interessi anche alla confinante Valpolicella. Segnaliamo questo fragrante bianco, ottenuto da uve garganega perfettamente mature che affina in acciaio prima della commercializzazione. Al naso si colgono intense note di frutto giallo e agrumi, mentre in bocca è pieno e grintoso, perfetto per accompagnare un petto di pollo ai ferri.

Valpolicella Cl. '15
Roberto Mazzi
loc. San Peretto
via Crosetta, 8
Negrar [VR]
tel. 0457502072
www.robertomazzi.it
7.90 euro

Spesso si ha un'idea della Valpolicella come terra di vini ricchi e potenti. In realtà la versione più giovane offre un vino di rara freschezza aromatica, con i piccoli frutti di bosco che intreccino trame profumate con il pepe e le erbe fini. In bocca più acidità che tannino, per un sorso agile, succoso e stimolante. Tutto ciò lo troverete nel vino dei fratelli Mazzi, un Valpolicella raffinato e di grande bevibilità.

Custoza '15
Menegotti
loc. Acquaroli, 7
Villafranca di Verona [VR]
tel. 0457902611
www.menegotticantina.com
7.00 euro

La famiglia Menegotti si è fatta un nome fra gli appassionati di vino per l'ottima qualità dei suoi spumanti Metodo Classico. Opera però nel cuore della denominazione di Custoza, e ne propone una versione di indubbio fascino. Semplice e immediata nell'espressione aromatica di frutto bianco e fiori, in bocca rivela un corpo snello e agile, dominato da una sapida e succosa spinta acida, che lo rende perfetto compagno dei freschi piatti estivi.

Custoza '15
Monte del Frà
s.da per Custoza, 35
Sommacampagna [VR]
tel. 045510490
www.montedelfra.it
8.10 euro

La famiglia Bonomo negli ultimi anni ha dato grande impulso alla sua produzione, acquisendo nuovi vigneti e diventando un punto di riferimento per tutti gli appassionati. Nell'ampia gamma di vini proposta abbiamo scelto questo fragrante Custoza, un bianco che, senza rinunciare alla proverbiale leggerezza del sorso di questa denominazione, offre ricchezza aromatica e solidità al palato, che lo rendono compagno fedele tanto del pesce di mare quanto delle carni bianche.

Soave Cl. Vicario '15
Cantina Sociale di Monteforte d'Alpone
via XX Settembre, 24
Monteforte d'Alpone [VR]
tel. 0457610110
www.cantinadimonteforte.it
6.00 euro

La Cantina di Monteforte può contare sull'opera di moltissimi soci che operano in quello straordinario mosaico di colline vulcaniche che è la zona classica del Soave. Il Vicario ne mette in luce l'animo più elegante e raffinato, con un calice che profuma di fiori freschi e mela, che in bocca dona tensione e piacevolezza. Servitelo a una temperatura fresca ma non fredda, saprà far risaltare la sua spiccata espressione aromatica.

Asolo Brut
Montelvini
via Cal Trevigiana, 51
Volpago del Montello [TV]
tel. 04238777
www.montelvini.it
9.30 euro

La grande azienda della famiglia Serena sta dando visibilità e carattere agli spumanti della zona Asolana, Prosecco che rinuncia ad un pizzico di spinta aromatica per conquistare per la decisione e la grinta del sorso. La versione Brut che segnaliamo dona al naso profumi tenui, più floreali che fruttati, per conquistare infine all'assaggio, dove acidità, sapidità e bollicine si fondono in un risultato di grande finezza. Ottimo aperitivo, non avrà paura di confrontarsi con il crudo di pesce.

Comezzara Merlot '14
Il Mottolo
loc. Le Contarine
via Comezzara, 13
Baone [PD]
tel. 3479456155
www.ilmottolo.it
8.40 euro

Uno dei migliori acquisti che si possa compiere in regione.

Un Merlot, le cui uve provengono dai vigneti sui Colli Euganei di Sergio Fortin, che affina per un anno in cantina prima di essere immesso nel mercato. Profumi intensi dove la prugna interseca le note di spezie e di viola, in bocca offre pienezza e tannini levigati. Da consumare a tavola con un filetto al pepe, saprà conquistare il palato anche degli appassionati più esigenti.

Soave Cl. Meridies '15
Daniele Nardello
via IV Novembre, 56
Monteforte d'Alpone [VR]
tel. 0457612116
www.nardellovini.it
7.60 euro

Daniele e Federica Nardello conducono l'azienda di famiglia a Monteforte d'Alpone, una realtà che può contare su un vigneto che si estende per più di quindici ettari nella zona classica della denominazione. Il loro Soave Meridies è uno dei migliori acquisti che si possano fare in zona, un bianco dai raffinati profumi di uva spina e fiori che in bocca conquista per l'eleganza del sorso. Il finale di mandorla contribuisce a dare carattere e pulizia al sorso.

Colli Berici Tai Rosso '15
Pegoraro
via Calbin, 24
Mossano [VI]
tel. 0444886461
www.cantinapegoraro.it
7.10 euro

Il territorio Berico è una delle zone più calde del Veneto, un'area collinare dove le uve rosse raggiungono maturazioni importanti, per vini dal carattere solare ed esuberante. Pegoraro coltiva lo storico tai rosso, un vitigno che si esalta in queste condizioni mantenendo però un profilo delicato, dove frutto selvatico e note di spezie si abbracciano, mentre in bocca il vino rivela sapidità e leggerezza, per un sorso perfetto a tutto pasto.

Custoza '15
Albino Piona
fraz. Custoza
via Bellavista, 48
Sommacampagna [VR]
tel. 045516055
www.albinopiona.it
7.10 euro

La famiglia Piona è una di quelle che ha fatto conoscere il Custoza nel mondo, forte di un vigneto molto esteso e una produzione affidabile e proposta a prezzi molto interessanti. Il loro Custoza, figlio della fortunata vendemmia 2015, porge al naso intense note di frutto bianco e fiori, con una sensazione di zafferano che spinge dal fondo. In bocca spicca la sua sapidità, cui fa eco una vitale e stimolante spinta acida che ne esalta la propensione gastronomica.

Piave Manzoni Bianco Campe Dhei '15
Viticoltori Ponte
via Verdi, 50
Ponte di Piave [TV]
tel. 0422858211
www.viticoltoriponte.it
9.20 euro

Vanta quasi settant'anni di storia la grande cooperativa di Ponte di Piave, una realtà che oggi controlla per mano dei suoi soci circa 2000 ettari di vigneti. La linea Campe Dhei è quella più ambiziosa, dedicata ai vini che vogliono esprimere una qualità assoluta e un forte legame con il territorio. Questo Manzoni Bianco profuma di agrumi e fiori, mentre in bocca possiede buona pienezza e un finale asciutto e lungo.

La Rua Marzemino '15
Roeno
via Mama, 5
Brentino Belluno [VR]
tel. 0457230110
www.cantinaroeno.com
9.40 euro

Posta al confine fra le province di Verona e Trento, l'azienda dei fratelli Fugatti si dedica alla produzione dei vini che caratterizzano questi territori. Il Marzemino, frutto dei vigneti più settentrionali dell'azienda, porge al naso una bella sensazione fruttata, che si risolve in un palato asciutto, di medio corpo e armoniosa bevibilità. Non servitelo a temperature troppo alte, darà il meglio di se attorno ai 16°, magari accompagnando un piatto di carne salada.

Bardolino '15
Ronca
via Val di Sona, 7
Sommacampagna [VR]
tel. 0458961641
www.cantinaronca.it
6.00 euro

La zona gardesana è una vera e propria fucina di vini che hanno una propensione al consumo quotidiano. L'azienda della famiglia Ronca si trova nella zona meridionale della denominazione e ha una produzione molto attenta a concetti quali equilibrio e agilità. Nella gamma proposta spicca il Bardolino, un rosso dai profumi fini di piccoli frutti ed erbe officinali che si distende al palato con tensione e leggerezza.

Moscato
Ca' Suppiej '15
San Nazario
loc. Cortelà
via Monte Versa, 1519
Vò [PD]
tel. 0499940194
www.vinisannazario.it
8.40 euro

San Nazario opera sul versante occidentale dei Colli Euganei, una zona affascinante e sottoposta al vincolo del Parco Regionale. Se fra i rossi sono le varietà bordolesi a fare la parte del leone, fra i bianchi tradizionalmente spetta al moscato il ruolo da protagonista. Ca' Suppiej mette in luce la spinta aromatica del vitigno, ricca di note agrumate e floreali, mentre in bocca l'assenza di dolcezza lo rende perfetto per piatti di verdure profumati e leggeri.

Piave Merlot '14
Sandre
fraz. Campodipietra
via Risorgimento, 16
Salgareda [TV]
tel. 0422804135
www.sandre.it
7.40 euro

Situata nella pianura fra le province di Venezia e Treviso, l'azienda della famiglia Sandre continua a far coesistere una produzione di buon livello con il commercio di vino al dettaglio, destinato agli appassionati che ancora amano imbottigliare in casa. Spicca per la ricchezza di suggestioni fruttate questo Merlot, che in bocca dona pienezza e armonia. Perfetto per la carne grigliata, non disdegna cotture più ricercate e complesse.

Lison Pramaggiore
Chardonnay
Goccia '15
Tenuta Sant'Anna
fraz. Loncon
via Monsignor P. L. Zovatto, 71
Annone Veneto [VE]
tel. 0422864511
www.tenutasantanna.it
9.80 euro

La grande azienda che fa capo a Genagricola ha nella linea Goccia la sua punta di diamante, una batteria di vini bianchi che sfruttano solo le migliori partite di uve per una produzione fragrante e succosa. Perfetto questo Chardonnay, un bianco dai profumi raffinati di mela e susina bianca, con una sottile sfumatura floreale sullo sfondo. In bocca la pienezza del sorso è ben contrastata dall'acidità. Saprà esaltarsi a tavola.

Valdobbiadene
Extra Dry
Santa Margherita
via Ita Marzotto, 8
Fossalta di Portogruaro [VE]
tel. 0421246111
www.santamargherita.com
8.40 euro

La grande azienda di Fossalta di Portogruaro è da sempre impegnata sul fronte delle bollicine trevigiane. Dai vigneti della zona di Valdobbiadene giunge questo fragrante Extra Dry, un Prosecco che colpisce per la delicatezza delle sue suggestioni fruttate, che lasciano trasparire una bella nota di fiori di glicine. In bocca dolcezza, acidità e bollicine si fondono perfettamente per un sorso che darà piacere e spensieratezza ai vostri aperitivi.

Bardolino Cl. Ca' Bordenis '15
Santi
via Ungheria, 33
Illasi [VR]
tel. 0456269600
www.carlosanti.it
9.90 euro

Nell'ambito delle tante aziende che fanno capo al Gruppo Italiano Vini, Santi ha sempre ricoperto un ruolo fondamentale nel progetto qualitativo. Questo Bardolino profuma intensamente di piccoli frutti selvatici e spezie, con una sottile vena di erbe aromatiche che dona freschezza. Il meglio però lo troviamo in bocca, dove il vino si distende con grazia interpretando perfettamente il ruolo di vino da tutti i giorni, sapido, succoso e fragrante.

Valdobbiadene Extra Dry Col del Sas '15
Spagnol
Col del Sas
via Scandolera, 51
Vidor [TV]
tel. 0423987177
www.coldelsas.it
9.70 euro

Ecco un ottimo Prosecco che proviene dalla zona storica di Conegliano Valdobbiadene.

Al naso si colgono intense le note di pera e mela che lasciano spazio a rinfrescanti sfumature agrumate e di fiori. In bocca presenta una pregevole armonia tra dolcezza, acidità e bollicine che ne fa un ottimo aperitivo per le vostre cene informali. Servitelo fresco ma non ghiacciato, potrete apprezzarne maggiormente la delicatezza.

Chardonnay '15
Sutto
loc. Campo di Pietra
via Arzeri, 34/1
Salgareda [TV]
tel. 0422744063
www.sutto.it
9.60 euro

I fratelli Sutto, Stefano e Luigi, hanno dato impulso all'azienda di famiglia e oggi sono a capo di una delle realtà più interessanti di questo angolo di Veneto. Siamo nella zona costiera, a due passi da Venezia e due dal mare, e i Sutto propongono questo fragrante Chardonnay, un bianco dai profumi nitidi di mela, susina bianca e fiori, dotato di un sorso succoso e appagante. Perfetto a tutto pasto in estate, non teme di confrontarsi con pesce di mare al forno.

Bardolino '14
Giovanna Tantini
fraz. Oliosi
loc. I Mischi
Castelnuovo del Garda [VR]
tel. 3488717577
www.giovannatantini.it
8.30 euro

Giovanna Tantini è una delle interpreti più interessanti del territorio che lambisce la sponda meridionale del lago di Garda. Il suo Bardolino viene immesso nel mercato con un anno di ritardo, tempo che gli consente di esprimere profumi profondi in cui i piccoli frutti e le spezie si fondono perfettamente. In bocca è solido e al tempo stesso succoso e di grande bevibilità risultando un ottimo vino a tutto pasto.

Custoza '15
Le Tende
via Tende, 35
Lazise [VR]
tel. 0457590748
www.letende.it
8.40 euro

Il Custoza è il bianco che caratterizza l'anfiteatro

morenico che cinge la sponda meridionale del lago di Garda. Le famiglie Fortuna e Lucillini, che assieme conducono l'azienda di Colà, ne propongono una versione che non cerca di irretire con la sua aromaticità quanto piuttosto di conquistare per il sorso energico, ricco e di grande piacevolezza. Servito fresco sarà un ottimo aperitivo, oppure potrete berlo a tutto pasto.

Bardolino Chiaretto Campo delle Rose '15
Tinazzi
via delle Torbiere, 13
Lazise [VR]
tel. 0456470697
www.tinazzi.it
12.30 euro

Il mondo dei rosati sta vivendo una stagione di grande rilancio, determinata dalla ricerca di vini leggeri, fragranti e di buona tensione. Caratteristiche che sono perfettamente interpretate dal Campo delle Rose, un Chiaretto che sfrutta l'aromaticità delle varietà gardesane per esaltarsi in un sorso spigliato e sapido che coinvolge con la sua piacevolezza.

Friuli Grave Friulano '15
Tomasella
loc. Portabuffole
via Rigole, 103
Mansuè [TV]
tel. 0422850043
www.tenute-tomasella.it
7.40 euro

Un vecchio adagio dice "Tocai non sbagli mai". Oggi il vino non può più fregiarsi di quel nome, si chiama Friulano, ma la sostanza non è cambiata. La Tenute Tomasella ne propone una versione di fresca espressione aromatica, dotata di un sorso sapido, asciutto e grintoso che lo rende, appunto, perfetto in qualsiasi occasione. Se è prevedibile la sua capacità di accompagnare il pesce, osatelo con una paillard di vitello, non vi deluderà.

Valdobbiadene Brut Cuvée del Fondatore '14
Spumanti Valdo
via Foro Boario, 20
Valdobbiadene [TV]
tel. 04239090
www.valdo.com
13.00 euro

Valdo è una delle più importanti case spumantistiche venete, capace di una produzione rilevante proprio di Prosecco a denominazione, diffuso in tutto il mondo. La produzione ha uno stile immediato e che mette in luce la fragranza del vitigno. Tra questi spicca per l'ottimo rapporto qualità prezzo la Cuvée del Fondatore, ottenuta con una piccola percentuale di vino che affina in barrique prima della presa di spuma. Complesso e solare nell'espressione aromatica, in bocca è sapido e dal perlage fine e persistente.

Corvina Torre del Falasco '15
Cantina Valpantena Verona
loc. Quinto
via Colonia Orfani di Guerra, 5b
Verona
tel. 045550032
www.cantinavalpantena.it
4.20 euro

La corvina è il vitigno che più di ogni altro rappresenta la Valpolicella e il Bardolino, un uva dalla colorazione non troppo spinta, profumata di ciliegia e pepe che dà luogo a vini snelli e di grande propensione alla beva. La Cantina di Quinto ne propone questa versione che esalta proprio l'immediatezza aromatica e gustativa, per un vino da bere fresco e che saprà accompagnare una grigliata di carne estiva.

Soave Vign. Terre Lunghe '15
Agostino Vicentini
fraz. San Zeno
via C. Battisti, 62c
Colognola ai Colli [VR]
tel. 0457650539
www.vinivicentini.com
7.60 euro

L'azienda della famiglia Vicentini si trova a Colognola ai Colli, nel cuore di una vallata che si dedica tanto alla produzione di Soave quanto a quella di Valpolicella e Amarone. Massima cura nella gestione dei vigneti consente la produzione di questo imperdibile Soave, che mette in luce l'animo più irrequieto e grintoso della denominazione, tanto da farne un vino perfetto in abbinamento ai piatti a base di animali da cortile.

Colli Euganei Cabernet Espero '15
Vigna Roda
loc. Cortelà
via Monte Versa, 1569
Vò [PD]
tel. 0499940228
www.vignaroda.com
7.70 euro

Gianni Strazzacappa è uno dei produttori più interessanti dei Colli Euganei, interprete di un Cabernet che, proposto in annata, non rinuncia a metter in luce ricchezza e solidità. Al naso si colgono le note di prugna e di grafite, mentre in bocca il vino esprime ricchezza, irruenza e grinta. Provatelo subito con una bella grigliata di carne, oppure aspettate qualche mese e provatelo con uno stracotto di manzo.

Custoza '15
Villa Medici
via Campagnol, 11
Sommacampagna [VR]
tel. 045515147
www.cantinavillamedici.it
6.70 euro

Luigi Caprara conduce la sua azienda a due passi dal centro di Sommacampagna, piccolo paese a metà strada fra Verona e il Lago di Garda. Il Custoza è il vino più rappresentativo di questa realtà, un bianco che profuma di fiori freschi e agrumi, che in bocca colpisce per il sorso nervoso e scattante. Provatelo con un flan di verdure estive, vedrete che non vi deluderà.

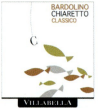

Bardolino Chiaretto Cl. '15
Vigneti Villabella
fraz. Calmasino di Bardolino
loc. Canova, 2
Bardolino [VR]
tel. 0457236448
www.vignetivillabella.com
7.10 euro

Le famiglie Cristoforetti e Delibori hanno in Villabella la loro punta di diamante, un'azienda che si avvale di molti ettari di vigneto per una produzione affidabile in tutte le etichette. La nostra preferenza va però al Chiaretto, un Bardolino di color rosa pallido che esprime profumi floreali e di piccoli frutti di bosco. In bocca è la sapidità a reggere il sorso, e il vino darà grande soddisfazione a qualsiasi appassionato.

Bardolino Cl. Vigne Alte '15
Zeni 1870
via Costabella, 9
Bardolino [VR]
tel. 0457210022
www.zeni.it
7.60 euro

L'azienda dei fratelli Zeni è un punto di riferimento assoluto per i vini del bacino benacense. Una grande tradizione che ha dato sviluppo anche a un'attività di vendita diretta molto interessante, con la cantina che, oltre a proporre tutti i vini prodotti, dispone di un bel museo del vino che vale la pena di essere visitato. Ottimo questo fragrante Bardolino, un rosso profumato di frutti di bosco e spezie, che dona al palato tensione e armonia.

CANTINA VALPANTENA VERONA S.C.A.
Via Colonia Orfani di Guerra n° 5/B - 37142 Quinto (Verona) - Tel. 045 550032 - Fax 045 550883
www.cantinavalpantena.it - info@cantinavalpantena.it

gli altri vini

Albino Armani
via Ceradello, 401
Dolcè [VR]
tel. 0457290033
www.albinoarmani.com
Valdadige Terra dei Forti Pinot Grigio Colle Ara '15
9.90 euro

Balestri Valda
via Monti, 44
Soave [VR]
tel. 0457675393
www.vinibalestrivalda.com
Soave Cl. Vign. Sengialta '14
9.80 euro

Ca' Rugate
via Pergola, 36
Montecchia di Crosara [VR]
tel. 0456176328
www.carugate.it
Valpolicella Rio Albo '15
8.90 euro

I Campi
loc. Allodola
fraz. Cellore d'Illasi
via delle Pezzole, 3
Illasi [VR]
tel. 0456175915
www.icampi.it
Soave Campo Base '15
8.40 euro

Casa Cecchin
via Agugliana, 11
Montebello Vicentino [VI]
tel. 0444649610
www.casacecchin.it
Lessini Durello Il Durello '15
8.30 euro

Cavalchina
loc. Cavalchina
fraz. Custoza
via Sommacampagna, 7
Sommacampagna [VR]
tel. 045516002
www.cavalchina.com
Bardolino '15
8.10 euro
Bardolino Chiaretto '15
8.10 euro

Corte Gardoni
loc. Gardoni, 5
Valeggio sul Mincio [VR]
tel. 0457950382
www.cortegardoni.it
Bardolino Chiaretto '15
8.20 euro

Corte Mainente
v.le della Vittoria, 45
Soave [VR]
tel. 0457680303
www.cantinamainente.com
Soave Cl. Tovo al Pigno '15
6.30 euro
Soave Netrroir '14
9.60 euro

Dal Maso
c.da Selva, 62
Montebello Vicentino [VI]
tel. 0444649104
www.dalmasovini.com
Colli Berici Tai Rosso Montemitorio '14
9.90 euro

Farina
loc. Pedemonte
via Bolla, 11
San Pietro in Cariano [VR]
tel. 0457701349
www.farinawines.com
Valpolicella Cl. Sup. '14
7.10 euro

Le Fraghe
loc. Colombara, 3
Cavaion Veronese [VR]
tel. 0457236832
www.fraghe.it
Bardolino Chiaretto Ròdon '15
9.20 euro

Gorgo
fraz. Custoza
loc. Gorgo
Sommacampagna [VR]
tel. 045516063
www.cantinagorgo.com
Custoza Sup. Summa '15
8.00 euro

Gregoletto
fraz. Premaor
via San Martino, 83
Miane [TV]
tel. 0438970463
www.gregoletto.com
Conegliano Valdobbiadene Prosecco Tranquillo '15
8.40 euro

Guerrieri Rizzardi
s.da Campazzi, 2
Bardolino [VR]
tel. 0457210028
www.guerrieri-rizzardi.it
Bardolino Chiaretto Cl. '15
7.50 euro
Bardolino Cl. '15
7.50 euro
Bardolino Cl. Tacchetto '15
9.40 euro

Lamberti
via Gardesana, 13/17
Pastrengo [VR]
tel. 0456778100
www.cantinelamberti.it
Bardolino Chiaretto Cl. Santepietre '15
8.40 euro

Manara
fraz. San Floriano
via Don Cesare Biasi, 53
San Pietro in Cariano [VR]
tel. 0457701086
www.manaravini.it
Valpolicella Cl. Sup. Vecio Belo '14
8.70 euro

Le Mandolare
loc. Brognoligo
via Sambuco, 180
Monteforte d'Alpone [VR]
tel. 0456175083
www.cantinalemandolare.com
Soave Cl. Il Roccolo '15
7.60 euro

Masari
loc. Maglio di Sopra
via Bevilacqua, 2a
Valdagno [VI]
tel. 0445410780
www.masari.it
AgnoBianco '14
9.90 euro

Monte dall'Ora
loc. Castelrotto
via Monte dall'Ora, 5
San Pietro in Cariano [VR]
tel. 0457704462
www.montedallora.com
Valpolicella Cl. Saseti '15
9.40 euro

Monte del Frà
s.da per Custoza, 35
Sommacampagna [VR]
tel. 045510490
www.montedelfra.it
Bardolino '15
8.10 euro
Bardolino Chiaretto '15
8.10 euro

Monte Santoccio
loc. Santoccio, 6
Fumane [VR]
tel. 3496461223
www.montesantoccio.it
Valpolicella Cl. Sup. '14
10.00 euro

Monte Tondo
loc. Monte Tondo
via San Lorenzo, 89
Soave [VR]
tel. 0457680347
www.montetondo.it
Soave Cl. '15
8.40 euro

Cantina Sociale di Monteforte d'Alpone
via XX Settembre, 24
Monteforte d'Alpone [VR]
tel. 0457610110
www.cantinadimonteforte.it
Soave Cl. Sup. Vign. di Castellaro '14
8.10 euro

Monteversa
via Monte Versa, 1024
Vò [PD]
tel. 0499941092
www.monteversa.it
Versavò '15
9.70 euro

Le Morette Valerio Zenato
fraz. San Benedetto di Lugana
v.le Indipendenza, 19d
Peschiera del Garda [VR]
tel. 0457552724
www.lemorette.it
Bardolino Cl. '15
7.90 euro

Marco Mosconi
via Paradiso, 5
Illasi [VR]
tel. 0456529109
www.marcomosconi.it
Soave Corte Paradiso '15
9.20 euro

Daniele Nardello
via IV Novembre, 56
Monteforte d'Alpone [VR]
tel. 0457612116
www.nardellovini.it
Soave Cl. V. Turbian '15
9.20 euro

Albino Piona
fraz. Custoza
via Bellavista, 48
Sommacampagna [VR]
tel. 045586055
www.albinopiona.it
Bardolino '15
6.70 euro
Bardolino Chiaretto '15
6.70 euro
Custoza SP '13
7.60 euro
Custoza Sup. Campo del Selese '13
6.70 euro

Graziano Prà
via della Fontana, 31
Monteforte d'Alpone [VR]
tel. 0457612125
www.vinipra.it
Soave Otto '15
9.10 euro

F.lli Recchia
loc. Jago
via Ca' Bertoldi, 30
Negrar [VR]
tel. 0457500584
www.recchiavini.it
Valpolicella Cl. Sup. Masua di Jago '14
6.60 euro

Roeno
via Mama, 5
Brentino Belluno [VR]
tel. 0457230110
www.cantinaroeno.com
Valdadige Pinot Grigio Tera Alta '15
9.60 euro

San Rustico
fraz. Valgatara di Valpolicella
via Pozzo, 2
Marano di Valpolicella [VR]
tel. 0457703348
www.sanrustico.it
Valpolicella Cl. Sup. '14
9.60 euro

Santa Margherita
via Ita Marzotto, 8
Fossalta di Portogruaro [VE]
tel. 0421246111
www.santamargherita.com
A. A. Pinot Grigio Impronta del Fondatore '15
9.20 euro

I Stefanini
via Crosara, 21
Monteforte d'Alpone [VR]
tel. 0456175249
www.istefanini.it
Soave Cl. Monte de Toni '15
5.90 euro

Suavia
fraz. Fittà di Soave
via Centro, 14
Soave [VR]
tel. 0457675089
www.suavia.it
Soave Cl. '15
9.90 euro

T.E.S.S.A.R.I.
loc. Brognoligo
via Fontana Nuova, 86
Monteforte d'Alpone [VR]
tel. 0456176041
www.cantinatessari.com
Soave Cl. Grisela '15
8.90 euro

Giovanna Tantini
fraz. Oliosi
loc. I Mischi
Castelnuovo del Garda [VR]
tel. 3488717577
www.giovannatantini.it
Bardolino Chiaretto '15
8.30 euro

Trabucchi d'Illasi
loc. Monte Tenda
Illasi [VR]
tel. 0457833233
www.trabucchidillasi.it
Valpolicella Un Anno '15
8.20 euro

Le Vigne di San Pietro
via San Pietro, 23
Sommacampagna [VR]
tel. 045510016
www.levignedisanpietro.it
Bardolino '15
9.70 euro
Bardolino Chiaretto CorDeRosa '15
9.70 euro

Villa Medici
via Campagnol, 11
Sommacampagna [VR]
tel. 045515147
www.cantinavillamedici.it
Bardolino Chiaretto '15
7.00 euro

Vigneti Villabella
fraz. Calmasino di Bardolino
loc. Canova, 2
Bardolino [VR]
tel. 0457236448
www.vignetivillabella.com
Bardolino Chiaretto Cl. Villa Cordevigo '15
9.70 euro

Pietro Zanoni
fraz. Quinzano
via Are Zovo,16d
Verona
tel. 0458343977
www.pietrozanoni.it
Valpolicella Sup. '14
8.90 euro

Zeni 1870
via Costabella, 9
Bardolino [VR]
tel. 0457210022
www.zeni.it
Bardolino Chiaretto Cl. Vigne Alte '15
7.60 euro
Valpolicella Sup. Vigne Alte '14
7.80 euro

Zymè
loc. San Floriano
via Ca' del Pipa, 1
San Pietro in Cariano [VR]
tel. 0457701108
www.zyme.it
Valpolicella Reverie '15
9.20 euro

Cortina
via del Mercato, 5
Cortina d'Ampezzo [BL]
tel. 0436862040

Se cercate una bottiglia rara e importante, se volete bere bene anche a prezzi accessibili o ritagliarvi un momento di relax sorseggiando un buon vino l'enoteca Cortina fa al caso vostro. Gestita da Rita e Gerolamo Gasparri dal 1965, che accolgono i propri clienti con estrema cortesia e garbo, presenta numerose etichette selezionate fra le migliori produzioni nazionali ed estere. Grandissima attenzione è dedicata ai vini altoatesini, friulani e veneti, nonché alle grappe e ai distillati di ottima qualità. Non mancano bottiglie importanti dalla Francia, dall'Austria, dal Cile, dalla Germania, dall'Argentina, dalla California, dall'Australia e dalla Nuova Zelanda. Sale accoglienti vi permetteranno di sostare in estrema tranquillità per degustare un buon calice di vino accompagnato, volendo, con un piatto di salumi e formaggi di pregio.

Soavino
v.le della Vittoria, 74
Soave [VR]
tel. 0456190199

Soavino Wine Gallery nasce grazie all'inventiva del suo patron Luca Ghiotto con l'intenzione di valorizzare produttori e prodotti meno conosciuti ma di grande qualità. Etichette sempre dal miglior rapporto qualità prezzo sia del territorio di Soave che della Valpolicella, produzioni biologiche e biodinamiche, per arrivare alle famose denominazioni straniere come Champagne, Borgogna, Bordeaux, Alsazia, Reno e Mosella. Dietro ogni bottiglia c'è il lavoro costante di Luca nel ricercare il meglio attraverso i viaggi e i confronti con i produttori per fornire ai clienti il vino ideale. Completa l'offerta una vasta scelta di distillati, liquori, birre artigianali italiane e belghe e una selezione gastronomica di qualità, con formaggi e salumi.

PADOVA E PROVINCIA
Locanda Aurilia
via Aurelia, 27
Loreggia [PD]
tel. 0495790395

Distilleria Bonollo
via Galilei, 6
Mestrino [PD]
tel. 0499000023

L'Anfora
via dei Soncin, 13
Padova
tel. 049656629

ROVIGO E PROVINCIA
San Marco
c.so del Popolo, 186/188
Rovigo
tel. 042525230

Enoteca Spaziovino
via Sacro Cuore, 2
Rovigo
tel. 042529344

TREVISO E PROVINCIA
Enoteca La Caneva
via Machiavelli, 3
Mogliano Veneto [TV]
tel. 0415901568

Enoteca Conte del Meda Al Buon Vino
via Conte del Meda, 15
Pieve di Soligo [TV]
tel. 0438840605

Vero Vino
via San Pelajo, 119a
Treviso
tel. 0422 424580

Vineria
via della Quercia, 8
Treviso
tel. 0422210460

le altre enoteche

VENEZIA E PROVINCIA

All'Arco
San Polo, 436
Venezia
tel. 0415205666

Cantina Do' Mori
San Polo, 429
Venezia
tel. 0415225401

Osteria Al Bacareto
San Marco, 3447
Venezia
tel. 0415289336

Al Volto
Calle Cavalli, 4081
Venezia
tel. 0415228945

VERONA E PROVINCIA

Malcesine
v.le Roma, 15b
Malcesine [VR]
tel. 0457401046

Ermenegildo Dal Zovo
v.le della Repubblica, 12
Verona
tel. 045918050

Signorvino
c.so Porta Nuova, 2
Verona
tel. 0458009031

VICENZA E PROVINCIA

Breda
v.lo Jacopo da Ponte, 3
Bassano del Grappa [VI]
tel. 0424522123

Enoteca Berealto
contrà Pedemuro San Biagio, 55/57
Vicenza
tel. 0444322144

friulivenezia giulia

Il Friuli Venezia Giulia è tra le regioni che più guadagna dal nostro nuovo filtro selettivo innalzato ai 13 euro a scaffale. Ne viene fuori un quadro sicuramente molto più ampio e rappresentativo di un territorio che ha una cultura del vino radicatissima. Negli ultimi anni il profilo regionale è stato caratterizzato da due fenomeni dettati dal mercato, prima l'incremento vorticoso degli ettari coltivati a pinot grigio, che in regione regala sicuramente alcune delle espressioni più interessanti a livello nazionale, poi il fenomeno Prosecco, con la superficie adibita a glera nuovamente ampliata: è stata sfondata cifra 4000 ettari. Detto ciò, la regione si conferma tra le prime in Italia per varietà dell'offerta e qualità media delle proposte. La denominazione Friuli Colli Orientali consolida il suo ruolo centrale, emblema di bianchi irraggiungibili per raffinatezza ed eleganza nei profumi; i vini del Grave confermano la bontà di un territorio che è in grado di ribaltare la facile dicotomia vini di pianura/vini di collina; Friuli Aquileia e Latisana, rimanendo in provincia di Udine, propongono una serie di etichette di livello a prezzi molto corretti. E molto altro. Tirando le somme, la vendemmia 2015 ha dato esiti soddisfacenti, con uve sane e mature che hanno dato vita a vini particolarmente cremosi e armonici, più pronti rispetto ad altri millesimi, ma di notevole completezza aromatica. L'Oscar Regionale premia uno dei giovani più brillanti: Daniele Drius di Brazzano di Cormons. Il suo Blanc di Simon è un Friulano da appassionati, ricercato nell'espressione aromatica e godibilissimo al sorso: fresco, cremoso e appuntito nel finale.

Blanc di Simon '15
Simon di Brazzan
fraz. Brazzano
via San Rocco, 17
Cormòns [GO]
tel. 048161182
www.simondibrazzan.com
11.80 euro

l'oscar regionale

Splendida azienda di Cormòns, di proprietà di Enrico Veliscig che, alla veneranda età di 98 anni, ancora aiuta in vigna il nipote Daniele Drius, convinto sostenitore della filosofia biodinamica. Il Blanc di Simon '15 è un Friulano solare e fragrante, profuma di glicine e crema al limone. La bocca è particolarmente piena e succosa, saporitissima, dal finale ben disteso e rilassato.

gli oscar

Friuli Grave Refosco P. R. '14
Antonutti
fraz. Colloredo di Prato
via D'Antoni, 21
Pasian di Prato [UD]
tel. 0432662001
www.antonuttivini.it
8.40 euro

Adriana Antonutti è alla guida di questa bella realtà che ben esprime le potenzialità delle Grave del Friuli per la produzione di vini di grande schiettezza, immediatezza e bevibilità. Il Refosco dal Peduncolo Rosso '14 si offre con vividi toni di viola e pepe nero, mettendo in mostra una speziatura calibrata e mai invadente. Il sorso è agile, succoso, dal finale appagante e netto.

Bianco Armonico '14
La Bellanotte
s.da della Bellanotte, 3
Farra d'Isonzo [GO]
tel. 0481888020
www.labellanotte.it
7.60 euro

Il Bianco Armonico '14, blend di malvasia e friulano, con saldo di chardonnay e sauvignon, profuma di albicocca ed erbe aromatiche, con un sottofondo di miele. La bocca è ricca, sapida, con sfumature erbacee e un finale appena amarognolo, con toni che ricordano la mandorla tostata. Al timone dell'azienda di Farra c'è Paolo Benassi al quale spetta il compito di gestire questa bella azienda a cavallo tra le denominazioni Collio e Friuli Isonzo.

Collio Malvasia '15
Maurizio Buzzinelli
loc. Pradis, 20
Cormòns [GO]
tel. 0481160902
www.buzzinelli.it
10.00 euro

Maurizio Buzzinelli è il custode di una lunga tradizione viticola avviata da Luigi che, nel 1937, si insediò sui colli di Pradis, nelle vicinanze di Cormòns. Segue in prima persona l'intera filiera produttiva, con produzioni che vanno dal Collio al Friuli Isonzo. Il Collio Malvasia '15 si esprime su toni di cedro e pesca gialla, con un sottofondo di camomilla. La bocca è cremosa, equilibrata, dal finale ben risolto.

familiare e la produzione totale si aggira sulle 100mila bottiglie.

Collio Friulano '15
Borgo Savaian
via Savaian, 36
Cormòns [GO]
tel. 048160725
10.90 euro

Molto intriganti le sfumature di grano e timo del Collio Friulano '15. È un bianco di grande eleganza, trattenuto nei profumi, dal passo sicuro e dal finale molto lungo e saporito. L'azienda è condotta da Stefano e Rosanna Bastiani che nel 2001 hanno raccolto il testimone dalle mani del padre Mario, iniziando un nuovo percorso per mettere a frutto gli studi enologici. La conduzione dell'azienda è

Collio Friulano '15
Colle Duga
loc. Zegla, 10
Cormòns [GO]
tel. 048161177
www.colleduga.com
13.00 euro

Colle Duga, oltre che l'azienda di Damijan Princic, è anche il nome con cui sulle mappe viene indicata l'altura su cui si estendono i suoi vigneti. Il Collio Friulano '15 conferma la bontà del lavoro aziendale: profuma di frutta tropicale, fiori bianchi e menta. La bocca è saporita e profonda, ricco ma ben supportato da una vivace spina acida.

FCO Malvasia '14
Paolino Comelli
Case Colloredo, 8
Faedis [UD]
tel. 0432711226
www.comelli.it
13.00 euro

Pierluigi Comelli e la moglie Daniela hanno portato a termine lo splendido recupero di un vecchio borgo abbandonato tra le colline di Colloredo di Soffumbergo, che Paolino trasformò in azienda agricola nel primo dopoguerra. Impressiona la Malvasia '14: offre profumi di crema al limone e salvia. La bocca è particolarmente cremosa e continua, allo stesso tempo fresca e sapida, regalando una beva stuzzicante.

FCO Sauvignon '15
Tenuta Conte Romano
via delle Primule, 12
Manzano [UD]
tel. 0432755339
8.60 euro

È una delle realtà emergenti più interessanti del panorama regionale. Il giovane Augusto Romano, fresco di studi in enologia, è alla guida di questa cantina a gestione familiare nel comune di Manzano. Il Sauvignon '15 è una delle sorprese dei nostri assaggi: profumato, elegante nella modulazione aromatica, di notevolissima fragranza e grip. Il sorso è fresco, piacevolissimo, con un lungo soffio finale di erbe aromatiche.

Friuli Isonzo Malvasia '15
Cantina Produttori Cormòns
via Vino della Pace, 31
Cormòns [GO]
tel. 048162471
www.cormons.com
8.70 euro

La Cantina Produttori di Cormòns può contare su oltre duecento soci conferitori dislocati nelle denominazioni regionali più vocate alla vitivinicoltura. Quest'anno, segnaliamo una versione particolarmente felice dell'Isonzo Malvasia '15 che presenta una nota vegetale fragrante e ben delineata. Profumi di alloro, fieno e ortica, si alternano in un sorso lineare nell'andamento e complesso sul piano aromatico.

Pinot Grigio Ramato Gossip '15
di Lenardo
fraz. Ontagnano
p.zza Battisti, 1
Gonars [UD]
tel. 0432928633
www.dilenardo.it
8.00 euro

Negli ultimi anni troviamo sempre più produttori che ci presentano Pinot Grigio dal colore ramato. Tra quelli assaggiati, segnaliamo il Ramato Gossip '15 di Massimo di Lenardo, l'ambasciatore di Gonars. Profuma di fiori secchi e melagrana; al sorso si rivela ricco e cremoso, articolandosi tra toni di melone maturo e una lieve nota tannica.

Friuli Grave Merlot '13
Fossa Mala
via Bassi, 81
Fiume Veneto [PN]
tel. 0434957997
www.fossamala.it
8.40 euro

Fossa Mala è una creazione della famiglia Roncadin che nel 2003 decise di investire in viticoltura sfruttando le potenzialità dei terreni grassi e argillosi del fiume Veneto. Il Merlot '13 ha un respiro nitido, con una ciliegia matura e succosa e una speziatura in secondo piano. Al palato sfoggia un'estrazione calibrata e un'agilità molto piacevole.

FCO Refosco P. R. Ris. '13
Gigante
via Rocca Bernarda, 3
Corno di Rosazzo [UD]
tel. 0432755835
www.adrianogigante.it
13.00 euro
La cantina di Adriano Gigante è una realtà ormai consolidata sul territorio che rende onore alle peculiarità della denominazione Friuli Colli Orientali. Il Refosco dal Peduncolo Rosso Riserva '13, che matura parte in barrique, parte in acciaio, propone un ventaglio aromatico ammaliante di spezie dolci, con frutto scuro maturo e centrato. Al sorso è cremoso e vivace, di ottimo ritmo gustativo.

FCO Friulano '15
Albano Guerra
loc. Montina
v.le Kennedy, 39a
Torreano [UD]
tel. 0432715479
www.guerraalbano.it
8.00 euro
Fondata nel 1931 da Albano Guerra è gestita dal 1997 da Dario. Abbiamo sempre apprezzato i suoi vini ma negli ultimi anni abbiamo riscontrato un progressivo miglioramento qualitativo che colloca l'azienda tra le migliori realtà della zona, contribuendo alla valorizzazione del territorio. Il Friulano '15 si offre su toni di mela golden e albicocca; il palato è di notevole impatto, con una sapidità netta e marcata, per un finale vivace e guizzante.

Malvasia Istriana '15
Alessio Komjanc
loc. Giasbana, 35
San Floriano del Collio [GO]
tel. 0481391228
www.komjancalessio.com
10.10 euro
La cantina della famiglia Komjanc è un punto di riferimento solidissimo, forte di una lunga storia produttiva sulle colline di San Floriano del Collio, sullo sfondo le Prealpi e le Alpi Orientali. La Malvasia Istriana '15 dimostra grande energia e carattere sia al naso sia in bocca, con vividi sussulti balsamici, toni di erba appena tagliata e un finale ampio e di lunga sensazione sapida.

Friuli Isonzo Friulano I Ferretti '13
Tenuta Luisa
fraz. Corona
via Campo Sportivo, 13
Mariano del Friuli [GO]
tel. 048169680
www.tenutaluisa.com
13.00 euro
Eddi Luisa è una persona emblematica nel panorama vitivinicolo regionale. Ama ripetere che dall'età di 13 anni lavora da sole a sole, senza mai guardare l'orologio e sfoggia con orgoglio le proprie origini contadine. Segnaliamo Il Friuli Isonzo Friulano I Ferretti '13, che propone un profilo olfattivo raffinato, ben giocato tra note di mandorla tostata ed erbe di montagna. Al sorso è cremoso, saporito, dal lungo finale gustativo.

Friuli Latisana Cabernet Sauvignon '13
Modeano
via Casali Modeano, 1
Palazzolo dello Stella [UD]
tel. 043158244
www.modeano.it
6.90 euro
Modeano viene fondata nel 1982 nel cuore della Riviera Friulana e oggi è gestita da Gabriele Vialetto e dalla moglie Emanuela. I vigneti sono curati come giardini e si giovano di terreni ricchi e profondi e delle benefiche brezze del vicino mare. Sugli scudi il Cabernet Sauvignon '13 che profuma di ciliegie fresche e tabacco biondo. La bocca è gradevole, puntellata da tannini morbidi e dolci.

Collio Malvasia '15
Muzic
loc. Bivio, 4
San Floriano del Collio [GO]
tel. 0481884201
www.cantinamuzic.it
12.40 euro

I giovanissimi Elija e Fabijan Muzic sono sempre più al comando di questa virtuosa realtà di San Floriano del Collio. Da scoprire questa bella novità aziendale: la Malvasia '15 è una delizia di frutto e sapore. Profuma di pesca gialla e nespola, dalla bocca cremosa, fragrante e sapida. Il finale è sfaccettato e di ragguardevole lunghezza gustativa, con una scia floreale vivida e raffinata.

Friuli Aquileia Cabernet Franc Cromazio '15
Obiz
b.go Gortani, 2
Cervignano del Friuli [UD]
tel. 043131900
www.obiz.it
7.60 euro

Obiz è una delle più belle realtà della denominazione Friuli Aquileia, terra dove anche gli antichi romani coltivavano la vite. Dal 1997 è di proprietà di Yunmani Bergamasco, giovane viticoltore che segue con dovizia un protocollo di lotta integrata per ridurre al minimo l'impatto ambientale. Il Cabernet Franc Cromazio '15 è austero nei suoi toni di goudron e cuoio, per poi aprirsi in un palato succoso, agile e beverino.

Pinot Grigio '15
Tenuta Pinni
via Sant'Osvaldo, 3
San Martino al Tagliamento [PN]
tel. 0434899464
www.tenutapinni.com
8.90 euro

Profonde radici legano la Tenuta Pinni al territorio del Friuli Occidentale. Nelle antiche cantine della villa veneta padronale, risalenti al 1687, si è sempre prodotto vino che già negli anni Trenta e Quaranta veniva etichettato. Il Pinot Grigio '15 sente l'annata matura nei suoi profumi di pesca sotto spirito e un sottofondo delicatamente tostato. Al palato è grasso, ricco di polpa e ciccia.

Friuli Grave Cabernet Franc '14
Pitars
via Tonello, 10
San Martino al Tagliamento [PN]
tel. 043488078
www.pitars.it
6.90 euro

L'azienda Pitars deriva il suo nome da una dinastia di vignaioli che dal 1510 opera nell'estesa pianura friulana. Potendo contare su 120 ettari di vigneto offre una vasta gamma di prodotti, con grande attenzione riservata al campo spumantistico. Si distingue, però, il Cabernet Franc '14, dal profilo olfattivo originale, con note di goudron ed erbe secche che anticipano un frutto fragrante e uno sviluppo aromatico ben profilato.

FCO Chardonnay '15
Flavio Pontoni
via Peruzzi, 8
Buttrio [UD]
tel. 0432674352
www.pontoni.it
6.70 euro

Il profilo olfattivo del Friuli Colli Orientali Chardonnay '15 riflette fedelmente i tratti della vendemmia. Si offre su toni di pesca matura e scorza d'agrumi; al sorso cambia passo, tratteggiando una parabola continua e ritmica. Il finale è sapido e saporito. La firma è di Flavio Pontoni, al timone di questa piccola realtà fondata nel 1904. In quell'anno il capostipite Luigi Pontoni iniziò a coltivare a mezzadria i vigneti del castello di Morpurgo.

Friuli Grave Refosco P. R. Tuaro '14
Pradio
fraz. Felettis
via Udine, 17
Bicinicco [UD]
tel. 0432990123
www.pradio.it
8.40 euro

Il Refosco dal Peduncolo Rosso Tuaro '14 si presenta con toni autunnali di sottobosco, di humus e polvere di cacao. Al palato mostra un impianto solido e un frutto rosso croccante e sfizioso. Il finale, compiuto e preciso, rimanda a sensazioni di tè nero. Dietro l'etichetta c'è il lavoro dei fratelli Luca e Pierpaolo Cielo, eredi di una tradizione contadina che si rinnova ormai da quattro generazioni.

Collio Sauvignon '15
Primosic
fraz. Oslavia
loc. Madonnina di Oslavia, 3
Gorizia
tel. 0481535153
www.primosic.com
13.00 euro

Negli ultimi anni i vini di Primosic si sono regolarmente imposti al vertice della qualità regionale, diventando un modello di riferimento per i bianchi che sostano a lungo a contatto con le bucce, soprattutto per la Ribolla. Ma dimostrano di sapere interpretare al meglio anche altre varietà, come questo Sauvignon '15: profumato, fresco e tagliente. Il finale, affidato a toni di lime e pompelmo rosa, è rigenerante.

FCO Bianco Ellégri '15
Ronchi di Manzano
via Orsaria, 42
Manzano [UD]
tel. 0432740718
www.ronchidimanzano.com
13.00 euro

Ronchi di Manzano è una splendida azienda che vanta una gestione tutta rosa formata da Roberta Borghese e dalle giovani figlie Lisa e Nicole. Qui i conti di Trento producevano i vini da destinare ai nobili dell'impero austroungarico. L'Ellégri '15 è un blend di chardonnay e sauvignon, coltivati nella sottozona Rosazzo su suoli ricchi di marne e arenaria. Profuma di fieno e fiori bianchi, dal sorso fresco e sapido, chiusa secca, netta e continua.

FCO Ribolla Gialla '15
Ronchi San Giuseppe
via Strada di Spessa, 8
Cividale del Friuli [UD]
tel. 0432716172
www.ronchisangiuseppe.com
8.70 euro

La famiglia Zorzettig, a Spessa di Cividale del Friuli, è stata foriera di abili viticoltori che nel tempo, suddividendosi in diverse realtà familiari, hanno dato vita ad altrettante aziende vitivinicole. Nella casa madre è rimasto Franco che con il figlio Fulvio tuttora gestisce circa 70 ettari vitati. Intensa la Ribolla Gialla '15, con profumi di fieno e scorza d'arancia e un sorso agile e di carattere.

Collio Pinot Grigio '15
Ronco Scagnet
loc. Cime di Dolegna, 7
Dolegna del Collio [GO]
tel. 0481639870
www.roncoscagnet.it
7.50 euro

L'azienda Ronco Scagnet, gestita da Valter Cozzarolo, approda per la prima volta nella nostra pubblicazione. La cantina di Dolegna del Collio propone un Pinot Grigio '15 centratissimo, una sorpresa degli assaggi regionali. Ha un frutto di spiccata freschezza e fragranza, con sensazione che variano dalla mela alla pesca bianca. Al sorso è pieno e teso, appagante per avvolgenza e succo.

FCO Friulano '15
Roberto Scubla
fraz. Ipplis
via Rocca Bernarda, 22
Premariacco [UD]
tel. 0432716258
www.scubla.com
13.00 euro

Roberto Scubla ha scelto uno dei primi colli della Rocca Bernarda per insediarsi e dare il via a una realtà produttiva che in breve tempo si è ritagliata un ruolo di prim'ordine nel panorama viticolo regionale. Il Friulano '15 offre profumi articolati e complessi, dai fiori bianchi alla mandorla fresca. Il sorso è cremoso, ampio, dal finale prolungato e delicatamente fumé. Una felice interpretazione dell'annata.

FCO Bianco Cladrecis '14
Sirch
via Fornalis, 277/1
Cividale del Friuli [UD]
tel. 0432709835
www.sirchwine.com
11.60 euro

Nel 2002 Luca Sirch ha intrapreso un percorso incentrato a produrre vini fragranti, immediati, d'impeccabile pulizia aromatica. Il Bianco Cladrecis '14 prende il nome da un antico borgo del comune di Prepotto. È composto da uve friulano, con saldo di riesling, lavorato solo in acciaio. Ha profumi di agrumi, cereali e frutta secca, dalla bocca agile e cremosa. Il finale è lungo e ricco di sapore.

Vino degli Orti '13
Matijaz Tercic
loc. Bucuie, 4a
San Floriano del Collio [GO]
tel. 0481884920
www.tercic.com
13.00 euro

È senza dubbio tra le più interessanti e qualificate realtà dell'universo enologico di San Floriano del Collio, zona considerata una delle più affascinanti di tutta la fascia pedemontana del Friuli Orientale. Il Vino degli Orti '13, composto da friulano e malvasia in parti uguali, profuma di zagara, pesca gialla, albicocca e tè verde; in bocca è perfettamente equilibrato, cremoso e ricco di sfumature aromatiche.

Limine '13
Terre di Ger
fraz. Frattina
s.da della Meduna, 17
Pravisdomini [PN]
tel. 0434644452
www.terrediger.it
13.00 euro

Terre di Ger, di proprietà dalla famiglia Spinazzè, è un'azienda di medie dimensioni che coltiva i suoi vigneti su quasi ottanta ettari tra i fiumi Lemene e Livenza, nella denominazione Friuli Grave. Davvero convincente il Limine '13, principalmente da uve verduzzo, offre profumi morbidi e invitanti che variano dalla frutta gialla alla piccola pasticceria. Il palato mostra una solida scansione gustativa e un finale di razza.

FCO Friulano '15
Torre Rosazza
fraz. Oleis
loc. Poggiobello, 12
Manzano [UD]
tel. 0422864511
www.torrerosazza.com
12.10 euro

L'azienda gestita da Enrico Raddi, direttore amministrativo, ha sede nel settecentesco Palazzo De Marchi, che spicca sulla sommità di un colle nel comune di Manzano. Il Friulano '15 ben riflette l'andamento climatico di una vendemmia dai tratti maturi e solari. Profuma di melone e pesca bianca, con un'intrigante scia di anice. Al palato combina freschezza gustativa e un frutto morbido, dal finale appena candito e resinoso.

Collio Traminer Aromatico '15
Vidussi
via Spessa, 18
Capriva del Friuli [GO]
tel. 048180072
www.vinimontresor.it
9.20 euro

Siamo a Capriva del Friuli, nel cuore del Collio. Vidussi è stata rilevata nel 2000 dal gruppo Montresor di Verona, riuscendo ad ampliare l'offerta per coprire tutti i segmenti del mercato. Segnaliamo il Collio Traminer Aromatico '15, dal tratto aromatico tipico ma mai esuberante, con profumi di rosa e pesca bianca che ritroviamo in un sorso lineare, schietto, dal finale vivace e corrispondente.

FCO Refosco P. R. '12
Vigna Traverso
via Ronchi, 73
Prepotto [UD]
tel. 0422804807
www.vignatraverso.it
13.00 euro

L'azienda Vigna Traverso, un tempo identificata come Ronco di Castagneto, da quasi vent'anni è di proprietà della famiglia Molon Traverso. Molto buono il Refosco dal Peduncolo Rosso '12, vino di stoffa e ottima definizione aromatica. Si offre su un profilo delicatamente speziato, dal pepe nero al tabacco, su un sottofondo di piccoli frutti di bosco; al sorso è scattante e succoso, dal lungo finale balsamico.

FCO Pinot Bianco '15
Andrea Visintini
via Gramogliano, 27
Corno di Rosazzo [UD]
tel. 0432755813
www.vinivisintini.com
7.60 euro

Visintini è una delle realtà più floride del comprensorio di Corno di Rosazzo, vero fiore all'occhiello della denominazione Friuli Colli Orientali. Il Pinot Bianco '15 ha toni di cedro e anice, bocca succosa e glicerica, ben rinfrescata da una spalla acida vivace e un finale all'insegna del frutto bianco.

Friuli Latisana Pinot Grigio '15
Zaglia
loc. Frassinutti
via Crescenzia, 10
Precenicco [UD]
tel. 0431510320
www.zaglia.com
5.50 euro

L'azienda di Giorgio Zaglia si estende nella denominazione Friuli Latisana su trenta ettari vitati tra i fiumi Stella e Tagliamento a poca distanza dal mare Adriatico. I terreni sono argillosi, ricchi di sali minerali. Il Friuli Latisana Pinot Grigio '15 profuma di mela Golden e fiori bianchi appena colti. Il palato è schietto, essenziale, di buona scorrevolezza. Per un bere spensierato e senza fronzoli.

gli altri vini

Anzelin
via Plessiva, 4
Cormòns [GO]
tel. 0481639821
www.anzelin.it
Collio Pinot Bianco '15
11.80 euro

Attems
fraz. Capriva del Friuli
via Aquileia, 30
Gorizia
tel. 0481806098
www.attems.it
Chardonnay '15
10.90 euro

Bastianich
loc. Gagliano
via Darnazzacco, 44/2
Cividale del Friuli [UD]
tel. 0432700943
www.bastianich.com
FCO Pinot Grigio '15
11.60 euro

Tenuta Beltrame
fraz. Privano
loc. Antonini, 4
Bagnaria Arsa [UD]
tel. 0432923670
www.beltramewine.com
Friuli Aquileia Refosco P.R. '14
10.90 euro
Rebus '12
10.90 euro

Blason
loc. Bruma
via Roma, 32
Gradisca d'Isonzo [GO]
tel. 048192414
www.blasonwines.com
Cabernet Sauvignon '15
10.90 euro

Blazic
loc. Zegla, 16
Cormòns [GO]
tel. 048161720
www.blazic.it
Collio Friulano '15
11.30 euro

Borgo delle Oche
via Borgo Alpi, 5
Valvasone Arzene [PN]
tel. 0434840640
www.borgodelleoche.it
Refosco P. R. '13
9.70 euro

Borgo Savaian
via Savaian, 36
Cormòns [GO]
tel. 048160725
Friuli Isonzo Cabernet Franc '14
10.20 euro

Cav. Emiro Bortolusso
via Oltregorgo, 10
Carlino [UD]
tel. 043167596
www.bortolusso.it
Pinot Grigio '15
7.60 euro

Cadibon
via Casali Gallo, 1
Corno di Rosazzo [UD]
tel. 0432759316
www.cadibon.com
FCO Pinot Grigio '15
11.80 euro
FCO Refosco P. R. '14
11.80 euro
Ronco del Nonno '15
13.00 euro

Fernanda Cappello
s.da di Sequals, 15
Sequals [PN]
tel. 042793291
www.fernandacappello.it
Friuli Grave Chardonnay Perla dei Sassi '14
13.00 euro

Castello Sant'Anna
loc. Spessa
via Sant'Anna, 9
Cividale del Friuli [UD]
tel. 0432716289
FCO Pinot Grigio '15
10.50 euro

Castelvecchio
via Castelnuovo, 2
Sagrado [GO]
tel. 048199742
www.castelvecchio.com
Carso Traminer Aromatico '15
11.60 euro
Carso Vitovska '15
13.00 euro

Colmello di Grotta
loc. Grotta
via Gorizia, 133
Farra d'Isonzo [GO]
tel. 0481888445
www.colmello.it
Friuli Isonzo Chardonnay '15
10.60 euro

Gianpaolo Colutta
via Orsaria, 32a
Manzano [UD]
tel. 0432510654
www.coluttagianpaolo.com
FCO Pinot Grigio '15
10.90 euro

Paolino Comelli
Case Colloredo, 8
Faedis [UD]
tel. 0432711226
www.comelli.it
FCO Pinot Grigio Amplius '15
11.70 euro

Dario Coos
via Ramandolo, 5
Nimis [UD]
tel. 0432790320
www.dariocoos.it
FCO Friulano '15
12.10 euro
Sauvignon '15
12.10 euro

Cantina Produttori Cormòns
via Vino della Pace, 31
Cormòns [GO]
tel. 048162471
www.cormons.com
Collio Bianco Collio & Collio '15
11.10 euro

friuliveneziagiulia

gli altri vini

Dorigo
s.da prov.le 79
Premariacco [UD]
tel. 0432634161
www.dorigowines.com
FCO Ribolla Gialla '15
11.80 euro

Ermacora
fraz. Ipplis
via Solzaredo, 9
Premariacco [UD]
tel. 0432716250
www.ermacora.it
FCO Friulano '15
11.60 euro
FCO Pinot Grigio '15
11.60 euro

I Feudi di Romans
fraz. Pieris
via Cà del Bosco, 16
San Canzian d'Isonzo [GO]
tel. 048176445
www.ifeudidiromans.it
Friuli Isonzo
Cabernet Franc '14
10.90 euro

Foffani
fraz. Clauiano
p.zza Giulia, 13
Trivignano Udinese [UD]
tel. 0432999584
www.foffani.com
Friuli Aquileia Refosco
P. R. TerVinum '12
11.80 euro

Gigante
via Rocca Bernarda, 3
Corno di Rosazzo [UD]
tel. 0432755835
www.adrianogigante.it
FCO Pinot Grigio '15
12.60 euro

Gori
via G.B. Gori, 14
Nimis [UD]
tel. 0432878475
www.goriagricola.it
Refosco P. R.
Redelbosco '13
10.40 euro
Rosso Meni Vasùt '13
10.40 euro

Gradis'ciutta
loc. Giasbana, 10
San Floriano del Collio [GO]
tel. 0481390237
www.gradisciutta.eu
Collio Bianco Bratinis '14
11.40 euro
Collio Friulano '15
11.40 euro

Tenuta Luisa
fraz. Corona
via Campo Sportivo, 13
Mariano del Friuli [GO]
tel. 048169680
www.tenutaluisa.com
Friuli Isonzo
Cabernet Franc '14
10.10 euro

Muzic
loc. Bivio, 4
San Floriano del Collio [GO]
tel. 0481884201
www.cantinamuzic.it
Collio Friulano
V. Valeris '15
11.90 euro

Alessandro Pascolo
loc. Ruttars, 1
Dolegna del Collio [GO]
tel. 048161144
www.vinipascolo.com
Collio Malvasia '15
11.80 euro

Perusini
loc. Gramogliano
via del Torrione, 13
Corno di Rosazzo [UD]
tel. 0432759151
www.perusini.com
FCO Pinot Grigio '15
11.30 euro

Petrucco
via Morpurgo, 12
Buttrio [UD]
tel. 0432674387
www.vinipetrucco.it
FCO Pinot Grigio '15
10.20 euro

Berebene 2017

Vigneti Pittaro
via Udine, 67
Codroipo [UD]
tel. 0432904726
www.vignetipittaro.com
Friuli Grave Cabernet '13
10.10 euro
Friuli Grave Chardonnay Mousquè '15
10.10 euro
Ramandolo Ronco Vieri '14
11.80 euro

Denis Pizzulin
via Brolo, 43
Prepotto [UD]
tel. 0432713425
www.pizzulin.com
FCO Pinot Grigio '15
10.10 euro

Reguta
via Bassi, 16
Pocenia [UD]
tel. 0432779157
www.giuseppeeluigivini.it
Altropasso '14
10.10 euro

Ronc Soreli
loc. Novacuzzo, 46
Prepotto [UD]
tel. 0432713005
www.roncsoreli.com
FCO Friulano V. delle Robinie '15
12.40 euro
FCO Pinot Grigio Ramato '15
12.60 euro

Ronchi di Manzano
via Orsaria, 42
Manzano [UD]
tel. 0432740718
www.ronchidimanzano.com
FCO Pinot Grigio '15
12.60 euro

Ronco Blanchis
via Blanchis, 70
Mossa [GO]
tel. 048180519
www.roncoblanchis.it
Collio Blanc de Blanchis '15
12.60 euro

Roncùs
via Mazzini, 26
Capriva del Friuli [GO]
tel. 0481809349
www.roncus.it
Collio Bianco '14
11.30 euro

Russolo
via San Rocco, 58a
San Quirino [PN]
tel. 0434919577
www.russolo.it
Refosco P. R. '13
11.40 euro
Sauvignon Ronco Calaj '15
10.90 euro

San Simone
loc. Rondover
via Prata, 30
Porcia [PN]
tel. 0434578633
www.sansimone.it
Friuli Grave Cabernet Sauvignon Nexus '11
11.80 euro

Scarbolo
fraz. Lauzacco
v.le Grado, 4
Pavia di Udine [UD]
tel. 0432675612
www.scarbolo.com
Friuli Grave Merlot '14
11.80 euro

Simon di Brazzan
fraz. Brazzano
via San Rocco, 17
Cormòns [GO]
tel. 048161182
www.simondibrazzan.com
Cabernet Franc '14
11.80 euro
Ri.nè Blanc '14
11.80 euro

Sirch
via Fornalis, 277/1
Cividale del Friuli [UD]
tel. 0432709835
www.sirchwine.com
FCO Pinot Grigio '15
11.60 euro

Valchiarò
fraz. Togliano
via dei Laghi, 4c
Torreano [UD]
tel. 0432715502
www.valchiaro.it
FCO Pinot Grigio '15
10.10 euro

Valpanera
via Trieste, 5a
Villa Vicentina [UD]
tel. 0431970395
www.valpanera.it
Friuli Aquileia Refosco P. R. Sup. '13
12.70 euro

Vigna Petrussa
via Albana, 47
Prepotto [UD]
tel. 0432713021
www.vignapetrussa.it
FCO Friulano '15
11.60 euro

Villa de Puppi
via Roma, 5
Moimacco [UD]
tel. 0432722461
www.depuppi.it
Chardonnay '14
10.10 euro
Taj Blanc '14
10.10 euro

Francesco Vosca
fraz. Brazzano
via Sottomonte, 19
Cormòns [GO]
tel. 048162135
www.voscavini.it
Friuli Isonzo Chardonnay '15
13.00 euro

le migliori enoteche

le altre enoteche

Bere Bene
v.le dell'Ippodromo, 2/3b
Trieste
tel. 040390965

L'enoteca perfetta per enofili e specialisti del settore. Lucio Bassanese è il patron di questo fornitissimo locale che presenta più di 2000 etichette da tutte le regioni d'Italia, circa 600 selezionate con gusto da ogni parte del mondo e le immancabili bollicine, circa 400 tra spumanti e Champagne. Una passione per il mondo del vino trasmessa a Lucio dal padre che negli anni '30 commerciava vino e conduceva una cantina a Fiume. Il titolare vi seguirà con competenza e passione, quel pizzico in più che conquista il cliente dopo pochi minuti. Oltre al vino qui troverete distillati e birre (artigianali e non solo) scelti con cura. E se volete fare un regalo basterà chiedere, prepareranno per voi dei fantastici cesti completi di ogni specialità.

Doni di Bacco
via Roma, 101
Tarvisio [UD]
tel. 04282091

Se state facendo una bella gita in Carnia, verso il confine con l'Austria, e volete portare a casa qualche buon ricordo enogastronomico della regione, venite in questa bella enoteca e troverete tutto ciò di cui avete bisogno: dalle migliori etichette regionali ai prodotti tipici friulani. Ma l'assortimento non si limita ai confini della regione: ci sono anche belle bottiglie nazionali - con particolare attenzione a Piemonte e Toscana - ed estere, un buon assortimento di Champagne e spumanti e specialità gastronomiche provenienti da tutta Italia: aceti balsamici, riso e paste secche, sottoli e conserve, oli extravergine e polente.

GORIZIA E PROVINCIA
Enoteca di Cormons
p.zza XXIV Maggio, 21
Cormòns [GO]
tel. 0481630371

Terra & Vini
loc. Brazzano
via XXIV Maggio, 34
Cormòns [GO]
tel. 048160028

Enoteca Regionale La Serenissima
via Battisti, 30
Gradisca d'Isonzo [GO]
tel. 0481960292

La Formica
via Blaserna, 8
Monfalcone [GO]
tel. 0481410131

PORDENONE E PROVINCIA
La Torre
via di Mezzo, 2
Spilimbergo [PN]
tel. 04272998

TRIESTE E PROVINCIA
Bischoff
via Mazzini, 21
Trieste
tel. 040631422

Nanut
via Genova, 10e
Trieste
tel. 040360642

emiliaromagna

La grande forza dell'Emilia Romagna è nell'incredibile capacità di produrre vini popolari e di qualità, una caratteristica che negli anni ha trovato anche la possibilità di una buona lettura territoriale. Queste caratteristiche fanno della regione un modello di filiera, con piccoli e grandi produttori impegnati in un racconto che ha radici solide in un impianto di valori che stabilisce regole rispettate a tutela di ambiente e tessuto sociale. A sentire particolarmente la responsabilità sono i grandi gruppi cooperativi che firmano il 70% della produzione emiliano romagnola. Sono grandi comunità di produttori impegnate sempre di più (e con risultati sempre migliori) a proporre vini a denominazione dall'incredibile rapporto qualità prezzo. Accanto a loro ci sono i piccoli artigiani in grado di esprimere i dettagli di un'identità sfaccettata e ricca di varietà. Sono loro a disegnare i confini stilistici di ogni valle e collina, ma è chiara una tendenza generale: i vini regionali sono sempre più freschi ed eleganti e la finezza è diventata una ricerca che impegna complessivamente i produttori emiliano romagnoli. Se da una parte questo processo consegna vini sempre più godibili e gastronomici, dall'altra fa emergere i ranghi territoriali con precisione stimolando i produttori a confrontarsi con le attitudini di ogni singolo terroir. Il risultato è una maturazione interessante, che porta la produzione regionale a esprimere con esattezza l'incredibile varietà territoriale che corre lungo i 330 chilometri della via Emilia, da più di 2000 anni la colonna vertebrale di una regione che ha trasformato la varietà - di paesaggi, tradizioni, vitigni, cultura - in un'incredibile occasione di racconto.

Romagna Sangiovese Sup. Vign. Galassi '15
Gruppo Cevico
via Fiumazzo, 72
Lugo [RA]
tel. 0545284711
www.gruppocevico.com
6.00 euro

l'oscar regionale

La comunità dei 4500 viticoltori associati è uno strumento di lavoro dalla forza incredibile che permette oggi a questa cooperativa di scegliere le uve tra i 6700 ettari di vigne a disposizione. Il Superiore Vigneti Galassi è un esempio di cosa voglia dire coniugare quantità e qualità proponendo vini affidabili, buoni, territoriali e alla portata di tutti. Il 2015 è un vino pastoso e fruttato, aperto, con una bocca che scatta grazie a una freschezza trascinante. Un vino popolare di qualità.

gli oscar

Sâvignon Rosso Centesimino '15
Ancarani
via San Biagio Antico, 14
Faenza [RA]
tel. 0546642162
www.viniancarani.it
9.50 euro

Il centesimino è un vitigno rosso aromatico tipico delle colline faentine strette attorno alla torre di Oriolo. Ancarani è uno dei piccoli produttori che ne ha salvato la memoria e l'esistenza e ne produce una versione secca, questa recensita, e una passita molto interessante. Il Centesimino '15 è croccante e pepato, freschissimo nelle note floreali di rosa e petunia e nel frutto che attinge dal bosco a piene mani. In bocca è teso e gustoso.

Romagna Sangiovese Sup. Balitore '15
Balia di Zola
via Casale, 11
Modigliana [FC]
tel. 0546940577
www.baliadizola.com
9.60 euro

I terreni della valle dell'Acerreta, nel territorio di Modigliana, firmano i vini con l'eleganza tipica di questa sottozona, ma anche con una trama tannica serrata e fitta che garantisce longevità e complessità. Veruska Eluci e il marito Claudio Fiore producono qui il Balitore che, nella versione 2015, è un vino salato e pieno di energia, con un frutto che richiama la melagrana. In bocca è teso e complesso, con le note agrumate a chiudere una bocca piena di ritmo e freschezza.

Romagna Sangiovese Poderi delle Rose '15
Agrintesa
via G. Galilei, 15
Faenza [RA]
tel. 059952511
www.agrintesa.it
6.70 euro

Il progetto di vini di qualità della cooperativa Agrintesa può contare su un piccolo gruppo di soci tutti nel territorio di Modigliana. La cantina di vinificazione, nella valle del Marzeno, a due passi dal paese, ha dunque l'opportunità di lavorare le uve straordinarie dei territori più alti della Romagna. Il Sangiovese '15 ha carattere e grazia, un naso austero e verticale e una bocca salata e tesa. È perfettamente nello stile vibrante ed elegante di questo territorio.

Lambrusco di Sorbara Secco Omaggio a Gino Friedmann '15
Cantina Sociale di Carpi e Sorbara
via Cavata
Carpi [MO]
tel. 059643071
www.cantinadicarpiesorbara.it
10.10 euro

Se la filiera modenese è così ricca, per ettari vitati e capacità di lettura territoriale, è perché dai primi anni del '900 Gino Friedman ha promosso un movimento di cantine cooperative che hanno sempre conservato e tutelato la cultura della vigna e del vino. Da una selezione fatta sulle uve prodotte nei 2300 ettari di vigne dei 1600 soci viene prodotto questo Omaggio a Gino Friedmann '15 che indugia su note floreali e di frutti bianchi, per chiudere poi nitido, minerale e tagliente.

Lambrusco di Sorbara Tre Medaglie '15
Cavicchioli
via Canaletto, 52
San Prospero [MO]
tel. 059812412
www.cavicchioli.it
8.40 euro

Cavicchioli è una realtà storica del Lambrusco modenese che ogni anno si conferma con la qualità complessiva della produzione e con qualche autentica sorpresa fra le etichette più semplici, tra queste con continuità quelle della linea Tre Medaglie. Il Sorbara Tre Medaglie '15 è un vino che esprime pienamente l'identità del vitigno. La rosa, i frutti di bosco, la sanguinella, poi una bocca tesa e minerale, precisa e salata. Si tende sul finale, asciutto ed elegante.

Romagna Sangiovese Sup. Le Grillaie '15
Celli
v.le Carducci, 5
Bertinoro [FC]
tel. 0543445183
www.celli-vini.com
6.20 euro

I vini delle famiglie Sirri e Casadei sono dei classici del loro territorio. L'azienda è famosa per le sue Albana, tradizionali e ben fatte, ma anche i Sangiovese sono buoni testimoni di quello stile materico e pastoso tipico di questa sottozona. Le Grillaie '15 è un vino fitto e serrato, agile e scattante in bocca, profumato e pieno. Un compagno ideale della cucina golosa di questa regione.

Rosé de Noir Brut '15
Cleto Chiarli Tenute Agricole
via Belvedere, 8
Castelvetro di Modena [MO]
tel. 0593163311
www.chiarli.it
9.10 euro

Dalle uve grasparossa dei vigneti di famiglia coltivati accanto alla Villa Cialdini, nel territorio di Castelvetro, si ottiene questo Rosé salato e vibrante, agrumato e teso. È un'interpretazione gioiosa e convincente del vitigno, fresca e semplice nel senso più bello del termine. La famiglia Chiarli ha una tale confidenza con il territorio che può inventare e convincere.

Gutturnio Sup. '15
La Ciocca
loc. Costa Gravaghi, 7
Castell'Arquato [PC]
tel. 0523859448
www.laciocca.it
8.40 euro

Il vigneto della Ciocca è a sud di Carpaneto Piacentino in Val Chero, vallata che si snoda tra calanchi, cascate e piccoli paesi di interesse storico culturale. Patrizio Campana vinifica unicamente le proprie uve e ne ricava vini popolari e territoriali. Il Gutturnio Superiore '15 ha un bel frutto e una bocca coraggiosa e ritmata, piena di energia e tensione. In chiusura arriva una nota speziata e il richiamo alla sanguinella.

Romagna Albana Secco La Mia Albana Progetto 1 '15
Leone Conti
loc. Santa Lucia
via Pozzo, 1
Faenza [RA]
tel. 0546642149
www.leoneconti.it
13.00 euro

Leone Conti è stato uno dei primi a credere nell'albana e la sua produzione ha da sempre testimoniato le potenzialità di questo originale vitigno bianco romagnolo. Il Progetto 1 è infatti un vino simbolo della sua rinascita. Il 2015 è figlio dell'annata, caldo e materico, aperto e ricco. In bocca trova energia e la firma del vitigno, un finale asciutto che richiama i valori più tradizionali di questa straordinaria varietà.

**Otòbbor
Barbera Frizzante '15
Crocizia**
s.da per Crocizia, 7
Langhirano [PR]
tel. 0521854450
www.crocizia.com
8.40 euro

Crocizia è una piccola realtà guidata da Marco Rizzardi situata a 500 metri di altitudine sul montuoso versante sinistro del torrente Parma. Tutti i vini prodotti sono figli di una filosofia molto naturale e di fermentazioni in bottiglia senza sboccatura. Otòbbor '15 ha un naso terroso e agrumato, che indugia sulle note speziate che accompagnano un frutto nitido e fresco. In bocca è sferzante e asciutto, materico ed elegante. Un vino dal grande carattere e di forte personalità.

**Reggiano
Lambrusco Brut
Sergio Scaglietti '15
Donelli**
via Carlo Sigonio, 54
Modena
tel. 0522908715
www.donellivini.it
7.70 euro

Antonio Giacobazzi, affiancato oggi in azienda da tre dei quattro figli, vinifica le uve dei 120 ettari di proprietà per produrre la linea Sergio Scaglietti, lo storico carrozziere della Ferrari che ne ha disegnato la bottiglia. Questa dedica testimonia lo storico rapporto della famiglia con il marchio Ferrari e con il mondo della Formula 1. Il Reggiano Sergio Scaglietti '15 è elegante, freschissimo, con i richiami all'arancia sanguinella in bocca e un finale minerale e pieno.

**C. B. Pignoletto
Frizzante P '15
Maria Letizia
Gaggioli**
via F. Raibolini il Francia, 55
Zola Predosa [BO]
tel. 051753489
www.gaggiolivini.it
8.90 euro

Gaggioli si trova sulle prime colline di Zola Predosa a un'altitudine che varia da 150 a 300 metri. L'azienda è divisa in due corpi, il principale attiguo alla cantina e l'altro a poca distanza. La conduzione dell'azienda è di tipo familiare e la proprietà, grazie alle ridotte dimensioni, riesce a seguire tutte le fasi della produzione, dal vigneto alla vendita delle bottiglie. Il P '15 è fresco ed erbaceo, sapido e teso. Le erbe ritornano anche sul finale mescolandosi ai sentori agrumati.

**Romagna Sangiovese
Brisighella
Corallo Rosso '14
Gallegati**
via Lugo, 182
Faenza [RA]
tel. 0546621149
www.aziendaagricolagallegati.it
8.40 euro

I fratelli Cesare e Antonio Gallegati sono produttori artigiani di grande classicità, fuori da tutte le mode e coerenti con la scelta fatta alcuni anni fa di produrre vini di territorio in linea con l'annata e con l'espressione materica e fitta delle argille purissime che sono tra Faenza e Brisighella. Corallo Rosso '14 è un Sangiovese delle argille, serrato e materico, reso elegantissimo da un'annata molto fresca. Il frutto è carnoso e profondo, poi la bocca è animata dall'acidità, con il richiamo agrumato e terroso che arriva sul finale.

**Sangiovese di
Romagna Sup. Ebe '13
Guido Guarini
Matteucci**
fraz. San Tomè
via Minarda, 2
Forlì
tel. 0543476147

www.viniguarini.it
8.10 euro

Il cuore aziendale, formato dalla settecentesca villa padronale e dai resti di un castello del 1400 in località San Tomè di Forlì, è circondato dai vigneti di uve bianche, mentre il sangiovese è coltivato nelle due tenute collinari poste nella vallata di Bagnolo sopra Castrocaro e Terra del Sole. I terreni calcarei di argille salate tipiche di questo territorio regalano ai vini sapidità e un frutto austero. Ebe '13 è pepato e fresco nei profumi, saporito e sapido in bocca.

C. B. Pignoletto Cl. V. V. '13
Isola
fraz. Mongiorgio
via G. Bernardi, 3
Monte San Pietro [BO]
tel. 0516768428
13.00 euro

La famiglia Franceschini è una storica firma del territorio dei Colli Bolognesi e propone con continuità Pignoletto e Barbera di qualità. Vecchie Vigne '13 è pieno, austero e affilato. Il naso si apre sulle note complesse di pietra focaia, con la ricchezza di polifenoli che annunciano una bocca fitta e asciutta. In bocca trova i frutti bianchi e le erbe, e una freschezza che lo distende e lo accompagna sul lungo finale.

Lambrusco Reggiano Il Campanone '15
Cantine Lombardini
via Cavour, 15
Novellara [RE]
tel. 0522654224
www.lombardinivini.it
6.00 euro

Marco Lombardini e le tre figlie continuano la tradizione di questa storica cantina del Lambrusco nata nel 1925 e ubicata ancora oggi nella sede originaria, nel centro storico della bella gonzaghesca Novellara, terra d'arte e di tradizioni. La famiglia, con l'esperienza di quattro generazioni, seleziona sul territorio le migliori partite di lambrusco e le imbottiglia a marchio proprio. Il Campanone '15 è fruttato e leggero, saporito e fresco.

C.B. Pignoletto Frizzante '15
Manaresi
loc. Bella Vista
via Bertoloni , 14
Zola Predosa [BO]
tel. 051751491
www.manaresi.net
7.60 euro

Manaresi, otto ettari in collina a Zola Predosa dai quali si gode di una bella vista su Bologna, è il progetto di Donatella Agostoni, architetto, e del marito Fabio Bottonelli, giornalista. Il loro Frizzante '15 ha richiami di erbe - salvia, mentastro, erbe di montagna, origano fresco - e fiori bianchi e una bocca minerale ed elegante. Si tende in bocca su una trama salata e asciutta, per recuperare poi una certa suadenza sul finale.

Reggiano Lambrusco I Quercioli '15
Ermete Medici & Figli
loc. Gaida
via Newton, 13a
Reggio Emilia
tel. 0522942135
www.medici.it
5.00 euro

Alberto Medici viaggia da trent'anni per il mondo promuovendo un'idea di Lambrusco legata alla qualità. È stato un pioniere di una certa idea di territorio e l'incredibile reputazione dei suoi vini è figlia di un lavoro che è stato all'inizio davvero pionieristico. Accanto a vini blasonati, come ad esempio il Concerto, c'è una produzione di buoni vini popolari, affidabili e accessibili a tutti. È il caso di questo I Quercioli '15, cremoso e fruttato, asciutto e fresco.

C. B. Bologna Rosso Monello '15
Nugareto
via Nugareto, 6
Sasso Marconi [BO]
tel. 0513515111
www.nugareto.it
8.90 euro

Nugareto è un'azienda preziosa per i Colli Bolognesi, non semplicemente un produttore di vino, ma un progetto di riqualificazione ambientale e naturalistica di una vasta area a due passi da Bologna. A guidare il progetto c'è Mauro Masi che ha lavorato caparbiamente perché le vigne si trovassero a produrre all'interno di un ecosistema ricco e integro. Il Monello '15 ha un equilibrio che ben sfrutta la freschezza del frutto e una bellissima acidità. In bocca è disteso e saporito.

Romagna Sangiovese Caciara '15
Enio Ottaviani
loc. Sant'Andrea in Casale
via Pian di Vaglia, 17
San Clemente [RN]
tel. 0541952608
www.eniottaviani.it
10.10 euro

La cantina condotta da Davide e Massimo Lorenzi ha trasformato la storica attività commerciale del nonno Enio Ottaviani arricchendola di un progetto agricolo. Le vigne sono ai piedi della valle del Conca, sulle colline alle spalle di Cattolica, e a queste uve si aggiungono quelle selezionate con competenza e rigore sul territorio. Caciara '15 è disteso e fruttato, con una bocca tesa e sapida. È un vino affinato nelle vasche di cemento che Davide ha recentemente rimesso a nuovo.

Colli Romagna Centrale Sangiovese Il Bosco '15
Tenuta Pertinello
s.da Arpineto Pertinello, 2
Galeata [FC]
tel. 0543983156
www.tenutapertinello.it
7.60 euro

Le vigne della Tenuta Pertinello, piantate su suoli sciolti di marne e arenarie, sono tra le più alte della Romagna e delineano in qualche modo un confine tra l'Appennino più alto, segnato dai boschi che lambiscono la Toscana, e le colline argillose che arrivano sulla via Emilia. Il Bosco '15 è espressivo e disteso, sapido e profumato, austero pur nell'esuberanza di un fruttato fragrante. In bocca corre leggero verso un finale dove c'è la sorpresa di un tocco agrumato.

Romagna Sangiovese Sup. Il Prugneto '15
Poderi dal Nespoli
loc. Nespoli
villa Rossi, 50
Civitella di Romagna [FC]
tel. 0543989911
www.poderidalnespoli.com
9.40 euro

Poderi dal Nespoli è uno dei marchi più importanti della Romagna ed è felice il connubio tra le capacità imprenditoriali di Alfeo e Marco Martini (MGM Mondo del Vino) e l'esperienza della famiglia Ravaioli, oggi rappresentata da Fabio e Celita, attiva nella valle del Bidente dal 1929. Prugneto '15, un grande classico, è cremoso e aperto, floreale e fruttato, un vino di grande morbidezza e profondità.

Romagna Sangiovese Sup. Il Sangiovese '15
Noelia Ricci
fraz. Fiumana
via Pandolfa, 35
Predappio [FC]
tel. 0543940073
10.00 euro

La travolgente energia di Francesco Guazzugli Marini ha convinto Marco Cirese a ripartire da un progetto nuovo per sfruttare lo storico parco vigne della Tenuta Pandolfa. Si sogna, con giusta e sana ambizione, una Romagna che finalmente esca dal guscio del suo territorio. Il Sangiovese '15, chiamato da tutti "la vespa" per via del grande imenottero raffigurato sull'etichetta, è sapido e aperto, semplice nel senso più nobile del termine. Un vino territoriale ed elegante.

Lambrusco di Sorbara Secco Gaetano Righi '15
Cantine Riunite & Civ
via G. Brodolini, 24
Campegine [RE]
tel. 0522905711
www.riuniteciv.it
8.40 euro

Righi è un marchio importante nella geografia della produzione Riunite, e firma bottiglie affidabili e territoriali. Sono produzioni popolari e di grandi qualità, compagne ideali per la tavola quotidiana. Il Sorbara '15 è austero e agrumato, teso e algido in bocca dove stupisce per un finale di fiori, spezie delicatissime e scorza di mandarino.

Reggiano Lambrusco Foglie Rosse Albinea Canali '15
Cantine Riunite & Civ
via G. Brodolini, 24
Campegine [RE]
tel. 0522905711
www.riuniteciv.it
6.00 euro

Riunite è una delle realtà cooperative più importanti d'Italia e firma ogni anno una gamma di vini dallo strepitoso rapporto qualità prezzo. A guadagnare l'Oscar è quest'anno un'etichetta storica di Albinea Canali, un vino popolare con solide radici nella tradizione reggiana. Foglie Rosse '15 è carnoso e fitto, con la viola mammola al naso e una bocca agile e piena. Un compagno ideale della tavola, un vino popolare che parla di territorio con parole semplici e comprensibili.

Romagna Sangiovese Sup. Tre Miracoli '15
Le Rocche Malatestiane
via Emilia, 104
Rimini
tel. 0541743079
www.lerocchemalatestiane.it
9.10 euro

Il progetto di lettura territoriale delle Rocche è raffinato e interessante. I vini che ne fanno parte sono i Diavoli dalle argille ocra di San Clemente e Gemmano, I Tre Miracoli dalle sabbie sciolte con presenza di gessi di Verucchio e Torriana e il Sigismondo dalle argille grigie di Coriano. Questo Tre Miracoli '15 è floreale e sottile, con un richiamo agrumato - mandarino, pompelmo e limone verde - e una bocca delicata e sapida, piena di dettagli e sfumature. Un campione di stile.

Romagna Sangiovese Sup. I Diavoli '15
Le Rocche Malatestiane
via Emilia, 104
Rimini
tel. 0541743079
www.lerocchemalatestiane.it
9.10 euro

Dietro ai vini delle Rocche Malatestiane c'è una filiera di 500 viticoltori delle colline di Rimini che continuano insieme al Cevico la lunga storia cooperativa del loro territorio. Molto interessante il progetto di vinificazione per suoli di provenienza che consegna due vini di grande fascino e qualità. Uno di questi è I Diavoli '15, vinificato a partire da una selezione di vigne coltivate sulle argille rosse di San Clemente e Gemmano. È un vino sottile e profumato, elegantissimo e minerale.

Gutturnio Sup. Colto Vitato della Bellaria '15
Cantine Romagnoli
loc. Villò
via Genova, 20
Vigolzone [PC]
tel. 0523870904
www.cantineromagnoli.it
8.20 euro

Storica azienda piacentina presa in mano recentemente dalla famiglia Perini. Siamo in uno dei territori più vocati del piacentino, in quella Val Nure storicamente indicata come culla della viticoltura piacentina e non a caso piena di aziende storiche molto note. L'enologa Luciana Biondo, ha interpretato bene l'annata con il Colto Bellaria '15, da uve barbera e bonarda, che è materico e freschissimo, sapido e agrumato.

Romagna Sangiovese Sup. I Voli dei Gruccioni '15
I Sabbioni
loc. Sabbioni
via dei Sabbioni, 22
Forlì
tel. 0543755711
www.isabbioni.it
13.00 euro

I Voli '15 si esprime con garbo, con un frutto delicato e l'energia di una bocca freschissima, firmata dalla nota sapida figlia degli originali terreni di sabbie gialle che caratterizzano l'azienda. È un ricordo del mare che qui ha lasciato in eredità fossili di conchiglie e piccole creature marine e che ancora è capace di segnare i profumi e la bocca dei vini. Un'espressione di grande immediatezza, austera e vibrante, che protegge i dettagli per rivelarli pian piano con grande nitidezza.

Lambrusco Salamino di S. Croce Secco Linea Doc '15
Cantina Sociale Santa Croce
s.da st.le 468 di Correggio, 35
Carpi [MO]
tel. 059664007
www.cantinasantacroce.it
4.40 euro

Fondata nel 1907, questa storica realtà è a Santa Croce, a ridosso di Carpi, nel cuore del territorio che dà il nome al lambrusco salamino. La cantina lavora le uve di 250 soci per un totale di più di 500 ettari di vigne in gran parte su suoli argillosi ideali per il salamino che trova qui una straordinaria eleganza. Il Linea '15 è fruttato e cremoso, sapido e fresco, austero, dal tannino elegante. Tipico e territoriale.

Lambrusco Grasparossa di Castelvetro Secco '15
Cantina Sociale Settecani
via Modena, 184
Castelvetro di Modena [MO]
tel. 059702505
www.cantinasettecani.it
3.30 euro

Fondata nel 1923, questa piccola cantina cooperativa vinifica le uve di 180 soci per un totale di circa 300 ettari di vigne. Siamo nell'antico borgo di Castelvetro, nel bellissimo territorio collinare modenese, e soprattutto siamo nel cuore dell'area di produzione del Lambrusco Grasparossa. Il Secco '15 è un vino classico e fruttato, popolare e adatto alla tavola di tutti i giorni. In bocca è cremoso e pieno, agrumato e terroso sul finale. Un vino classico e territoriale.

Trebbiolo Rosso Frizzante '14
La Stoppa
loc. Ancarano
Rivergaro [PC]
tel. 0523958159
www.lastoppa.it
9.20 euro

Elena Pantaleoni ha scritto una pagina memorabile di questa storia che parte, già rivoluzionaria, nei primi anni del '900 con l'avvocato genovese Ageno e continua con la famiglia Pantaleoni dal 1973 in avanti. La maturità stilistica e la stabilità dei principi, fanno di La Stoppa un simbolo del vino naturale italiano. Trebbiolo Frizzante '14, da uve barbera e bonarda, è teso e sapido, tagliente e agrumato. Belle le note terrose e una mineralità che arriva sul finale a dare complessità.

Swing Bianco '15
Tenuta de' Stefenelli
v.le D. Bolognesi, 19
Forlì
tel. 3332182466
www.destefenelli.it
6.70 euro

I dieci ettari vitati di Sergio Stefenelli sono a due passi da Bertinoro in una terra da sempre vocata per le produzioni di sangiovese. Swing '15, da uve chardonnay in prevalenza, è un vino aperto e materico, complesso nelle sfaccettature che viaggiano tra la nocciola e le erbe, balsamico nei richiami a salvia e mentastro. In bocca si tende su una bella freschezza e trova sul finale una nota agrumata e sapida.

Romagna Sangiovese Modigliana Sup. Gemme '15
Torre San Martino
via San Martino in Monte
Modigliana [FC]
tel. 0689786312
www.torre1922.it
10.10 euro

Le vigne di Torre San Martino sono a Modigliana, a 350 metri di altitudine, sui terreni sciolti della valle dell'Acerreta, una delle tre valli che da Modigliana sale in Appennino. Alla spiccata identità territoriale - bocche salate, tannini eleganti e acidità taglienti - si somma qui la firma di una quota di argille che porta i vini ad essere materici e serrati, fitti pur nella finezza complessiva. Gemme '15 esprime con nitidezza un frutto austero che richiama la melagrana e sviluppa delicatissimi temi agrumati.

C. P. Ortrugo Armonia Frizzante '15
Cantina Valtidone
via Moretta, 58
Borgonovo Val Tidone [PC]
tel. 0523846832
www.cantinavaltidone.it
7.60 euro

Costituita nel 1966, questa cantina cooperativa lavora oggi le uve di 300 soci distribuiti su dieci diversi comuni (Borgonovo, Castel San Giovanni, Ziano, Pianello, Nibbiano, Caminata, Piozzano, Agazzano, Gazzola, Pecorara) per un totale di 1200 ettari di vigne collinari. Armonia '15 è un vino che indugia su note floreali delicatissime e un fruttato elegante per poi trovare in bocca tensione e sapidità.

Romagna Sangiovese Sup. Le Papesse di Papiano '15
Villa Papiano
via Ibola, 24
Modigliana [FC]
tel. 0546941790
www.villapapiano.it
9.70 euro

Modigliana è un territorio alto che vanta terreni di marne e arenarie che regalano ai vini un'impronta inconfondibile. I Sangiovese di Modigliana sono sapidi e taglienti, austeri e leggeri nell'impianto tannico, imbattibili per longevità. Le Papesse '15 è pieno di dettagli e sfumature, con la nota verde a promettere mineralità. In bocca è salato e verticale, con tannini rarefatti e duri, adatti a sfidare il tempo. Un vino pieno di energia, interprete perfetto del suo territorio.

gli altri vini

Agrintesa
via G. Galilei, 15
Faenza [RA]
tel. 059952511
www.agrintesa.it
Romagna Sangiovese Sup. Poderi delle Rose '15
6.70 euro

Ancarani
via San Biagio Antico, 14
Faenza [RA]
tel. 0546642162
www.viniancarani.it
Signore '15
7.40 euro

Francesco Bellei
fraz. Cristo di Sorbara
via Nazionale, 132
Bomporto [MO]
tel. 059902009
www.francescobellei.it
Lambrusco di Modena Rifermentazione Ancestrale '15
12.10 euro
Modena Pignoletto Rifermentazione Ancestrale '15
12.10 euro

Braschi
via Roma, 37
Mercato Saraceno [FC]
tel. 054791061
www.cantinabraschi.com
Sangiovese di Romagna San Vicinio Monte Sasso '14
11.60 euro

Ca' di Sopra
loc. Marzeno
via Feligara, 15
Brisighella [RA]
tel. 3284927073
www.cadisopra.com
Romagna Sangiovese Sup. Crepe '15
9.40 euro

Cantina Sociale di Carpi e Sorbara
via Cavata
Carpi [MO]
tel. 059643071
www.cantinadicarpiesorbara.it
Lambrusco di Sorbara Amabile Emma '15
6.10 euro
Lambrusco di Sorbara Secco Omaggio a Gino Friedmann FB '15
11.30 euro

Castelluccio
loc. Poggiolo di Sotto
via Tramonto, 15
Modigliana [FC]
tel. 0546942486
www.ronchidicastelluccio.it
Sangiovese di Romagna Le More '15
9.70 euro

Cavicchioli
via Canaletto, 52
San Prospero [MO]
tel. 059812412
www.cavicchioli.it
Lambrusco di Modena Rosé Extra Dry 1928 '15
6.60 euro

Caviro
via Convertite, 12
Faenza [RA]
tel. 0546629111
www.caviro.it
Pignoletto Frizzante Romio '15
6.70 euro
Romagna Trebbiano Terre Forti '15
3.40 euro

Celli
v.le Carducci, 5
Bertinoro [FC]
tel. 0543445183
www.celli-vini.com
Romagna Albana Dolce Le Querce '15
6.90 euro

Cleto Chiarli Tenute Agricole
via Belvedere, 8
Castelvetro di Modena [MO]
tel. 0593163311
www.chiarli.it
Lambrusco di Sorbara Vecchia Modena Premium '15
9.70 euro

Costa Archi
loc. Serra
via Rinfosco, 1690
Castel Bolognese [RA]
tel. 3384818346
costaarchi.wordpress.com
Romagna Sangiovese Serra Monte Brullo Ris. '12
5.40 euro
Romagna Sangiovese Sup. Assiolo '14
5.40 euro

Drei Donà Tenuta La Palazza
loc. Massa di Vecchiazzano
via del Tesoro, 23
Forlì
tel. 0543769371
www.dreidona.it
Notturno Sangiovese '14
10.90 euro

Emilia Wine
via 11 Settembre 2001, 3
Scandiano [RE]
tel. 0522989107
www.emiliawine.eu
Reggiano Lambrusco Secco Niveo Cantina di Arceto '15
6.70 euro

Stefano Ferrucci
via Casolana, 3045
Castel Bolognese [RA]
tel. 0546651068
www.stefanoferrucci.it
**Romagna Sangiovese
Auriga '15**
6.40 euro

Fiorini
loc. Ganaceto
via Nazionale per Carpi, 1534
Modena
tel. 059386028
www.fiorini1919.com
**Lambrusco
Grasparossa di Castelvetro
Terre al Sole '15**
7.60 euro

Cantina Sociale Formigine Pedemontana
via Radici in piano, 228
Formigine [MO]
tel. 059558122
www.lambruscodoc.it
**Pignoletto
For.Mo.Sa. Brut '15**
5.40 euro

Lini 910
fraz. Canolo
via Vecchia Canolo, 7
Correggio [RE]
tel. 0522690162
www.lini910.it
**In Correggio
Lambrusco Scuro '15**
9.20 euro

Lusenti
loc. Casa Piccioni, 57
Ziano Piacentino [PC]
tel. 0523868479
www.lusentivini.it
C. P. Ortrugo Ciano '14
8.70 euro

Alberto Lusignani
loc. Vigoleno
via Case Orsi, 9
Vernasca [PC]
tel. 0523895178
Barbera Frizzante '15
4.50 euro

Giovanna Madonia
loc. Villa Madonia
via de' Cappuccini, 130
Bertinoro [FC]
tel. 0543444361
www.giovannamadonia.it
**Romagna Sangiovese Sup.
Fermavento '13**
10.60 euro

Tenuta Masselina
loc. Serrà
via Pozze, 1030
Castel Bolognese [RA]
tel. 0545651004
www.masselina.it
**Romagna
Albana Secco '14**
9.40 euro

Mattarelli
via Marconi, 35
Vigarano Mainarda [FE]
tel. 053243123
www.mattarelli-vini.it
**Bosco Eliceo
Bianco Frizzante '15**
10.10 euro
**Bosco Eliceo
Fortana Frizzante '15**
10.10 euro

Ermete Medici & Figli
loc. Gaida
via Newton, 13a
Reggio Emilia
tel. 0522942135
www.medici.it
**Brut Rosé M. Cl.
Unique '13**
11.40 euro

Fattoria Moretto
via Tiberia, 13b
Castelvetro di Modena [MO]
tel. 059790183
www.fattoriamoretto.it
**Lambrusco
Grasparossa di Castelvetro
Secco Canova '15**
10.60 euro
**Lambrusco
Grasparossa di Castelvetro
Secco Monovitigno '15**
11.40 euro

Fattoria Nicolucci
loc. Predappio Alta
via Umberto Primo, 21
Predappio [FC]
tel. 0543922361
www.vini-nicolucci.it
**Romagna Sangiovese Sup.
Tre Rocche '15**
11.80 euro

Gianfranco Paltrinieri
fraz. Sorbara
via Cristo, 49
Bomporto [MO]
tel. 059902047
www.cantinapaltrinieri.it
**Lambrusco di Sorbara
Leclisse '15**
8.00 euro
**Lambrusco di Sorbara
Radice '15**
7.10 euro
**Radice
Tappo a Corona '15**
7.10 euro

Fattoria Paradiso
loc. Capocolle
via Palmeggiana, 285
Bertinoro [FC]
tel. 0543445044
www.fattoriaparadiso.com
**Romagna Sangiovese Sup.
V. Del Molino
Maestri di Vigna '15**
8.00 euro

Tenuta Pertinello
s.da Arpineto Pertinello, 2
Galeata [FC]
tel. 0543983156
www.tenutapertinello.it
**Colli Romagna Centrale
Sangiovese Pertinello '13**
12.10 euro

Cantina Puianello e Coviolo
fraz. Puianello
via C. Marx, 19a
Quattro Castella [RE]
tel. 0522889120
www.cantinapuianello.it
**Reggiano
Lambrusco Barghi
L'Incontro '15**
8.10 euro

glialtrivini

Quarticello
via Matilde di Canossa, 1a
Montecchio Emilia [RE]
tel. 0522866220
www.quarticello.it
Despina Rifermentato in Bottiglia '15
8.30 euro

Noelia Ricci
fraz. Fiumana
via Pandolfa, 35
Predappio [FC]
tel. 0543940073
Bro '15
10.90 euro

Cantine Riunite & Civ
via G. Brodolini, 24
Campegine [RE]
tel. 0522905711
www.riuniteciv.it
Lambrusco Emilia FB Metodo Ancestrale Albinea Canali '15
6.70 euro

I Sabbioni
loc. Sabbioni
via dei Sabbioni, 22
Forlì
tel. 0543755711
www.isabbioni.it
Romagna Sangiovese Rubrarosa Oriolo Sisto '14
10.00 euro

San Patrignano
via San Patrignano, 53
Coriano [RN]
tel. 0541362111
www.spaziosanpa.com
Aulente Bianco '15
7.90 euro

Tenuta Santini
fraz. Passano
via Campo, 33
Coriano [RN]
tel. 0541656527
www.tenutasantini.com
Battarreo '14
11.80 euro
Romagna Sangiovese Sup. Beato Enrico '15
9.20 euro

La Stoppa
loc. Ancarano
Rivergaro [PC]
tel. 0523958159
www.lastoppa.it
Trebbiolo Rosso Fermo '14
9.20 euro

Terraquilia
via Caldana
Guiglia [MO]
tel. 059931023
www.terraquilia.it
Falcorubens '15
9.20 euro

Azienda Agricola Trerè
loc. Monticoralli
via Casale, 19
Faenza [RA]
tel. 054647034
www.trere.com
Sangiovese di Romagna Sup. Sperone '15
7.20 euro

Venturini Baldini
fraz. Roncolo
via Turati, 42
Quattro Castella [RE]
tel. 0522249011
www.venturinibaldini.it
Reggiano Lambrusco Rosato Spumante Secco Cadelvento '15
10.10 euro
Reggiano Lambrusco Secco Marchese Manodori '15
10.10 euro

Francesco Vezzelli
fraz. San Matteo
via Canaletto Nord, 878a
Modena
tel. 059318695
Lambrusco di Sorbara Il Selezione '15
8.90 euro

60 RICETTE
DALLA PIÙ GHIOTTA
SERIE DEL
GAMBERO ROSSO

I PANINI LI FA MAX

N TUTTE LE LIBRERIE E SU WWW.GAMBEROROSSO.IT

gli altri vini

Villa di Corlo
loc. Baggiovara
s.da Cavezzo, 200
Modena
tel. 059510736
www.villadicorlo.com
**Lambrusco
Grasparossa di Castelvetro
Corleto '15**
8.10 euro

Villa Venti
loc. Villaventi di Roncofreddo
via Doccia, 1442
Forlì
tel. 0541949532
www.villaventi.it
**Sangiovese
di Romagna Sup.
Primo Segno '13**
10.10 euro

Fattoria Zerbina
fraz. Marzeno
via Vicchio, 11
Faenza [RA]
tel. 054640022
www.zerbina.com
**Albana di Romagna
Secco Ceparano '15**
8.30 euro

Zucchi
loc. San Lorenzo
via Viazza, 64
San Prospero [MO]
tel. 059908934
www.vinizucchi.it
**Lambrusco di Sorbara
Dosaggio Zero M. Cl. '13**
7.60 euro

le migliori enoteche

le altre enoteche

BOLOGNA E PROVINCIA

Alla Porta
via Castiglione, 79a
Bologna
tel. 051333488

Enoteca Storica Faccioli
via Altabella, 15b
Bologna
tel. 051223171

Era il 1924 quando Olindo Faccioli decise di aprire una mescita di vini sotto la Torre degli Asinelli. Ci si andava per bere del buon vino, la cui scelta spesso ricadeva solo tra un bianco e un rosso, ma rigorosamente di qualità. Dopo dieci anni, nel 1934, l'allora podestà di Bologna decise lo sgombero del locale: il signor Olindo si trovò a dover stabilire dove trasferire la mescita. Via Rizzoli, nonostante l'importanza già allora della via, non gli piaceva e decise quindi per Via Altabella, una via tranquilla, appartata ma vicina alla vecchia sede, dove c'era quella torre che era Dritta, Alta e Bella, e che per queste ragioni in seguito diede il nome alla strada. Da allora l'enoteca ha fatto la storia del vino a Bologna fino a quando l'ultimo della famiglia Faccioli ha ceduto l'Enoteca a Elisa Argentesi che la conduce ancora oggi. Elisa ha raccolto il testimone di un'esperienza di grande fascino e ha però, con molta discrezione, rivoluzionato l'offerta del locale puntando tutto sui vini naturali che stanno cambiando il mondo del vino. Lei è brava e simpatica e racconta con gusto e passione vita, morte e miracoli di ogni singola etichetta. Da Faccioli si può ordinare un semplice assaggio di una bella selezione di prodotti (mortadella, Parmigiano Reggiano, prosciutto di Parma) oppure mangiare.

Antica Drogheria Calzolari
via Giuseppe Petroni, 9
Bologna
tel. 051222858

Il Caffè Bazar
via Guerrazzi, 8c
Bologna
tel. 051228454

Scaramagli dal 1912
s.da Maggiore, 31
Bologna
tel. 051227132

Esselunga
via Cristoni, 8 c/o centro commerciale Meridiana
Casalecchio di Reno [BO]
tel. 0516132544

Enoteca Regionale Emilia Romagna
p.zza Rocca Sforzesca
Dozza [BO]
tel. 0542678089

Le Lune
via Ugo La Malfa, 29
Imola [BO]
tel. 0542643359

FERRARA E PROVINCIA

Al Brindisi
via degli Adelardi, 11
Ferrara
tel. 0532209142

MODENA E PROVINCIA

Compagnia del Taglio
via del Taglio, 12
Modena
tel. 059 210377

La Baita
via Naviglio, 25c
Faenza [RA]
tel. 054621584

La Baita è nel cuore del bellissimo centro storico di Faenza e l'atmosfera è la sua cifra stilistica. Si entra in una bottega che ricorda le vecchie salumerie, straordinaria nella scelta dei prodotti, soprattutto dei formaggi, e ci si avventura in un retro che sembra un allestimento teatrale: i tavoli di legno sul palco e tutto attorno gli scaffali con una delle più belle selezioni di vini d'Italia. Le etichette sono figlie di scelte mai banali e di una ricerca che non si ferma mai e che viene raccontata con passione ai clienti. La cucina de La Baita è molto legata alla tradizione romagnola e anche la selezione di vini offre una panoramica completa delle migliori produzioni della regione. Non a caso qualsiasi produttore nuovo ha in Robertone, titolare con la moglie Rosanna e il figlio Fabio, il primo vero confronto con il mondo. Da segnalare i correttissimi prezzi dei vini e la possibilità di consumare le bottiglie ai tavoli ai prezzi dell'asporto.

PARMA E PROVINCIA
La Bottega del Gusto
via San Leonardo, 145c
Parma
tel. 0521786918

Hi Fi News Musica da Tavola
b.go Onorato, 21
Parma
tel. 0521503071

PIACENZA E PROVINCIA
Maison du Cognac
stradone Farnese, 55
Piacenza
tel. 0523338252

Bar Caffè Valery
via Campagna, 81
Piacenza
tel. 0523490597

REGGIO EMILIA E PROVINCIA
Bigliardi & Garuti
via Emilia all'Angelo, 21a
Reggio Emilia
tel. 0522792098

RIMINI E PROVINCIA
Arduini
via Caduti del Mare, 41
Cattolica [RN]
tel. 0541961850

Oivos
v.le Bovio, 54
Cattolica [RN]
tel. 0541830320

Enoteca Osteria Monte Giove
via Pio Massani, 10
Santarcangelo
di Romagna [RN]
tel. 0541623906

toscana

Anche la Toscana del Berebene, così come quella della Guida senza limitazioni di prezzo, dà grandi soddisfazioni. In un territorio estremamente ricco e composito non è infatti difficile trovare aree in cui domina il rapporto qualità prezzo o aree definite dalle denominazioni più prestigiose - e costose - in cui però non mancano vini di fascia più agile. Se infatti da una parte la zona della Vernaccia raccoglie in questa pubblicazione molte etichette, come quelle del Morellino e Montecucco in Maremma, dall'altra è innegabile che anche aree come il Chianti Classico o Montepulciano siano ormai tra quelle che registrano presenze consistenti. È il frutto di un lavoro di consapevolezza volto alla qualità che finalmente sembra arrivato a compimento. Non va infatti dimenticato che la pubblicazione non premia semplicemente i vini entro i 13 euro sullo scaffale ma anche quelli buoni per davvero, che, per intenderci, hanno strappato punteggi di tutto rispetto. Volto di oculate scelte aziendali che non trattano più i vini più semplici come vini di ricaduta commerciale e qualitativa, piuttosto come un'occasione per giocare una partita, quella del vino d'entrata, diversa ma non meno significativa rispetto alle etichette di riferimento. Sempre più, quindi, anche la Toscana diventa protagonista del Berebene. Quest'anno l'Oscar Regionale va a un Morellino di Scansano, il Roggiano '15, della Cantina Vignaioli del Morellino di Scansano, che da sempre fa della qualità a prezzi popolari la propria bandiera.

**Morellino di Scansano
Roggiano '15**
**Cantina Vignaioli
del Morellino di Scansano**
loc. Saragiolo
Scansano [GR]
tel. 0564507288
www.cantinadelmorellino.it
7.90 euro

Nata negli anni Settanta come risposta alla crisi del settore minerario, questa cantina, mossa dalla passione di esperti e di semplici contadini della Maremma, sembra aver imboccato la strada della qualità. Il Morellino Roggiano '15 esibisce al naso freschi e intensi profumi di marasca uniti a una speziatura dolce. In bocca è pieno, caldo, dalla gradevole tannicità e con un lungo finale di ciliegia.

gli oscar

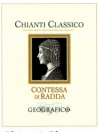

Chianti Cl. Contessa di Radda '13
Agricoltori del Chianti Geografico
loc. Mulinaccio, 10
Gaiole in Chianti [SI]
tel. 0577749489
www.chiantigeografico.it
13.00 euro

Tra le prime aziende cooperative del territorio, la cantina è passata sotto il controllo dei fratelli Piccini che hanno mantenuto inalterata la struttura che permette ai piccoli produttori, soci conferitori, di fornire uve di ottima qualità. La conferma arriva da uno dei vini più regolari, il Chianti Classico Contessa di Radda '13, che si esprime bene nella parte olfattiva con i classici sentori fruttati e floreali, mentre in bocca ha corpo elegante, lieve, con trama tannica ben distribuita ed un finale appetitoso.

Rosso di Montepulciano '14
Avignonesi
fraz. Valiano di Montepulciano
via Lodola, 1
Montepulciano [SI]
tel. 0578724304
www.avignonesi.it
11.10 euro

Avignonesi è una grande azienda. E non solo perché produce vini di altissimo pregio ma anche perché sa produrre vini semplici altrettanto riusciti. È il caso del Rosso di Montepulciano '14, un vino sottile ma dalla grande bevibilità, profumato di fiori e piccoli frutti rossi e dalla piacevole acidità in bocca, che lo rende fresco e gradevole. Il prezzo è assolutamente competitivo.

Chianti Cetamura '15
Badia a Coltibuono
loc. Badia a Coltibuono
Gaiole in Chianti [SI]
tel. 0577746110
www.coltibuono.com
7.60 euro

La classe non è acqua, dice un vecchio proverbio. In questo caso, è vino e, aggiungiamo, non un Chianti Classico. Badia a Coltibuono, marchio storico della denominazione del Gallo Nero è riuscita a produrre un bel Chianti '15, di piacevolissima beva. Il vino è intenso fin dal colore e al naso possiede toni netti di amarena che si uniscono a cenni speziati; in bocca è fresco, avvolgente e sostanzioso, con un finale lungo e persistente.

Chianti I Sodi del Paretaio '15
Badia di Morrona
via del Chianti, 6
Terricciola [PI]
tel. 0587658505
www.badiadimorrona.it
7.10 euro

Davvero uno splendido esempio di Chianti, capace di mantenere una scorrevolezza classica abbinandola a una veste precisa, giudiziosamente moderna. Un vino che ricorda le prugne selvatiche, i frutti di bosco in genere, ed è avvolto da una delicata quanto preziosa nuvola di spezie fini in raffinato divenire nel bicchiere. Bocca gustosa, golosa, affatto breve nei ricordi aromatici e nella persistenza.

Morellino di Scansano '15
Erik Banti
loc. Fosso dei Molini
Scansano [GR]
tel. 0564508006

www.erikbanti.com
8.90 euro

Erik Banti, produttore attento alla conservazione della tradizione vitivinicola locale, fa parte del novero dei pionieri del Morellino. E' datata 1981, infatti, la prima vendemmia di quest'azienda. Il Morellino '15 è caratterizzato al naso da un fruttato intenso che interagisce con un gusto sostenuto da una buona acidità e da un tannino fragrante, compendiato da una buona persistenza in bocca.

Chianti Cl. Brolio '14
Barone Ricasoli
loc. Madonna a Brolio
Gaiole in Chianti [SI]
tel. 05777301
www.ricasoli.it
10.90 euro

Godibile questo Chianti Classico '14, che al naso svela sensazioni olfattive caratterizzate soprattutto da sentori di frutta rossa matura, ben calibrati, e note di tabacco. Anche al palato il vino svela piacevoli caratteristiche: avvolgente e sostanzioso in ingresso, ha uno sviluppo ampio in bocca, segno chiaro di una buona stoffa. Il finale è lungo e persistente e di buona freschezza.

Montecucco Sangiovese Cartacanta '13
Basile
pod. Monte Mario
Cinigiano [GR]
tel. 0564993227
www.basilessa.it
10.20 euro

Nel 1999, Giovanbattista Basile decide di partire da Napoli con la famiglia per iniziare a produrre vino nel comprensorio del Montecucco. Agricoltura biologica e grande rispetto del territorio sono le linee guida con cui vengono prodotti vini di carattere e personalità. Non fa eccezione il Cartacanta '13, da sangiovese con un piccolo saldo di merlot, dal naso fragrante di ciliegia e scorza d'arancia, lineare, teso e succoso.

IXE '14
Pietro Beconcini
fraz. La Scala
via Montorzo, 13a
San Miniato [PI]
tel. 0571464785
www.pietrobeconcini.com
10.90 euro

In un territorio come quello di San Minato, riuscire a produrre vino di qualità non è proprio cosa scontata. Ci riesce perfettamente Leonardo Beconcini cui va ascritto il merito di avere avuto fiducia nei propri mezzi e nella propria terra. Lo conferma IXE '14, da tempranillo con piccolo saldo di sangiovese, che si fa apprezzare per la sua intensa carica olfattiva, dove sottobosco ed erbe aromatiche si sommano ad un fruttato potente di prugna e ciliegia, per un corpo ampio ma non stucchevole, dal finale sapido.

Montecarlo Bianco '15
Tenuta del Buonamico
loc. Cercatoia
via Provinciale di
Montecarlo, 43
Montecarlo [LU]
tel. 058322038
www.buonamico.it
9.10 euro

Cantina moderna dal cuore antico. Buonamico è questo e i suoi vini raccontano un'eredità lunga 50 anni ma in profonda evoluzione stilistica. Tagli precisi e confezioni calibrate, cura dei dettagli senza trascurare le varietà del luogo, magari abbinandole a quelle di caratura internazionale. Il Montecarlo Bianco deriva da trebbiano toscano, pinot bianco, sauvignon, semillon, roussanne e chardonnay. L'aromaticità si sente, soprattutto al naso. La bocca ha buona materia e freschezza.

Maremma Toscana Ciliegiolo Principio '15
Antonio Camillo
loc. Pianetti di Montemerano
fraz. Montemerano
Manciano [GR]
tel. 3391525224
8.40 euro

Senza ombra di dubbio, possiamo annoverare Antonio Camillo tra i professionisti del ciliegiolo: è soprattutto merito suo se questa varietà quasi dimenticata oggi è stata reintrodotta in Maremma. Il Principio '15 è un vino a tutta beva. Fragrante e speziato al naso tra piccoli frutti rossi e pepe appena macinato, ha una bocca di una scorrevolezza unica e sorso trascinante. La bottiglia finisce in fretta ma il prezzo aiuta nel farne scorta.

Sacromonte '12
Castello di Potentino
loc. Potentino, 6
Seggiano [GR]
tel. 0564950014
www.potentino.com
13.00 euro

Il Castello di Potentino è ricco di fascino e si trova in un luogo di clamorosa bellezza. Non facile da raggiungere, è l'emblema di una viticoltura diversa in un terroir speciale, dalle caratteristiche climatiche peculiari. Condizioni di partenza assecondate da una viticoltura sostenibile e da vinificazioni premurose, mai invasive e capaci di assecondare i caratteri dei frutti. Il Sacromonte è la sfida della casa ai grandi Sangiovese della regione. Vino saporito e profondo, più gustoso che muscolare, ammalia per le note ferrose e di frutti di bosco.

Vernaccia di S. Gimignano '15
Vincenzo Cesani
loc. Pancole, 82d
San Gimignano [SI]
tel. 0577955084
www.cesani.it
7.20 euro

Originaria delle Marche, la famiglia Cesani conduce da più di 50 anni l'azienda fondata da Vincenzo. La gestione è oggi affidata alle figlie, Letizia che si occupa della parte vitivinicola e Marialuisa che si dedica all'agriturismo. La Vernaccia '15 si fa apprezzare per un bouquet complesso, minerale, che lascia poi spazio a note floreali, con cenni fruttati intensi, di pesca e albicocca. In bocca l'impatto è gustoso e gradevole, intenso, di buona lunghezza.

Chianti '15
Fattorie Chigi Saracini
via dell'Arbia, 2
Castelnuovo Berardenga [SI]
tel. 0577355113
6.20 euro

Di solida piacevolezza questo Chianti dell'azienda Villa Chigi Saracini (MPS Tenimenti). Al naso colpisce per la pulizia dei suoi profumi fruttati e per le note balsamiche, leggermente pepate. Ma è in bocca che si rivela ancora più convincente offrendo una polpa succosa e un gusto saporito. Finale dolce, dalla chiusura tendenzialmente piccante, per un vino di bella e godibile bevibilità.

Morellino di Scansano '15
Col di Bacche
fraz. Montiano
s.da di Cupi
Magliano in Toscana [GR]
tel. 0564589538
www.coldibacche.com
10.10 euro

Un Morellino '15 assolutamente godibile quello dell'azienda di Alberto Carnasciali, che anche nella sua versione "base" non esita a esprimere tratti intriganti, ben al di là della sua collocazione tipologica. Il naso è ben registrato e gioca su note di frutta rossa fresca e sentori speziati di pepe nero. La bocca possiede una struttura compatta, un frutto croccante e non banali caratteri tendenzialmente minerali.

Bianco dell'Oca '15
Colle di Bordocheo
loc. Segromigno in Monte
via di Piaggiori Basso, 123
Capannori [LU]
tel. 0583929821
www.colledibordocheo.com
9.90 euro

Luogo spettacolare, di struggente bellezza naturalistica, sulle colline di Segromigno in Monte, sui colli di Lucca. Ovvia e giusta la scelta di realizzare qui una fattoria a conduzione biologica, con olivi e vigneti al centro del progetto. Tiratura limitata per il Bianco dell'Oca, che nella versione 2015 ci convince pienamente. Uve chardonnay e vermentino con piccole aggiunte di sauvignon per un vino agrumato e coerente, delicatamente amarognolo nel fine bocca, rinfrescante quanto saporito.

Chianti Terre di Corzano '14
Fattoria Corzano e Paterno
loc. Corzano
fraz. San Pancrazio
via San Vito di Sopra
San Casciano
in Val di Pesa [FI]
tel. 0558248179
www.corzanoepaterno.com
10.00 euro

Si conferma un'azienda affidabile quella creata da Wendelin Gelpke, dove i vini prodotti esprimono appieno le caratteristiche del territorio, con una produzione generale sempre assestata su un livello qualitativo alto. Ne è una conferma il Chianti Terre di Corzano '14, dotato di un'ottima bevibilità, di un profilo olfattivo fresco e fruttato e una gradevole nota minerale. In bocca la vena acida è ben inserita in un corpo pieno ma non pesante, dai tannini rotondi e dal finale di ampia soddisfazione.

Cortona Syrah Castagnino '15
Fabrizio Dionisio
fraz. Ossaia
loc. Il Castagno
Cortona [AR]
tel. 063223541
www.fabriziodionisio.it
13.00 euro

Fabrizio Dionisio conduce con grande amore l'azienda a Cortona, alla quale dedica tutto il tempo libero che la sua professione riesce a concedergli. Da sempre un grande sostenitore del syrah, riesce a farlo esprimere sempre in maniera egregia. Il Castagnino '15, dai sentori di frutti di bosco, allietati da note speziate di pepe è molto piacevole, lieve e succoso, con tannini fusi alla componente alcolica e un finale invitante.

Bolgheri Rosso Clarice '14
Eucaliptus
via Bolgherese, 275a
Livorno
tel. 0565763511
www.agriturismoeucaliptus.com
12.80 euro

L'annata 2014 non è stata facile per i produttori bolgheresi, come del resto per molti altri in Italia. I vini di questo millesimo sono spesso crudi e incompiuti, mentre nei migliori casi riescono a trovare un certo equilibrio, seppur in una dimensione non certo monumentale. È il caso del Clarice che trova la quadratura del cerchio con un profilo snello e sinuoso ma non immaturo, anzi piuttosto definito e gustoso.

Chianti '15
Cantine Leonardo da Vinci
via Provinciale Mercatale, 291
Vinci [FI]
tel. 0571902444
www.cantineleonardo.it
7.00 euro

Il Chianti Leonardo è un vino che non delude mai. Grazie a un lavoro importante e attento, questa azienda, posta nel territorio di Vinci, è riuscita nel corso degli anni a migliorare con costanza la proposta vinicola, divenuta negli anni molto più articolata ma sempre facendo attenzione al rapporto qualità prezzo. Il Chianti è il vino più rappresentativo e si fa apprezzare per la sua gamma aromatica incentrata su frutti come la ciliegia e la fragola, un corpo agile, leggero, una beva docile con ottimo retrogusto.

Nicole '15
Cosimo Maria Masini
via Poggio al Pino, 16
San Miniato [PI]
tel. 0571465032
www.cosimomariamasini.it
11.80 euro

La famiglia Masini è proprietaria dell'azienda dal 2000. Alla sua guida c'è Cosimo che ha deciso di produrre vini seguendo i dettami della biodinamica, di cui è un entusiasta promotore. Il risultato è quello di prodotti ben riconoscibili che dimostrano un grande legame con il territorio. Nicole '15 è un Sangiovese in purezza che al naso si distingue per la ricca gamma fruttata, nobilitata da note mentolate. Il corpo è fluido, nervoso, grazie ad una vena acida riconoscibile ma non eccessiva, ottima bevibilità e un finale pulito.

Santa Marta '15
Mocine
loc. Mocine Chiusure
Asciano [SI]
tel. 0577707075
www.mocine.it
11.80 euro

Sangiovese, colorino e barsaglina per questo blend prodotto nelle crete senesi. Il Santa Marta '15 offre al naso aromi di ciliegia matura che si alternano a leggeri cenni terrosi, mentre in bocca esprime un buon carattere, grazie ai suoi tannini nervosi e alla bella acidità. Finale convincente, dal piacevole retrogusto di ciliegia fresca.

Chianti Ris. '10
Fattoria Montereggi
via Bosconi, 44
Fiesole [FI]
tel. 055540005
www.fattoriamontereggi.it
11.80 euro

New entry sulla guida Vini d'Italia 2017 e Oscar su questa pubblicazione: l'azienda fiesolana della famiglia Cavalloni va tenuta d'occhio. Per bere qualcosa che abbia qualche anno in più sulle spalle senza alleggerire troppo il portafogli, il Chianti è la zona adatta. Questa Riserva '10 ne è la dimostrazione. Ad un prezzo davvero competitivo potrete mettere in cantina un vino dal bouquet nitido di frutti rossi e dalla bocca tesa, compatta e solida.

Maremma Toscana Mandriolo '15
Morisfarms
loc. Cura Nuova
Fattoria Poggetti
Massa Marittima [GR]
tel. 0566919135
www.morisfarms.it
5.00 euro

Il Mandriolo '15 di Moris Farms è un Sangiovese solido e di bella bevibilità. All'olfatto è contraddistinto da sentori ben decifrabili di frutta rossa matura, amarena specialmente. Al gusto, il vino è dotato di buona ampiezza, sostenuta da leggere note boisé. Il finale è piacevolmente fresco e fruttato.

Vernaccia di S. Gimignano '15
Tenute Niccolai Palagetto
via Monteoliveto, 46
San Gimignano [SI]
tel. 0577943090
www.tenuteniccolai.it
7.10 euro

Sabrina Niccolai è l'entusiasta proprietaria delle tenute che portano il suo nome e che possono vantare una presenza importante anche in quel di Montalcino. La casa madre comprende anche un agriturismo e qui si concentra la produzione più ampia, tra vini rossi e diverse versioni di Vernaccia. Per l'Oscar, abbiamo scelto quella del 2015, molto piacevole, dalle note agrumate e di frutta tropicale ben distinte, corpo di buon peso, avvolgente e succoso, dal finale sapido e di gradevole persistenza.

Chianti Cl. '14
Oliviera
s.da prov.le
102 di Vagliagli, 36
Castelnuovo Berardenga [SI]
tel. 3498950188
www.oliviera.it
10.10 euro

Un Chianti Classico prodotto a Vagliagli, a pochi chilometri da Siena, di particolare piacevolezza. I sentori olfattivi sono molto nitidi e alternano frutti rossi a note appena terrose. Al palato il vino è equilibrato e godibile, dalla struttura sottile, ma non scarna, contraddistinta da tannini ben calibrati e freschezza acida puntuale. Finale dolce e gustoso, segnato da una bella freschezza.

Chianti Colli Fiorentini '14
Ottomani
via di Pancole, 119
Greve in Chianti [FI]
tel. 3407105484
www.ottomanivino.com
9.80 euro

Il Chianti Colli Fiorentini '14 è davvero interessante. Compatto ed equilibrato, è un vino ottenuto da un uvaggio di sangiovese in prevalenza con piccole aggiunte di canaiolo e colorino. Al naso, i frutti rossi predominano su un sottofondo speziato, mentre in bocca un attacco nervoso, sostenuto da una fitta trama tannica, sfocia in un piacevole finale lungo e asciutto.

Vernaccia di S. Gimignano '15
Panizzi
loc. Santa Margherita, 34
San Gimignano [SI]
tel. 0577941576
www.panizzi.it
9.70 euro

Milanese e appassionato della Toscana, è stato Giovanni Panizzi il fondatore dell'azienda, che acquistò alla fine degli anni Settanta per farne un buen retiro ma dove poi iniziò a produrre vino nel 1989, distinguendosi per un approccio moderno e innovativo nella vinificazione. Da più di dieci anni la proprietà è della famiglia Niccolai, che ha mantenuto lo stile unico e particolare dei prodotti. La Vernaccia '15 si fa apprezzare per il bagaglio aromatico complesso, fruttato e fresco, corpo bilanciato, giusta vena acida, saporito finale.

Montecucco Rosso Alfeno '14
Perazzeta
loc. Montenero d'Orcia
via dell'Aia, 14
Castel del Piano [GR]
tel. 0564954158
www.perazzeta.it
7.60 euro

Montenero è uno dei paesi più rappresentativi della Val

d'Orcia. Qui Alessandro Bocci, insieme alla famiglia, prosegue il lavoro iniziato da suo padre Erio. Nonostante la sfortunata annata 2014, il Montecucco Rosso Alfeno, blend di sangiovese, ciliegiolo e cabernet sauvignon, merita certamente il nostro Oscar in virtù di un bel naso di frutti neri maturi, di una bocca fresca e saporita, e di un prezzo amico.

Vernaccia di S. Gimignano Il Borghetto '15
Pietrafitta
loc. Cortennano, 54
San Gimignano [SI]
tel. 0577943200
www.pietrafitta.com
12.20 euro

Siamo di fronte ad una delle aziende più grandi del territorio di San Gimignano, con una cantina che risale al XVI secolo, dove sono conservate ancora le vasche di vinificazione volute dalla famiglia Savoia e risalenti all'inizio del '900. Da qualche anno il lavoro di rinnovamento ha dato ottimi risultati. La Vernaccia Il Borghetto '15 si distingue per sentori fruttati incisivi, con note fresche vegetali, corpo morbido, rinfrescato da buona vena acida e da un finale moderno e appetitoso.

Morellino di Scansano Pàssera '15
Poggio Trevvalle
fraz. Arcille
s.da prov.le 24 Fronzina km 0,600
Campagnatico [GR]
tel. 0564998142
www.poggiotrevvalle.it
9.70 euro

Un Morellino sanguigno il Pàssera '15 di Poggio Trevvalle. Vino di bellissimo impatto e dal carattere spiccato, fedele al territorio da cui nasce, esprime al naso schiette note di frutti rossi e al palato una vivace spina acida che sostiene una polpa succosa e robusta. Ha nella godibilissima beva il suo punto di forza principale.

Morellino di Scansano Ribeo '14
Roccapesta
loc. Macereto, 9
Scansano [GR]
tel. 0564599252
www.roccapesta.it
10.90 euro

L'azienda di Alberto Tanzini è probabilmente una delle più in forma non solo del territorio scansanese ma dell'intera Toscana. La batteria presentata quest'anno ha dimostrato una solidità impressionante e tra le etichette abbiamo scelto il Ribeo '14 per l'Oscar. Il naso è intrigante, tra piccoli frutti rossi e fiori, mentre in bocca dimostra grande progressione, ritmo ed eleganza. Davvero un affare.

Vernaccia di S. Gimignano '15
Teruzzi & Puthod
loc. Casale, 19
San Gimignano [SI]
tel. 0577940143
www.teruzzieputhod.it
8.90 euro

L'azienda, fondata dai coniugi Teruzzi negli anni Settanta, da tempo è di proprietà della Campari, che ha avviato e portato a termine un poderoso lavoro di rinnovamento della parte viticola, valorizzando il vitigno principe del territorio. Ottimo il risultato della Vernaccia '15 che si distingue per un bouquet intrigante giocato su erbe aromatiche, soprattutto menta, e su sentori fruttati fini ed eleganti di pesca. Corpo bilanciato e vena acida appetitosa e sapida chiudono il cerchio.

Rosso di Montepulciano Salterio '15
Tenuta Tre Rose
fraz. Valiano
via della Stella, 3
Montepulciano [SI]
tel. 0577804101
www.tenutatrerose.it
10.60 euro

Il Rosso di Montepulciano Salterio '15 della Tenuta Tre Rose è una versione particolarmente riuscita di questo vino ed è caratterizzata da sentori olfattivi di lampone e ciliegia maturi, nitidi e immediati. L'approccio gustativo, di buona morbidezza, è piacevolmente beverino e l'apporto del frutto in bocca dona freschezza e vivacità, assieme alla presenza di tannini solidi, ma ben misurati.

Chianti Rufina '14
I Veroni
via Tifariti, 5
Pontassieve [FI]
tel. 0558368886
www.iveroni.it
11.90 euro

Da quando, negli ultimi vent'anni, Lorenzo Mariani si è messo al timone, l'azienda ha cambiato volto. Oggi I Veroni è una realtà moderna ed efficiente, che produce vini di stampo territoriale, eleganti e definiti. Come il Chianti Rufina '14, che ha profumi floreali con qualche screziatura vegetale e una bocca tesa e agile, segnata da una vivace sapidità che rende il sorso guizzante.

gli altri vini

Acquabona
loc. Acquabona
Portoferraio [LI]
tel. 0565933013
www.acquabonaelba.it
Elba Aleatico Passito '11
10.60 euro
Elba Bianco '15
8.40 euro

Acquacalda
loc. Acqua Calda
Marciana Marina [LI]
tel. 0565998111
www.tenutaacquacalda.com
Elba Bianco '15
7.70 euro

Agricoltori del Chianti Geografico
loc. Mulinaccio, 10
Gaiole in Chianti [SI]
tel. 0577749489
www.chiantigeografico.it
Chianti Cl. '13
12.90 euro

Altesino
loc. Altesino, 54
Montalcino [SI]
tel. 0577806208
www.altesino.it
Toscana Rosso '14
10.10 euro

Fattoria Ambra
via Lombarda, 85
Carmignano [PO]
tel. 3358282552
www.fattoriaambra.it
Trebbiano '15
6.70 euro

Badia a Coltibuono
loc. Badia a Coltibuono
Gaiole in Chianti [SI]
tel. 0577746110
www.coltibuono.com
Chianti Cl. RS '14
9.40 euro

Badia di Morrona
via del Chianti, 6
Terricciola [PI]
tel. 0587658505
www.badiadimorrona.it
Felciaio '15
7.10 euro

Tenuta La Badiola
loc. Badiola
Castiglione della Pescaia [GR]
tel. 0564944919
www.tenutalabadiola.it
Maremma Toscana Acquagiusta Rosso '14
10.90 euro

Fattoria di Bagnolo
via Imprunetana per Tavarnuzze, 36
Impruneta [FI]
tel. 0552313403
www.bartolinibaldelli.it
Chianti Colli Fiorentini '14
8.20 euro

I Balzini
loc. Pastine, 19
Barberino Val d'Elsa [FI]
tel. 0558075503
www.ibalzini.it
I Balzini Red Label '14
11.80 euro

Bandini Villa Pomona
loc. Pomona, 39
s.da Chiantigiana
Castellina in Chianti [SI]
tel. 0577740473
www.fattoriapomona.it
Chianti Cl. '14
11.60 euro

Pietro Beconcini
fraz. La Scala
via Montorzo, 13a
San Miniato [PI]
tel. 0571464785
www.pietrobeconcini.com
Chianti Ris. '13
8.10 euro

Podere Le Berne
loc. Cervognano
via Poggio Golo, 7
Montepulciano [SI]
tel. 0578767328
www.leberne.it
Rosso di Montepulciano '15
7.80 euro

Tenuta di Bibbiano
via Bibbiano, 76
Castellina in Chianti [SI]
tel. 0577743065
www.bibbiano.com
Chianti Cl. '14
11.90 euro

Bruni
fraz. Fonteblanda
loc. La Marta, 6
Orbetello [GR]
tel. 0564885445
www.aziendabruni.it
Maremma Toscana Vermentino Perlaia '15
11.80 euro

Buccelletti Winery
via Santa Cristina, 16
Castiglion Fiorentino [AR]
tel. 0575650179
www.famigliabuccelletti.it
Merigge '11
11.80 euro

Cacciagrande
fraz. Tirli
loc. Ampio
Castiglione della Pescaia [GR]
tel. 0564944168
www.cacciagrande.com
Maremma Toscana Vermentino '15
10.40 euro

Tenuta di Capezzana
loc. Seano
via Capezzana, 100
Carmignano [PO]
tel. 0558706005
www.capezzana.it
Chardonnay '15
10.90 euro

gli altri vini

Cappella Sant'Andrea
loc. Casale, 26
San Gimignano [SI]
tel. 0577940456
www.cappellasantandrea.it
Vernaccia di S. Gimignano Casanuova '14
9.10 euro

Casa alle Vacche
fraz. Pancole
loc. Lucignano, 73a
San Gimignano [SI]
tel. 0577955103
www.casaallevacche.it
Vernaccia di S. Gimignano I Macchioni '15
7.60 euro

Casa Emma
loc. Cortine
s.da prov.le di Castellina in Chianti, 3
Barberino Val d'Elsa [FI]
tel. 0558072239
www.casaemma.com
Chianti Cl. '14
12.60 euro

Castello d'Albola
loc. Pian d'Albola, 31
Radda in Chianti [SI]
tel. 0577738019
www.albola.it
Chianti Cl. '13
12.60 euro

Castello del Trebbio
via Santa Brigida, 9
Pontassieve [FI]
tel. 0558304900
www.castellodeltrebbio.it
Chianti Sup. '14
9.20 euro

Castello di Fonterutoli
loc. Fonterutoli
via Ottone III di Sassonia, 5
Castellina in Chianti [SI]
tel. 057773571
www.mazzei.it
Poggio Badiola '14
10.90 euro

Famiglia Cecchi
loc. Casina dei Ponti, 56
Castellina in Chianti [SI]
tel. 057754311
www.cecchi.net
Maremma Vermentino Litorale Val delle Rose '15
11.40 euro

Vincenzo Cesani
loc. Pancole, 82d
San Gimignano [SI]
tel. 0577955084
www.cesani.it
Vernaccia di S. Gimignano Sanice Ris. '13
10.10 euro

Fattoria Collazzi
loc. Tavarnuzze
via Colleramole, 101
Impruneta [FI]
tel. 0552374902
www.collazzi.it
Otto Muri '15
12.60 euro

Colle Massari
loc. Poggi del Sasso
Cinigiano [GR]
tel. 0564990496
www.collemassari.it
Montecucco Rigoleto '14
9.80 euro

Colognole
loc. Colognole
via del Palagio, 15
Pontassieve [FI]
tel. 0558319870
www.colognole.it
Chianti Sinopie '15
6.40 euro

Villa Le Corti
loc. Le Corti
via San Piero di Sotto, 1
San Casciano in Val di Pesa [FI]
tel. 055829301
www.principecorsini.com
Birillo
Tenuta Marsiliana '13
11.30 euro

Dal Cero
Tenuta Montecchiesi
loc. Montecchio di Cortona
Case Sparse, 403
Cortona [AR]
tel. 0575618503
www.vinidalcero.com
Sangiovese '14
8.10 euro

Fattoi
loc. Santa Restituta
pod. Capanna, 101
Montalcino [SI]
tel. 0577848613
www.fattoi.it
Rosso di Montalcino '14
10.90 euro

Fattoria Fibbiano
via Fibbiano
Terricciola [PI]
tel. 0587635677
www.fattoria-fibbiano.it
Fonte Delle Donne '15
10.10 euro

Il Fitto
fraz. Cignano
loc. Chianacce, 126
Cortona [AR]
tel. 0575648988
www.podereilfitto.com
Cortona Sangiovese
Il Fitto '14
9.90 euro

Poderi Fontemorsi
via delle Colline
Montescudaio [PI]
tel. 3356843438
www.fontemorsi.it
Montescudaio Rosso
Spazzavento '12
8.40 euro

Frank & Serafico
fraz. Alberese
s.da Spergolaia
Grosseto
tel. 0564418491
www.frankeserafico.com
Montalzato '13
9.90 euro

Gentili
via del Tamburino, 120
Cetona [SI]
tel. 0578244038
www.gentiliwine.com
Matero '15
4.20 euro

Marchesi Ginori Lisci
fraz. Ponteginori
loc. Querceto
Montecatini Val di Cecina [PI]
tel. 058837443
www.marchesiginorilisci.it
Montescudaio Merlot
Castello Ginori '12
9.20 euro

Fattoria di Grignano
via di Grignano, 22
Pontassieve [FI]
tel. 0558398490
www.fattoriadigrignano.com
Chianti Rufina '13
8.20 euro

gli altri vini

Lamole di Lamole
loc. Lamole
Greve in Chianti [FI]
tel. 0559331411
www.lamole.com
**Chianti Cl.
Lamole di Lamole
Et. Blu '13**
12.10 euro

La Lastra
fraz. Santa Lucia
via R. De Grada, 9
San Gimignano [SI]
tel. 0577941781
www.lalastra.it
**Vernaccia
di S. Gimignano Ris. '14**
11.40 euro

Cantine Leonardo da Vinci
via Provinciale Mercatale, 291
Vinci [FI]
tel. 0571902444
www.cantineleonardo.it
Chianti Da Vinci Ris. '13
10.80 euro
Leonardo '14
6.20 euro

Livernano
loc. Livernano, 67a
Radda in Chianti [SI]
tel. 0577738353
www.livernano.it
Chianti Cl. '13
10.90 euro

Lunadoro
fraz. Valiano
loc. Terrarossa Pagliereto
Montepulciano [SI]
tel. 348 2215188
wwww.lunadoro.com
**Rosso di Montepulciano
Prugnanello '14**
8.40 euro

Malenchini
loc. Grassina
via Lilliano e Meoli, 82
Bagno a Ripoli [FI]
tel. 055642602
www.malenchini.it
**Chianti
Colli Fiorentini '14**
6.20 euro

Fattoria Mantellassi
loc. Banditaccia, 26
Magliano in Toscana [GR]
tel. 0564592037
www.fattoriamantellassi.it
**Morellino di Scansano
Mentore '15**
8.70 euro

Mastrojanni
fraz. Castelnuovo dell'Abate
pod. Loreto San Pio
Montalcino [SI]
tel. 0577835681
www.mastrojanni.com
Rosso di Montalcino '14
11.80 euro

Melini
loc. Gaggiano
Poggibonsi [SI]
tel. 0577998511
www.cantinemelini.it
**Vernaccia di S. Gimignano
Le Grillaie '15**
11.80 euro

Montemercurio
via di Totona, 25a
Montepulciano [SI]
tel. 0578716610
www.montemercurio.com
**Rosso di Montepulciano
Petaso '12**
11.60 euro

Montenidoli
loc. Montenidoli
San Gimignano [SI]
tel. 0577941565
www.montenidoli.com
**Vernaccia di S. Gimignano
Tradizionale '14**
9.90 euro

Monterinaldi
loc. Lucarelli
Radda in Chianti [SI]
tel. 0577733533
www.monterinaldi.it
**Chianti Cl.
Campopazzo '13**
11.10 euro

Cantina Vignaioli del Morellino di Scansano
loc. Saragiolo
Scansano [GR]
tel. 0564507288
www.cantinadelmorellino.it
Morellino di Scansano Roggiano Bio '15
8.70 euro
Morellino di Scansano Vignabenefizio '15
8.70 euro

Mario Motta
loc. Banditella Alberese
Grosseto
tel. 0564405105
www.mottavini.com
Ciliegiolo '15
10.50 euro

Il Palagione
via per Castel San Gimignano, 36
San Gimignano [SI]
tel. 0577953134
www.ilpalagione.com
Vernaccia di S. Gimignano Ori Ris. '14
12.60 euro

Parmoleto
loc. Montenero d'Orcia
pod. Parmoletone, 44
Castel del Piano [GR]
tel. 0564954131
www.parmoleto.it
Montecucco Sangiovese '12
10.10 euro

Tenuta La Parrina
fraz. Albinia
s.da della Parrina
Orbetello [GR]
tel. 0564862636
www.parrina.it
Poggio della Fata '15
12.10 euro

Petra
loc. San Lorenzo Alto, 131
Suvereto [LI]
tel. 0565845308
www.petrawine.it
Belvento Vermentino '15
11.60 euro

Pianirossi
loc. Porrona
pod. Santa Genoveffa, 1
Cinigiano [GR]
tel. 0564990573
www.pianirossi.it
Montecucco Sidus '14
8.30 euro

Pieve Santo Stefano
loc. Sardini
Lucca
tel. 0583394115
www.pievedisantostefano.com
Colline Lucchesi Villa Sardini '15
9.70 euro

Cantina Cooperativa di Pitigliano
via Nicola Ciacci, 974
Pitigliano [GR]
tel. 0564616133
www.cantinadipitigliano.it
Sovana Sup. Vignamurata Sangiovese '15
8.00 euro

Poggio Argentiera
loc. Alberese
s.da Banditella, 2
Grosseto
tel. 3484952767
www.poggioargentiera.com
Maremmante '15
8.70 euro

Poggio Trevvalle
fraz. Arcille
s.da prov.le 24 Fronzina
km 0,600
Campagnatico [GR]
tel. 0564998142
www.poggiotrevvalle.it
Montecucco Rosso '15
11.80 euro

Poggiotondo
loc. Cerreto Guidi
via Torribina, 83
Cerreto Guidi [FI]
tel. 0571559167
www.poggiotondowines.com
Vermentino '14
8.40 euro

Rocca delle Macìe
loc. Le Macìe, 45
Castellina in Chianti [SI]
tel. 05777321
www.roccadellemacie.com
Morellino di Scansano Campomaccione '15
10.80 euro

Rocca di Frassinello
loc. Giuncarico
Gavorrano [GR]
tel. 056688400
www.roccadifrassinello.it
Maremma Toscana Vermentino '15
10.80 euro

Rocca di Montemassi
loc. Pian del Bichi
fraz. Montemassi
s.da prov.le 91
Roccastrada [GR]
tel. 0564579700
www.roccadimontemassi.it
Maremma Toscana Sangiovese Le Focaie '15
10.40 euro

Roccapesta
loc. Macereto, 9
Scansano [GR]
tel. 0564599252
www.roccapesta.it
Maremma Toscana Masca '14
8.40 euro

San Benedetto
loc. San Benedetto, 4a
San Gimignano [SI]
tel. 3386958705
www.agrisanbenedetto.com
Vernaccia di San Gimignano Ris. '13
7.10 euro

Fattoria San Felo
loc. Pagliatelli
Magliano in Toscana [GR]
tel. 05641836727
www.fattoriasanfelo.it
Chardonnay '15
10.20 euro
Morellino di Scansano Lampo '13
10.20 euro

gli altri vini

San Michele a Torri
via San Michele, 36
Scandicci [FI]
tel. 055769111
www.fattoriasanmichele.it
**Chianti
Colli Fiorentini '14**
6.00 euro

Sant'Agnese
loc. Campo alle Fave, 1
Piombino [LI]
tel. 0565277069
www.santagnesefarm.it
Rubido '13
9.20 euro

Santa Lucia
fraz. Fonteblanda
s.da stat.le Aurelia, 264
Orbetello [GR]
tel. 0564885474
www.azsantalucia.com
**Morellino di Scansano
Tore del Moro '14**
8.90 euro

Fattoria Selvapiana
loc. Selvapiana, 43
Rufina [FI]
tel. 0558369848
www.selvapiana.it
Chianti Rufina '14
8.00 euro

Sensi
via Cerbaia, 107
Lamporecchio [PT]
tel. 057382910
www.sensivini.com
**Morellino di Scansano
Pretorio '15**
11.70 euro

Tenuta di Sticciano
via di Sticciano, 207
Certaldo [FI]
tel. 0571669191
www.tenutadisticciano.it
**Chianti
Villa di Sticciano Ris. '12**
11.60 euro

Terenzi
loc. Montedonico
Scansano [GR]
tel. 0564599601
www.terenzi.eu
Morellino di Scansano '15
10.10 euro

Fattoria Uccelliera
via Pontita, 26
Fauglia [PI]
tel. 050662747
www.uccelliera.com
Ginepraia '15
8.30 euro

F.lli Vagnoni
loc. Pancole, 82
San Gimignano [SI]
tel. 0577955077
www.fratellivagnoni.com
**Vernaccia
di S. Gimignano '15**
5.50 euro
**Vernaccia di S. Gimignano
I Mocali Ris. '13**
10.90 euro

Val di Toro
loc. Poggio La Mozza
s.da delle Campore, 18
Grosseto
tel. 0564409600
www.valditoro.it
**Morellino di Scansano
Reviresco '14**
10.10 euro

Valentini
loc. Valpiana
pod. Fiordaliso, 69
Massa Marittima [GR]
tel. 0566918058
www.agricolavalentini.it
**Monteregio
di Massa Marittima '14**
10.00 euro

Villa Sant'Anna
fraz. Abbadia
via della Resistenza, 143
Montepulciano [SI]
tel. 0578708017
www.villasantanna.it
**Rosso
di Montepulciano '13**
9.10 euro

le migliori enoteche

Bonatti
via V. Gioberti, 66/68r
Firenze
tel. 055660050

Negli anni '30 era una rivendita di vini e oli e Pasquale Bonatti imbottigliava nei fiaschi e vendeva lo sfuso. Oggi a gestire il locale, nella stessa sede di quello storico, ci sono gli eredi di Pasquale, Stefano e Roberto. Grazie a loro l'enoteca è una delle più fornite di Firenze, una garanzia per chiunque voglia acquistare una buona bottiglia e sceglierla in una selezione ampia e ben organizzata. Spazio al mondo del vino, italiano e non solo, con un'attenzione particolare alle produzioni d'Oltralpe. Non mancano distillati di pregio. Vale la pena partecipare alle degustazioni che si organizzano periodicamente in presenza dei produttori.

Vignoli
via Cimabue, 9r
Firenze
tel. 0552343220

Vignoli è un punto di riferimento per gli enofili fiorentini e non. I proprietari sono pronti ad accompagnarvi tra gli scaffali alla ricerca della vostra etichetta preferita o semplicemente consigliarvi quella da abbinare alla vostra cena. Tante le aziende presenti presso questo locale di via Cimabue, dai prodotti delle più grandi cantine italiane fino a quelle d'Oltralpe con una particolare attenzione verso i vini delle maison francesi e cilene. E per chi cercasse alcolici di alto livello potrà acquistare rum, whisky e grappe.

Vanni
p.zza San Salvatore, 7
Lucca
tel. 0583491902

Un emporio del vino nel centro storico di Lucca. Troverete un bel bancone in legno, scaffali colmi di bottiglie da intenditori, tante chicche e un'ampia selezione di vini nazionali e internazionali. Il cuore di questa enoteca, fondata nel 1965 sono le cantine del bel palazzo duecentesco che la ospita, dove per passare da un corridoio a una saletta si china il capo davanti alla splendida architettura medievale. Qui si organizzano degustazioni su prenotazione tra vasche d'olio datate 1805 e casse di Champagne.

le altre enoteche

AREZZO E PROVINCIA

Molesini
p.zza della Repubblica, 3
Cortona [AR]
tel. 057562544

Guidi
via Luca Pacioli, 44
Sansepolcro [AR]
tel. 0575736587

FIRENZE E PROVINCIA

Alessi
via delle Oche, 31r
Firenze
tel. 055214966

Casa del Vino
via dell'Ariento, 16r
Firenze
tel. 055215609

Gambi
via Senese, 21r
Firenze
tel. 055222525

Pitti Gola e Cantina
p.zza dei Pitti, 16
Firenze
tel. 055212704

Le Volpi e l'uva
p.zza de' Rossi, 1r
Firenze
tel. 0552398132

Enoteca del Gallo Nero
p.tta Santa Croce, 8
Greve in Chianti [FI]
tel. 055853297

le altre enoteche

GROSSETO E PROVINCIA

Enoteca Castiglionese
p.zza Orsini, 18/19
Castiglione della Pescaia [GR]
tel. 0564933572

Canapino
p.zza Dante, 3/6
Grosseto
tel. 056424546

Baccus di Grassini
via della Libertà, 1
Massa Marittima [GR]
tel. 0566940149

Enoteca Bracali
loc. Ghirlanda
via di Perolla, 2
Massa Marittima [GR]
tel. 0566902318

Perbacco
via della Chiesa, 8
Montemerano
tel. 0564602817

Bacco a Cecere
via Mazzini, 4
Saturnia
tel. 0564601235

LIVORNO E PROVINCIA

Francesco Tognoni
via Giulia, 2
Bolgheri [LI]
tel. 0565762001

Il Borgo
via Vittorio Emanuele, 25/27
Castagneto Carducci [LI]
tel. 0565766006

Maestrini
loc. Donoratico
via Aurelia, 1
Castagneto Carducci [LI]
tel. 0565775209

Enoteca Doc Parole e Cibi
via Goldoni, 40
Livorno
tel. 0586887583

LUCCA E PROVINCIA

Vineria Marsili Costantino
p.zza San Michele, 38
Lucca
tel. 0583491751

Coluccini
loc. Massarosa
fraz. Piano di Mommio
via Sarzanese, 7959
Viareggio [LU]
tel. 058499018

PRATO E PROVINCIA

Su Pé I Canto
p.zza Matteotti, 25/26
Carmignano [PO]
tel. 0558712490

Accanto a Mattonella
via Ricasoli, 16
Prato
tel. 0574448409

SIENA E PROVINCIA

Bengodi
via della Società Operaia, 11
Castelnuovo Berardenga [SI]
tel. 0577355116

Enoteca del Consorzio del Vino Nobile di Montepulciano
p.zza Grande, 7
Montepulciano [SI]
tel. 0578757812

Gustavo
via San Matteo, 29
San Gimignano [SI]
tel. 0577940057

In Vino Veritas
via San Matteo, 2
San Gimignano [SI]
tel. 0577940371

marche

Per chi si appresta a fare convenienti affari con i vini delle Marche la musica non cambia rispetto alla tendenza degli ultimi anni: è il settore bianchista a offrire la miglior capacità di scelta. Le superstar dell'ottimo rapporto tra qualità prezzo recano in etichetta i nomi di Verdicchio e Pecorino. Uno di essi - il Verdicchio dei Castelli di Jesi Classico Superiore Andrea Felici '15 - porta a casa l'Oscar Regionale. Il suo merito, oltre all'indiscutibile bontà, è quello di sintetizzare mirabilmente i tratti jesini e quelli matelicesi: per questo è l'ideale capofila della lunga pattuglia di vini provenienti dai due areali. L'annata 2015 ha contribuito a rimpolpare i Pecorino che hanno trovato nel bicchiere un mirabile equilibrio tra forza strutturale e peculiare nerbo acido senza sacrificare freschezza olfattiva. Buone nuove provengono anche dai Ribona e dai Bianchello del Metauro, agevolando il nostro compito nel segnalare chi, tra i tanti interpreti, ha saputo gestire un'annata dal timbro caldo. Il versante rosso ha comunque dato prove di dinamismo nei territori del Lacrima di Morro d'Alba e nei rossi del Piceno che nelle etichette più convenienti abbandonano parte delle loro ambizioni e si svelano autenticamente veraci. Infine vorremmo porre l'accento su un altro tratto che ci sta particolarmente a cuore: nelle pagine che seguono troverete una particolare attenzione alle nuove aziende, a quelle che hanno dimostrato di possedere una visione chiara del proprio territorio nonché una reale percezione del posizionamento dei propri prodotti sul mercato. Avete sotto una lista dei probabili futuri attori protagonisti del vino marchigiani e la possibilità di trovare, al giusto prezzo, un assaggio del talento che si va formando in una regione che dà riprova di eccezionale vitalità.

**Verdicchio
dei Castelli di Jesi Cl. Sup.
Andrea Felici '15**
Andrea Felici
via Sant'Isidoro, 28
Apiro [MC]
tel. 0733611431
www.andreafelici.it
11.10 euro

l'oscar regionale

I vini di Leo Felici sono un mirabile sunto tra la l'energia del versante jesino e il nerbo acido del matelicese. I vigneti di Ca' di Chiocco arrivano a 600 metri sul versante est del San Vicino mentre quelli del cru San Francesco toccano Cupramontana. L'Andrea Felici '15 è fatto con uve di entrambi i cru e "punge come un'ape, vola come una farfalla" con profumi chiari, di sassi, erbe, mandorla riverberati in un palato di ficcante tensione e sapidità profonda: il Muhammad Ali del Berebene 2017.

gli Oscar

Offida Rosso Mida '13
Maria Letizia Allevi
via P. C. Orazi, 58
Castorano [AP]
tel. 073687646
www.vinimida.it
13.00 euro

Castorano è un paese di poche anime ma vigne ovunque. Vocazione, tradizione, attaccamento. Ogni famiglia ha il suo filare. Da qui provengono alcune delle migliori etichette di veri artigiani del vino. Tra essi Roberto Corradetti e sua moglie Maria Letizia. Il loro Offida Rosso '13 ha un olfatto tinteggiato di spezie e frutti rossi. La bocca è realmente convincente: ha polpa e succo, un generoso profilo alcolico bilanciato da tannini fitti e copiosi. Cercatelo.

PinKonero '15
Angeli di Varano
fraz. Varano, 228
Ancona
tel. 0718046019
www.angelidivarano.it
7.60 euro

Matteo Chiucconi è un giovane e preparato enologo che con l'azienda di famiglia opera nel comprensorio del Conero. Oltre alle classiche denominazioni locali, si cimenta anche nella produzione di questo vino da uve 100% montepulciano ottenuto con la tecnica del salasso. Veste piuttosto accesa, ha nella densità polposa del sorso e nel pieno ritorno fruttato le sue armi vincenti, tanto da renderlo tra le prime scelte per chi voglia avere un rosato di carattere senza rinunciare alla piacevolezza.

Colli Maceratesi Ribona Le Grane '15
Boccadigabbia
loc. Fontespina
c.da Castelletta, 56
Civitanova Marche [MC]
tel. 073370728
www.boccadigabbia.com
10.90 euro

Il ribona, uva locale conosciuta anche come maceratino, ha la caratteristica di non avere un nerbo acido particolarmente pronunciato. Per preservarlo occorre una minuziosa indagine in fase di vendemmia. Emiliano Falsini, nuovo enologo di Boccadigabbia, ha aggiunto anche una vinificazione in riduzione per amplificare freschezza e fluidità palatale svelando un sapore ampiamente venato da deliziosi ricordi di buccia di pompelmo, pesca bianca e un lontano richiamo di semi di finocchio.

Verdicchio di Matelica Petrara '15
Borgo Paglianetto
loc. Pagliano, 393
Matelica [MC]
tel. 073785465
www.borgopaglianetto.it
8.00 euro

Matelica è uno straordinario terroir capace di dare una molteplicità d'interpretazioni del Verdicchio. Borgo Paglianetto della famiglia Roversi è tra gli interpreti più ispirati grazie al proprio stile che rende vini saporiti e di buona spalla senza rinunciare alla bevibilità. Sotto questo profilo Petrara '15 è un piccolo campioncino di equilibrio: naso segnato da raffinate sensazioni bianche (mandorla, acacia, biancospino, buccia d'agrumi), svela un palato d'irresistibile scorrevolezza.

Verdicchio dei Castelli di Jesi Cl. Sup. Kypra '15
Ca' Liptra
via San Michele, 21
Cupramontana [AN]
tel. 3491321442
www.caliptra.it
13.00 euro

Due giovani enologi (Giovanni Loberto e Roberto Alfieri) si sono uniti a un agronomo d'esperienza (Agostino Pisani) per dar vita al sogno di fare vini propri. Impegnati in altre aziende, hanno unito le forze trovando un vecchio casolare da adibire a cantina e piccoli appezzamenti di terreni cui dedicare ogni momento libero. Fanno vini fuori dagli schemi, di fibra autentica, magari non perfetti sotto il profilo aromatico ma sapore, sapidità e carattere non mancano. Al pari delle emozioni.

Rosso Piceno Solagne '15
Le Canà
via Molino Vecchio, 4
Carassai [AP]
tel. 0734930054
www.lecanà.it
8.40 euro

Le Canà è l'azienda dei figli di Gabriele Polini, imprenditore vinicolo noto per la sua attività nella Carassanese, una grande cantina cisternista. I pargoli hanno riavviato il medesimo progetto paterno del 1998 conosciuto con il nome di Montevarmine. Sapere, tecnologia e vigneti posti in zone vocate non mancano, come testimonia il Solagne '15, un tradizionale blend da montepulciano e sangiovese intensamente fruttato, pieno, dal palato succoso.

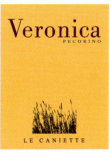

Offida Pecorino Veronica '15
Le Caniette
c.da Canali, 23
Ripatransone [AP]
tel. 07359200
www.lecaniette.it
10.90 euro

I fratelli Giovanni e Luigi Vagnoni possono vantare una grande conoscenza del Pecorino, sì approfondita da esser tra i pochi produttori a renderne due diverse versioni: il portentoso Iosonogaia non sono Lucrezia è maturato in piccoli legni mentre il Veronica è affinato in acciaio sui lieviti e imbottigliato senza filtrazione. Fari accesi su quest'ultimo: freschissimo e al tempo stesso consistente, ha naso che ricorda la buccia di limone e le erbe di campo, ottima sapidità, beva sublime.

Offida Pecorino Belato '15
Carminucci
via San Leonardo, 39
Grottammare [AP]
tel. 0735735869
www.carminucci.com
9.20 euro

Rossisti di tradizione, Piero e Giovanni Carminucci hanno visto negli ultimi anni crescere a dismisura la bontà del loro Belato. Esso si colloca con stabilità in cima agli assaggi più convincenti grazie a una cristallina timbrica olfattiva che rimanda inequivocabilmente alla buccia di limone seguita da una bocca precisa, pervasiva nella diffusione del sapore, dal finale durevole. La calda annata 2015 ne ha dato una versione più piena e morbida del consueto ma dotata di raffinato equilibrio.

Verdicchio dei Castelli di Jesi Cl. Sup. Grancasale '14
CasalFarneto
via Farneto, 12
Serra de' Conti [AN]
tel. 0731889001
www.casalfarneto.it
11.80 euro

Casalfarneto è immersa in un contesto ambientale di grande bellezza: una campagna integra dove olivi, vigne, cereali e girasoli contendono il dominio a boschetti di querce. Culla del Verdicchio, l'areale di Serra de' Conti imprime nelle uve quelle caratteristiche di finezza tipiche della riva sinistra del fiume Esino. Grancasale '14 ha un naso tenue, balsamico e raffinato; la bocca non esplosiva ma di buona articolazione, fresca; termina con ricordi di erbette da cucina, anice e aghi di pino.

Templaria '14
Cantine di Castignano
c.da San Venanzo, 31
Castignano [AP]
tel. 0736822216
www.
cantinedicastignano.com
6.70 euro

La Cantine di Castignano è la cooperativa che raccoglie le uve dei vignaioli che agiscono nei colli più interni del Piceno. Una delle migliori scelte che si possono fare nel conveniente listino aziendale è il Templaria, un rosso a base di merlot e sangiovese, due vitigni che raramente hanno problemi di maturazione. Così anche in un'annata difficile come la 2014 il bicchiere svela un naso dal dolce ricordo di fragola e più terragne sensazioni di sottobosco; la bocca è morbida, fruttata, sapida.

Merlettaie Brut
Ciù Ciù
loc. Santa Maria in Carro
c.da Ciafone, 106
Offida [AP]
tel. 0736810001
www.ciuciuvini.it
12.30 euro

Non è mai facile per una bollicina realizzata con il metodo Martinotti coniugare piacevolezza, consistenza di struttura e apprezzabile complessità olfattiva. Ci sono riusciti i fratelli Bartolomei con il Merlettaie Brut, uno charmat lungo che sfrutta il talento dell'uva pecorino e offre una buona filigrana alla vista, profumi di erbe, fiori, olive verdi ampliano lo spettro delle sensazioni agrumate dell'attacco; il sorso è terso, avvolgente, quasi cremoso a sancire una piacevolezza a tutto tondo.

Verdicchio di Matelica Collestefano '15
Collestefano
loc. Colle Stefano, 3
Castelraimondo [MC]
tel. 0737640439
www.collestefano.com
8.10 euro

Fabio Marchionni e sua moglie Silvia hanno imparato a gestire i picchi di calore estivi con una vendemmia 2015 perfetta, sancita in più step: dapprima si è provveduto a salvare il patrimonio acido per poi terminare raccogliendo le uve a piena maturità. Operazione faticosa ma ne è valsa la pena: il vino ha una beva magnetica, deliziosa e si esprime con una declinazione più fruttata del solito, di maggior presenza palatale, eppur figlia di uno stile raffinatissimo e consolidato.

Rosso Piceno Sup. Settantase77e '12
Cantina dei Colli Ripani
c.da Tosciano, 28
Ripatransone [AP]
tel. 07359505
www.colliripani.it
8.10 euro

Colli Ripani ha l'indiscutibile merito di aver fatto da collante per tutto un territorio, dando reddito a tanti piccoli vignaioli e salvando i vigneti dalla tentazione dell'espianto. Tramite i tanti negozi di proprietà e fidate enoteche veicolano una gamma dall'invidiabile rapporto tra qualità e prezzo. Uno dei pezzi pregiati è il Settanta77e '12, etichetta novità che apporta un tocco moderno con la sua bocca piena, polposa, di grande intensità fruttata eppur perfettamente scorrevole.

Verdicchio dei Castelli di Jesi Cl. Sup. Cuprese '15
Colonnara
via Mandriole, 6
Cupramontana [AN]
tel. 0731780273
www.colonnara.it
9.20 euro

La celebre etichetta Cuprese, punta di diamante del comparto verdicchista della cooperativa di Cupramontana, non è figlia di un singolo cru bensì assemblaggio di tanti versanti ed esposizioni che l'ampio territorio comunale offre. L'altezza media dei vigneti, piuttosto elevata, garantisce un bel patrimonio acido che se da un lato conferisce un po' di ritrosia giovanile, dall'altro permette una lunga tenuta nel tempo e una lenta evoluzione del carattere varietale. Questo 2015 non farà eccezione.

Verdicchio di Matelica '15
Colpaola
loc. Colpaola
fraz. Braccano
Matelica [MC]
tel. 0737768300
www.cantinacolpaola.it
9.90 euro

La versatilità del Verdicchio offre ai vignaioli una molteplice scelta sullo stile che vogliono imprimere ai propri vini. La famiglia Porcarelli con i suoi vigneti a 650 metri sul mare, i più alti della denominazione, ha optato per un'espressione nervosa, esaltando il lato sapido più che quello fruttato e avvolgente. Grazie alla sapiente scelta dei tempi vendemmiali non si è persa una singola frazione di sapore. E Matelica aggiunge un'altra stella al proprio firmamento.

Rosso Piceno '13
Conti degli Azzoni
via Don Minzoni, 26
Montefano [MC]
tel. 0733850219
www.degliazzoni.it
8.40 euro

Degli Azzoni è presente da molti anni nell'areale maceratese e gode di una buona fama, veicolata dalla convenienza delle proprie produzioni. Vini ben fatti, realizzati con le tipiche varietà locali interpretate sfruttandone al meglio l'indole fruttata. La degustazione ha evidenziato la bontà del Rosso Piceno '13 dall'accattivante olfatto che impasta con sapienza ricordi di marasca, tratti leggermente affumicati, cenni floreali. In bocca gode di un'insospettabile leggerezza e agilità gustativa.

Bianchello del Metauro Sup. Andy '14
Fiorini
via Giardino Campioli, 5
Barchi [PU]
tel. 072197151
www.fioriniwines.it
10.90 euro

Pur essendo tra le custodi dell'ortodossia del Bianchello del Metauro, l'azienda di Carla Fiorini non si è lasciata imprigionare dalla routine. Dal confronto con Federico Giotto, enologo consulente, è nato Andy '14. Differentemente dalle altre selezioni, questa matura in tonneau di Allier nuovi per sei mesi e affina un anno in bottiglia. Il risultato è accattivante: note di frutta estiva matura, buccia di pesca in particolare, si rincorrono in una bocca intensa, originale, di tattile seduzione.

Bianchello del Metauro Sup. Rocho '15
Roberto Lucarelli
loc. Ripalta
via Piana, 20
Cartoceto [PU]
tel. 0721893019

www.laripe.com
8.10 euro

Roberto Lucarelli è un vignaiolo rigoroso, particolarmente legato alle sorti del Bianchello. Il suo Rocho da anni è stabilmente al vertice della denominazione grazie a doti di complessità non usuali. Il 30% matura in tonneau per otto mesi e il restante in acciaio. L'annata 2015 ha dato uve mature e sostanziose che si sono trasformate in un naso chiaro e aggraziato che lascia via via spazio a una golosa timbrica fruttata; in bocca ha una misura larga, elegante eppur d'appagante intensità.

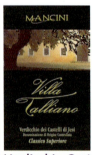

**Verdicchio Castelli di Jesi Cl. Sup.
Villa Talliano '15
Mancini**
fraz. Moie
Maiolati Spontini [AN]
tel. 0731702975
www.manciniwines.it
10.90 euro

Attiva sin dagli anni Sessanta, oggi le sorti dell'azienda sono in capo ai fratelli Massimo e Emanuela Mancini. Seguita da molti anni da un enologo cresciuto a pane e Verdicchio come Sergio Paolucci, i vini Mancini sono un porto sicuro e affidabile per l'uva di Jesi. Il miglior prodotto, capace di rivaleggiare con le produzioni più blasonate, è il Villa Talliano che nella versione 2015 si mostra come di consueto ricco e

potente, tipicizzato da note olfattive di mela e acacia ritrovate in una bocca saporitissima.

**Verdicchio di Matelica Alarico '15
Filippo Maraviglia**
loc. Pianné, 593
Matelica [MC]
tel. 0737786340
www.vinimaraviglia.com
8.60 euro

La denominazione Matelica, con il suo territorio contingentato, vede protagoniste aziende di piccola taglia, dall'autentico spirito artigianale. La famiglia Maraviglia è tra esse e svolge un ottimo lavoro. Alarico '15, il loro Verdicchio più semplice, ha note di mela matura, cereali, mandorla dolce da ritrovare in una bocca molto saporita, dal gusto intenso, particolarmente votata alla tavola per la sua versatilità, che lo vedono sicuro protagonista sia con piatti marinari sia su carni bianche.

**Verdicchio dei Castelli di Jesi Cl. Sup.
Capovolto '15
La Marca
di San Michele**
via Torre, 13
Cupramontana [AN]
tel. 0731781183

www.lamarcadisanmichele.com
12.80 euro

Se chiedete a un anziano di Cupramontana quale sia la zona migliore per far vino non avrà dubbi: San Michele. Lì Alessandro e Beatrice Bonci hanno ripreso in mano le proprietà di famiglia e con Daniela Quaresima hanno dato vita a uno dei progetti più interessanti degli ultimi anni. Capovolto è affinato in acciaio e matura sette mesi sur lie: note di mandorla fresca, erbe di campo, un delicato cenno floreale precedono una bocca affilata e agile, progressiva, dal finale deliziosamente amarognolo.

**Lacrima di Morro d'Alba Sup.
Sangvineto '14
Mazzola**
s.da Berardinelli, 297
Senigallia [AN]
tel. 3490700546
www.aziendaagricolamazzola.it
13.00 euro

Difficile che sui vostri radar, perennemente accesi per captare nuovi talenti, sia capitato il nome di Mazzola. L'azienda è stata fondata nel 2010 e ancora galleggia sotto il pelo dell'acqua data anche la sua minuscola dimensione. Eppure Manuel Giobbi ci ha fatto avere un bel saggio della propria potenzialità: in un'annata davvero difficile per il capriccioso vitigno lacrima, la sua Sangvineto si è fatta largo a colpi di spezie e frutti rossi, con una bocca saporita, coerente e di buon vigore.

Verdicchio di Matelica Pagliano '15
Enzo Mecella
via Dante, 112
Fabriano [AN]
tel. 073221680
www.enzomecella.com
8.40 euro

Ezio Mecella è il "galantuomo del Matelica": modi garbati, postura signorile, una lunga esperienza di négociant che lo ha portato nei migliori vigneti della denominazione a scegliere le uve da vinificare nella sua cantina a ridosso del centro storico di Fabriano. Quest'anno ci ha favorevolmente colpito con il Pagliano '15, un Matelica archetipale, chiaro al naso tra mandorla e anice, palato sottile che dipana con eleganza una diffusa sapidità, sottolineata dalla tenuta aromatica del finale.

Verdicchio dei Castelli di Jesi Isola '13
Federico Mencaroni
via Olmigrandi, 72
Corinaldo [AN]
tel. 0717975625
www.mencaroni.eu
10.10 euro

Il giovane Federico Mencaroni è più conosciuto per la sua arte spumantistica che non per il reparto dei vini fermi. Sebbene non sia un titolo usurpato in quanto le sue bollicine sono tra le migliori espressioni regionali, questa cosa potrebbe lasciare in un cono d'ombra un prodotto decisamente centrato come Isola '13: veste cristallina, offre un naso intensamente ammandorlato e un gran nerbo acido al palato per un sorso rinfrescante, dotato di lunga scia salina.

Castelli di Jesi Verdicchio Cl. Verdemare Ris. '14
Mezzanotte
loc. Bettolelle di Senigallia
via Arceviese, 100
Senigallia [AN]
tel. 347 0820579
11.40 euro

Come tutti i Verdicchio prodotti a Morro d'Alba anche il Verdemare si caratterizza per il sapore intenso e la struttura potente. Sono infatti Verdicchio che vedono l'Adriatico e prendono forza dai terreni argillosi fronte mare. La Riserva '14 di Lorenzo Mezzanotte, affinata per oltre un anno tra acciaio e cemento, aggiunge note di frutta bianca, lievi cenni di canfora, un attraente soffio balsamico che reca eleganza olfattiva in un contesto di forza alcolica e contrasto sapido.

Bianchello del Metauro Borgo Torre '15
Claudio Morelli
v.le Romagna, 47b
Fano [PU]
tel. 0721823352
www.claudiomorelli.it
10.00 euro

Se davvero volete bere un Bianchello di stile consolidato, preciso, affidabile anno dopo anno vi potete affidare senza remore alla produzione di Claudio Morelli. In particolare, delle tre selezioni che puntualmente propone ogni anno, vi consigliamo caldamente il Borgo Torre '15: naso intenso, attraente di pera, uva spina, ha una bocca davvero fresca, gustosa, con abbondanti tocchi fruttati e una scorrevolezza davvero rara che vi porterà a terminare la bottiglia in men che non si dica.

Sensi '15
Officina del Sole
c.da Montemilone, 1
Montegiorgio [FM]
tel. 0734967321
www.officinadelsole.it
13.00 euro

Officina del Sole è un articolato progetto sorto in

un angolo incontaminato della campagna tra Montegiorgio e Rapagnano che comprende vigne, olivi, alberi da frutto e prossimamente un resort di lusso. Per adesso abbiamo avuto un piccolo saggio delle potenzialità con Sensi '15, taglio paritario da sauvignon e passerina, dai ricordi di salvia, erbe di campo e un fondo agrumato; la bocca è fluida, saporita, di buon peso, con un bel nerbo acido a supporto e un'inusitata profondità aromatica.

Falerio Pecorino Onirocep '15
Pantaleone
via Colonnata Alta, 118
Ascoli Piceno
tel. 3478757476
www.pantaleonewine.com
9.90 euro

Onirocep, ossia Pecorino letto al contrario. Nasce da un gioco di parole di Federica Pantaloni il nome di questo bianco. Lei e la sorella Francesca cercavano un nome che potesse legarsi al vitigno in quanto non potevano fregiarsi della denominazione. La successiva creazione della denominazione Falerio Pecorino ha rimesso le cose a posto ma il nome è restato. Oggi è tra le proposte più interessanti: pompelmo, ginestra ed erbe segnano un gusto freschissimo, dissetante, di gran beva e vitalità.

Furnace '13
La Pila
via Michelangelo, 2
Montegiorgio [FM]
tel. 0734277801
www.vinilapila.it
11.80 euro

C'è sempre grande soddisfazione nel citare il lavoro di quelle piccole aziende che in silenzio, senza clamori ma con enorme dedizione, realizzano con spirito artigiano piccole gemme enologiche. La Pila, nelle campagne di Montegiorgio, è una di queste. Il Furnace, 100% montepulciano da vigne quarantenni maturato 2 anni in barrique, è uno spettacolo: al naso una soave speziatura illeggiadrisce l'indole fruttata (marasca, prugna, olive nere) per poi tramutarsi in un sorso saporito, sodo, appagante.

Vernaccia di Serrapetrona Dolce
Alberto Quacquarini
via Colli, 1
Serrapetrona [MC]
tel. 0733908180
www.quacquarini.it
13.00 euro

La Vernaccia di Serrapetrona è un originale spumante rosso prodotto nell'alto maceratese ottenuto da ben tre fermentazioni mediante presa di spuma in autoclave (metodo Charmat). Uno dei passaggi chiave è l'uso del mosto di uve appassite che pesa per il 60% del totale. Se ne ottiene una bollicina dal tipico profumo di amarena, frutti rossi canditi, pepe nero e sottile sfumatura erbacea. In bocca ha una dolcezza zuccherina ben calibrata e bollicine aromatiche che donano ampia piacevolezza fruttata.

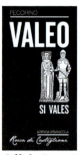

Offida Pecorino Valeo Si Vales '15
Rocca di Castiglioni
via Castiglioni, 50
Castignano [AP]
tel. 0736821876
www.rocca-di-castiglioni.it
10.10 euro

Il pecorino è un'uva dal temperamento montano e il territorio di Castignano, con la sua vicinanza al Monte Ascensione e la posizione interna, sta mostrando sempre più i caratteri di "grand cru" per l'uva picena. Di pari passo crescono gli interpreti che ne danno una lettura energica e contemporanea. Tra essi il Valeo Si Vales '15 del giovane e appassionato Valentino Fioravanti: cristalline percezioni di marca agrumata, palato tonico e bevibilità disarmante nonostante la solida struttura.

Primigenius '13
San Diego
c.da San Diego
Tolentino [MC]
tel. 3339938338
www.cantinasandiego.com
11.40 euro

Nel 1999 Giuseppe Carlo Pennesi ha impiantato nella campagna tolentinate le prime barbatelle scegliendo tra cultivar locali e internazionali, decidendo di usare il metodo bio per allevarle. Primigenius è un rosso formato da 80% sangiovese (maturato in botte grande), 15% merlot e saldo di cabernet sauvignon (entrambi elevati in barrique): profumi di frutta rossa ed eleganti cenni affumicati precedono una bocca progressiva e sapida, dal tannino fitto ma ben gestito nell'astringenza.

Offida Rosso Lupo del Ciafone '13
San Filippo
loc. Borgo Miriam
c.da Ciafone, 17a
Offida [AP]
tel. 0736889828

www.vinisanfilippo.it
12.50 euro

Se volete avere un saggio della trabordante generosità che l'uva montepulciano sa infondere ai vini piceni non avete da far altro che rimediare una bottiglia di Lupo del Ciafone dei fratelli Stracci: vi troverete davanti a uno rosso di densità percepibile sin dalla veste impenetrabile, verrete catturati dalle note visciolate del naso inframezzate da venature tostate desunte dai legni di maturazione, impegnerete il palato in un sorso potente, alcolico, di materica e appagante consistenza.

Offida Pecorino Kiara '15
San Giovanni
c.da Ciafone, 41
Offida [AP]
tel. 0736889032
www.vinisangiovanni.it
10.40 euro

Il Berebene è una manna per chi ha curiosità e cerca piccole gemme a prezzi centratissimi. Lasciatevi dunque consigliare sino in fondo e comprate il Kiara di San Giovanni. Non nuovo a exploit qualitativi, questo 2015 tocca però vertici davvero alti di complessità e stile, offrendo una silhouette profilata e sinuosa, con l'acidità perfettamente integrata in un corpo affusolato, salino. Il naso è un felice compendio dei tratti più intimi della varietà: erbette, olive, anice e frutta bianca.

Piceno Sup. Podere 72 '13
Poderi San Lazzaro
fraz. Borgo Miriam
c.da San Lazzaro, 88
Offida [AP]
tel. 0736889189
www.poderisanlazzaro.it
9.90 euro

Apprezziamo la bravura di Paolo Capriotti e ci sentiamo di dire che sui rossi la sua perizia si esprime al meglio. Tralasciati per motivi di prezzo i superlativi Bordò (da grenache) e Grifola (da montepulciano) le nostre attenzioni si posano tutte su un'ottima versione di Podere 72, tradizionale blend da sangiovese e montepulciano maturato in barrique di più passaggi. Il naso offre rimandi di fragola e amarene amalgamati a tratti speziati; la bocca è energica, vigorosa, caratterialmente tannica.

Lacrima di Morro d'Alba Bastaro '15
Tenuta San Marcello
via Melano, 30
San Marcello [AN]
tel. 0731831008

www.tenutasanmarcello.net
8.90 euro
A Massimo Palmieri, l'altissimo proprietario della bella tenuta nelle campagne di San Marcello, piacciono i vini di una certa densità gustativa. Concentrazione certo, ma senza eccessi né ruffianerie di sorta. Semplicemente, in accordo con il suo enologo Matteo Chiucconi, sfrutta tutta l'indole fruttata che è nelle corde della lacrima nera per trarne intensi ricordi di amarene e more di rovo; in bocca il vino ha fitta trama tannica e fa deflagrare il carattere aromatico più tipico del vitigno.

Offida Pecorino Falchetti '15
San Michele a Ripa
c.da San Michele, 24
Ripatransone [AP]
tel. 3356833088
www.sanmichelearipa.it
13.00 euro
La vitalità di un territorio e la sua vocazione passano anche dalla capacità di esprimere nuovi interpreti che nel volgere di pochi anni possono giocare un ruolo da protagonisti. A sentire il Falchetti '15 di Marco Alfonzi prodotto nella piccola, affascinante cantina circondata da vigneti, non si fa fatica a ipotizzare un futuro luminoso per San Michele a Ripa. Il vino è buonissimo: tempra, lunghezza, linde percezioni agrumate, sorso salino che crepita in un finale lunghissimo di arancia amara.

1° Senso '15
Alvaro Saputi
c.da Fiastra, 2
Colmurano [MC]
tel. 0733508137
www.saputi.it
6.40 euro
Nonostante sia il Piceno la terra d'elezione del passerina, non temiamo smentite sul fatto che uno dei migliori assaggi tra i vini in purezza ottenuti da questo vitigno venga dal profondo maceratese: il 1° Senso di Andrea Saputi colpisce per la precisione con cui rimanda con finezza alla foglia di limone e alla buccia di cedro ed esalta la sua indole freschissima in una bella bocca, salina e piacevole, succosissima. Un conveniente "vin de soif" senza fronzoli, dalla bevibilità magnetica.

Roccuccio '13
Fattoria Serra San Martino
via San Martino, 1
Serra de' Conti [AN]
tel. 0731878025
www.serrasanmartino.com
11.60 euro
Serra de' Conti è il regno della bacca bianca ma i coniugi Thomas e Kirsten Weydemann non hanno derogato al loro amore per i vini rossi. Ristrutturato magnificamente un piccolo casale, hanno messo a dimora solo uve rosse tra cui montepulciano, merlot e syrah. Ne ricavano imponenti vini in purezza ma si dilettano a fare anche un blend tra essi: il Roccuccio. Il 2013, complice l'annata fresca, ha una deliziosa impronta di amarena in fondo a un sorso in pregevole equilibrio tra potenza e bevibilità.

Verdicchio dei Castelli di Jesi Cl. Sup. La Staffa '15
La Staffa
via Castellaretta, 19
Staffolo [AN]
tel. 0731779810
www.vinilastaffa.it
10.10 euro
Riccardo Baldi mette nel suo lavoro tutto l'entusiasmo dei ventenni, una quota notevole di grinta e consapevolezza, innata capacità mediatica. Il suo nome circola ad alto livello tra gli appassionati e il suo La Staffa '15 mostra, se mai ce ne fosse bisogno, che ci sa fare davvero tra vigna e cantina: naso segnato da peculiari note di mandorla, ha al palato una quota preponderante di sapidità e piena energia alcolica. Un compendio delle caratteristiche dei vini della riva destra dell'Esino.

Offida Pecorino Fenèsia '15
Terra Fageto
via Valdaso, 52
Pedaso [FM]
tel. 0734931784
www.terrafageto.it
13.00 euro

Sebbene Claudio Di Ruscio abbia messo a dimora i propri vigneti di pecorino a Campofilone, un colle affacciato sul mare Adriatico, grazie alla giacitura fresca e a vendemmie giocate sul filo dell'anticipo, riesce a mantenere integro il patrimonio acido di quest'uva appenninica. Il Fenèsia '15 ha nella frutta gialla matura e nella pennellata di erbe di campo l'impronta del territorio e nella bocca agile e succosa il talento del vitigno. Ne esce un vino equilibrato, saporito, dal fascino peculiare.

Verdicchio dei Castelli di Jesi Cl. Le Piaole '15
Tenuta dell'Ugolino
via Copparoni, 32
Castelplanio [AN]
tel. 07310731 812569
www.tenutaugolino.it
7.60 euro

Non elogiamo abbastanza la bravura di Andrea Petrini come vignaiolo sebbene siano anni che ne testimoniamo i successi da queste stesse pagine. Le Piaole '15 è il suo Verdicchio entry level eppure ha la tempra, la fisionomia di un vino di categoria superiore. Affinato unicamente in acciaio, espone una convincente teoria agrumata con il frutto che si fa appena candito nel rimarcare la maturità dell'uva e nonostante questo la bocca è succosa, avvolgente, sa esser "cremosa" e scorrevole all'unisono.

Lacrima di Morro d'Alba Essenza del Pozzo Buono '15
Vicari
via Pozzo Buono, 3
Morro d'Alba [AN]
tel. 073163164
www.vicarivini.it
11.30 euro

Il Pozzo Buono è la contrada che ospita buona parte dei vigneti e la cantina di Nazzareno Vicari e dei figli Vico e Valentina. Una zona di particolare vocazione, resa famosa anche dai vini che ne recano il nome in etichetta. Gli assaggi di quest'anno hanno fatto convogliare le attenzioni sull'Essenza '15. Mai nome fu più appropriato: l'uso della macerazione carbonica sembra distillare il ricordo di amarena e frutti neri, la bocca rende un sorso consistente, denso, dalla persistenza tenace.

Offida Pecorino '15
Le Vigne di Clementina Fabi
c.da Franile, 3
Montedinove [AP]
tel. 338 7463441
www.levignediclementinafabi.it
9.90 euro

Qualche anno fa, agli esordi, l'azienda di Montedinove si era mostrata come una delle potenziali outsider del vino Piceno. Oggi, con l'impegno in prima persona da parte della proprietà nella gestione, il futuro si schiarisce di nuovo. Loretta Di Maulo e suo marito Gianluca Giorgi hanno subito calato l'asso: il Pecorino. La versione 2015, affinata in acciaio, ha naso di erbe amare e una deliziosa sfumatura di buccia d'arancia; la bocca è dritta e freschissima, piuttosto lunga, continua nel sapore.

Colli Maceratesi Ribona Monteferro '15
Villa Forano
c.da Forano, 40
Appignano [MC]
tel. 073357102
www.villaforano.it
8.40 euro

La campagna del maceratese appare sempre ordinata, ben tenuta, regolare. Un patchwork policromatico che sembra uscire da un quadro di John Constable. La famiglia Lucangeli da molti anni s'impegna nella propria vasta tenuta a coltivare e vinificare per lo più vitigni di tradizione, tra cui il ribona. Proprio il Monteferro '15 risulta tra i più riusciti della denominazione con il suo equilibrato altalenare di fiori, frutta gialla ed erbe campestri; in bocca svela tensione ed encomiabile tipicità.

Rosso Piceno Sup. '13
Villa Imperium
fraz. San Savino
c.da Messieri,10
Ripatransone [AP]
tel. 073590495
www.villaimperium.it
8.40 euro

A un certo punto Via Santa Maria in Carro si getta in un'onda verde di vigneti. Buona parte di quel tappeto appartiene a Giuseppe Cocci Grifoni e vi alleva vitigni di tradizione. Il suo Piceno Superiore '13 sfrutta la massima quota di montepulciano prevista dal disciplinare (80%) e lascia il saldo al sangiovese. Maturato in legno, il bicchiere ci restituisce un bel frutto rosso (marasca) esplicito, con venature floreali; in bocca è vitale, grintoso nel tannino ma del tutto efficace. Specie a tavola.

Vellente '14
Villa Lazzarini
c.da Collevago
Treia [MC]
tel. 3333553460
www.villalazzarini-vini.it
10.10 euro

Uno degli aspetti interessanti del progetto di Villa Lazzarini, azienda di Treia con vigneti posti a nord del fiume Chienti in località Cimarella di Macerata, è la riscoperta dell'antico autoctono marchigiano denominato garofanata. Si tratta di un vitigno a bacca bianca che dà vini dal carattere semiaromatico. Il Vellente, 100% garofanata in acciaio, ha profumi di rosa, salvia, sedano e avvertiti accenti muschiati. In bocca scorre via piacevole, fluido, con un coerente finale di marca vegetale.

Verdicchio dei Castelli di Jesi Cl. Sup. Viterosa '15
Zaccagnini
via Salmagina, 9/10
Staffolo [AN]
tel. 0731779892
www.zaccagnini.it
8.40 euro

Non c'è bisogno di esser dei super esperti della denominazione per sapere che in Contrada Salmàgina di Staffolo storicamente si ottengono Verdicchio ben tipicizzati e di notevole forza strutturale. Rosella Zaccagnini e Franco Boezio approfittano della vocazione del territorio per creare bianchi buoni sin da giovani ma capaci di slanciarsi nel tempo. È il caso del Viterosa '15, floreale e ammandorlato in una bocca solida, già godibile ma capace di regalare soddisfazioni in evoluzione.

gli altri vini

Aurora
loc. Santa Maria in Carro
c.da Ciafone, 98
Offida [AP]
tel. 0736810007
www.viniaurora.it
Offida Pecorino Fiobbo '14
10.10 euro
Rosso Piceno '15
6.70 euro
Rosso Piceno Sup. '13
9.70 euro

Belisario
via Aristide Merloni, 12
Matelica [MC]
tel. 0737787247
www.belisario.it
Verdicchio di Matelica Del Cerro '15
8.10 euro
Verdicchio di Matelica L'Anfora '15
5.90 euro
Verdicchio di Matelica Terre di Valbona '15
5.70 euro
Verdicchio di Matelica Vign. B. '15
10.10 euro

Bisci
via Fogliano, 120
Matelica [MC]
tel. 0737787490
www.bisci.it
Verdicchio di Matelica '15
10.10 euro

Boccadigabbia
loc. Fontespina
c.da Castelletta, 56
Civitanova Marche [MC]
tel. 073370728
www.boccadigabbia.com
Rosso Piceno '13
10.90 euro

Borgo Paglianetto
loc. Pagliano, 393
Matelica [MC]
tel. 073785465
www.borgopaglianetto.it
Verdicchio di Matelica Terravignata '15
8.00 euro

Bucci
fraz. Pongelli
via Cona, 30
Ostra Vetere [AN]
tel. 071964179
www.villabucci.com
Verdicchio dei Castelli di Jesi Cl. Sup. '14
12.60 euro
Verdicchio dei Castelli di Jesi Cl. Sup. '15
12.60 euro

La Calcinara
fraz. Candia
via Calcinara, 102a
Ancona
tel. 3285552643
www.lacalcinara.it
Mun '15
9.00 euro

Le Caniette
c.da Canali, 23
Ripatransone [AP]
tel. 07359200
www.lecaniette.it
Piceno Rosso Bello '14
7.90 euro

Carminucci
via San Leonardo, 39
Grottammare [AP]
tel. 0735735869
www.carminucci.com
Rosso Piceno Sup. Naumakos '13
8.00 euro

CasalFarneto
via Farneto, 12
Serra de' Conti [AN]
tel. 0731889001
www.casalfarneto.it
Verdicchio dei Castelli di Jesi Cl. Sup. Fontevecchia '15
8.40 euro

Cantine di Castignano
c.da San Venanzo, 31
Castignano [AP]
tel. 0736822216
www.cantinedicastignano.com
Gramelot '14
6.70 euro

Giacomo Centanni
c.da Aso, 159
Montefiore dell'Aso [AP]
tel. 0734938530
www.vinicentanni.it
Monte Floris '14
10.00 euro
Offida Pecorino '15
10.00 euro

Cherri d'Acquaviva
via Roma, 40
Acquaviva Picena [AP]
tel. 0735764416
www.vinicherri.it
Offida Passerina Radiosa '15
10.90 euro
Passerina '15
9.10 euro
Rosso Piceno Sup. '14
9.70 euro

Ciù Ciù
loc. Santa Maria in Carro
c.da Ciafone, 106
Offida [AP]
tel. 0736810001
www.ciuciuvini.it
Falerio Oris '15
5.50 euro
Offida Pecorino Merlettaie '15
9.90 euro
Rosso Piceno Sup. Gotico '13
9.90 euro

enuta Cocci Grifoni
c. San Savino
da Messieri, 12
patrasone [AP]
l. 073590143
ww.tenutacoccigrifoni.it
**alerio Pecorino
e Torri '15**
,40 euro
osso Piceno '15
,40 euro

**antina
ei Colli Ripani**
da Tosciano, 28
patrasone [AP]
l. 07359505
ww.colliripani.it
**osso Piceno Sup.
astellano '13**
60 euro

**antina Cològnola
enuta Musone**
c. Colognola, 22a bis
ngoli [MC]
l. 0733616438
ww.tenutamusone.it
**erdicchio
ei Castelli di Jesi Cl. Sup.
a Condotto '15**
60 euro

**Conte
illa Prandone**
da Colle Navicchio, 28
onteprandone [AP]
. 073562593
ww.ilcontevini.it
onello '15
60 euro
**mmanuel Maria
tra Dry**
,60 euro
**ffida Pecorino
avicchio '15**
,60 euro

onti di Buscareto
z. Pianello
. San Gregorio, 66
tra [AN]
. 0717988020
ww.contidibuscareto.com
ut Rosé
,80 euro

**Verdicchio
dei Castelli di Jesi
Ammazzaconte '13**
10.90 euro

Emanuele Dianetti
c.da Vallerosa, 25
Carassai [AP]
tel. 3383928439
www.dianettivini.it
**Offida Pecorino
Vignagiulia '15**
13.00 euro

Domodimonti
via Menocchia, 195
Montefiore dell'Aso [AP]
tel. 0734930010
www.domodimonti.com
**Offida Pecorino
LiCoste '15**
13.00 euro

Fiorano
c.da Fiorano, 19
Cossignano [AP]
tel. 073598446
www.agrifiorano.it
Giulia Erminia '14
10.10 euro
**Rosso Piceno Sup.
Terre di Giobbe '13**
10.90 euro

Fiorini
via Giardino Campioli, 5
Barchi [PU]
tel. 072197151
www.fioriniwines.it
**Colli Pesaresi Rosso
Bartis '13**
12.80 euro

Gioacchino Garofoli
via Carlo Marx, 123
Castelfidardo [AN]
tel. 0717820162
www.garofolivini.it
**Rosso Conero
Piancarda '13**
10.60 euro
**Rosso Piceno
Colle Ambro '13**
8.20 euro

Luca Guerrieri
via San Filippo, 24
Piagge [PU]
tel. 0721890152
www.aziendaguerrieri.it
Guerriero Bianco '14
9.40 euro
Lisippo '15
8.10 euro

La Valle del Sole
via San Lazzaro, 46
Offida [AP]
tel. 0736889658
Offida Pecorino '15
10.00 euro

Luciano Landi
via Gavigliano, 16
Belvedere Ostrense [AN]
tel. 073162353
www.aziendalandi.it
**Lacrima
di Morro d'Alba Sup.
Gavigliano '14**
11.20 euro

**Conte
Leopardi Dittajuti**
via Marina II, 24
Numana [AN]
tel. 0717390116
www.conteleopardi.it
Rosso Conero Fructus '15
8.00 euro

Laila Libenzi
via San Filippo sul Cesano, 27
Mondavio [PU]
tel. 0721979353
www.lailalibenzi.it
Torrile '14
9.10 euro
**Verdicchio
dei Castelli di Jesi
Casalta '14**
9.10 euro

Roberto Lucarelli
loc. Ripalta
via Piana, 20
Cartoceto [PU]
tel. 0721893019
www.laripe.com
**Bianchello del Metauro
La Ripe '15**
6.70 euro

gli altri vini

Maurizio Marchetti
fraz. Pinocchio
via di Pontelungo, 166
Ancona
tel. 071897386
www.marchettiwines.it
**Verdicchio
dei Castelli di Jesi Cl. '15**
6.70 euro

Marotti Campi
via Sant'Amico, 14
Morro d'Alba [AN]
tel. 0731618027
www.marotticampi.it
**Lacrima
di Morro d'Alba Sup.
Orgiolo '14**
11.70 euro
**Verdicchio
dei Castelli di Jesi Cl. Sup.
Luzano '15**
6.60 euro
Xyris
9.90 euro

La Monacesca
c.da Monacesca
Matelica [MC]
tel. 0733672641
www.monacesca.it
Ecclesia '15
13.00 euro
Verdicchio di Matelica '14
11.70 euro

Monte Schiavo
fraz. Monteschiavo
via Vivaio
Maiolati Spontini [AN]
tel. 0731700385
www.monteschiavo.it
**Castelli di Jesi
Verdicchio Cl.
Le Giuncare Ris. '13**
12.60 euro

Montecappone
via Colle Olivo, 2
Jesi [AN]
tel. 0731205761
www.montecappone.com
**Verdicchio
dei Castelli di Jesi Cl. '15**
6.60 euro

Muròla
c.da Villamagna, 9
Urbisaglia [MC]
tel. 0733506843
www.murola.it
**Colli Maceratesi
Ribona Agar '15**
7.90 euro
Teodoro '13
11.70 euro

Cantina Offida
via della Repubblica, 70
Offida [AP]
tel. 0736880104
www.cantinaoffida.com
Offida Passerina '15
6.00 euro
Offida Pecorino '15
7.90 euro

Pievalta
via Monteschiavo, 18
Maiolati Spontini [AN]
tel. 0731705199
www.baronepizzini.it
**Verdicchio
dei Castelli di Jesi Cl. Sup.
Dominè '15**
8.00 euro

La Pila
via Michelangelo, 2
Montegiorgio [FM]
tel. 0734277801
www.vinilapila.it
Refolo '15
6.70 euro

Podere sul Lago
loc. Borgiano
via Castello, 20
Serrapetrona [MC]
tel. 3333017380
www.poderesullago.it
**Serrapetrona
Torcular '14**
10.00 euro

Alberto Quacquarini
via Colli, 1
Serrapetrona [MC]
tel. 0733908180
www.quacquarini.it
Serrapetrona '14
9.00 euro
**Vernaccia
di Serrapetrona Secco**
11.80 euro

Rocca di Castiglioni
via Castiglioni, 50
Castignano [AP]
tel. 0736821876
www.rocca-di-castiglioni.it
**Rosso Piceno
Console Castino '15**
9.40 euro

Sabbionare
via Sabbionare, 10
Montecarotto [AN]
tel. 0731889004
www.sabbionare.it
**Verdicchio
dei Castelli di Jesi Cl.
Filetto '15**
9.00 euro

San Filippo
loc. Borgo Miriam
da Ciafone, 17a
Offida [AP]
tel. 0736889828
www.vinisanfilippo.it
Offida Pecorino '15
9.30 euro

San Giovanni
da Ciafone, 41
Offida [AP]
tel. 0736889032
www.vinisangiovanni.it
**Rosso Piceno Sup.
Kyo '14**
9.40 euro

Tenuta San Marcello
via Melano, 30
San Marcello [AN]
tel. 0731831008
www.tenutasanmarcello.net
**Lacrima
di Morro d'Alba Sup.
Melano '15**
12.80 euro

**San Savino
Poderi Capecci**
loc. San Savino
via Santa Maria in Carro, 13
Ripatransone [AP]
tel. 073590107
www.sansavino.com
**Offida Pecorino
Ciprea '15**
11.70 euro

Santa Barbara
b.go Mazzini, 35
Barbara [AN]
tel. 0719674249
www.vinisantabarbara.it
Animale Celeste '15
12.60 euro
**Verdicchio
dei Castelli di Jesi Cl.
Le Vaglie '15**
11.80 euro
**Verdicchio
dei Castelli di Jesi Cl.
Pignocco '15**
7.20 euro

Tenuta Spinelli
via Lago, 2
Castignano [AP]
tel. 0736821489
www.tenutaspinelli.it
Eden '15
8.70 euro

Tenuta di Tavignano
loc. Tavignano
Cingoli [MC]
tel. 0733617303
www.tenutaditavignano.it
**Rosso Piceno
Cervidoni '14**
8.90 euro
**Verdicchio
dei Castelli di Jesi Cl.
V. Verde '15**
6.40 euro

Terre Cortesi Moncaro
via Pianole, 7a
Montecarotto [AN]
tel. 073189245
www.moncaro.com
**Offida Pecorino
Ofithe '15**
11.70 euro
**Piceno Sup.
Roccaviva '13**
9.80 euro
**Verdicchio
dei Castelli di Jesi Cl. Sup.
Fondiglie '15**
12.90 euro

Fulvia Tombolini
c.da Cavalline, 2
Staffolo [AN]
tel. 0731770330
www.fulviatombolini.it
**Verdicchio
dei Castelli di Jesi Cl. Sup.
Fulvia Tombolini '15**
10.90 euro

Umani Ronchi
via Adriatica, 12
Osimo [AN]
tel. 0717108019
www.umanironchi.com
Vellodoro '15
9.90 euro
**Verdicchio
dei Castelli di Jesi Cl. Sup.
Casal di Serra '15**
10.10 euro
**Verdicchio
dei Castelli di Jesi Cl.
Villa Bianchi '15**
7.90 euro

Roberto Venturi
via Case Nuove, 1a
Castelleone di Suasa [AN]
tel. 3381855566
www.viniventuri.it
**Verdicchio
dei Castelli di Jesi Cl. Sup.
Qudì '14**
10.00 euro

gli altri vini

Vicari
via Pozzo Buono, 3
Morro d'Alba [AN]
tel. 073163164
www.vicarivini.it
**Verdicchio
dei Castelli di Jesi Cl.
del Pozzo Buono '15**
7.70 euro

Vignamato
via Battinebbia, 4
San Paolo di Jesi [AN]
tel. 0731779197
www.vignamato.com
**Verdicchio
dei Castelli di Jesi Cl. Sup.
Eos '15**
7.60 euro
**Verdicchio
dei Castelli di Jesi Cl. Sup.
Versiano '15**
10.10 euro
**Verdicchio
dei Castelli di Jesi Cl.
Valle delle Lame '15**
6.60 euro

**Le Vigne
di Clementina Fabi**
c.da Franile, 3
Montedinove [AP]
tel. 338 7463441
www.levignediclementinafabi.it
Dal Tino '13
8.20 euro

le migliori enoteche

Galli
via Pisacane, 2
Senigallia [AN]
tel. 07163811

Inaugurata nel 1979, l'enoteca Galli è da quasi quarant'anni un riferimento per gli appassionati marchigiani e per i tanti turisti che affollano la cittadina rivierasca. Sotto la guida del giovane Guido Galli l'attività si è trasferita nell'autunno del 2015 dalla storica sede all'angolo con i Portici Ercolani. Lo spostamento è coinciso con una decisa svolta dell'assortimento che vede oggi primeggiare le ragioni e i temi del bere naturale. Oggi l'enoteca Galli è all'avanguardia nell'assortimento, nella diffusione di nuovi interpreti del movimento, nell'organizzazione di serate tematiche conoscitive. Ciò non ha comunque relegato in secondo piano la disponibilità dei grandi classici dell'enologia nazionale e internazionale e di tutte le migliori espressioni di quella regionale.

le altre enoteche

ANCONA E PROVINCIA

Dorica
via Damiano Chiesa, 19
Ancona
tel. 07133927

Mimotti
via delle Grazie, 42
Ancona
tel. 0712802359

Enoteca Regionale delle Marche
via F. Conti, 5
Jesi [AN]
tel. 0731213386

Enoteca Grandi Annate
v.le della Vittoria, 9
Jesi [AN]
tel. 073153698

Rosso Intenso
via Mura Occidentali, 9
Jesi [AN]
tel. 3355839873

Azzurra
via Flaminia, 90
Numana [AN]
tel. 0719332048

ASCOLI PICENO E PROVINCIA

Enoteca Kursaal
via L. Mercantini, 53
Ascoli Piceno
tel. 0736253140

La Bottegola
via Salaria, 102
Castel di Lama [AP]
tel. 0736814059

Dolce e Salato
via Salaria, 49b
Colli del Tronto [AP]
tel. 0736890478

le altre enoteche

Enoteca Regionale delle Marche - Vinea
via G. Garibaldi, 75
Offida [AP]
tel. 0736888626

F.lli Bugari dal 1928
via Montello, 18
San Benedetto del Tronto [AP]
tel. 073583075

FERMO E PROVINCIA

Lucchi - De Re Coquinaria
fraz. Marina di Altidona
via Aprutina, 5
Altidona [FM]
tel. 0734933008

L'Enoteca Bar a Vino
p.zza del Popolo, 39
Fermo
tel. 0734228067

Mosto Antico
v.le Trento Nunzi, 69
Fermo
tel. 0734600242

Conad San Filippo
v.le Europa, 2
Magliano di Tenna [FM]
tel. 0734632533

Pasquale Giuli
via F.lli Rosselli, 228
Porto San Giorgio [FM]
tel. 0734687108

Il Tempio di Bacco
via G. Boni, 37
Porto San Giorgio [FM]
tel. 0734672598

MACERATA E PROVINCIA

Ars Vivendi
v.le Vittorio Veneto, 50/52
Civitanova Marche [MC]
tel. 0733092622

In Vino Veritas Enoteca Civica Maceratese
c.so della Repubblica, 51
Macerata
tel. 0733234399

Enoteca OR.IL
via Domenico Annibali, 17
Macerata
tel. 0733237579

Simoncini
Galleria del Commercio, 14
Macerata
tel. 0733260576

Belisario
via Merloni, 12
Matelica [MC]
tel. 0737787247

Foyer Verdicchio di Matelica
via Umberto I, 22
Matelica [MC]
tel. 073785571

Andar per Vino
via N. Sauro, 58a
Recanati [MC]
tel. 0717570036

Altrochebacco
via Caselli, 4
Tolentino [MC]
tel. 0733968353

PESARO-URBINO E PROVINCIA

Beltrami
via Umberto I, 21/23
Cartoceto [PU]
tel. 0721893006

Biagioli Vini
via G. Gabrielli, 28
Fano [PU]
tel. 0721803642

Enoteca Posillipo
p.zza Valbruna
Gabicce Mare [PU]
tel. 0541833439

Pane e Vino
via del Monaco, 7
Pesaro
tel. 0721400250

Vin Italy
via Parco Rimembranze, 1
Sant'Angelo in Vado [PU]
tel. 072281847

umbria

Ogni territorio è rappresentato, con le sue varietà, le sottozone, i produttori mainstream e le piccole cantine in cerca della meritata visibilità. L'Umbria del Berebene è in splendida forma, tanto che scegliere è sempre più difficile e molte più etichette meriterebbero di essere selezionate. Rispetto al passato, gli anni in cui il vino umbro si affacciava alla ribalta nazionale e internazionale, in uno scenario economico molto diverso da quello attuale, le cantine non pensano solo alle etichette di punta. Anche i vini quotidiani, d'ingresso, capaci di consumi spensierati per via di prezzi alla portata, sono diventati strategici. Gli effetti si vedono, tanto in casa dei grandi quanto dei piccoli produttori. Ormai non c'è zona che non abbia i suoi vini da Berebene. Anzi, la fascia più ampia riporta in questa guida denominazioni che ne erano uscite e vini capaci di giocare partite importantissime, non solo se rapportate al prezzo di vendita. Nella selezione di quest'anno si trova di tutto, dalle denominazioni classiche agli Igt, dalle varietà tradizionali alle uve internazionali, capaci spesso di risultati considerevoli. Bianchi e rossi in bella mostra, senza preclusioni a monte ma con una caratteristica imprescindibile: quella di far divertire chi li stappa! Senza orpelli, eccessi stilistici o sacrifici sconsiderati del portafogli.

Torgiano Rosso Rubesco '13
Lungarotti
v.le G. Lungarotti, 2
Torgiano [PG]
tel. 075988661
www.lungarotti.it
10.70 euro

l'oscar regionale

Giorgio Lungarotti ci ha messo l'intuito e il pragmatismo ma la creatività nel progetto si deve soprattutto alla moglie Maria Grazia. A lei, tra tutte le altre cose, museo del vino compreso, si deve l'invenzione del nome Rubesco, oggi brand celeberrimo. Un rosso che raramente tradisce, cui la vendemmia 2013 ha regalato qualcosa in più. Fine e sinuoso, ha profilo di piccoli frutti di bosco e lievi spezie, bocca croccante quanto carnosa, agile ma sostanziosa. Buonissimo.

gli Oscar

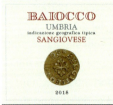

Baiocco '15
Antonelli - San Marco
loc. San Marco, 60
Montefalco [PG]
tel. 0742379158
www.antonellisanmarco.it
6.30 euro

Quando abbiamo scoperto la bottiglia, associando le entusiastiche note di degustazione al Baiocco, ci siamo onestamente stropicciati gli occhi. Attenzione! Non che questo vino, in genere, non sia all'altezza in considerazione del prezzo di vendita; però un livello del genere proprio non ce l'aspettavamo. Sangiovese in larghissima maggioranza e quota di merlot, è vino sorprendete per equilibrio, finezza e trama. Ha profumi coinvolgenti di frutti rossi e neri e sorso di disarmante bevibilità. L'acquisto dei sogni per bere bene al giusto prezzo.

Orvieto Cl. Vign. Torricella '15
Bigi
loc. Ponte Giulio
Orvieto [TR]
tel. 0763315888
www.cantinebigi.it
11.80 euro

La cantina Bigi è un marchio storico del vino orvietano e oggi appartiene alla galassia del Gruppo Italiano Vini. Approdo sicuro per coloro che vogliono gustare i buoni vini della zona al giusto prezzo, realizza una nutrita schiera di etichette sia bianche che rosse. Qui ne peschiamo una tra quelle più classiche: l'Orvieto Classico Torricella '15. Bianco di carattere e pulizia, caldo e di bella fattura.

Montefalco Rosso '14
Bocale
loc. Madonna della Stella
via Fratta Alzatura
Montefalco [PG]
tel. 0742399233
www.bocale.it
11.30 euro

Piccola cantina montefalchese ancora giovane, partita in sordina ma con uno stile sempre più chiaro e convincente. A un ottimo Sagrantino si affianca quest'anno un Montefalco Rosso '14 da applausi. Goloso e di buona tessitura, intenso quanto fresco e slanciato. Un esempio per la categoria e un ottimo vino di territorio, da abbinare ai solidi piatti della tradizione locale.

05035 Rosso '15
Leonardo Bussoletti
loc. Miriano
s.da delle Pretare, 62
Narni [TR]
tel. 0744715687
www.leonardobussoletti.it
8.40 euro

Finisce che da vino d'entrata pensato per abbracciare un mercato meno impegnativo che reclama prezzi abbordabili, il Ciliegiolo 05035 di Leonardo Bussoletti diventa etichetta culto per appassionati smaliziati e critici. Noi manteniamo i piedi per terra ma non possiamo sottrarci al fascino discreto, a tratti quasi scarno ma denso di gioia e sapore di questo vino. La vendemmia 2015 è da incorniciare.

C. del Trasimeno Rile '15
Carini
loc. Canneto
fraz. Colle Umberto
s.da del Tegolaro, 3
Perugia

tel. 0756059495
www.agrariacarini.it
8.20 euro
Carini si trova in uno splendido lembo della campagna umbra. Una fattoria moderna con tante attività e prodotti realizzati, tra i quali il vino è ovviamente protagonista. Il Colli del Trasimeno Rile è uno dei due bianchi della casa e deriva da uve chardonnay, grechetto e trebbiano. Pieno e dai profumi aromatici, ha impatto e buona materia.

Anticello '15
Cantina Cenci
fraz. San Biagio della Valle
voc. Anticello, 1
Marsciano [PG]
tel. 3805198980
www.cantinacenci.it
8.40 euro
Agricoltura ragionata è definizione spesso attribuita ai vigneron francesi, meno a quelli italiani. Serve, tuttavia, per inquadrare il percorso viticolo di Giovanni Cenci, vulcanico quanto competente produttore sui colli perugini. L'Anticello '15 è un Grechetto in purezza più potente del solito. Ha materia e struttura e il saldo alcolico si fa sentire. Per fortuna non manca freschezza e allungo, sapore e vibrazioni che rendono la beva comunque eccellente. Bianco da piatti forti.

Sangiovese '15
Chiorri
loc. Sant'Enea
via Todi, 100
Perugia
tel. 075607141
www.chiorri.it
7.60 euro
Finalmente molte cantine umbre stanno ritrovando il piacere di lavorare col sangiovese e i risultati, su diversi fronti, sono incoraggianti. Tra queste c'è Chiorri della famiglia Mariotti, sui Colli Perugini, da sempre impegnata nella valorizzazione delle varietà locali e dallo stile in positiva evoluzione. Il 2015 è stupendo: colore mediamente carico ma luminoso, profumi di ciliegie tritate e frutta rossa; gustoso, scaltro e di gran sapore al palato.

Hédoné Rosso '14
Cirulli
s.da prov.le della Sala snc
Ficulle [TR]
tel. 0763628896
www.cirulliviticoltori.com
8.30 euro
Piacevole nelle sue note di viola, mora e tabacco. L'Hédoné '14 dell'azienda Cirulli ottiene il nostro Oscar qualità prezzo, grazie alla sua freschezza espressiva. In bocca è secco, dalla buona trama tannica e delineato da una bel nerbo acido. Un rosso che la famiglia Cirulli imbottiglia in quel di Ficulle, in provincia di Terni, dove Valentino, oggi patron dell'azienda, coltiva le sue uve su suoli argilloso-calcarei. La gamma dei vini offerti è varia e comprende bianchi e rossi costituiti da blend di vitigni autoctoni e internazionali.

Montefalco Rosso '12
Cantina Colle Ciocco
via Pietrauta
Montefalco [PG]
tel. 0742379859
www.colleciocco.it
10.10 euro
Il nome deriva dal toponimo del colle in cui si trova l'azienda, puntellato da olivi e viti, nei pressi di Montefalco. L'altezza del vigneto si posiziona, in media, sui 400 metri e qui maturano le uve di proprietà, in prevalenza di matrice locale. Il Sagrantino ha un ruolo centrale, ovviamente, ma qui vogliamo sottolineare l'ottima prova del Montefalco Rosso '12, dai profumi di cacao e frutta scura, il corpo ricco e la buona profondità.

Il Rosso '14
Decugnano dei Barbi
loc. Fossatello, 50
Orvieto [TR]
tel. 0763308255
www.decugnano.it
13.00 euro

Vino semplicemente delizioso da comprare in quantità. Ha tratto delicato quanto maturo e un tono fruttato che non stanca, unito a un sorso sicuro e dal tannino saporito. Viaggia dunque su coordinate aromatiche sfumate e fini Il Rosso '15 di casa Decugnano dei Barbi, cantina di impareggiabile bellezza, nota soprattutto per i suoi splendidi vini bianchi ma a suo agio anche nella produzione di rossi di qualità.

Colli Martani Grechetto '15
Di Filippo
voc. Conversino, 153
Cannara [PG]
tel. 0742731242
www.vinidifilippo.com
6.70 euro

Di Filippo si trova nei pressi di Cannara, territorio di confine tra due zone distinte della regione, anche sul piano vitivinicolo. Numerose le etichette prodotte, figlie di varie uve, territori e stili, accomunate dalla conduzione agronomica biologica. Abbiamo più volte sottolineato la mano felice sul grechetto e anche quest'anno confermiamo l'attitudine con la varietà umbra più rappresentativa. 2015 sugli scudi per ritmo, polpa, profumi e personalità.

C. del Trasimeno Baccio del Rosso '15
Duca della Corgna
via Roma, 236
Castiglione del Lago [PG]
tel. 0759652493
www.ducadellacorgna.it
6.70 euro

Non solo la nuova annata non delude ma ci sembra ancora più buona di quella precedente. Cominciamo così a raccontare il Baccio del Rosso '15, cavallo di razza dei vini in fascia Berebene, etichetta consigliabile con calorosa convinzione. Millesimo in grande spolvero che regala intensità, profumi, buonissima polpa e maturità di frutto. Il tutto senza togliere alcunché alla proverbiale facilità di beva di questo vino.

Ciliegiolo '14
Podere Fontesecca
voc. Fontesecca, 30
Città della Pieve [PG]
tel. 3496180516
www.fontesecca.it
12.60 euro

La cantina di Paolo Bolla e famiglia si trova nei pressi di Città della Pieve, territorio umbro di confine con Toscana e Lazio. Da subito la proprietà ha deciso di puntare su vecchie viti di varietà locali e una conduzione artigianale, sia in campo sia in cantina. Vini naturali nel senso migliore del termine tra cui lo splendido Ciliegiolo che nella versione 2014 ammalia per il tratto ematico e ferroso, il tripudio di frutti di bosco e il finale asciutto.

Ciliegiolo di Narni Spiffero '15
Fattoria Giro di Vento
loc. Schifanoia
s.da Collespino, 39
Narni [TR]
tel. 3356136353
www.fattoriagirodivento.it
10.10 euro

Il Ciliegiolo di Narni Spiffero

è perfettamente descritto dal nome che porta. Un soffio di piacere e delicatezza, mai ingombrante eppure affatto effimero. Vino delizioso insomma, di struttura non imponente ma capace (forse proprio per questo) di rapire. La beva è a dir poco facile, a tratti inarrestabile. Compagno ideale di merende, antipasti, serate spensierate e chiacchiere tra amici.

Rosso Spina '14
Cantina La Spina
fraz. Spina
via Emilio Alessandrini, 1
Marsciano [PG]
tel. 0758738120
www.cantinalaspina.it
13.00 euro

Cantina abituata alle nostre segnalazioni sul Berebene, La Spina produce ottimi vini al giusto prezzo. Quello più famoso e apprezzato è forse il Rosso Spina, da montepulciano in prevalenza da vigne poste in collina, su terreni franco-argillosi ricchi di calcare. L'affinamento in piccoli fusti di rovere e la permanenza in bottiglia fanno il resto. La versione 2014 è più sfumata e delicata del solito, con meno polpa a centro bocca, ma ugualmente gustosa. Vino tutto da bere.

Il Reminore '15
Madrevite
loc. Vaiano
via Cimbano, 36
Castiglione del Lago [PG]
tel. 0759527220
www.madrevite.com
11.90 euro

Procede a passi spediti il percorso di crescita di questa piccola realtà, capace di arricchire e colorare il panorama della vitivinicoltura del Trasimeno. Quest'anno ci sono piaciuti anche i rossi, sempre più definiti e gustosi, ma sul podio mettiamo ancora una volta Il Reminore, Trebbiano Spoletino "fuori zona" dai risultati sorprendenti. Vino brillante, intenso quanto fine, sapido con tratti quasi salati in bocca, di grande progressione e lungo finale. Tra i migliori bianchi umbri senza dubbio.

Orvieto Cl. Sup. Ca' Viti '15
Cantine Neri
loc. Bardano, 28
Orvieto [TR]
tel. 0763316196
www.neri-vini.it
9.90 euro

Orvieto si muove, anche grazie ad alcune aziende che negli ultimi anni stanno facendo brillare un territorio celeberrimo ma controverso. Tra le novità segnaliamo la Cantina Neri e il suo scintillante Orvieto Classico Superiore Ca' Viti '15. Un'annata di grazia che ci consegna un bianco delizioso nei profumi e gustoso al palato, ricamato su una trama floreale e fruttata con una sfumatura raffinata di erbe mediterranee. Sapido e ammandorlato il lungo finale.

Verdello '14
La Palazzola
loc. Vascigliano
Stroncone [TR]
tel. 0744609091
www.lapalazzola.it
13.00 euro

In questi anni abbiamo spesso celebrato le gesta di Stefano Grilli, eclettico vigneron ternano dalla fama meritatissima, capace di vini ad alto tasso di originalità e a suo agio tra le diverse uve e gli stili. Ecco un esempio suggestivo. Da uve verdello, questo bianco è maturato in orci di terracotta ed ha un profilo ad alto tasso di personalità. Fin dai profumi emerge un tratto salmastro che prosegue in una bocca sapida e appetitosa, capace di riallacciare il quadro aromatico fatto anche di sensazioni mediterranee.

Orvieto Cl. Sup. Terre Vineate '15
Palazzone
loc. Rocca Ripesena, 68
Orvieto [TR]
tel. 0763344921
www.palazzone.com
9.90 euro

Palazzone è cantina apprezzata da anni e Giovanni Dubini il suo artefice. Rappresenta un caposaldo del vino orvietano e umbro nel suo complesso grazie a vini personali e longevi, ricchi di sapore. Non poteva tradire le attese, viste le premesse, l'Orvieto Classico Terre Vineate '15. E così è: bianco pieno e rigoglioso, salmastro e intenso, ben bilanciato tra sensazioni mature di mela gialla e slanci ammandorlati. Da bere o da aspettare un po' in bottiglia.

Montefalco Rosso '14
F.lli Pardi
via G. Pascoli, 7/9
Montefalco [PG]
tel. 0742379023
www.cantinapardi.it
10.00 euro

La cantina dei fratelli Pardi, realtà antica che ha da qualche anno recuperato la sua tradizione vitivinicola, si attesta ormai tra quelle più importanti della zona, almeno in fatto di stile e qualità dei vini. Il Montefalco Rosso '14, figlio di un'annata affatto facile, è per dire un rosso stupendo e tutto da bere. È goloso e croccante, ha gusto, buona complessità e lungo finale. Sorretto da una bella spina dorsale tannica, evolverà positivamente in bottiglia.

Todi Rosso Petroro 4 '15
Cantina Peppucci
loc. Sant'Antimo
fraz. Petroro, 4
Todi [PG]
tel. 0758947439
www.cantinapeppucci.com
9.20 euro

Tra i vini rossi umbri più convincenti assaggiati quest'anno, non solo quelli nella fascia di prezzo del Berebene. Insomma, un grande vino senza troppe declinazioni, capace di stupire per carattere, pulizia, bevibilità. Un Todi Rosso, da uve sangiovese, merlot e cabernet sauvignon, di impronta giudiziosamente moderna. Profuma di melagrana e lamponi, macchia mediterranea e foglie di limoni. Ha sorso sicuro e scorrevole, senza rinunciare a polpa e lunghezza.

Spoleto Trebbiano Spoletino '15
Perticaia
loc. Casale
Montefalco [PG]
tel. 0742379014
www.perticaia.it
9.90 euro

La mano sul trebbiano spoletino, varietà sposata con entusiasmo da Perticaia, è tra le più sensibili e centrate. In soldoni, una cantina capace di estrarre il tratto più gioioso, fine e verticale di quest'uva, spingendo sull'acceleratore della freschezza. Anche la vendemmia 2015, che ha portato frutti più carichi e maturi, rivela un bianco fine e profondo. Le foglie di cedro e il lieve tocco di alloro regalano suggestioni mediterranee; la bocca è sfaccettata e ricca di polpa.

Rosso della Gobba '14
Raina
loc. Turri
via Case Sparse, 42
Montefalco [PG]
tel. 0742621356
www.raina.it
7.60 euro

Possibile coniugare in un vino complessità e leggerezza, cavalcando la facilità di beva senza cadere nell'eccesso di semplicità? Ne siamo sicuri, almeno dopo aver assaggiato il Rosso della Gobba '14 di Francesco Mariani, tra i giovani vigneron più promettenti in circolazione. Vino dalla presenza fruttata discreta, mai strillata, capace di dialogare perfettamente con sensazioni di terra bagnata e sassi, fiori e foglie; il tutto in un sorso irrefrenabile.

Todi Rosso Melograno '14
Roccafiore
fraz. Chioano
voc. Collina, 110a
Todi [PG]
tel. 0758942416
www.
roccafiorewines.com
8.20 euro

Da un po' di tempo segnaliamo il cambio stilistico in corso nei vini rossi Roccafiore, sempre più chiari, freschi, saporiti e scattanti. Conferma queste impressioni il Melograno '14 che bissa il risultato dello scorso anno sul Berebene con una prova davvero convincente. Vino scarico nel colore e quasi ossuto nella struttura ma con sapore da vendere, suggestivo nelle note ematiche e di fiori secchi.

L'Intruso '15
Sasso dei Lupi
via Carlo Faina, 18
Marsciano [PG]
tel. 0758749523
www.sassodeilupi.it
4.90 euro

Segnali confortanti dalla cooperativa Sasso dei Lupi. Il percorso di crescita è ancora lungo ma il cammino è iniziato e qualche bel risultato c'è già. È il caso de L'Intruso '15, nome scelto per un vino realizzato col forestiero cabernet sauvignon. Un rosso che ci ha ben impressionato, capace di unire intensità a leggerezza, nel solco di una beva facile quanto gustosa. I profumi spaziano dal ribes alla melagrana, la bocca richiede il giusto impegno e si fa apprezzare.

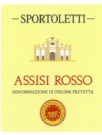

Assisi Rosso '15
Sportoletti
via Lombardia, 1
Spello [PG]
tel. 0742651461
www.sportoletti.com
8.40 euro

Gioca sempre a fare il protagonista e i panni del comprimario proprio non ha voglia di indossarli. L'Assisi Rosso Sportoletti è un punto fisso del Berebene umbro; impossibile immaginare una guida dei migliori acquisti al giusto prezzo senza citare questo rosso spellano dal colore brillante, i profumi gioiosi e invitanti, la bocca succosa, fresca e polposa, facile quanto ricca di suggestioni e profondità.

Orvieto Cl. Sup. Salviano '15
Tenuta di Titignano
loc. Civitella del Lago
voc. Salviano, 44
Baschi [TR]
tel. 0744950459
9.20 euro

Se lo scorso anno era stato una sorpresa assoluta, il bis dell'Orvieto Classico Superiore Salviano con l'annata 2015 segna una conferma e una quasi definitiva consacrazione. Stiamo parlando di uno dei bianchi più interessanti della denominazione, intenso e sassoso al naso, saporito e slanciato in bocca. Vino di "sale" e di freschezza, con riverberi di muschio nel finale. Titignano è progetto assai interessante e l'azienda potrebbe inserirsi tra le cantine top della zona, nel prossimo futuro.

Marte Rosso '15
Todini
fraz. Rosceto
via Collina, 29
Todi [PG]
tel. 075887122
www.cantinafrancotodini.com
13.00 euro

È stata un'annata di grazia per quasi tutti i vini Todini, bellissima azienda puntellata da una cantina suggestiva che domina il colle vitato. Molte etichette ci hanno colpito per definizione e compiutezza ma qui segnaliamo un piccolo capolavoro del rapporto qualità prezzo. Il Marte Rosso '15 è vino buonissimo e goloso, condito da un trito di frutta rossa (ciliegie, fragoline, ribes) e una bocca lunga, saporita, affatto corta.

Todi Rosso '15
Tudernum
loc. Pian di Porto, 146
Todi [PG]
tel. 0758989403
www.tudernum.it
6.00 euro

La Tudernum è forse la realtà cooperativa più brillante della regione. All'inizio degli anni Duemila ha invertito la marcia, avviando un progetto di qualità che ha portato i frutti sperati e ripagato i sacrifici. Tutta la linea è di buona fattura ma qui segnaliamo un Todi Rosso '15 davvero stupendo, anche in virtù del prezzo di uscita. Ha profumi rigogliosi di ciliegie e lamponi, con una vena erbacea elegante che si riverbera in una bocca fine, golosa e lunga.

Amelia Rosso Armané '13
Zanchi
via Ortana, 122
Amelia [TR]
tel. 0744970011
www.cantinezanchi.it
8.00 euro

La cantina di Paolo Bolla e famiglia si trova nei pressi di Città della Pieve, territorio umbro di confine con Toscana e Lazio. Da subito la proprietà ha deciso di puntare su vecchie viti di varietà locali e una conduzione artigianale, sia in campo sia in cantina. Vini naturali nel senso migliore del termine tra cui lo splendido Ciliegiolo che nella versione 2015 ammalia per il tratto ematico e ferroso, il tripudio di frutti di bosco e il finale asciutto.

gli altri vini

Adanti
via Belvedere, 2
Bevagna [PG]
tel. 0742360295
www.cantineadanti.com
Montefalco Bianco '15
8.10 euro

Antonelli San Marco
loc. San Marco, 60
Montefalco [PG]
tel. 0742379158
www.antonellisanmarco.it
Spoleto Trebbiano Spoletino Trebium '15
10.90 euro

Argillae
voc. Pomarro, 45
Allerona [TR]
tel. 0763624604
www.argillae.eu
Sinuoso '15
9.20 euro

Barberani
loc. Cerreto
Baschi [TR]
tel. 0763341820
www.barberani.it
Grechetto '15
13.00 euro

Bigi
loc. Ponte Giulio
Orvieto [TR]
tel. 0763315888
www.cantinebigi.it
Orvieto Cl. Secco '15
6.70 euro

Bocale
loc. Madonna della Stella
via Fratta Alzatura
Montefalco [PG]
tel. 0742399233
www.bocale.it
Trebbiano Spoletino '15
10.10 euro

Leonardo Bussoletti
loc. Miriano
s.da delle Pretare, 62
Narni [TR]
tel. 0744715687
www.leonardobussoletti.it
Colle Ozio Grechetto '14
10.90 euro

Carini
loc. Canneto
fraz. Colle Umberto
s.da del Tegolaro, 3
Perugia
tel. 0756059495
www.agrariacarini.it
Òscano '15
8.00 euro

Castello di Corbara
loc. Corbara, 7
Orvieto [TR]
tel. 0763304035
www.castellodicorbara.it
Orvieto Cl. Sup. '15
7.10 euro

Castello di Magione
v.le Cavalieri di Malta, 31
Magione [PG]
tel. 0755057319
www.sagrivit.it
Belfiore '15
7.10 euro

Cantina Colle Ciocco
via Pietrauta
Montefalco [PG]
tel. 0742379859
www.colleciocco.it
Spoleto Trebbiano Spoletino Tempestivo '15
10.10 euro

Fattoria Colsanto
loc. Montarone
Bevagna [PG]
tel. 0742360412
www.livon.it
Montefalco Rosso '13
11.20 euro

Podere Fontesecca
voc. Fontesecca, 30
Città della Pieve [PG]
tel. 3496180516
www.fontesecca.it
Pino Sangiovese '13
13.00 euro

Cantina La Spina
fraz. Spina
via Emilio Alessandrini, 1
Marsciano [PG]
tel. 0758738120
www.cantinalaspina.it
Filare Maiore '15
9.20 euro

La Madeleine
s.da Montini, 38
Narni [TR]
tel. 3453208914
www.cantinalamadeleine.it
Sfide '14
10.90 euro

Moretti Omero
loc. San Sabino, 20
Giano dell'Umbria [PG]
tel. 074290426
www.morettiomero.it
Montefalco Bianco '15
10.90 euro

Cantine Neri
loc. Bardano, 28
Orvieto [TR]
tel. 0763316196
www.neri-vini.it
Bianco dei Neri Chardonnay '15
9.90 euro

La Palazzola
loc. Vascigliano
Stroncone [TR]
tel. 0744609091
www.lapalazzola.it
Riesling Brut Metodo Ancestrale '12
13.00 euro

gli altri vini

F.lli Pardi
via G. Pascoli, 7/9
Montefalco [PG]
tel. 0742379023
www.cantinapardi.it
**Colli Martani
Grechetto '15**
7.60 euro

Domenico Pennacchi
fraz. Marcellano
via Sant'Angelo, 10
Gualdo Cattaneo [PG]
tel. 0742920069
**Colli di Fontivecchie
Rosso '12**
7.60 euro

Cantina Peppucci
loc. Sant'Antimo
fraz. Petroro, 4
Todi [PG]
tel. 0758947439
www.cantinapeppucci.com
**Todi Grechetto
Montorsolo '15**
9.20 euro

Pucciarella
loc. Villa di Magione
via Case Sparse, 39
Magione [PG]
tel. 0758409147
www.pucciarella.it
**Colli del Trasimeno
Sant'Anna
di Pucciarella '13**
10.10 euro
Empireo '13
11.80 euro

Raina
loc. Turri
via Case Sparse, 42
Montefalco [PG]
tel. 0742621356
www.raina.it
La Peschiera di Pacino '15
8.40 euro
**Spoleto Trebbiano
Spoletino '15**
10.10 euro

Sandonna
loc. Selve
Giove [TR]
tel. 0744992274
www.cantinasandonna.it
Ciliegiolo di Narni '15
7.60 euro

Scacciadiavoli
loc. Cantinone, 31
Montefalco [PG]
tel. 0742371210
www.scacciadiavoli.it
Montefalco Rosso '13
11.30 euro

Terre de la Custodia
loc. Palombara
Gualdo Cattaneo [PG]
tel. 0742929586
www.terredelacustodia.it
**Colli Martani
Grechetto Plentis '14**
11.80 euro

Todini
fraz. Rosceto
via Collina, 29
Todi [PG]
tel. 075887122
www.cantinafrancotodini.com
Todi Grechetto '15
9.60 euro

Tudernum
loc. Pian di Porto, 146
Todi [PG]
tel. 0758989403
www.tudernum.it
Todi Grechetto '15
6.30 euro
**Todi Rosso Sup.
Rojano '13**
12.70 euro

le migliori enoteche

Beresapere
via Mentana, 43
Perugia
tel. 0755056053

Gabriele Ricci Alunni, ex Presidente dell'AIS regionale, è una figura che gli appassionati di vino di Perugia conoscono bene. Oggi il suo ruolo è diverso ma non il contesto, circondato da splendide bottiglie nella sua enoteca Beresapere. Un luogo moderno dove si respira competenza e non è difficile trovare quello che si cerca. Ampia la selezione di vini regionali, nazionali e internazionali (Francia in testa, con bella selezione di Champagne). Non mancano le birre, con un occhio sempre più attento a quelle artigianali, i distillati di ogni tipo, le prelibatezze gourmet e gli immancabili accessori per la degustazione. Molti gli appuntamenti a tema e le grandi degustazioni guidate che vengono organizzate con una certa frequenza.

Enoteca Giò
via Ruggero d'Andreotto, 19
Perugia
tel. 0755731100

Per i perugini il nome Giò ha un sapore romantico e profuma di casa. Era il 1969 quando Antonio Guarducci decise di fondare i "grandi magazzini" con questo marchio, di fatto il primo supermercato della città e tra le prime esperienze italiane del genere. Suddiviso in reparti, il Giò ha sempre garantito uno spazio privilegiato al vino, vera passione del suo fondatore. Con il passare degli anni la specializzazione nell'ambito dell'enoteca si fa sempre più importante, al punto che nel 1992 Antonio Guarducci, insieme ai figli Alberto, Eugenio e Massimo, inaugurano un hotel adiacente ai magazzini, interamente dedicato al vino. Oggi la fisionomia della struttura è molto diversa da quella di un tempo. Il supermercato si è staccato dalla bottega gourmet in cui comprare specialità locali e da tutto il mondo, birre artigianali, distillati e naturalmente vini. Il locale enoteca ha uno spazio più piccolo che in passato ma è ancora approdo sicuro per gli appassionati della città. Anzi, la selezione ci pare sempre più personale, le novità non mancano e l'aria è di nuovo frizzante dalle parti di via Ruggero d'Andreotto.

le altre enoteche

PERUGIA E PROVINCIA

Enoteca Fronduti
via Portica, 14
Assisi [PG]
tel. 075812218

Lo Sfizio
via A. Marchesani, 3
Città di Castello [PG]
tel. 0758520333

La Vineria del Vasaio
via della Cacioppa, 4
Città di Castello [PG]
tel. 0758523281

Sparafucile Hostaria Enoteca
l.go Carducci, 30
Foligno [PG]
tel. 0742342602

Enoteca Petrini
p.zza Garibaldi, 11
Gualdo Tadino [PG]
tel. 0759108203

Federico II
p.zza del Comune
Montefalco [PG]
tel. 0742378902

Cinastik Vineria
via dei Priori, 39
Perugia
tel. 0755727796

Civico 25
via della Viola, 25
Perugia
tel. 075 5716376

De Gustibus
loc. Ponte San Giovanni
via Ponte Vecchio, 66
Perugia
tel. 0755996364

le migliori enoteche

Ipercoop Collestrada
loc. Collestrada
via della Valtiera, 181
Perugia
tel. 075 59711

Pioniere nella vendita di vino di qualità all'interno della GDO, l'Ipercoop di Collestrada mostra un volto più fresco e pimpante che mai. Affiancata da un angolo gourmet in cui trovare prelibatezze selezionate da ogni dove, l'enoteca continua a stupire per selezione e quantità di scelta, confermandosi uno degli indirizzi più interessanti di tutto il centro Italia. Vini italiani e francesi in primo piano, Champagne di grandi maison e piccoli produttori, cantine umbre ben rappresentate e tante bottiglie dall'invidiabile rapporto qualità prezzo. Questi i maggiori pregi di un'enoteca che ha fatto scuola ma non perde il gusto per la ricerca.

le altre enoteche

Enonè
c.so Cavour, 61
Perugia
tel. 0755721950

Enoteca Provinciale di Perugia
via Ulisse Rocchi, 16
Perugia
tel. 0755724824

Osteria a Priori
via dei Priori, 39
Perugia
tel. 0755727098

TERNI E PROVINCIA

Enoteca Barberani
via L. Maitani, 1
Orvieto [TR]
tel. 0763341532

Cantina Foresi
p.zza Duomo, 2
Orvieto [TR]
tel. 0763341611

Enoteca Regionale
via Ripa Seranica, 1
Palazzo San Giovanni
Orvieto [TR]
tel. 0763341818

La Loggia
c.so Cavour, 135
Orvieto [TR]
tel. 0763341657

Vinosus
p.zza Duomo, 15
Orvieto [TR]
tel. 0763341907

Clessidra
via Masaccio, 24
Terni
tel. 0744433611

Vini e Capricci
via Giulio Natta, 20
Terni
tel. 0744813859

lazio

Come già segnalato l'anno scorso, la produzione del Lazio anche nella fascia di prezzo presa in considerazione dal nostro Berebene si orienta sempre di più alla valorizzazione del patrimonio autoctono, sia per quanto riguarda le uve che per quanto riguarda le denominazioni di origine. Ecco allora che troviamo nell'elenco degli Oscar Bellone e Grechetto, Nero Buono e Aleatico, e poi Frascati ed Est! Est!! Est!!! di Montefiascone, Circeo e Cesanese del Piglio o di Olevano Romano e così via. Il Berebene è passato così in questi anni da una serie di vini certamente di qualità, ma che sarebbe stato difficile collocare con sicurezza nel Lazio, a vini di grande tipicità, che parlano del loro luogo di origine e del territorio in cui nascono. Questa dinamica positiva quest'anno va tuttavia messa un po' in secondo piano. Il concatenarsi di due annate difficili come la 2014, fredda e piovosa e che ha penalizzato in particolare la produzione rossista, e la 2015, particolarmente calda e che ha penalizzato soprattutto la produzione bianchista, ha infatti portato a risultati meno brillanti di quanto abbiamo visto recentemente. Questo non toglie che nell'ambito dei buoni rapporti qualità prezzo l'intera regione, con tutte le sue zone produttive, possa proporre vini validi e piacevoli. Come l'Oscar Regionale Capolemole Bianco '15 di Marco Carpineti, una vecchia conoscenza di questa pubblicazione che conferma, se mai ce ne fosse bisogno, della bontà della strada produttiva scelta da questa azienda.

Capolemole Bianco '15
Marco Carpineti
s.da prov.le Velletri-Anzio, 3
Cori [LT]
tel. 069679860
www.marcocarpineti.com
8.90 euro

Produttore di riferimento per la zona di Cori e non solo, Marco Carpineti propone una viticoltura naturale e biologica, testimoniata ad esempio dall'utilizzo dei cavalli per lavorare nelle vigne. I vigneti sono situati su terreni di origine vulcanica ricchi di scheletro tufaceo e calcareo, da cui viene realizzata un'ampia gamma di etichette di ottimo livello, come dimostra il Capolemole Bianco '15, da uve bellone in purezza, in cui spiccano sentori di miele, castagno e frutta gialla, mentre il palato è di bella tessitura, equilibrato ed elegante nella sua sapidità.

gli Oscar

Albiola Rosato '15
Casale del Giglio
loc. Le Ferriere
s.da Cisterna-Nettuno km 13
Latina
tel. 0692902530
www.casaledelgiglio.it
12.80 euro

L'azienda di Antonio Santarelli in questi ultimi anni ha saputo rinnovarsi con i progetti su territori non ancora alla ribalta e sui loro vitigni autoctoni (la biancolella a Ponza e il bellone ad Anzio), ma il cuore della produzione resta a Satrico e l'affidabilità e la qualità dei vini prodotti nel corpo centrale della proprietà è sempre in primo piano. L'Albiola '15, da uve syrah (85%) con un saldo di sangiovese, è uno dei migliori rosati della regione: fresco e vinoso, con nitide note di frutti rossi, piacevole e tutto da bere.

Ercole Nero Buono '13
Cincinnato
via Cori-Cisterna, km 2
Cori [LT]
tel. 069679380
www.cincinnato.it
11.60 euro

La cantina cooperativa Cincinnato, fondata nel 1947 a Cori, oggi conta più di 130 soci conferitori, per un patrimonio vitato di circa 400 ettari. Da diversi anni è diventata uno dei principali esponenti della denominazione di origine Cori e uno dei più importanti alfieri dei principali vitigni autoctoni del territorio, il nero buono e il bellone. L'Ercole Nero Buono '13 si presenta con sentori di frutti neri e terra bagnata, seguiti da sfumature di cardamomo, ha un palato ampio e insieme equilibrato, dal finale piacevole e succoso.

Pozzodorico Bellone '14
Cincinnato
via Cori-Cisterna, km 2
Cori [LT]
tel. 069679380
www.cincinnato.it
9.40 euro

Sulle colline di Cori la vigna è coltivata fin dai tempi dell'antica Roma, come testimonia anche il nome di questa cantina cooperativa, in cui Nazareno Milita e Carlo Morettini curano la gestione dei vigneti affiancati ai conferitori e la moderna cantina. Uno dei vitigni più importanti del territorio è senza dubbio il bellone, e il Pozzodorico Bellone '14 ne mostra tutte le potenzialità: è un vino incisivo e minerale nella sua sapidità, con note di miele, spezie e frutta a polpa gialla al naso e un finale dinamico, fresco e piacevole.

Cesanese di Olevano Romano Sup. Silene '14
Damiano Ciolli
via del Corso
Olevano Romano [RM]
tel. 069563334
www.damianociolli.it
10.80 euro

La produzione della piccola azienda di Damiano Ciolli è dedicata completamente al cesanese e alla denominazione Olevano Romano. I vigneti di proprietà sono situati a un'altitudine di circa 450 metri su terra rossa vulcanica, vanno dai 15 ai 35 anni di età e vedono la presenza di un solo vitigno, il cesanese di Affile. Il Cesanese di Olevano Romano Superiore Silene '14 è una delle migliori interpretazione di questa difficile annata: leggero, quasi esile, si esprime su toni di buon frutto fresco e ha un finale sapido e piacevole.

Saìno '13
Cordeschi
loc. Acquapendente
via Cassia km 137,400
Acquapendente [VT]

196 Berebene 2017

tel. 3356953547
www.cantinacordeschi.it
10.60 euro

In una zona come quella di Acquapendente – il comune più settentrionale del Lazio, proprio al confine con la Toscana – dove l'interesse per la produzione vinicola è piuttosto recente, Fabio e Federico Cordeschi fanno un po' la figura dei precursori. Dalle vigne situate nella vallata del fiume Paglia nasce il Saìno '13, da uve sangiovese con un piccolo saldo di montepulciano e cabernet sauvignon, dai profumi di liquirizia e tabacco e dal palato dai toni di frutti neri, di buon corpo e pienezza.

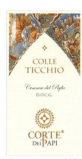

Cesanese del Piglio Colle Ticchio '15
Corte dei Papi
loc. Colletonno
Anagni [FR]
tel. 0775769271
www.cortedeipapi.it
9.20 euro

La Corte dei Papi si estende su una superficie di circa 190 ettari, di cui 25 vitati, situati fra il comune di Paliano e quello di Anagni, nel cuore della zona di produzione del Cesanese del Piglio. Cesanese comune e cesanese di Affile sono i vitigni più coltivati. Il Cesanese del Piglio Colle Ticchio '15 presenta profumi di frutti di bosco con sfumature vegetali di macchia di rovi, e un palato piacevole e ricco di frutto, con tannini ancora in evidenza, ma di buona scorrevolezza e lunghezza.

Est! Est!! Est!!! di Montefiascone Poggio dei Gelsi '15
Falesco
loc. San Pietro
Montecchio [TR]
tel. 07449556
www.falesco.it
8.00 euro

L'azienda della famiglia Cotarella, fondata nel 1979, ha saputo in questi anni diventare una protagonista del mondo vitivinicolo nazionale, senza per questo dimenticare le proprie radici. Se i suoi vigneti oggi si estendono in diverse zone, le origini della produzione aziendale si trovano a Montefiascone. Da qui nasce l'Est! Est!! Est!!! di Montefiascone Poggio dei Gelsi '15, dai toni di frutta bianca con sfumature di salvia, e un palato di facile approccio, avvolgente e sul frutto.

Frascati Sup. Terre dei Grifi '15
Fontana Candida
via Fontana Candida, 11
Monte Porzio Catone [RM]
tel. 069401881
www.fontanacandida.it
8.00 euro

Fontana Candida è una delle più importanti e conosciute realtà produttive dei Castelli Romani. Sono oltre 190 gli agricoltori che conferiscono uve, provenienti dai terreni vulcanici tipici di questo territorio. Tra i vari Frascati prodotti spicca per il rapporto qualità prezzo un classico aziendale, il Frascati Superiore Terre dei Grifi '15, che al naso propone sentori di erbe aromatiche e agrumi, mentre il palato è di buona materia e con un lungo finale ben sostenuto dall'acidità.

Propizio '15
Donato Giangirolami
b.go Montello
fraz. Le Ferriere
via del Cavaliere, 1414
Latina
tel. 3358394890
www.donatogiangirolami.it
8.00 euro

L'azienda di Donato Giangirolami, situata nell'agro pontino, è stata fondata dal padre Dante nel 1956, e dal 1993 è a conduzione biologica certificata. I vigneti sono divisi in tre tenute, due nella zona dei Castelli Romani e una nella denominazione Cori, e vedono la presenza di una dozzina di vitigni diversi, sia autoctoni sia internazionali. Il Propizio '15 è un Grechetto elegante, dai profumi di scorza d'arancia, con note di cannella e frutto della passione, mentre il palato è ricco di frutto, minerale e persistente.

CEV Merlot Poggio Ferrone '15
Podere Grecchi
s.da Sammartinese, 8
Viterbo
tel. 0761305671
www.poderegrecchi.com
8.40 euro

L'azienda della famiglia Buzzi, nata nel 1973 e che dal 2005 imbottiglia i propri vini, in un decennio ha saputo diventare uno dei più interessanti produttori della Tuscia viterbese. Quest'anno ci ha davvero convinto il Colli Etruschi Viterbesi Merlot Poggio Ferrone '15, dai sentori di frutti di bosco con sfumature di tabacco, e dal palato nitido, dai toni di frutti rossi freschi, piacevole e lungo.

Frascati Sup. '15
Casale Marchese
via di Vermicino, 68
Frascati [RM]
tel. 069408932
www.casalemarchese.it
8.10 euro

Da sette generazioni la famiglia Carletti è proprietaria di quest'azienda dei Castelli Romani e il casale, che poggia su due antiche cisterne romane, ne testimonia la lunga storia. Le principali uve coltivate sono quelle tradizionali della zona e della denominazione Frascati: malvasia, trebbiano, bombino, bellone. Il Frascati Superiore '15 al naso evidenzia note di agrumi dolci e frutta bianca, mentre il palato è scorrevole e di piacevole beva.

Orvieto Tragugnano '15
Sergio Mottura
loc. Poggio della Costa, 1
Civitella d'Agliano [VT]
tel. 0761914533
www.motturasergio.it
13.00 euro

Sergio Mottura è portavoce e simbolo, oltre che grande interprete, del grechetto, vitigno che trova nell'Alta Valle Tiberina del Lazio un territorio in cui esprimersi ad altissimo livello. L'azienda conduce in regime biologico 37 ettari vitati, oltre a gestire La Tana dell'Istrice, uno splendido wine hotel nel centro del borgo medievale di Civitella d'Agliano. Si conferma tra i migliori della denominazione l'Orvieto Tragugnano '15, dai profumi di frutta bianca matura e spezie, e dal palato grintoso e di buona materia, lungo e sapido.

Cavarosso '15
Antonella Pacchiarotti
via Roma, 14
Grotte di Castro [VT]
tel. 0763796852
www.vinipacchiarotti.it
10.10 euro

Antonella Pacchiarotti ha creato la sua azienda nel cuore della denominazione Aleatico di Gradoli nel 1998, e nei vigneti aziendali, che sono affacciati sul lago di Bolsena e situati a 550 metri di altitudine, è presente solo uva aleatico, che viene declinata in varie tipologie. Il Cavarosso '15 è un Aleatico Secco che presenta sentori di ciliegia nera e mora e un palato sul frutto e grintoso, con tannini fini, di buona materia e lunghezza.

Amarasco '14
Principe Pallavicini
via Roma, 121
Colonna [RM]
tel. 069438816
www.vinipallavicini.com
10.00 euro

La Principe Pallavicini conta su due grandi corpi aziendali: la tenuta storica di Colonna, dove hanno sede le cantine, gli uffici e la maggior parte dei vigneti, piantati principalmente con uve bianche e cesanese, situati sul tipico suolo vulcanico dei

Castelli Romani, e quella di Cerveteri, dai terreni calcarei ricchi di scheletro. Il Cesanese Amarasco '14 al naso è fruttato, mentre il palato ha note di frutti neri croccanti, è grintoso e con un finale saporito e di buona beva.

Poggio Triale '14
Tenuta La Pazzaglia
s.da di Bagnoregio, 4
Castiglione in Teverina [VT]
tel. 0761947114
www.tenutalapazzaglia.it
12.60 euro

Randolfo e Agnese Verdecchia hanno fondato Tenuta La Pazzaglia nella Valle dei Calanchi nel 1991. Oggi sono il figlio Pierfrancesco a occuparsi del lavoro in vigna e sua sorella Maria Teresa a dedicarsi alla vinificazione delle uve. Il Grechetto Poggio Triale '14 presenta profumi floreali e di albicocca al naso, mentre il palato ha delle note quasi tanniche, è elegante, sapido e di buona materia e lunghezza.

Chardonnay '15
Pietra Pinta
via Le Pastine km 20,200
Cori [LT]
tel. 069678001
www.pietrapinta.com
8.30 euro

La famiglia Ferretti è con la sua azienda Pietra Pinta è uno dei protagonisti principali del territorio corense, che valorizza sia con le produzioni di vino e olio che con un ospitale agriturismo. Tra i vari vini di buona qualità presentati quest'anno segnaliamo lo Chardonnay '15, dal naso di bella complessità, con spiccati toni aromatici, e dal palato di buona materia e tenuta acida, per un finale di non usuale sapidità.

Donnaluce '15
Poggio Le Volpi
via Colle Pisano, 27
Monte Porzio Catone [RM]
tel. 069426980
www.poggiolevolpi.it
13.00 euro

Felice Mergè porta avanti una tradizione vinicola che fu prima di suo padre Armando e del nonno Manlio. Oggi i vigneti aziendali di proprietà si estendono su suoli argilloso-vulcanici a 400 metri di altitudine alle pendici di monte Porzio Catone, dove vengono coltivate principalmente varietà locali. Ottimo il Donnaluce '15, blend da malvasia puntinata, greco e chardonnay, dalle note di frutta bianca e resina. Armonico e elegante al palato, si distingue per una beva piacevole e invitante.

Grechetto '15
Tenuta Ronci di Nepi
via Ronci 2072
Nepi [VT]
tel. 0761555125
www.roncidinepi.it
9.90 euro

Nella riserva naturale del parco della valle del Treja la famiglia Impronta lavora una ventina di ettari vitati. Nonostante la grande attenzione dedicata ai vitigni internazionali, vengono proposte anche delle ottime etichette realizzate con vitigni autoctoni, come questo Grechetto '15, dagli intensi profumi di zafferano e fiori gialli, mentre il palato, di buona materia e pienezza, è più giocato sul frutto e ha un finale fresco e piacevole.

Circeo Bianco Dune '14
Sant'Andrea
loc. Borgo Vodice
via Renibbio, 1720
Terracina [LT]
tel. 0773755028
www.cantinasantandrea.it
8.90 euro

Andrea e Gabriele Pandolfo hanno senza dubbio il grande merito di aver portato all'attenzione del pubblico un vitigno e un vino davvero particolare come il Moscato di Terracina, ma molti dei vigneti di proprietà si trovano nelle zone più vocate della denominazione di origine Circeo. Qui nasce il Circeo Bianco Dune '14, che dal suo passaggio in legno ottiene toni di frutta gialla matura con sfumature floreali al naso, e un palato altrettanto maturo e di bella pienezza.

Est! Est!! Est!!! di Montefiascone Cl. Foltone '15
Stefanoni
loc. Zepponami
via Stefanoni, 48
Montefiascone [VT]
tel. 0761825651
www.cantinastefanoni.it
6.70 euro

La famiglia Stefanoni è una degli attori del panorama vitivinicolo del territorio di Montefiascone fin dagli anni Cinquanta del secolo scorso. Tra le varie etichette realizzate ha da sempre un posto di rilievo l'Est! Est!! Est!!! di Montefiascone Classico Foltone. La versione 2015 si presenta con aromi fruttati e note floreali, cui fa seguito un palato di medio corpo e buona scorrevolezza, piacevole e dal finale agrumato e ammandorlato.

Fioranello Bianco '15
Tenuta di Fiorano
via di Fioranello, 19/31
Roma
tel. 0679340093
www.tenutadifiorano.it
11.80 euro

La Tenuta di Fiorano è situata a pochi chilometri da Roma. Gestita da Alessandrojacopo Boncompagni Ludovisi dalla fine degli anni Novanta, è tra le aziende protagoniste della storia della vitivinicoltura del Lazio e d'Italia. La superficie vitata è di 5 ettari, piantati a cabernet sauvignon, merlot, grechetto e viognier. Il Fioranello Bianco '15, realizzato con le uve bianche della tenuta, ha profumi di frutta bianca e agrumi, mentre il palato è nitido, grintoso e di bella freschezza.

Quercia Rossa '12
Giovanni Terenzi
via Forese, 13
Serrone [FR]
tel. 0775594286
www.viniterenzi.com
10.10 euro

L'azienda della famiglia Terenzi è una delle protagoniste del territorio del cesanese, grazie a vigneti di alta qualità situati su terreni vulcanici e calcarei sia nella denominazione del Piglio che nella limitrofa denominazione di Olevano Romano. Ma la produzione non è limitata ai Cesanese. Il Quercia Rossa '12 è un Sangiovese in purezza, dai profumi di ciliegia e terra bagnata, accompagnati da note terziarie, dotato di un frutto ricco e succoso, con tannini ben equilibrati e una buona tenuta finale.

Lentisco '14
Terra delle Ginestre
s.da st.le 630 Ausonia, 59
Spigno Saturnia [LT]
tel. 3495617153
www.terradelleginestre.it
10.30 euro

Sono passati quasi vent'anni da quando un piccolo gruppo di amici decise di fondare Terra delle Ginestre. La scelta di proporre vini realizzati con vitigni autoctoni e con tecniche tradizionali, come l'affinamento in botti di castagno, è stata certamente azzeccata, come dimostra il Lentisco '14, da uve bellone in purezza, dai sentori di pera con sfumature di vaniglia e dal palato dai toni un po' rustici, ma di buona persistenza e personalità.

Grechetto '15
Trappolini
via del Rivellino, 65
Castiglione in Teverina [VT]
tel. 0761948381
www.trappolini.com
9.60 euro

L'azienda della famiglia Trappolini, oggi guidata dai fratelli Roberto e Paolo, è una delle protagoniste del panorama vitivinicolo del Viterbese da ormai oltre mezzo secolo. La produzione è basata quasi completamente sui vitigni autoctoni. Tra i vari vini proposti quest'anno spicca il Grechetto '15: frutta gialla e zafferano al naso, palato di buona ricchezza di frutto e dalla dinamica tensione acida, con note di mandorla e un finale fresco e piacevole.

Tadzio '15
Villa Caviciana
loc. Tojena Caviciana
Grotte di Castro [VT]
tel. 0763798212
www.villacaviciana.com
8.40 euro

Villa Caviciana, di Mocca e Fritz Metzeler, è un'azienda a conduzione biologica che si affaccia sullo splendido lago di Bolsena. Accanto alla produzione di miele, olio e vari salumi, trovano spazio 15 ettari vitati da cui provengono le varie etichette aziendali, i cui nomi sono legati a personaggi della letteratura tedesca che hanno amato l'Italia. Il Tadzio '15, rosato da uve aleatico in purezza, ha profumi di frutti di bosco e di rosa, con sfumature speziate, mentre il palato è elegante, lungo e di notevole carattere.

Shiraz Le Piantate '14
Cantine Volpetti
via Nettunense, 21
Ariccia [RM]
tel. 069342000
www.cantinevolpetti.it
7.60 euro

Questa storica azienda dei Colli Albani, presente sul territorio fin dal 1958, propone un'ampia gamma di prodotti di qualità, realizzati sia con vitigni autoctoni sia internazionali. Lo Shiraz Le Piantate '14, lavorato in solo acciaio, è piacevole e succoso, con i varietali toni speziati in primo piano affiancati da note di frutti neri. Un'etichetta esemplare nel suo essere vino quotidiano, dall'ottimo rapporto qualità prezzo e tutto da bere.

gli altri vini

Marco Carpineti
s.da prov.le Velletri-Anzio, 3
Cori [LT]
tel. 069679860
www.marcocarpineti.com
Moro '14
12.40 euro

Castel de Paolis
via Val de Paolis
Grottaferrata [RM]
tel. 069413648
www.casteldepaolis.com
Campo Vecchio Rosso '14
12.60 euro
Frascati Sup. '15
12.60 euro

Cincinnato
via Cori-Cisterna, km 2
Cori [LT]
tel. 069679380
www.cincinnato.it
Cori Bianco Illirio '15
6.90 euro

Antonello Coletti Conti
via Vittorio Emanuele, 116
Anagni [FR]
tel. 0775728610
www.coletticonti.it
Arcadia '15
11.90 euro

Cominium
via Ritinto
Alvito [FR]
tel. 0776510683
www.cantinacominium.it
Atina Cabernet Satur '13
11.10 euro

Cordeschi
loc. Acquapendente
via Cassia km 137,400
Acquapendente [VT]
tel. 3356953547
www.cantinacordeschi.it
Ost '14
13.00 euro

La Ferriera
via Ferriera, 723
Atina [FR]
tel. 0776691226
www.laferriera.it
Ferrato '13
9.20 euro

Fontana Candida
via Fontana Candida, 11
Monte Porzio Catone [RM]
tel. 069401881
www.fontanacandida.it
Roma Malvasia Puntinata '15
9.90 euro

Formiconi
loc. Farinella
Affile [RM]
tel. 3470934541
www.cantinaformiconi.it
Cesanese di Affile Cisinianum '14
10.10 euro

Podere Grecchi
s.da Sammartinese, 8
Viterbo
tel. 0761305671
www.poderegrecchi.com
CEV Rossetto Il Fedele '15
8.40 euro

Casale Marchese
via di Vermicino, 68
Frascati [RM]
tel. 069408932
www.casalemarchese.it
Clemens '14
12.60 euro

Sergio Mottura
loc. Poggio della Costa, 1
Civitella d'Agliano [VT]
tel. 0761914533
www.motturasergio.it
Civitella Rosato '15
12.70 euro

Antonella Pacchiarotti
via Roma, 14
Grotte di Castro [VT]
tel. 0763796852
www.vinipacchiarotti.it
Matée '15
10.10 euro
Ramatico '11
10.20 euro

Principe Pallavicini
via Roma, 121
Colonna [RM]
tel. 069438816
www.vinipallavicini.com
Frascati Sup. Poggio Verde '15
8.00 euro

Tenuta La Pazzaglia
s.da di Bagnoregio, 4
Castiglione in Teverina [VT]
tel. 0761947114
www.tenutalapazzaglia.it
Grechetto 109 '15
10.10 euro

Sant'Andrea
loc. Borgo Vodice
via Renibbio, 1720
Terracina [LT]
tel. 0773755028
www.cantinasantandrea.it
Circeo Bianco Riflessi '15
5.70 euro

Terra delle Ginestre
s.s. 630 Ausonia, 59
Spigno Saturnia [LT]
tel. 3495617153
www.terradelleginestre.it
Il Generale '14
13.00 euro

Trappolini
via del Rivellino, 65
Castiglione in Teverina [VT]
tel. 0761948381
www.trappolini.com
Cabernet Franc '14
11.30 euro

Valle Vermiglia
via A. Gramsci, 7
Roma
tel. 3487221073
www.vallevermiglia.it
Frascati Sup. Eremo Tuscolano '14
13.00 euro

Villa Caviciana
loc. Tojena Caviciana
Grotte di Castro [VT]
tel. 0763798212
www.villacaviciana.com
Lorenzo Brut
10.10 euro

Villa Gianna
fraz. b.go San Donato
s.da Maremmana
Sabaudia [LT]
tel. 0773250034
www.villagianna.it
Circeo Bianco Innato '15
9.40 euro

Cantine Volpetti
via Nettunense, 21
Ariccia [RM]
tel. 069342000
www.cantinevolpetti.it
Malvasia del Lazio V.T.
12.60 euro

ZENZERO
osteria metropolitana

Zenzero Osteria Metropolitana è un piccolo ristorante che propone una cucina basata su ingredienti semplici, fortemente legati alla tradizionale dieta mediterranea. Pasta, verdure, ma anche pesce e carne, utilizzando materie prime biologiche e della filiera corta. Zenzero Osteria Metropolitana aderisce a Campagna Amica nel Piatto. Dal ristorante si accede alla bottega Pan di Zenzero, dove è possibile trovare tutti i prodotti e gli ingredienti dei piatti realizzati dalla cucina e molte altre specialità alimentari.

Villalba di Guidonia (RM), Corso Italia 152
T 346.0233022 / 392.3899724
www.zenzeroristorante.it

CERTIFICATO DI ECCELLENZA
2013, 2014, 2015 e 2016

le migliori enoteche

Del Gatto
via Mazzini, 9 (ang. via XX Settembre)
Anzio [RM]
tel. 069846269

Con l'insostituibile aiuto della moglie Simonetta e dei figli Cesare e Daria, Franco ha dato vita ad una cantina di oltre 3900 etichette, italiane e straniere, una carta dei vini ampia, piena di grandi nomi e annate rare, che però non disdegna, negli ultimi tempi, di rivolgersi ai vini naturali, soprattutto sardi e friulani, e al territorio. Tante le opzioni alla mescita, fra cui molte bollicine alle quali è rivolta un'attenzione particolare. Tutto questo senza tralasciare un'offerta gastronomica veloce e mai banale; a Daria è affidato il compito di curare la selezione e la preparazione di quegli stuzzichini che renderanno la vostra sosta piacevolissima. Lo spazio a disposizione è occupato dagli scaffali che traboccano di vini, di distillati preziosi, di prelibatezze dall'Italia e dal mondo, non trascurando tuttavia la realtà della zona; quindi troverete pregiate ostriche, ma pure sconcigli e alici di Anzio. Nel caso poi vogliate sorseggiare un cocktail, sarà Cesare a correre dietro al bancone per esaudire il vostro desiderio.

Lucantoni
l.go di Vigna Stelluti, 33
Roma
tel. 063293743

Nel 1961 nasce l'enoteca Lucantoni per mano di Silvio, Marino e Francesco che insieme decisero di aprire un luogo dove bere bene e offrire le migliori etichette del patrimonio enologico mondiale. Per gli appassionati dell'enogastronomia questo tempio offre oltre 3000 etichette provenienti dai luoghi più rinomati del settore vitivinicolo. Oggi si possono acquistare bottiglie provenienti dall'Alsazia, Bordeaux, Loira, Borgogna, Champagne, Germania, Austria, Spagna, Portogallo, Cile, Argentina, California, Australia, Nuova Zelanda e Sud Africa. In più è possibile perdersi tra una vasta scelta di acquaviti, liquori e grappe delle migliori marche.

le altre enoteche

FROSINONE E PROVINCIA

L'Angolo Divino
via del Carmine, 26
Cassino [FR]
tel. 077624596

Eurovini
via Arigni
Cassino [FR]
tel. 0776311346

Federici
p.zza Martiri di via Fani, 8
Ceprano [FR]
tel. 0775912676

Vino ma non solo
via Casilina, 108
Ferentino [FR]
tel. 0775397721

LATINA E PROVINCIA

La Primula
via Matteotti, 156
Aprilia [LT]
tel. 06924964

Faiola
via Madonna delle Grazie, 155
Fondi [LT]
tel. 0771522077

ROMA E PROVINCIA

75 cl Enobottega
via G. Chiabrera, 58a
Roma
tel. 065412480

la Barrique
via Metaponto, 19
Roma
tel. 0664764912

Bernabei
via San Francesco a Ripa, 48
Roma
tel. 065812818

Trimani
via Goito, 20
Roma
tel. 064469661

La famiglia Trimani è nel campo dell'enogastronomia dal 1821, anno di fondazione di questo esercizio. Il locale è spazioso ed elegante e offre metri e metri di ripiani colmi delle migliori etichette italiane e straniere. Numerose sono le cantina del Lazio che trovano spazio in questa enoteca, insieme a tante altre bottiglie del patrimonio vitivinicolo italiano e ai grandi cru francesi con Champagne rari e perle dalla Borgogna e da Bordeaux. Molto generosa anche la proposta di pasta, riso, legumi, confetture, mieli, cioccolato e dolci.

Bernabei
via L. della Robbia, 24
Roma
tel. 0657287464

Bulzoni
v.le dei Parioli, 36
Roma
tel. 068070494

Dei Principi
via Tripolitania, 205
Roma
tel. 0645433594

Del Frate
via degli Scipioni, 122
Roma
tel. 063211612

Delle Vittorie
via Monte Santo, 14a
Roma
tel. 063728278

Di Biagio
p.le Jonio, 6
Roma
tel. 068109874

Enoteca 19
p.le Adriatico, 19
Roma
tel. 0687181745

L'Enoteca dei Desideri
p.le Gregorio VII, 17
Roma
tel. 066381507

L'Enoteca dello Zio d'America
via U. Ojetti, 2
Roma
tel. 0686765754

Enoteca al Parlamento
via dei Prefetti, 15
Roma
tel. 066873446

Romani
via Pisa, 14a
Roma
tel. 0644244250

Roscioli
via dei Giubbonari, 21
Roma
tel. 066875287

Il Vino del '99
via L. Albertoni, 80
Roma
tel. 0653272283

VITERBO E PROVINCIA

Bacco & C.
p.zza Martiri della Libertà, 11
Caprarola [VT]
tel. 0761645028

La Velca
Alberata Dante Alighieri, 37
Tarquinia [VT]
tel. 0766856989

Cantina Palazzo dei Mercanti
via della Torre, 1
Viterbo
tel. 0761226467

abruzzo

Oggi più che mai l'Abruzzo si propone tra gli azionisti di maggioranza del Berebene nazionale, e non solo: un autentico eldorado per chi cerca bottiglie tipiche e territoriali senza svenarsi. Siamo ai piani altissimi dell'hit parade europea per quantità e qualità di opzioni, e con l'innalzamento della soglia di prezzo per l'inserimento in pubblicazione, il dato si fa clamoroso. Oltre la metà dei migliori vini abruzzesi sono infatti reperibili a scaffale sotto i 13 euro e praticamente tutte le cantine selezionate per la nostra Guida principale possono vantare almeno un'etichetta da Oscar. Nelle pagine che seguono troverete rappresentate tutte le aree viticole, le varietà e le tipologie della regione, proposte da ogni sorta di aziende. Incontriamo minuscole realtà artigianali e maestose corazzate, veterani di lungo corso e giovani rampanti, imprese familiari e complesse reti di cantine sociali. Un quadro per molti versi entusiasmante, da cui non sfuggono tuttavia alcuni risvolti decisamente più contradditori. Si rivelano giocoforza limitate le chance di piena valorizzazione per un comparto chiamato ad affrontare una continua corsa al ribasso dei listini. Sempre meno sostenibile, oltretutto, da un pezzo significativo della filiera, leggi piccoli viticoltori-conferitori. Quello che auspichiamo, dunque, è un progressivo riequilibrio fra le mille anime della vitienologia abruzzese, tra la sua vocazione popolare e le ambizioni di una terra solo in parte conosciuta nel mondo per ciò che merita. Siamo sicuri, del resto, che le bottiglie coinvolgenti e affidabili per noi bevitori con risorse contingentate continueranno a non mancare su queste colline sospese fra Adriatico e Appennino.

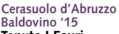

Cerasuolo d'Abruzzo Baldovino '15
Tenuta I Fauri
s.da Corta, 9
Chieti
tel. 0871332627
www.tenutaifauri.it
5.90 euro

È un'anima per molti versi "jazz" quella che si racconta nel lavoro di Domenico e Valentina Di Camillo tra le Colline Teatine. Le tradizionali cultivar abruzzesi sono interpretate con soluzioni di cantina modulari, per dare vita a bottiglie originali come il Cerasuolo Baldovino '15. Nessuna ridondanza dolce o fermentativa, ma tanta sostanza succosa e salina, impreziosita dall'energica scia floreale.

gli oscar

Montepulciano d'Abruzzo Eikos '14
Agriverde
loc. Caldari
via Stortini, 32a
Ortona [CH]
tel. 0859032101
www.agriverde.it
11.80 euro

È un vero e proprio polo verde quello creato in tempi non sospetti dalla famiglia de Carlo sulle Colline Teatine, incentrato sulle principali varietà abruzzesi, con una gamma multiforme e competitiva. Dove si fa notare il Montepulciano Eikos '14: frutto scuro, balsami, timbri affumicati, è un rosso di forma moderna che scioglie maggiormente le briglie nel sorso polposo e al contempo austero.

Controguerra Passerina Villa Torri '15
Barone Cornacchia
c.da Torri, 20
Torano Nuovo [TE]
tel. 0861887412
www.baronecornacchia.it
6.70 euro

Un vasto feudo agricolo intorno alla Fortezza di Civitella, sulle Colline Teramane: da oltre quattro secoli è il quartier generale dei Baroni Cornacchia. Curata oggi da Filippo e Caterina, la proposta tiene insieme le più importanti tipologie abruzzesi, tra cui la sorprendente Controguerra Passerina Villa Torri '15. Delicatamente bucciosa, con tocchi officinali, conquista con la sua progressione ariosa e salina.

Montepulciano d'Abruzzo '15
Tenute Barone di Valforte
c.da Piomba, 11
Silvi Marina [TE]
tel. 0859353432
www.baronedivalforte.it
8.30 euro

Proprietaria del Feudo Baronale di Valforte fin dal '300, la famiglia Sorricchio gestisce una cinquantina di ettari vitati sulle Colline Teramane, riservati alle principali cultivar abruzzesi. Punto forte della gamma sono i rossi giovani, come il Montepulciano '15: un vino deliziosamente semplice e allo stesso tempo importante per i profondi richiami di inchiostro e grafite, ma soprattutto per la fitta grana tannica.

Cerasuolo d'Abruzzo Donna Bosco Rosé '15
Nestore Bosco
c.da Casali, 147
Nocciano [PE]
tel. 085847345
www.nestorebosco.com
6.60 euro

È una storia ultracentenaria quella che si racconta nelle bottiglie targate Cavaliere Nestore Bosco, celebre marchio dei Colli Pescaresi. Al timone ci sono oggi i nipoti del fondatore, che seguono una proposta multiforme incentrata anche su vini golosamente quotidiani come il Cerasuolo Donna Bosco Rosé '15. Fragola, mandarino, rosa passita, è agile e scorrevole senza mancare di tono e allungo.

Montepulciano d'Abruzzo Cadetto '14
Castorani
c.da Oratorio
via Castorani, 5
Alanno [PE]
tel. 3466355635

www.castorani.it
6.00 euro
Battezzata dal celebre chirurgo Raffaele Castorani sul finire del '700, l'azienda di Jarno Trulli e soci è oggi una delle più moderne realtà del Pescarese. Con tante proposte a dir poco centrate e accessibili: provare per credere il Montepulciano Cadetto '14, coinvolgente fin dal primo impatto agrumato e speziato, che si espande su atmosfere sanguigne e balsamiche nel sorso avvolgente, rinfrescante, profondo.

Trebbiano d'Abruzzo Majolica '15
Castorani
c.da Oratorio
via Castorani, 5
Alanno [PE]
tel. 3466355635
www.castorani.it
3.80 euro
Non solo grandi rossi a base montepulciano nella ricca e competitiva gamma targata Castorani. Basti pensare al Trebbiano d'Abruzzo Majolica '15, vino di imbattibile rapporto qualità prezzo al tempo stesso bianco completo per forza e carattere. Frutto bianco, pane appena sfornato, resina di pino, l'originale profilo aromatico trova sponda in una bocca di sorprendente delicatezza e souplesse espressiva.

Cataldino '15
Luigi Cataldi Madonna
loc. Piano
Ofena [AQ]
tel. 0862954252
www.cataldimadonna.com
9.20 euro
È per molti versi il vino della casa per Luigi Cataldi Madonna e famiglia, quello che accompagna la tavola di tutti i giorni e tiene testa alle selezioni più ambiziose da pecorino, trebbiano e montepulciano della prestigiosa cantina di Ofena. È il Cataldino, inconfondibile rosato che in versione 2015 entusiasma col suo corredo suadente e sussurrato: peso leggero ma sempre con brio, senza vuoti di nerbo e linfa sapida.

Montepulciano d'Abruzzo Scuderie Ducali '14
Centorame
via delle Fornaci, 15
Atri [TE]
tel. 0858709115
www.centorame.it
5.40 euro
Bis da Oscar per Centorame, che ci permette di recuperare a poco più di 5 euro un rosso esuberante come il Montepulciano Scuderie Ducali '14. Profilo mediterraneo e silvestre, ha le sfaccettature aromatiche e la tessitura di bottiglie decisamente più ambiziose:

gelsi, terra, chinotto, con timbri delicatamente confit a farsi spazio nel sorso compatto e gustoso. Estrazione tannica misurata e puntuale.

Trebbiano d'Abruzzo S. Michele '15
Centorame
via delle Fornaci, 15
Atri [TE]
tel. 0858709115
www.centorame.it
8.60 euro
Avviata nel 1987, la bella cantina di Lamberto Vannucci si colloca nella suggestiva area dei calanchi tra le Colline Teramane. Teatro ideale per una proposta eclettica, ben raccontata dal Trebbiano S. Michele '15: frutta gialla, erbe da cucina, risacca, si snoda tutto in ampiezza trovando sostegno nella fitta spalla sapida, più che nelle sferzate citrine. Nitido e netto in chiusura, uno dei migliori affari abruzzesi in questo round di assaggi.

Cortalto Pecorino '15
Cerulli Spinozzi
s.da st.le 150 del Vomano km 17,600
Canzano [TE]
tel. 086157193
www.cerullispinozzi.it
9.90 euro
Collocata ai piedi del Gran

Sasso, Cerulli Spinozzi è una delle realtà agricole più importanti del Teramano interno con i suoi oltre cinquanta ettari vitati di proprietà. Nell'originale batteria si fa regolarmente notare per rigore e convenienza il Cortalto Pecorino, particolarmente riuscito in versione 2015: albicocca, nocciola fresca, cenni tropicali, conserva al palato un bel bilanciamento tra maturità e freschezza.

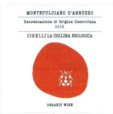

Montepulciano d'Abruzzo La Collina Biologica '15
Cirelli
loc. Treciminiere
via Colle San Giovanni, 1
Atri [TE]
tel. 0858700106
www.agricolacirelli.com
7.60 euro

I calanchi di Atri sono un po' il baricentro delle Colline Teramane affacciate sull'Adriatico: è qui che prende forma l'inconfondibile gamma firmata Cirelli. Che propone saggiamente col tappo a vite i vini della linea Collina Biologica, ideali per un consumo quotidiano, come il Montepulciano '15. Da sottolineare il chirurgico equilibrio tra i timbri "sudisti" di maraschino, prugna e buccia di pomodoro, e la trama di beva tonica e leggera.

Abruzzo Pecorino Sup. Ferzo '15
Codice Citra
c.da Cucullo
Ortona [CH]
tel. 0859031342
www.citra.it
6.70 euro

Il multiforme progetto cooperativo di Codice Citra poggia interamente sul lavoro sinergico di ben nove cantine sociali della provincia di Chieti. Una piattaforma agricola e umana straordinaria, esplorata con numerose opzioni perfette per le tavole quotidiane. Come il Pecorino Superiore Ferzo '15: leggera coda fermentativa, frutta a pasta gialla, coloriture balsamiche e tocchi di anice a corroborare il polposo centro bocca.

Montepulciano d'Abruzzo '14
Collefrisio
loc. Piane di Maggio
Frisa [CH]
tel. 0859039074
www.collefrisio.it
8.30 euro

È dichiarato fin dal nome l'omaggio alle Colline Teatine di Frisa, dove prende forma il progetto immaginato da Amedeo De Luca e Antonio Patricelli. Che cresce anno dopo anno anche grazie a rossi d'entrata di sicuro affidamento come il Montepulciano '14. Macchia mediterranea, resine, oliva nera, non manca di complessità né di contrappunti tannici nella progressione saporosa e rinfrescante del sorso.

Montepulciano d'Abruzzo V. Corvino '15
Contesa
loc. Caparrone
s.da delle Vigne, 28
Collecorvino [PE]
tel. 0858205078
www.contesa.it
8.40 euro

Ispirata nel nome da una celebra contesa terriera che coinvolse il bisnonno di Rocco Pasetti, l'azienda nasce nel 2000 tra le colline di Collecorvino, nel Pescarese. Sono coltivate praticamente tutte le varietà tradizionali della regione, interpretate con naturalezza ed energia in vini come il Montepulciano Vigna Corvino '15. Frutti di bosco, radici, humus, è proporzionato e rigoroso negli apporti estrattivi e fenolici.

Montepulciano d'Abruzzo Febe '15
Antonio Costantini
s.da Migliori, 20
Città Sant'Angelo [PE]
tel. 0859699169

www.costantinivini.it
6.00 euro

La bella cantina della famiglia Costantini si trova a Città Sant'Angelo, nel Pescarese, e da vent'anni propone vini convenienti e territoriali. Paradigmatico, da questo punto di vista, il Montepulciano d'Abruzzo Febe '14: timido e riservato inizialmente, si focalizza su timbriche silvestri e traghetta il frutto quasi scarnificato in un sorso teso e dinamico, rigoroso nell'impianto tannico, saporito e leggero nella beva.

Abruzzo Pecorino '15
Coste di Brenta
c.da Camicie, 50
Lanciano [CH]
tel. 0872895280
www.costedibrenta.it
10.00 euro

Guidata da Augusto Tano e Anna Giovanna Di Ludovico, la Masseria Coste di Brenta nasce nel 2004 e si sviluppa sulle colline di Lanciano, tra Adriatico e Maiella. Nella ricca gamma, consacrata alle principali tipologie abruzzesi, si mette in luce per bontà e prezzo il Pecorino '15: susina, erbe di campo, burro fresco, si rivela anche al palato un riuscito compromesso di dolcezza fruttata e scheletro citrino.

Trebbiano d'Abruzzo Fonte Raviliano '15
De Angelis Corvi
c.da Pignotto
Controguerra [TE]
tel. 086189475
www.deangeliscorvi.it
6.60 euro

Corrado De Angelis Corvi aveva le idee chiare quando decise di creare la sua azienda artigiana a Controguerra, quasi al confine tra le Colline Teramane e la Val Vibrata. Ispirazione tradizionale, ma non certo retrò, la gamma dà spazio a veri e propri campioni del bere quotidiano come il Trebbiano Fonte Raviliano '15: estroverso e solare negli apporti fruttati, la bocca promette una bella fusione tra le componenti polpose e agrumate.

Montepulciano d'Abruzzo Anxanum '14
Eredi Legonziano
c.da Nasuti, 169
Lanciano [CH]
tel. 087245210
www.eredilegonziano.it
6.10 euro

Da quasi cinquant'anni è una delle più interessanti realtà cooperative dell'enclave di Lanciano, comune del Basso Chietino di radicata tradizione produttiva. Ma Eredi Legonziano è soprattutto una delle migliori aziende abruzzesi e vini come il Montepulciano Anxanum '14 spiegano bene il perché: erbe officinali, fiori secchi, radici, è un rosso tradizionale nel senso migliore del termine con la sua trama avvolgente, austera, prospettica.

Montepulciano d'Abruzzo Baldovino '15
Tenuta I Fauri
s.da Corta, 9
Chieti
tel. 0871332627
www.tenutaifauri.it
6.20 euro

Accoppiata da Oscar per I Fauri, completata col buonissimo Montepulciano Baldovino '15. Gli basta poco per liberarsi nel bicchiere di qualche impuntatura riduttiva e lievitosa, lasciando spazio alla pregevole sequenza di frutto chiaro, balsami, spezie orientali. Ma il meglio viene dalla dolce e succulenta progressione gustativa, sostenuta dall'inizio alla fine grazie alla salda struttura, la fitta sapidità, i vigorosi contrasti tannici.

Pecorino Casadonna '14
Feudo Antico
via Perruna, 35
Tollo [CH]
tel. 0871969128
www.feudoantico.it
11.80 euro

Avviata nel 2008, Feudo Antico è una giovane realtà cooperativa che si sviluppa su una ventina di ettari, curati da cinquanta soci sparsi tra le colline della nuova denominazione Tullum. Dalla Tenuta Casadonna a Castel di Sangro, in altura, arriva un magnifico Pecorino '14, trascinante fin dal primo impatto coi suoi richiami cedrati e fluviali, chirurgicamente restituiti dalla scia infiltrante del sorso.

Montepulciano d'Abruzzo Fontefico '13
Fontefico
via Difenza, 38
Vasto [CH]
tel. 3284113619
www.fontefico.it
10.90 euro

La giovane cantina condotta da Gabriella De Luca si propone tra le novità artigiane più interessanti del competitivo distretto abruzzese. Sono circa quindici ettari vitati nei dintorni di Vasto, utilizzati per una gamma variopinta e gastronomica: emblematico, in tal senso, un Montepulciano Fontefico '13, ricco di sfumature mediterranee, dal sorso delicato e compatto, di ammirevole misura estrattiva.

Abruzzo Pecorino Costa del Mulino '15
Cantina Frentana
via Perazza, 32
Rocca San Giovanni [CH]
tel. 087260152
www.cantinafrentana.it
4.90 euro

Con circa quattrocento soci e una produzione annua che sfiora il milione di bottiglie, Cantina Frentana si configura come una delle più importanti cooperative della provincia di Chieti. Le proposte convenienti non mancano di certo, e il Pecorino Costa del Mulino '15 lo illustra a chiare lettere: pesca gialla, fiori primaverili, pane sfornato, il naso è preludio di un sorso nitido e fragrante, più largo che profondo, di bella coesione complessiva.

Pecorino Pié della Grotta '15
Gentile
via del Giardino, 7
Ofena [AQ]
tel. 0862956618
www.gentilevini.it
9.90 euro

Riccardo Gentile è uno dei "golden boy" della viticoltura abruzzese, con particolare riferimento a quell'autentico grand cru che è il territorio di Ofena, incastrato tra il Gran Sasso e i caldi altipiani che guardano l'Adriatico. Peculiari condizioni pedoclimatiche restituite al meglio nel Pecorino Pié della Grotta '15: bianco mediterraneo per potenza fruttata e glicerica, anima montana nell'intreccio balsamico e agrumato.

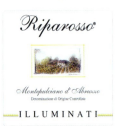

Montepulciano d'Abruzzo Riparosso '15
Dino Illuminati
c.da San Biagio, 18
Controguerra [TE]
tel. 0861808008
www.illuminativini.it
7.10 euro

Lorenzo, Stefano e Anna Illuminati hanno raccolto in pieno l'eredità del Cavalier Dino, trasversalmente citato tra i principali ambasciatori del vino abruzzese nel mondo. Non solo grandi vini da invecchiamento, ma anche goduriosi Montepulciano di pronta beva come il Riparosso '15: classico e moderno al contempo nei ricordi di mora, cacao e brace, avanza senza tentennamenti tannici o asciugature alcoliche nel solido palato.

Brilla Cococciola '15
Marchesi De' Cordano
c.da Cordano, 43
Loreto Aprutino [PE]
tel. 0858289526
www.cordano.it
11.10 euro

Le proprietà Marchesi De' Cordano si distribuiscono su ben sette blocchi viticoli e altrettante zone tra la costa e le montagne abruzzesi. La cantina è a Loreto Aprutino, centro nevralgico per il lavoro che Francesco D'Onofrio porta avanti su una ricca gamma senza punti deboli. Come spiega bene la Brilla Cococciola '15: aromaticità nitida e acuta, anticipa con efficacia il tocco gradevolmente acidulo del sorso.

Montepulciano d'Abruzzo Gianni Masciarelli '14
Masciarelli
via Gamberale, 1
San Martino
sulla Marrucina [CH]
tel. 087185241
www.masciarelli.it
9.40 euro

Un grande classico di un marchio famoso nel mondo, vero e proprio apripista delle ambizioni vitivinicole abruzzesi: è il Montepulciano Gianni Masciarelli, a dir poco riuscito in versione 2014. Apparentemente contraddittorio al naso per i timbri surmaturi e al tempo stesso vegetali, trova nel centro bocca una bella dolcezza di frutto a definire l'impianto aperto e godibile.

Cerasuolo d'Abruzzo Fonte Cupa '15
Camillo Montori
loc. Piane Tronto, 80
Controguerra [TE]
tel. 0861809900
www.montorivini.it
9.20 euro

Quello della famiglia Montori è una dei pochi marchi abruzzesi che può fregiarsi davvero dell'appellativo di "storico". Fondato nella seconda metà dell'800, propone una batteria completa di tipologie del Teramano, dove spicca per versatilità gastronomica il Cerasuolo Fonte Cupa '15. Garbatamente floreale negli aromi, si snoda al palato con grazia e incisività sapida, prima del finale secco e asciutto.

Pecorino Valentino '15
Cantine Mucci
c.da Vallone di Nanni, 65
Torino di Sangro [CH]
tel. 0873913366
www.cantinemucci.com
7.60 euro

Le grandi potenzialità vitienologiche del territorio sangritano si rivelano agli appassionati anche grazie ai vini della famiglia Mucci. Per esempio col Pecorino Valentino '15: mimose, agrumi, menta, l'impatto è decisamente nordico, ma la bocca riporta su sentieri più mediterranei con la sua prorompente vibrazione salina. Ideale sintesi tra le due anime nella rinfrescante chiusura, all'insegna di pompelmo e battigia.

Trebbiano d'Abruzzo Le Murate '15
Fattoria Nicodemi
c.da Veniglio
Notaresco [TE]
tel. 085895493
www.nicodemi.com
7.60 euro

Fondata da Bruno Nicodemi nel 1970, e oggi guidata da Elena e Alessandro, è a tutti gli effetti una delle aziende veterane del vino abruzzese, con particolare riferimento all'area delle Colline Teramane. Celebre per i suoi rossi da montepulciano, sa spesso regalare bianchi di nerbo e sostanza come il Trebbiano Le Murate '15. Passo ritmato e asciutto, si fa ricordare anche per gli originali timbri cerealicoli.

Montepulciano d'Abruzzo La Grondaia '12
Tommaso Olivastri
c.da Quercia del Corvo, 37
San Vito Chietino [CH]
tel. 087261543
www.viniolivastri.com
7.60 euro

Piccola realtà artigiana di San Vito Chietino, la cantina intitolata a Tommaso Olivastri si sta mettendo sempre più in luce nelle ultime stagioni. Merito di rossi aristocratici, eppure reperibili a pochi euro, come il Montepulciano d'Abruzzo La Grondaia '12. Piccoli frutti rossi, terra mossa, fuliggine, ha complessità e scatto sapido, e poco importa se manca un po' di fittezza e spalla: tra le migliori interpretazioni dell'annata.

Cerasuolo d'Abruzzo Vermiglio '15
Orlandi Contucci Ponno
loc. Piana degli Ulivi, 1
Roseto degli Abruzzi [TE]
tel. 0858944049
www.orlandicontucci.com
7.60 euro

È per molti versi una seconda giovinezza, quella che sta vivendo lo storico marchio Orlandi Contucci Ponno sotto la sapiente gestione della famiglia Gussalli Berretta. Il Cerasuolo Vermiglio '15 è il miglior manifesto del nuovo corso: naso spumeggiante di fragola, pesca bianca e arancia sanguinella, conferma la brillantezza fruttata nel fitto palato, appena contratto dalla scodata tannica.

Abruzzo Pecorino Colle Civetta '14
Pasetti
c.da Pretaro
via San Paolo, 21
Francavilla al Mare [CH]
tel. 08561875
www.pasettivini.it
13.00 euro

È uno stile sempre più personale e riconoscibile, quello che si racconta nei bianchi plasmati da Mimmo e Laura Pasetti, interpreti di primo piano del comprensorio pescarese. Oltretutto proposti a prezzi amichevoli, come nel caso del Pecorino Colle Civetta '14: integro e sfaccettato per le nuance di erbe e cedro, si fortifica nella sostenuta scia nervosa e marina, con leggero tocco tannico.

Montepulciano d'Abruzzo Primamadre '12
La Quercia
c.da Colle Croce
Morro d'Oro [TE]
tel. 0858959110
www.vinilaquercia.it
9.70 euro

Si collocano sui pendii del Teramano i circa venti ettari appartenenti all'affiatato team di soci composto da Elisabetta Di Berardino, Antonio Lamona, Luca Moretti e Fabio Pedicone. Commercializzati col marchio La Quercia, i loro vini mettono spesso d'accordo desideri e portafogli, come nel caso del Montepulciano Primamadre '12. Mostra energia e carattere fin dal primo impatto, terziario eppure molto vitale nel sorso, teso e sostenuto.

Pecorino '14
San Giacomo
c.da Novella, 51
Rocca San Giovanni [CH]
tel. 0872620504
www.cantinasangiacomo.it
4.30 euro

Una vera e propria terrazza che si affaccia sulla Costa dei Trabocchi dall'altopiano di Lanciano: è qui che prendono forma gli originali vini firmati San Giacomo. Tra le migliori opzioni abruzzesi in assoluto per rapporto qualità prezzo, come ben testimonia il Pecorino '14: erbe da cucina, fiori di campo, richiami tropicali, il profilo delicatamente terpenico ben si combina con la morbida trama del sorso.

Montepulciano d'Abruzzo Sirio '14
San Lorenzo Vini
c.da Plavignano, 2
Castilenti [TE]
tel. 0861999325
www.sanlorenzovini.com
4.70 euro

Vi sfidiamo a trovare, a questi prezzi, un rosso così completo e stilisticamente personale come il Montepulciano d'Abruzzo Sirio '14 di San Lorenzo, storica cantina di Castilenti, zona di confine tra le province di Teramo e Pescara. Impronta dolcemente moderna di amarena sotto spirito, cioccolato, cenere, si sviluppa con maggior rigore nel sorso incisivo e gustoso, di bella tessitura tannica.

Trebbiano d'Abruzzo '15
Strappelli
via Torri, 16
Torano Nuovo [TE]
tel. 0861887402
www.cantinastrappelli.it
7.60 euro

Villa Torri è la località di Torano Nuovo, Colline Teramane, dove si concentrano i nove ettari appartenenti da generazioni alla famiglia Strappelli, riconvertiti in biologico da Guido a partire dai primi anni Novanta. Vi prendono forma vini affidabili e senza fronzoli come il Trebbiano '15, decisamente varietale nel profilo di mela e cereali, altrettanto tipico nello sviluppo gustativo col suo tocco dolce ma composto, senza ridondanze zuccherose.

Cerasuolo d'Abruzzo Giusi '15
Tenuta Terraviva
via del Lago, 19
Tortoreto [TE]
tel. 0861786056
www.tenutaterraviva.it
9.90 euro

Sono circa venti ettari dislocati sulle colline di Tortoreto, nel Teramano, a fare da spartito viticolo nell'originale lavoro portato avanti da Tenuta Terraviva, profondamente rimodulato da un punto di vista filosofico e stilistico con le ultime vendemmie. Come ben suggerisce il Cerasuolo Giusi '15: partenza lievitosa, quasi da framboise, si rivela estremamente mobile sia nel quadro aromatico che nel ritmo gustativo.

Montepulciano d'Abruzzo '14
Tiberio
c.da La Vota
Cugnoli [PE]
tel. 0858576744
www.tiberio.it
8.40 euro

Cristiana e Antonio Tiberio proseguono senza sosta la brillante opera avviata da papà Riccardo a Cugnoli, sulle Colline Pescaresi, che ne ha fatto in breve tempo una referenza sicura del vino abruzzese. Merito anche di vini decisamente amichevoli per le nostre finanze, come il Montepulciano '14: buccia di mandarino, camino, erbe essiccate, è un'interpretazione tutta in levare del robusto vitigno adriatico.

Montepulciano d'Abruzzo Biologico '15
Cantina Tollo
via Garibaldi, 68
Tollo [CH]
tel. 087196251
www.cantinatollo.it
7.10 euro

Oltre 3000 ettari vitati, 822 soci, 13 milioni di bottiglie annue: bastano pochi numeri per ricordare come mai Cantina Tollo sia una delle più importanti realtà cooperative europee. Che propone regolarmente grandi affari su vini d'entrata, ma solo sulla carta, come il Montepulciano Biologico '15: arancia, radici, erbe mediche, c'è complessità aromatica e godibilità palatale, grazie all'infiltrante scia sapida.

Trebbiano d'Abruzzo Biovegano '15
Cantina Tollo
via Garibaldi, 68
Tollo [CH]
tel. 087196251
www.cantinatollo.it
7.10 euro

La multiforme gamma di Cantina Tollo è un vero e proprio luna park per gli amanti del bere bene a prezzi giusti. Ennesima testimonianza arriva in tal senso dal Trebbiano d'Abruzzo Biovegano '15, paradigmatico nella sua aderenza varietale per le nette note di mela annurca, ananas, cereali, erbe officinali. Che la bocca conferma e sorregge pienamente, nonostante la leggera crudezza finale.

Abruzzo Pecorino Giocheremo con i Fiori '15
Torre dei Beati
c.da Poggioragone, 56
Loreto Aprutino [PE]
tel. 0854916069

www.torredeibeati.it
10.80 euro

Lo status di "grand cru" è senza dubbio meritato per il comprensorio di Loreto Aprutino, cuore delle Colline Pescaresi, ben conosciuto dagli appassionati anche grazie alle variopinte etichette firmate Torre dei Beati. Adatte a tutte le tasche, oltretutto, come ci ricorda il Pecorino Giocheremo con i Fiori '15: arbusti, cedro, legna arsa, terra, si espande con grande naturalezza nel sorso solare, salino, appena ammandorlato in chiusura.

Trebbiano d'Abruzzo Sup. Spelt '15
La Valentina
via Torretta, 52
Spoltore [PE]
tel. 0854478158
www.lavalentina.it
12.60 euro

Sono suddivisi in cinque tenute sulle Colline Pescaresi i circa 40 ettari gestiti dall'affiatata squadra de La Valentina, formata da Sabatino, Roberto e Andrea Di Properzio. Che propongono in fascia Berebene anche bianchi importanti come il Trebbiano Spelt, magnifico in versione 2015: nespola e nocciola verde, è denso di effluvi linfatici, perfino più evidenti nella saporosa progressione gustativa. Spalla mediterranea e tensione appenninica.

Pecorino Brado '15
Valle Martello
c.da Valle Martello, 10
Villamagna [CH]
tel. 0871300330
www.vallemartello.it
10.10 euro

Guidata dai fratelli Masci, Valle Martello è una realtà di radicata tradizione che sorge sulle alture di Villamagna, Colline Teatine. E propone da sempre una gamma completa di vini abruzzesi tipici e convenienti, come il Pecorino Brado '15. Uva spina, infiorescenze, scorza di limone, è un quadro dichiaratamente primario a incanalare la beva su un binario di delicatezza e verve citrina, senza rinunciare a spalla glicerica e spinta.

Trebbiano d'Abruzzo '15
Valle Reale
loc. San Calisto
Popoli [PE]
tel. 0859871039
www.vallereale.it
9.20 euro

È una zona di confine, tra le province di Pescara e L'Aquila, ad accogliere i circa 50 ettari di vigna facenti capo a Valle Reale, progetto avviato dalla famiglia Pizzolo e da tempo ai piani alti dell'eccellenza abruzzese. In particolar modo grazie ai bianchi da Trebbiano: già il base 2015 è un gioiellino di spontaneità espressiva e souplesse gustativa, nei richiami di albicocca fresca e luppolo, ma soprattutto per il suo sorso elettrico.

Abruzzo Pecorino '15
Valori
via Torquato al Salinello, 8
Sant'Omero [TE]
tel. 087185241
www..vinivalori.it
9.40 euro

Costituita da circa 25 ettari vitati, la bella azienda guidata da Luigi Valori si posiziona tra Sant'Omero e Controguerra, sulle Colline Teramane. Scenario ideale per bianchi polposi e al tempo stesso dinamici, come il Pecorino '15: inizialmente introverso, trova nel bicchiere una convincente apertura di fragola, spezie, terra mossa. Espressività quasi da vino rosso, confermata anche dagli accenti tannici e dal saldo architrave gustativo.

Trebbiano d'Abruzzo '15
Villa Medoro
c.da Medoro
Atri [TE]
tel. 0858708142
www.villamedoro.it
6.00 euro

Comparso sulla scena nella seconda metà degli anni Novanta, il progetto Villa Medoro è uno dei simboli della moderna vitienologia abruzzese. Si colloca ad Atri, sulle Colline Teramane, e appartiene alla famiglia Morricone, da sempre attenta alle selezioni più ambiziose come alle etichette d'entrata. Provare per credere un Trebbiano '15 vivido e profumato, di struttura longilinea: ottimo compromesso tra rotondità e tempra nervosa.

Abruzzo Pecorino La Cuvée dell'Abate '15
Ciccio Zaccagnini
c.da Pozzo
Bolognano [PE]
tel. 0858880195
www.cantinazaccagnini.it
6.60 euro

Sinonimo di Abruzzo nel mondo, il marchio Zaccagnini è prima di tutto una

corazzata agricola da circa 300 ettari dislocati sulle Colline Pescaresi. Che sa spesso entusiasmare già a partire dalle bottiglie teoricamente più semplici, come il Pecorino La Cuvée dell'Abate '15. Erbe di campo, buccia d'agrume, suggestioni fluviali, svela un profilo per molti versi teutonico che ritroviamo anche al palato, abboccato in ingresso ma bilanciato nel sorso.

gli altri vini

Agriverde
loc. Caldari
via Stortini, 32a
Ortona [CH]
tel. 0859032101
www.agriverde.it
Montepulciano d'Abruzzo Natum Biovegan '15
9.40 euro

Barone Cornacchia
c.da Torri, 20
Torano Nuovo [TE]
tel. 0861887412
www.baronecornacchia.it
Cerasuolo d'Abruzzo Sup. '15
6.70 euro
Trebbiano d'Abruzzo Sup. Bio '15
6.40 euro

Nestore Bosco
c.da Casali, 147
Nocciano [PE]
tel. 085847345
www.nestorebosco.com
Montepulciano d'Abruzzo R '13
11.60 euro

Bove
via Roma, 216
Avezzano [AQ]
tel. 086333133
Montepulciano d'Abruzzo Indio '13
7.70 euro

Casal Bordino
c.da Termine, 38
Casalbordino [CH]
tel. 0873918107
www.vinicasalbordino.com
Montepulciano d'Abruzzo Terre Sabelli '14
3.30 euro

Castorani
c.da Oratorio
via Castorani, 5
Alanno [PE]
tel. 3466355635
www.castorani.it
Abruzzo Pecorino Sup. Amorino '15
11.70 euro

Luigi Cataldi Madonna
loc. Piano
Ofena [AQ]
tel. 0862954252
www.cataldimadonna.com
Pecorino Giulia '15
10.00 euro
Trebbiano d'Abruzzo '15
7.10 euro

Centorame
via delle Fornaci, 15
Atri [TE]
tel. 0858709115
www.centorame.it
Abruzzo Passerina San Michele '15
9.40 euro

Cirelli
loc. Treciminiere
via Colle San Giovanni, 1
Atri [TE]
tel. 0858700106
www.agricolacirelli.com
Cerasuolo d'Abruzzo La Collina Biologica '15
9.20 euro

Contesa
loc. Caparrone
s.da delle Vigne, 28
Collecorvino [PE]
tel. 0858205078
www.contesa.it
Trebbiano d'Abruzzo S'ha fatte da Sole '15
10.10 euro

Coste di Brenta
c.da Camicie, 50
Lanciano [CH]
tel. 0872895280
www.costedibrenta.it
Abruzzo Pecorino Elisio '15
9.90 euro

Tenuta I Fauri
s.da Corta, 9
Chieti
tel. 0871332627
www.tenutaifauri.it
Abruzzo Pecorino '15
9.20 euro

Dino Illuminati
c.da San Biagio, 18
Controguerra [TE]
tel. 0861808008
www.illuminativini.it
Controguerra Bianco Pligia '15
5.40 euro

Masciarelli
via Gamberale, 1
San Martino
sulla Marrucina [CH]
tel. 087185241
www.masciarelli.it
Trebbiano d'Abruzzo Gianni Masciarelli '15
7.20 euro

Camillo Montori
loc. Piane Tronto, 80
Controguerra [TE]
tel. 0861809900
www.montorivini.it
Montepulciano d'Abruzzo Colline Teramane Casa Montori '11
9.70 euro

Orlandi Contucci Ponno
loc. Piana degli Ulivi, 1
Roseto degli Abruzzi [TE]
tel. 0858944049
www.orlandicontucci.com
Montepulciano d'Abruzzo Colline Teramane La Regia Specula '13
11.90 euro

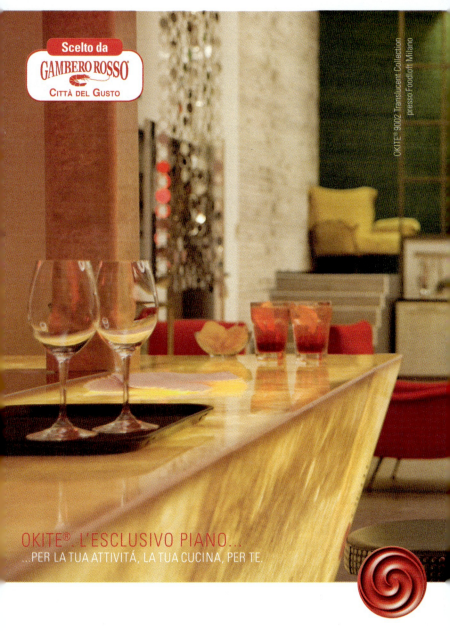

OKITE®. L'ESCLUSIVO PIANO…
…PER LA TUA ATTIVITÀ, LA TUA CUCINA, PER TE.

> Un'ampia gamma di colori e collezioni. Un mondo di possibilità.
> Un composto esclusivo più forte del marmo e del granito.
> Non poroso e resistente alle macchie. Facile da pulire.
> Tutta la tecnologia e l'innovazione Made in Italy al tuo servizio.
> Rete di laboratori trasformatori altamente qualificati.

OKITE®
www.okite.com

Solo OKITE®. Per Cucine, Interni.

glialtrivini

La Quercia
c.da Colle Croce
Morro d'Oro [TE]
tel. 0858959110
www.vinilaquercia.it
Abruzzo Montonico Sup. Santapupa '15
6.70 euro

San Giacomo
c.da Novella, 51
Rocca San Giovanni [CH]
tel. 0872620504
www.cantinasangiacomo.it
Montepulciano d'Abruzzo Casino Murri '14
5.90 euro
Pecorino Casino Murri '15
5.20 euro

Tenuta Terraviva
via del Lago, 19
Tortoreto [TE]
tel. 0861786056
www.tenutaterraviva.it
Abruzzo Pecorino Ekwo '15
11.30 euro
Trebbiano d'Abruzzo Terraviva '15
9.20 euro

Tiberio
c.da La Vota
Cugnoli [PE]
tel. 0858576744
www.tiberio.it
Trebbiano d'Abruzzo '15
8.70 euro

Cantina Tollo
via Garibaldi, 68
Tollo [CH]
tel. 087196251
www.cantinatollo.it
Montepulciano d'Abruzzo Colle Secco Rubì '13
8.00 euro

Tenuta Ulisse
via San Polo, 40
Crecchio [CH]
tel. 0871407733
www.tenutaulisse.it
Pecorino '15
13.00 euro

Villa Medoro
c.da Medoro
Atri [TE]
tel. 0858708142
www.villamedoro.it
Montepulciano d'Abruzzo Rosso del Duca '14
11.80 euro
Pecorino '15
6.00 euro

Ciccio Zaccagnini
c.da Pozzo
Bolognano [PE]
tel. 0858880195
www.cantinazaccagnini.it
Abruzzo Pecorino Yamada '15
10.10 euro

le migliori enoteche

Enoteca Faieta
via Vestina, 128
Montesilvano [PE]
tel. 0854689428

Un ambiente accogliente e ben curato, a pochi passi dal centro di Montesilvano, questo negozio è il luogo adatto per acquistare vere e proprie chicche enogastronomiche. Vini e spumanti nazionali ed esteri, etichette di piccoli produttori, distillati e pregiate bottiglie francesi fanno compagnia a oli extra vergine selezionati, golosi sottoli, composte, mostarde e gelatine di vino, sali e pepi provenienti dal mondo, tipicità regionali e paste di grano duro.

D'Alessandro
via Trento, 126
Pescara
tel. 0854212673

In una delle più belle vie del centro cittadino, dal 1925 campeggia l'insegna di questo negozio che la famiglia D'Alessandro gestisce con passione e competenza. Guidata oggi da Giulio e Paolo D'Alessandro, è da sempre rinomata sia per la selezione dei vini, con vasta scelta di champagne e distillati, sia per le specialità alimentari come le paste artigianali, i biscotti, le confetture, i cioccolati, le praline e le miscele di caffè e tè di alta qualità.

le altre enoteche

CHIETI E PROVINCIA

Templi Romani
via Priscilla, 13
Chieti
tel. 087169277

La Cantinetta
via Tirino, 6
Francavilla al Mare [CH]
tel. 085691616

La Bottega di Corso Garibaldi
c.so Garibaldi, 74
Ortona [CH]
tel. 0859065485

Non Solo Vino
p.zza Porta Caldari, 29
Ortona [CH]
tel. 085 9068330

Sfizierie di Bacco
via G. Cesare, 4
Vasto [CH]
tel. 0873365773

L'AQUILA E PROVINCIA

Enobar
via Piave, 1
L'Aquila
tel. 086224095

Enogiò
via Roma, 30
Rivisondoli [AQ]
tel. 086469196

La Volpe e l'Uva
p.zza San Rocco, 6
Scanno [AQ]
tel. 3357086031

Di Loreto Vinattieri
via Gramsci, 41
Sulmona [AQ]
tel. 086451919

le migliori enoteche

Naturalmente Vino
via Vittorio Pepe, 35
Pescara
tel. 08563264
Varcando la soglia di questa enoteca percepirete immediatamente la passione e la cura con cui Patrizia Marciano guida l'attività. Sommelier e gestore dell'enoteca, Patrizia, con la collaborazione del marito enologo, cerca di promuovere e far conoscere il vino anche al cliente meno esperto con tutto l'entusiasmo che la contraddistingue. Oltre a numerose etichette blasonate e a produzioni abruzzesi, troverete confetture, miele, cioccolata e strumenti per la degustazione.

le altre enoteche

PESCARA E PROVINCIA

La Bottega del Vino
via Monte Faito, 53/55
Pescara
tel. 0854171054

La Lumaca
via delle Caserme, 51
Pescara
tel. 0854510880

Visaggio
via de Cesaris, 44
Pescara
tel. 0854216692

TERAMO E PROVINCIA

Enoteca L'Arca
via Mazzini, 117
Alba Adriatica [TE]
tel. 0861753023

Enoteca Centrale
c.so Cerulli, 24/26
Teramo
tel. 0861243633

molise

La rincorsa del vino molisano, e le sue legittime richieste di maggior considerazione mediatica, passano anche attraverso una crescita del "comparto Berebene". Lo permette un'identità peculiare da territorio di frontiera, punto di passaggio obbligato fra l'Italia Centrale e Meridionale, fra Adriatico e Appennino. Coerentemente raccontata dal rilevante patrimonio di vitigni, tradizionali e non, ma soprattutto dalla ricchezza di condizioni pedoclimatiche, adatte a produzioni modulari rispetto ad abbinamenti gastronomici, stili enologici, prezzi di vendita. Si possono pescare, eccome, belle bottiglie con pochi euro in Molise, ma l'impressione è di un percorso in buona parte ancora incompiuto. Come capita con le etichette più ambiziose da montepulciano, aglianico e tintilia, anche i rossi d'entrata appaiono troppo spesso "zavorrati" da scelte di cantina che privilegiano potenza glicerica, estrattiva e fenolica, inevitabilmente a discapito di leggerezza espressiva e bevibilità. E non va tanto meglio sul fronte bianchista, affollato di base prevedibili e slavati, figli di interpretazioni eccessivamente tecniche. A volte si fa fatica a distinguere tra i monovarietali da falanghina e greco, trebbiano e malvasia, sauvignon e chardonnay, e si diluisce oltremodo il carattere territoriale che rende invece inconfondibili le migliori riuscite. Tra queste, vale sicuramente la pena di sottolineare le brillanti prove di alcuni habitué della nostra selezione regionale. Veri e propri valori sicuri come Borgo di Colloredo, Di Majo Norante, Tenimenti Grieco, Cantine Salvatore, che ci propongono un poker di vini non soltanto convenienti, ma tra i più convincenti in assoluto dell'intero panorama molisano.

Molise Tintilia 200 Metri '15
Tenimenti Grieco
c.da Difensola
Portocannone [CB]
tel. 0875590032
www.tenimentigrieco.it
9.20 euro

l'oscar regionale

Sono bastate poche vendemmie ai Tenimenti Grieco per insediarsi ai piani alti dell'hit parade molisana. Il fiore all'occhiello dell'ampia gamma è ancora una volte la Tintilia 200 Metri, tra i migliori rossi della regione in assoluto con la versione 2015. Carnoso e selvatico, armonizza la ricca dotazione fruttata con i tocchi affumicati e speziati, confermandosi al palato godurioso ma mai banale o scontato.

gli oscar

Molì Rosso '15
Di Majo Norante
fraz. Nuova Cliternia
via Colle Savino, 6
Campomarino [CB]
tel. 087557208
www.dimajonorante.com
6.00 euro

Senza dubbio il marchio molisano più conosciuto nel mondo, Di Majo Norante si sviluppa su oltre centoventi ettari attorno al borgo di Campomarino, coltivati con protocolli biocompatibili. La proposta si articola su diverse linee, tra le quali brilla regolarmente per convenienza quella dei Molì: uvaggio di montepulciano con quote di aglianico, il Rosso '15 si rivela un piccolo campione di integrità fruttata e spensieratezza agrumata.

L'IndoVINO Falanghina '15
Cantine Salvatore
c.da Vigne
Ururi [CB]
tel. 0874830656
www.cantinesalvatore.it
6.20 euro

La versatile proposta delle Cantine Salvatore deriva da circa quindici ettari vitati nella zona di Ururi, Molise interno. La piattaforma ampelografica è piuttosto diversificata, e L'IndoVINO Falanghina si rivela un ottimo bianco in versione 2015: nespola, erbe secche, cereali, coniuga calore mediterraneo e tono citrino, senza diluizioni fruttate o sapide nel finale pulito e asciutto.

Biferno Rosato Gironia '15
Borgo di Colloredo
loc. Nuova Cliternia
via Colloredo, 15
Campomarino [CB]
tel. 087557453
www.borgodicolloredo.com
9.40 euro

Fondata da Silvio Di Giulio nei primi anni Sessanta e oggi guidata dai fratelli Enrico e Pasquale, Borgo di Colloredo si conferma una delle più dinamiche realtà molisane. Con una composita gamma ricca di opzioni affidabili e convenienti, tra cui spicca in questa tornata di assaggi il Biferno Rosato Gironia '15. Blend a maggioranza montepulciano, con saldo di aglianico, si sviluppa delicato e succoso, senza ridondanze dolci o caramellose.

gli altri vini

Borgo di Colloredo
loc. Nuova Cliternia
via Colloredo, 15
Campomarino [CB]
tel. 087557453
www.borgodicolloredo.com
Aglianico '13
10.60 euro

Di Majo Norante
fraz. Nuova Cliternia
via Colle Savino, 6
Campomarino [CB]
tel. 087557208
www.dimajonorante.com
Molise Aglianico Biorganic '14
12.60 euro
Molise Falanghina Biorganic '15
9.20 euro
Sangiovese '15
7.60 euro

Tenimenti Grieco
c.da Difensola
Portocannone [CB]
tel. 0875590032
www.tenimentigrieco.it
Molise Rosato Passo alle Tremiti '15
10.40 euro

Cantine Salvatore
c.da Vigne
Ururi [CB]
tel. 0874830656
www.cantinesalvatore.it
L'IndoVINO Rosso '14
6.20 euro

le migliori enoteche

Pistilli
via IV Novembre, 89
Campobasso
tel. 087469106

Siamo di fronte alla più fornita enoteca del capoluogo molisano. Ospitata in un locale spazioso e moderno, Pistilli offre agli appassionati e agli enofili più navigati oltre 700 etichette, molte delle quali di provenienza regionale e nazionale. Ovviamente non mancano referenze straniere dalle più prestigiose zone vinicole internazionali come non è da sottovalutare l'interessante selezione di distillati di pregio. Nel caso non vi accontentiate di acquistare e vogliate approfondire la vostra conoscenza sul mondo del vino, suggerimenti sul servizio, abbinamenti gastronomici e informazioni sui corsi che spesso si tengono in sede vi saranno dati da un personale competente e disponibile.

le altre enoteche

CAMPOBASSO E PROVINCIA

Spirito diVino
l.go Piè di Castello, 27
Termoli [CB]
tel. 0875703675

ISERNIA E PROVINCIA

Grapes
c.so Marcelli, 317
Isernia
tel. 0865415648

campania

Continua a sorprendere il patrimonio enologico campano: la nuova fascia qualità prezzo che arriva sino ai 13 euro dimostra quanto sia vasta e varia la soglia di acquisto in questo territorio. Una serie di assaggi sorprendenti e piacevoli, con qualche bottiglia da dimenticare in cantina, non fa altro che confermare il lavoro ottimale dei grandi e piccoli vigneron campani che propongono vini a prezzi sempre più convenienti. Le etichette che meritano l'Oscar sono in tutto quarantasette, molte menzionate nella guida Vini d'Italia con valutazioni e note che ben raccontano lo scenario di questa felice regione. Si posizionano bene le aziende dell'area sannitica come La Guardiense, La Rivolta, Terre Stregate, Aia dei Colombi e La Fortezza, Cantina del Taburno e Cautiero, oltre alle nuove realtà tutte da scoprire. Sempre bella e interessante la presenza irpina con vini da bere tra qualche anno come i Fiano di Avellino di Michele Contrada, Pietracupa, Amarano e Di Meo. Ottimo lavoro per Bambinuto e Fonzone, nonostante l'annata disastrosa del 2014, e per i gustosi Greco di Tufo '15 di Villa Matilde e Colli di Castelfranci. Ma soprattutto, nell'area dei distretti regionali, le province di Salerno e Napoli continuano a regalare vini dal sorso progressivo, salmastro e nell'area vesuviana propriamente vulcanici. Conquista il premio regionale Sclavia con il Calù di Andrea Granito: un bianco di armoniosa espressione.

Calù '15
Sclavia
via Case Sparse
Liberi [CE]
tel. 3356654770
10.90 euro

Andrea Granito, dal 2003 alla guida della cantina di Liberi, è riuscito in poco tempo a distinguersi con le sue produzioni nel territorio casertano. Medico osteopata, Andrea asseconda la sua passione di ritornare alla terra rimettendo in sesto i territori che un tempo erano coltivati dal nonno e piantando i vitigni autoctoni della tradizione come il casavecchia e il pallagrello. Il Calù '15 è un Pallagrello Bianco, descritto da nuance fini e intense, dal lungo finale gustativo. Naso ricco di albicocca e miele. Agile e accattivate nel sorso gustoso.

gli Oscar

Falanghina del Sannio Guardia Sanframondi '15
Aia dei Colombi
c.da Sapenzie
Guardia Sanframondi [BN]
tel. 0824817139
www.aiadeicolombi.it
8.20 euro

L'azienda nasce nel 2002 nel segno di una tradizione contadina che rispetti il territorio del Sannio, che coniughi tipicità e qualità nei vini. In cantina vengono vinificate esclusivamente le uve dei vigneti di proprietà condotti mediante cure colturali scrupolose e attente. In questo modo la famiglia Pascale è riuscita in pochi anni a interpretare la Falanghina di Guardia Sanframondi. La 2015 profuma di grano e di erba falciata. Una lieve nota fumé lascia spazio ad un sorso teso, incisivo, e di grande piacevolezza.

Settimo '14
Alois
loc. Audelino
via Ragazzano
Pontelatone [CE]
tel. 0823876710
www.vinialois.it
10.00 euro

La mitica via della Seta attraversa anche il borgo di San Leucio dove il nome Alois è sinonimo di tessuti pregiati e di qualità, lavorati sin dai tempi di Ferdinando IV di Borbone. Nel 1992 i successi della famiglia accrescono grazie alla presenza di Michele Alois che spinto dalla passione per la sua terra impianta ben nove vitigni autoctoni. Settimo è l'ultimo nato in famiglia. Blend da pallagrello nero e casavecchia, è un rosso polposo e fragrante. Cacao e frutti rossi anticipano un tannino fine, per nulla aggressivo, dalla bella spina acida.

Fiano di Avellino Dulcinea '15
Amarano
c.da Torre, 32
Montemarano [AV]
tel. 082763351
www.amarano.it
13.00 euro

Le frequenti escursioni termiche, il terreno ricco di ceneri vulcaniche e l'altitudine del territorio di Montemarano donano a ogni singolo chicco d'uva una sferzata di energia e delle caratteristiche che solo uve di qualità possono possedere. La famiglia Storti, dalla profonda anima da vigneron, coltiva sette ettari collocati sulle colline che guardano verso il borgo di Castelfranci. Piacevolissimo il Fiano di Avellino Dulcinea '15, dai dolci profumi di frutta gialla rinfrescati da una vena mentolata. Cremoso al palato, è teso e ben bilanciato da una fresca vena acida.

Armonico '15
Vitivinicola Anna Bosco
via San Tommaso, 34
Castelvenere [BN]
tel. 0824940483
8.00 euro

Anna Bosco propone vini dall'ottimo rapporto qualità prezzo e vinificati con fermentazione alcolica spontanea, con spremitura tradizionale delle uve e delle vinacce e senza aggiunta di lieviti selezionati. L'Armonico '15 è un Barbera equilibrato e persistente. Fruttato, dai profumi di mora e frutti selvatici, è rustico ma di grande freschezza, tanto da regalare una beva invitante e gustosa. Una bella sorpresa tra i rossi della Campania.

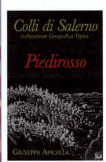

Piedirosso '15
Giuseppe Apicella
fraz. Capitignano
via Castello Santa Maria, 1
Tramonti [SA]
tel. 089876075
www.giuseppeapicella.it
8.20 euro

Giuseppe Apicella è stato il primo viticoltore a imbottigliare a Tramonti, in quella zona tra i monti Lattari che guardano la Costiera Amalfitana. È in questa area montana della costiera che Giuseppe alleva le sue viti secolari come piedirosso, ginestra, pepella e tintore. Profumi eterei e sottili per il Piedirosso '15. Leggere note di melagrana e pepe si percepiscono al naso, mentre al palato si fa notare per la sua prorompente freschezza. Chiude con tannini gentili che stuzzicano la beva.

Campi Flegrei Piedirosso Colle Rotondella '15
Cantine Astroni
via Sartania, 48
Napoli
tel. 0815884182
www.cantineastroni.com
10.10 euro

Astroni è tra le realtà più strutturate del comprensorio partenopeo. Gerardo Vernazzaro, patron dell'azienda, supportato dalla moglie Emanuela Russo e dal cugino Vincenzo, segue i lavori sia nei vigneti di proprietà che in quelli degli storici soci conferitori. Interessante il Piedirosso Colle Rotondella '15 tutto giocato sul frutto rosso maturo. Seguono note balsamiche e speziate e un finale molto fresco e aromatico che chiude su sensazioni agrumate.

Greco di Tufo '14
Bambinuto
via Cerro
Santa Paolina [AV]
tel. 0825964634
www.cantinabambinuto.com
10.00 euro

Dopo anni vissuti da conferitori, la famiglia Aufiero decide di cominciare a imbottigliare i propri vini immettendo sul commercio due tipologie di Greco di Tufo: il base e il Picoli. Oggi a dirigere l'azienda c'è Marilena Aufiero, supportata dall'enologo Antonio Pesce, che segue personalmente le vigne collocate nel comune di Santa Paolina su suoli argillosi e calcarei. Elegante e complesso il Greco di Tufo '14, combina profumi iodati e gessosi a sensazioni fini di erbe aromatiche. Al sorso è tonico e piacevole, dal finale dai ritorni salmastri.

Primula Rosa '15
Cantine Barone
via Giardino, 2
Rutino [SA]
tel. 0974830463
www.cantinebarone.it
9.20 euro

Nel 2004 tre soci Barone, Di Fiore e Perrella decidono di unire le proprie forze per dar vita a un interessante progetto enologico nell'area di Rutino, in Cilento. Oggi la cantina continua a regalare vini interessanti capaci di esprimere al meglio le caratteristiche del territorio. Piacevole e succoso il Primula Rosa '15, uno tra i migliori rosati della regione, tonico nei suoi ricordi di melagrana e piccole fragoline di bosco. Ha un palato fresco e sapido e una chiusura di erbe aromatiche.

Irpinia Rosato '15
Borgodangelo
c.da Bosco della Selva
s.da prov.le 52 km 10
Sant'Angelo all'Esca [AV]
tel. 082773027
www.borgodangelo.it
10.00 euro

Una cantina a gestione familiare quella di Pasquale Iannuzzo e Antonio Lo Priore. Le vigne si collocano tra i territori di Luogosano, Taurasi e Sant'Angelo all'Esca, in quelle aree vocate per i grandi rossi dell'Irpinia. Ma Borgodangelo per il secondo anno di fila ci regala uno dei rosati più interessanti della Campania. L'annata 2015 è intensa e carica nel colore. Al palato è ricco di polpa e succoso, mentre al naso profuma di more, lamponi, fragoline di bosco e sfumature floreali.

Particella 928 '14
Cantina del Barone
via Nocelleto, 21
Cesinali [AV]
tel. 0825666751
www.cantinadelbarone.it
12.60 euro

Una piccola azienda a conduzione familiare posta a Cesinali, tra il Monte Terminio e il Partenio, in quella area vocata alla produzione del Fiano di Avellino. La famiglia Sarno alleva viti secolari in questa zona caratterizzata da un terreno ricco di minerali e che gode di forti escursioni termiche. Interessante la loro interpretazione di Fiano. Il Particella 928 di Luigi Sarno è un vino che ha un timbro fumé e profuma di fieno e camomilla. Sapido e gustoso, ha una silhouette elegante e scattante. Un bianco di grande persistenza.

Falanghina del Sannio Taburno '15
Cantina del Taburno
via Sala, 16
Foglianise [BN]
tel. 0824871338
www.cantinadeltaburno.it
8.90 euro

Ben 300 soci e una superficie vitata totale di 600 ettari. La Cantina del Taburno, di proprietà del Consorzio Agrario Provinciale di Benevento, è attiva dal 1901 per garantire lo sviluppo vitivinicolo nel territorio sannita. La produzione coinvolge tutte le principali denominazioni sannite, con notevole presenza di vitigni quali la falanghina, il piedirosso, l'aglianico, lo sciascinoso, la coda di volpe, il greco e il fiano. Immediata e piacevole la Falanghina '15. Propone profumi fragranti di anice e mandorla, mentre al palato riscontra un profilo aromatico misurato e sapido.

La Matta Dosaggio Zero '15
Casebianche
c.da Case Bianche, 8
Torchiara [SA]
tel. 0974843244
www.casebianche.eu
10.90 euro

Nel 2000 Pasquale Mitrano e Elisabetta Iuorio cominciano a occuparsi dei vigneti di famiglia collocati a Torchiana, in provincia di Salerno. Nel 2006 avviano la produzione, imbottigliando vini provenienti da vigne di oltre cinquant'anni, allevate a piedirosso, malvasia, barbera, fiano e aglianico. Dal persistente perlage il Dosaggio Zero La Matta '15. Un Fiano rifermentato in bottiglia che profuma di pesca e fieno, insieme a toni fragranti di crosta di pane e lime. Goloso da bere, ha una spiccata vena acida e un tratto rustico unico.

Falanghina del Sannio Fois '15
Cautiero
c.da Arbusti
Frasso Telesino [BN]
tel. 3387640641
www.cautiero.it
9.20 euro

Un antico casolare a Frasso Telesino ospita dal 2002 l'azienda Cautiero. Qui su terreni argillosi e calcarei, ricchi di potassio, si allevano i vitigni autoctoni della tradizione, mentre l'intera filiera produttiva viene seguita da Fulvio Cautiero e Imma Cropano. La Falanghina di questa tenace coppia è sicuramente tra le migliori della denominazione. Profuma di fiori gialli e ananas, con toni che rimandano alla camomilla e il sambuco; ricca e saporita con verve acida e chiusura di frutta secca.

Ischia Biancolella '15
Cenatiempo Vini d'Ischia
via Baldassarre Cossa, 84
Ischia [NA]
tel. 081981107
www.vinicenatiempo.it
11.30 euro

Ischia ha una storia vinaria antichissima caratterizzata da una coltivazione a terrazzamenti con muretti a secco. Questa tradizione vinicola ha permesso di preservare i vitigni autoctoni che l'azienda Cenatiempo coltiva da tempo. Sentori minerali arricchiscono il Biancolella '15, grazie alla presenza del mare. Espressivo e territoriale è un bianco di carattere e sostanza, fresco e piacevole per il suo sapore agrumato. Sorso convincente, teso e avvolgente, ha grazia e precisione e un bel tessuto minerale.

Greco di Tufo Grotte '15
Colli di Castelfranci
c.da Braudiano
Castelfranci [AV]
tel. 082772392
www.collidicastelfranci.com
10.00 euro

Colli di Castelfranci è una piccola azienda creata in uno storico borgo in provincia di Avellino. L'azienda è nata dalla coesione di due famiglie, Gregorio e Colucci, che dal 2002 cercano di conferire sempre più importanza ai grandi vini bianchi della denominazione Greco di Tufo, ampliando la gamma anche con rossi tipici capaci di raccontare le peculiarità del territorio. Espressivo e solare il Greco di Tufo Grotte '15, dal naso di cedro e erba tagliata. Al palato è ben articolato e armonico, sostenuto da una piacevole vena sapida.

Fiano di Avellino '15
Michele Contrada
c.da Taverna, 31
Candida [AV]
tel. 0825988434
www.vinicontrada.it
13.00 euro

Fondata nel 2003, l'azienda della famiglia Contrada si colloca tra due aree interessanti per la produzione di Fiano di Avellino: Lapio, zona quasi montana, e Montefredane, caratterizzata da suoli minerali. Qui a Candida, Gerardo Contrada continua l'attività di famiglia cercando di valorizzare non solo le produzioni ma anche le tradizioni del piccolo borgo, organizzando le feste della vendemmia e rinnovando le attività del paese. Vivo e fruttato il Fiano di Avellino '15 che vira tra sensazioni di pesca ed erbe aromatiche. Al sorso è suadente e armonico, di beva appagante e ben articolata.

Campi Flegrei Piedirosso '13
Contrada Salandra
fraz. Coste di Cuma
via Tre Piccioni, 40
Pozzuoli [NA]
tel. 0815265258
www.dolciqualita.com
10.10 euro

Sono due le etichette prodotte da Giuseppe Fortunato: un Piedirosso e una Falanghina, che questo vigneron da tempo dedito anche all'apicoltura, produce insieme a sua moglie Sandra Castaldo. I vigneti sono a piede franco e attirano la curiosità di tanti visitatori che frequentano le aree dei Campi Flegrei. In vigna il lavoro è attento e scrupoloso come in cantina tanto che Giuseppe ci regala un Piedirosso che racconta le specificità territoriali. Il 2013 offre eleganti note minerali. Sinuoso nei suoi toni di pepe, possiede una trascinante bevibilità.

Coriliano '14
D'Antiche Terre
c.da Lo Piano
s.da st.le 7 bis
Manocalzati [AV]
tel. 0825675358
www.danticheterre.it
7.10 euro

Fondata nel 1989 da Gaetano Ciccarella, la cantina D'Antiche Terre può contare su 40 ettari di vigneti di proprietà, nel cuore delle zone più vocate per il fiano e per il greco nell'area di Manocalzati. Ma Gaetano confeziona anche dei rossi interessanti come Taurasi e igt a base aglianico. Fragranti sentori di ciliegia, macis e cannella per il Coriliano '14. Aglianico in purezza, è morbido e sapido, con tannini ben estratti.

Sannio Falanghina '15
Cantine De Cicco
c.da Scafa, 20
Benevento
tel. 3291383984
www.cantinedecicco.it
11.30 euro

La storia della famiglia De Cicco si lega ad antiche tradizioni contadine dell'area sannita, dove da generazioni si coltivava la terra e si allevavano vigneti di falanghina e aglianico. Oggi l'azienda è seguita da due caparbi giovani che visionano con scrupolo e attenzione tutti i passaggi della vinificazione. Spicca per i toni di mela e susina la Falanghina '15, che chiude su toni di fiori di campo. Calda e sapida, concede una notevole persistenza e un gradevole finale ammandorlato.

Bacioilcielo Rosso '15
Viticoltori De Conciliis
loc. Querce, 1
Prignano Cilento [SA]
tel. 0974831090
www.viticoltorideconciliis.it
9.20 euro

Negli anni Novanta i fratelli De Conciliis iniziano a produrre vino da vendere agli amici. Ma in poco tempo si rendono conto del potenziale del territorio dove sono collocate le vigne e della qualità del loro vino. Comincia così l'avventura enologica della famiglia che coltiva da tempo vitigni di aglianico, barbera, fiano e primitivo. Bacioilcielo '15 è un blend di aglianico e barbera con saldo di primitivo. Ha sentori di macchia e piccoli frutti neri; al sorso è fresco, piacevole e goloso. Il tannino è incisivo, ma del tutto integrato.

Greco di Tufo '15
Cantine Di Marzo
via Gaetano Di Marzo, 2
Tufo [AV]
tel. 0825998022
www.cantinedimarzo.it
10.00 euro

La Cantine Di Marzo vanta una storia secolare che comincia addirittura nel 1648 quando Scipione di Marzo, dopo aver lasciato il suo paese natale di San Paolo, vicino Nola, per fuggire alla peste, si rifugia a Tufo. Qui comincia a costruire le cantine e a concepire le potenzialità vinicole del territorio. Delicati sentori di biancospino, grano, pesca e tiglio si confondono tra richiami di frutta esotica e fiori di campo. Al sorso è saporito, fresco nel suo finale ammandorlato.

Fiano di Avellino F '15
Di Meo
c.da Coccovoni, 1
Salza Irpina [AV]
tel. 0825981419
www.dimeo.it
12.50 euro

La famiglia Di Meo coltiva circa 30 ettari vitati presso Salza Irpina. La dimora che ospita la cantina si affaccia sui vigneti e sulla vallata, dove Roberto e Generoso Di Meo seguono l'intera filiera produttiva. Aglianico e fiano sono i vitigni principali della produzione vinicola, vini legati al territorio e prodotti nel pieno rispetto della tradizione. Il Fiano F '15 si presenta con profumi di macchia e di scorza d'arancia. Chiude con sfumature delicatamente fumé. Al palato è morbido e ben mitigato da sapidità e freschezza.

Falanghina '15
Donnachiara
loc. Pietracupa
via Stazione
Montefalcione [AV]
tel. 0825977135
www.donnachiara.com
5.90 euro

Ilaria Petitto, avvocato e vignaiola, dirige ormai da tempo la bella azienda creata da papà Umberto e mamma Chiara. Il nome dell'azienda ricorda la nonna di Ilaria e nel rispetto delle tradizioni di famiglia Ilaria segue con dedizione i vigneti e la cantina dotata di strutture tecnologiche innovative. Buona l'intensità olfattiva della Falanghina '15. Note di frutta esotica si alternano a sentori di fiori di biancospino. Al palato convince per freschezza e per la piacevole sapidità.

Penisola Sorrentina Lettere '15
Cantine Federiciane Monteleone
fraz. San Rocco
via Antica Consolare Campana, 34
Marano di Napoli [NA]
tel. 0815765294
www.federiciane.it
8.40 euro

La famiglia Palumbo è da tempo un punto di riferimento vinicolo nella zona della Penisola Sorrentina. Giunta ormai alla quarta generazione produce rossi frizzanti grintosi e dal carattere delicatamente fruttato. Tra le versioni proposte una delle migliori è il Lettere '15 espressivo e solare, con tocchi di frutti rossi al naso fragranti e succosi. Un rosso frizzante dalla beva godibilissima.

Sannio Rosso '15
Fontanavecchia
via Fontanavecchia, 7
Torrecuso [BN]
tel. 0824876275
www.fontanavecchia.info
9.90 euro

Libero Rillo gestisce con estrema competenza non solo il Consorzio dei Vini del Sannio ma anche la sua azienda che oggi risulta essere la più solida e costante nel comprensorio sannita. La gamma dei vini proposti è vasta e gioca annualmente sul fronte qualità prezzo. Il Sannio Rosso '15 rivela sentori di confettura di frutti rossi. L'impatto gustativo è succulento e le sensazioni balsamiche conferiscono freschezza e stuzzicano la beva.

Greco di Tufo '14
Fonzone
loc. Scorzagalline
Paternopoli [AV]
tel. 08271730100
www.fonzone.it
13.00 euro

Nel 2005 Lorenzo Fonzone Caccese decide con la sua famiglia di avviare un'azienda vitivinicola nel territorio di Paternopoli, area vocata alla produzione del Taurasi. Ma la gamma dei vini proposti non si ferma ai soli grandi rossi e include anche i bianchi delle blasonate denominazioni irpine. Il suo Greco conferma la qualità del lavoro: stupisce per i toni di mandorla, anice e erbe di campo. Il palato è avvolgente per un finale fresco e dissetante.

Falanghina del Sannio Taburno '15
La Fortezza
loc. Tora II, 20
Torrecuso [BN]
tel. 0824886155
www.lafortezzasrl.it
9.20 euro

Difficile immaginare la Campania dei vini dall'ottimo rapporto qualità prezzo senza menzionare almeno un'etichetta di Enzo Rillo. Imprenditore edile e tessile ha deciso di recuperare le radici contadine della famiglia avviando l'azienda presso Torrecuso. Conquista l'ennesimo Oscar la Falanghina '15 dai tratti di agrumi e erba appena falciata. Buona sapidità e nerbo acido e un sorso scorrevole e lineare che invita alla beva.

Sannio Guardia Sanframondi Janare Ris. '13
La Guardiense
c.da Santa Lucia, 104/106
Guardia Sanframondi [BN]
tel. 0824864034
www.laguardiense.it
7.60 euro

Una grande azienda cooperativa fondata nel 1960 con più di 1500 ettari di vigneti situati in collina a un'altitudine di 350 metri sul livello del mare. Domizio Pigna dirige questa grande realtà vitivinicola che in pochi anni è diventata un punto di riferimento per le aziende dell'area sannita. Spicca tra le etichette proposte il Guardia Sanframondi Janare Riserva '13. Scuro nelle sue sensazioni fruttate, al palato è cremoso e ricco. Chiude su toni di spezie che donano scorrevolezza e slancio.

Irpinia Aglianico Memini '12
Raffaele Guastaferro
via Gramsci
Taurasi [AV]
tel. 082539244
www.guastaferro.it
8.40 euro

Raffaele Guastaferro è un giovane tenace e determinato nel realizzare rossi carnosi e sfaccettati che sappiano descrivere le caratteristiche di un terroir speciale come quello di Taurasi. Oltre al grande rosso da tavola della tradizione vinicola irpina, Raffaele propone il Memini '12, Aglianico di carattere e sostanza. Si percepiscono tratti vegetali al naso, frutti di bosco e nuance di mandarino. Palato fitto e succoso e una progressione davvero energica.

Camporeale Falanghina '15
Lunarossa
via V. Fortunato P.I.P. Lotto 10
Giffoni Valle Piana [SA]
tel. 0898021016
www.viniepassione.it
5.90 euro

Lunarossa lavora nel rispetto dell'ambiente riducendo al minimo l'impatto delle sue produzioni, valorizzando e tutelando un territorio suggestivo e affascinante. Mario Mazzitelli è titolare e agronomo di questa giovane realtà collocata a ridosso dei Monti Picentini con vista sul Golfo di Salerno. Camporeale '15 è una Falanghina che profuma di grano e fiori. La bocca saporita e succosa rivela un incedere fitto e un finale caratterizzato da una verve salina.

Falanghina del Sannio Sant'Agata dei Goti '15
Mustilli
via Caudina, 10
Sant'Agata de' Goti [BN]
tel. 0823718142
www.mustilli.com
10.10 euro

Leonardo Mustilli è il patron della sottozona Sant'Agata dei Goti. A lui si deve la rilevanza di quest'area e il lancio commerciale della Falanghina che la famiglia ha imbottigliato in purezza per la prima volta nel 1979. Vibrante ed estremamente piacevole la Falanghina del Sannio Sant'Agata dei Goti '15. Cedro, pera, timo: un naso tipico e varietale. Al palato è ricca e sapida, persistente nel finale e una chiusura dai toni fumé.

Sannio Fiano '15
Lorenzo Nifo Sarrapochiello
via Piana, 62
Ponte [BN]
tel. 0824876450
www.nifo.eu
9.20 euro

Lorenzo Nifo è un giovane vigneron in quel di Ponte, piccolo centro del Sannio da tempo vocato alla produzione di vino di qualità. Dal 1998 i vigneti vengono coltivati e trattati seguendo i metodi dell'agricoltura biologica e le uve, raccolte rigorosamente a mano, vengono trasformate con norme di produzione che rispettano l'ambiente. Il Fiano '15 si affianca alla produzione della Falanghina. Si esprime tra tocchi di agrume, erbe selvatiche e tè verde. Vigorosa spalla acida per un finale persistente e appagante.

Ischia Biancolella '15
La Pietra di Tommasone
via prov.le Fango, 98
Lacco Ameno [NA]
tel. 0813330330
www.tommasonevini.it
10.00 euro

È già da tempo una delle certezze enologiche consolidate nel territorio campano. La Pietra di Tommasone ha sede a Lacco Ameno, nel terroir ischitano ed è diretta da Antonio Monti e dalla figlia Lucia, enologa della cantina e responsabile della gestione aziendale. Si riconferma per il suo ottimo rapporto qualità prezzo l'Ischia Biancolella '15, dal profilo fumé e ricordi di spezie orientali. Rinfrescante, sapido, si mostra immediatamente elegante e fresco e regala una beva irresistibile.

Fiano di Avellino '15
Pietracupa
c.da Vadiaperti, 17
Montefredane [AV]
tel. 0825607418
10.90 euro

Senza troppi giri di parole Sabino Loffredo è sicuramente un vigneron geniale e affabile. Spetta a lui il merito di aver restituito fama ai più grandi bianchi della tradizione vinicola irpina. Tra i bianchi da dimenticare in cantina c'è il Fiano di Avellino '15, intrigante nei suoi profumi floreali e di miele di acacia. Equilibrato e persistente, chiude su toni minerali eleganti, con una buona spalla acida che dona continuità al sorso.

Colle Lepre '15
Porto di Mola
via Risiera
Galluccio [CE]
tel. 0823925801
www.portodimola.it
5.60 euro

Antimo Esposito è alla guida della cantina Porto di Mola insieme a Davide Biagiotti con cui segue tutte le fasi produttive e del confezionamento. Il costante lavoro dello staff assicura la nascita di vini che raccontano il terroir d'elezione e le sue caratteristiche. Tipicità si riscontra nel Colle Lepre '15. Fiano in purezza, succoso e saporito. Sentori fruttati e nuance di erbe selvatiche caratterizzano il bagaglio aromatico, mentre al palato svela una forte spalla acida e un finale sapido con toni di frutta secca.

Sannio Greco '15
Quadrigato
c.da Taverna Vecchia
Guardia Sanframondi [BN]
tel. 0824864296
www.quadrigato.com
9.10 euro

Tra Guardia Sanframondi, Torrecuso e Venticano si dislocano gli ettari vitati dell'azienda Quadrigato, in quelle aree vocate a ospitare le vigne migliori che conferiscono alle uve la corretta maturazione. Il Sannio Greco '15 spicca tra le produzioni dell'azienda. Bianco elegante e fine dal punto di vista aromatico, è intenso e vitale. Si apre su toni piacevolmente agrumati e chiude su note di mandorla tostata.

Aglianico del Taburno '13
Fattoria La Rivolta
c.da Rivolta
Torrecuso [BN]
tel. 0824872921
www.fattorialarivolta.com
12.80 euro

Paolo Cotroneo, farmacista di professione, ha deciso nel '97 di investire nel territorio sannita e di rinnovare i vigneti nell'area di Torrecuso. Oggi Fattoria La Rivolta, che prende il nome da contrada Rivolta, è una delle aziende vinicole più importanti nella provincia di Benevento. Color rubino, fitto e complesso al naso è l'Aglianico del Taburno '13. Note di frutto rosso, incenso e mandarino raccontano il bagaglio olfattivo di questo rosso, mentre il palato è croccante e ricco di freschezza.

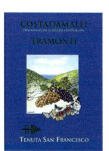

Costa d'Amalfi Tramonti Bianco '15
Tenuta San Francesco
fraz. Corsano
via Sofilciano, 18
Tramonti [SA]
tel. 089876748
www.vinitenutasanfrancesco.com
10.00 euro

Nel cuore della Costa d'Amalfi, e precisamente a Tramonti, si colloca Tenuta San Francesco, fondata nel 2004 da quattro soci. In pochi anni l'azienda è stata capace di riportare l'attenzione su rare varietà autoctone come il tintore, vitigno a bacca rossa coltivato a piede franco, e di presentare vini dall'ottimo rapporto qualità prezzo. Il Tramonti Bianco '15 è un blend di falanghina, biancolella e pepella. Affinato in acciaio, è caratterizzato da spezie e sentori di frutta bianca. La beva è irresistibile e sostenuta da una pimpante vena acida.

Palinuro '15
San Salvatore
via Dionisio
Giungano [SA]
tel. 08281990900
www.sansalvatore1988.it
9.30 euro

Giuseppe Pagano è l'anima di quest'azienda le cui vigne guardano Paestum, Stio e Guagnano, nel Parco del Cilento. Il rispetto per l'ambiente e la riduzione di emissioni ha portato la cantina a condurre le produzioni secondo dettami biologici sia nell'ambito vinicolo, che in quello dell'orticoltura, dell'olio e dell'allevamento di bufale. Blend di fiano, greco e falanghina, il Palinuro '15 ha sentori floreali di ginestra e fruttati di mela verde e fichi. Fresco e minerale, un bianco dalla prepotente scia salmastra.

Falanghina '15
Sanpaolo di Claudio Quarta Vignaiolo
c.da San Paolo
via Aufieri, 25
Torrioni [AV]
tel. 0832704398
www.claudioquarta.it
8.10 euro

Il lavoro che Claudio Quarta sta portando avanti nel territorio irpino è encomiabile. Coadiuvato da sua figlia Alessandra, giovane e geniale produttrice, regalerà nei prossimi anni, come già fatto, interessanti e sorprendenti novità. Floreale e delicata la Falanghina '15, dal carattere sapido e ricca di chiaroscuri. Fiori bianchi, sensazioni balsamiche, legate a una scia salmastra, regalano una beva ricca e persistente. Un bianco di grande freschezza.

Campi Flegrei Falanghina '15
La Sibilla
fraz. Baia
via Ottaviano Augusto, 19
Bacoli [NA]
tel. 0818688778
www.sibillavini.com
9.60 euro

I vini de La Sibilla regalano le caratteristiche della natura dei terreni dei Campi Flegrei: la loro origine vulcanica, la tessitura di ceneri e lapilli, il clima mite e temperato, l'influenza del Golfo di Napoli sono fattori che influiscono positivamente su tutta la produzione. Vincenzo di Meo, che può contare anche su un prezioso patrimonio di vigne a piede franco, tra le tante etichette ci regala una Falanghina '15 energica, ricca di caratteristiche sensazioni di frutta secca, mandorle e spezie. Lungo e sorretto da una buona spalla acida.

Falanghina Trama '15
Terre Stregate
loc. Santa Lucia
via Municipio, 105
Guardia Sanframondi [BN]
tel. 0824817857
www.terrestregate.it
8.40 euro

Il brillante lavoro avviato da Filomena e Carlo Iacobucci è riuscito a imprimere un decisivo cambio di passo a questa cantina sannita, già premiata per il Miglior Rapporto Qualità Prezzo nella scorsa edizione della guida. Giovani dinamici e determinati, i fratelli Iacobucci propongono ogni anno vini autentici e affascinanti che ben sintetizzano il terroir di provenienza. Ricca e densa la Falanghina Trama '15, nei ricordi di pompelmo e susina. Finale su erbe secche, struttura salda, di piacevole salinità.

Irpinia Coda di Volpe '15
Traerte
c.da Vadiaperti
Montefredane [AV]
tel. 0825607270
9.20 euro

È sicuramente uno dei bianchi che meglio riesce a descrivere la produzione enologica di questa storica cantina nata nel 1984 grazie ad Antonio Troisi e oggi seguita dal figlio Raffaele. La Coda di Volpe è stata prodotta per la prima volta nel lontano '93 e da quell'anno si è sempre distinta per le sue caratteristiche organolettiche e per la sua grande bevibilità. Dal cru di Pietradefusi, l'annata 2015 profuma di timo, mela e mandorla. Carattere salino, polposo e pimpante.

Pallagrello Bianco '15
Vestini Campagnano
via Costa dell'Aia, 9
Conca della Campania [CE]
tel. 0823679087
www.vestinicampagnano.it
13.00 euro

L'azienda dell'avvocato Alberto Barletta ha sede a Caiazzo. Negli anni Novanta i vitigni autoctoni del casertano come il pallagrello, bianco e nero, o il casavecchia hanno subito una netta crescita tanto da far parte della tradizione vinicola casertana. Il Pallagrello Bianco '15 è un vino d'annata, un bianco che racconta il terroir di provenienza. Piacevole per immediatezza e succulenza di frutto bianco: è fragrante, cremoso, maturo, dal finale dinamico e continuo.

Greco di Tufo Tenute di Altavilla '15
Villa Matilde
s.da st.le Domitiana, 18
Cellole [CE]
tel. 0823932088
www.villamatilde.it
11.90 euro

Il lavoro di ricerca dell'avvocato Francesco Avallone ha conferito alla denominazione Falerno del Massico riconoscimenti costanti a un vino celebre al tempo dell'antica Roma. Ma l'avvocato, spinto dalla passione e dalla determinazione nel condurre un lavoro di estrema qualità, sperimenta tra tutte le denominazioni campane, inclusa l'aerea del Greco di Tufo. La versione 2015 è cremosa e avvolgente, tipica nei suoi toni di mandorla tostata e dal finale succoso, ritmico e appagante. Un bianco intrigante e piacevole.

Falanghina del Sannio Cocceius '15
Votino
via Fizzo, 14
Bonea [BN]
tel. 0824834762
www.aziendavotino.com
8.40 euro

L'azienda Votino è collocata presso la splendida villa di Cocceio che ospitò Orazio e Virgilio nel loro viaggio da Roma a Brindisi. Siamo nel Sannio Caudino, alle pendici del Monte Taburno, in un piccolo centro della provincia di Benevento, dove l'azienda produce vini a base di falanghina e aglianico. Cocceius è una Falanghina in purezza, dalle note di frutta esotica e pesca. Sapida e dal nerbo acido, al palato è armonica e sapida. Fresca e piacevole.

gli altri vini

Aia dei Colombi
c.da Sapenzie
Guardia Sanframondi [BN]
tel. 0824817139
www.aiadeicolombi.it
**Falanghina del Sannio
Guardia Sanframondi
Vignasuprema '14**
9.90 euro

Alois
loc. Audelino
via Ragazzano
Pontelatone [CE]
tel. 0823876710
www.vinialois.it
Caulino '15
8.70 euro

Giuseppe Apicella
fraz. Capitignano
via Castello Santa Maria, 1
Tramonti [SA]
tel. 089876075
www.giuseppeapicella.it
**Costa d'Amalfi
Tramonti Rosato '15**
10.80 euro

Cantine Astroni
via Sartania, 48
Napoli
tel. 0815884182
www.cantineastroni.com
**Campi Flegrei
Falanghina
Colle Imperatrice '15**
9.60 euro
**Campi Flegrei
Falanghina V. Astroni '14**
13.00 euro

Bambinuto
via Cerro
Santa Paolina [AV]
tel. 0825964634
www.cantinabambinuto.com
**Irpinia Falanghina
Insania '15**
7.60 euro

Cantine Barone
via Giardino, 2
Rutino [SA]
tel. 0974830463
www.cantinebarone.it
**Cilento Fiano
Una Mattina '15**
10.00 euro

Bellaria
fraz. Area PIP
loc. Carrani
Montefalcione [AV]
tel. 0825973467
www.agricolabellaria.it
Aglianico '13
13.00 euro

Boccella
via Sant'Eustachio
Castelfranci [AV]
tel. 082772574
www.boccellavini.it
Casefatte '15
8.40 euro

Antonio Caggiano
c.da Sala
Taurasi [AV]
tel. 082774723
www.cantinecaggiano.it
**Fiano di Avellino
Béchar '15**
10.90 euro

Cantina del Taburno
via Sala, 16
Foglianise [BN]
tel. 0824871338
www.cantinadeltaburno.it
Cesco dell'Eremo '15
9.70 euro
**Coda di Volpe
Amineo '15**
8.40 euro

Capolino Perlingieri
via Marraioli, 58
Castelvenere [BN]
tel. 0824971541
www.capolinoperlingieri.com
**Falanghina del Sannio
Preta '15**
9.70 euro

Cautiero
c.da Arbusti
Frasso Telesino [BN]
tel. 3387640641
www.cautiero.it
Erba Bianca '15
8.40 euro
Sannio Aglianico Fois '13
9.70 euro
Sannio Greco Trois '15
8.90 euro

**Colle
di San Domenico**
s.da st.le Ofantina km 7,500
Chiusano di San Domenico [AV]
tel. 0825985423
www.
cantinecolledisandomenico.it
Falanghina del Sannio '15
8.40 euro

Michele Contrada
c.da Taverna, 31
Candida [AV]
tel. 0825988434
www.vinicontrada.it
Falanghina del Sannio '15
8.00 euro

Contrada Salandra
fraz. Coste di Cuma
via Tre Piccioni, 40
Pozzuoli [NA]
tel. 0815265258
www.dolciqualita.com
**Campi Flegrei
Falanghina '14**
9.20 euro

Viticoltori De Conciliis
loc. Querce, 1
Prignano Cilento [SA]
tel. 0974831090
www.viticoltorideconciliis.it
Bacioilcielo Bianco '15
9.20 euro

gli altri vini

Di Meo
c.da Coccovoni, 1
Salza Irpina [AV]
tel. 0825981419
www.dimeo.it
Coda di Volpe C '15
8.40 euro
Falanghina '15
10.00 euro

Donnachiara
loc. Pietracupa
via Stazione
Montefalcione [AV]
tel. 0825977135
www.donnachiara.com
Aglianico '14
5.90 euro

Farro
loc. Fusaro
via Virgilio, 16/24
Bacoli [NA]
tel. 0818545555
www.cantinefarro.it
**Campi Flegrei
Falanghina '15**
8.60 euro
**Campi Flegrei
Falanghina
Le Cigliate '14**
13.00 euro
**Campi Flegrei
Piedirosso '15**
8.70 euro

**Cantine Federiciane
Monteleone**
fraz. San Rocco
via Antica Consolare
Campana, 34
Marano di Napoli [NA]
tel. 0815765294
www.federiciane.it
**Campi Flegrei
Piedirosso '15**
8.90 euro
**Penisola Sorrentina
Gragnano '15**
8.40 euro

Filadoro
c.da Cerreto, 19
Lapio [AV]
tel. 0825982536
www.filadoro.it
Fiano di Avellino '14
10.90 euro

Fontanavecchia
via Fontanavecchia, 7
Torrecuso [BN]
tel. 0824876275
www.fontanavecchia.info
Aglianico del Taburno '11
10.90 euro

La Fortezza
loc. Tora II, 20
Torrecuso [BN]
tel. 0824886155
www.lafortezzasrl.it
Aglianico del Taburno '12
10.90 euro
Sannio Fiano '15
9.60 euro
Sannio Greco '15
9.60 euro

Lunarossa
via V. Fortunato P.I.P. Lotto 10
Giffoni Valle Piana [SA]
tel. 0898021016
www.viniepassione.it
Costacielo Bianco '15
10.90 euro

Manimurci
s.da st.le 164 km 83,200
Paternopoli [AV]
tel. 3938257033
www.peppebuiowinery.it
**Falanghina del Sannio
Falange '15**
6.70 euro

**Salvatore
Martusciello**
via Spinelli, 4
Quarto [NA]
tel. 0818766123
www.salvatoremartusciello.it
**Campi Flegrei Piedirosso
Settevulcani '15**
10.90 euro

Mustilli
via Caudina, 10
Sant'Agata de' Goti [BN]
tel. 0823718142
www.mustilli.com
Sannio Sant'Agata dei Goti Greco '15
10.90 euro

Lorenzo Nifo Sarrapochiello
via Piana, 62
Ponte [BN]
tel. 0824876450
www.nifo.eu
Falanghina del Sannio Taburno '15
9.20 euro

La Pietra di Tommasone
via prov.le Fango, 98
Lacco Ameno [NA]
tel. 0813330330
www.tommasonevini.it
Epomeo Bianco '15
13.00 euro

Quadrigato
c.da Taverna Vecchia
Guardia Sanframondi [BN]
tel. 0824864296
www.quadrigato.com
Falanghina del Sannio '15
8.70 euro

Regina Viarum
via Vellaria
Falciano del Massico [CE]
tel. 0823931299
www.reginaviarum.it
Falerno del Massico Zero5 '13
12.70 euro

Fattoria La Rivolta
c.da Rivolta
Torrecuso [BN]
tel. 0824872921
www.fattorialarivolta.com
Falanghina del Sannio Taburno '15
9.90 euro
Sannio Taburno Fiano '15
11.60 euro

Ettore Sammarco
via Civita, 9
Ravello [SA]
tel. 089872774
www.ettoresammarco.it
Costa d'Amalfi Ravello Bianco Selva delle Monache '15
10.90 euro
Costa d'Amalfi Ravello Rosato Selva delle Monache '15
10.90 euro
Costa d'Amalfi Rosato Terre Saracene '15
10.90 euro

Tenuta San Francesco
fraz. Corsano
via Sofilciano, 18
Tramonti [SA]
tel. 089876748
www.vinitenutasanfrancesco.com
Costa d'Amalfi Tramonti Rosato '15
10.00 euro

San Salvatore
via Dionisio
Giungano [SA]
tel. 08281990900
www.sansalvatore1988.it
Aglianico Corleto '14
10.00 euro
Calpazio '15
12.60 euro
Vetere '15
11.80 euro

Sanpaolo di Claudio Quarta Vignaiolo
loc. c.da San Paolo
via Aufieri, 25
Torrioni [AV]
tel. 0832704398
www.claudioquarta.it
Fiano di Avellino '15
9.70 euro

Setaro
loc. Parco Nazionale del Vesuvio
via Bosco del Monaco, 34
Trecase [NA]
tel. 0818628956
www.casasetaro.it
Falanghina Campanelle '15
8.20 euro

La Sibilla
fraz. Baia
via Ottaviano Augusto, 19
Bacoli [NA]
tel. 0818688778
www.sibillavini.com
Campi Flegrei Piedirosso '15
11.60 euro

Terre Stregate
loc. Santa Lucia
via Municipio, 105
Guardia Sanframondi [BN]
tel. 0824817857
www.terrestregate.it
Sannio Aglianico Manent '14
10.00 euro

Torre Varano
loc. Torrevono, 2
Torrecuso [BN]
tel. 0824876372
www.torrevarano.it
Falanghina del Sannio Taburno '15
6.60 euro

Il Verro
loc. Acquavalle, Lautoni
Formicola [CE]
tel. 3456416200
www.ilverro.it
Casavecchia Lautonis '15
9.60 euro
Pallagrello Bianco Verginiano '15
9.60 euro
Pallagrello Nero '15
10.80 euro

gli altri vini

Vestini Campagnano
via Costa dell'Aia, 9
Conca della Campania [CE]
tel. 0823679087
www.vestinicampagnano.it
Asprinio '15
8.90 euro
Axilio '13
12.60 euro
Galluccio Rosso Concarosso '15
7.70 euro
Kajanero '15
7.90 euro

Vigne Guadagno
via Tagliamento, 237
Avellino
tel. 08251686379
www.vigneguadagno.it
Greco di Tufo '15
12.60 euro

Villa Matilde
s.s. Domitiana, 18
Cellole [CE]
tel. 0823932088
www.villamatilde.it
Aglianico Rocca dei Leoni '13
9.40 euro

Villa Raiano
loc. San Michele di Serino
via Bosco Satrano, 1
Serino [AV]
tel. 0825595663
www.villaraiano.com
Fiano di Avellino '15
13.00 euro

le migliori enoteche

I Coloniali - Vino e Cioccolato
via F. Giordani, 32
Napoli
tel. 0817618478

Il cioccolato in questo negozio è il vero protagonista insieme ad una cospicua selezione di distillati, liquori e vini. I Coloniali Vino e Cioccolato nasce per volere di Lina Esposito che, abbandonato il lavoro di impiegata al Ministero delle Finanze a Milano, decide di indossare i panni di enotecaria e conoscitrice dei migliori prodotti gourmet d'Italia. Oltre alle bottiglie distribuite sugli scaffali qui è possibile trovare una buona scelta di conserve, marmellate di buona qualità, dolciumi e caramelle.

Mercadante
c.so Vittorio Emanuele, 643/644
Napoli
tel. 081680964

L'enoteca Mercadante nasce grazie alla professionalità di due fratelli Francesco e Stefano Continisio, che spinti dal loro entusiasmo decidono di creare un luogo che sia ricettacolo dei buoni sapori campani e nazionali. In questa avventura gastronomica investe anche l'imprenditore napoletano Fulvio Luise che oggi accoglie i clienti in un ambiente familiare curato nei minimi particolari. Non solo bottega ma anche wine bar e banco gastronomia di assoluto livello con ampia scelta regionale tra salumi e formaggi.

le altre enoteche

AVELLINO E PROVINCIA

Civico 12
La strada del vino
via M. Del Gaizo, 12
Avellino
tel. 082521737

D Wine
p.zza Libertà, 11
Avellino
tel. 0825786326

De Pascale
c.so Vittorio Emanuele, 205
Avellino
tel. 0825781654

Garofalo
c.so Europa, 104
Avellino
tel. 0825780430

Wine Bar Evoè
via M. del Gaizo, 1214
Avellino
tel. 082574951

BENEVENTO E PROVINCIA

Paradiso Coloniali
v.le A. Mellusi, 90
Benevento
tel. 0824315565

I Sentieri del Vino e della Birra
via Cardinal di Rende, 18
Benevento
tel. 3402637060

CASERTA E PROVINCIA

Il Vino
via Belvedere, 50
Aversa [CE]
tel. 0815038361

le altre enoteche

Enoteca dei vini del Sannio e della Campania
p.zza Guerrazzi, 4
Caiazzo [CE]
tel. 082447845

La Botte
s.da st.le Appia, 166
Casagiove [CE]
tel. 0823468130

Il Torchio
fraz. Mezzano di Caserta
via Fusco, 8
Caserta
tel. 0823386264

Prosit
via Musone, 10/12
Marcianise [CE]
tel. 0823831890

NAPOLI E PROVINCIA

Enoteca Iorio
c.so Amendola, 219
Afragola [NA]
tel. 0818603442

Dante
p.zza Dante, 18
Napoli
tel. 0815499689

Enoteca Partenopea 1951
v.le Augusto, 2
Napoli
tel. 0815937982

Mondovino
via Ligorio Pirro, 29
Napoli
tel. 0815788660

Cianciulli
via R. Pappalardo, 19/93
Ottaviano [NA]
tel. 0818271594

F.lli Brandi
via Leonardo da Vinci, 13
Portici [NA]
tel. 0817764636

La Cantinella
p.zza Olmo, 1
Procida [NA]
tel. 0818101436

Armonia
loc. Quarto Flegreo
via Nuova, 242
Quarto [NA]
tel. 0818767457

Acino Di Vino
via Fuoro, 65
Sorrento [NA]
tel. 0818773472

Bacchus
p.zza Sant'Antonino, 20
Sorrento [NA]
tel. 0818074610

SALERNO E PROVINCIA

Bellagaia
l.go G. Amendola, 17
Maiori [SA]
tel. 089877871

Perbacco
c.da Marina Campagna, 5
Pisciotta [SA]
tel. 0974973849

Manzo
lungomare Colombo, 44
Salerno
tel. 089752520

San Pietro
c.so Garibaldi, 231
Salerno
tel. 089232125

Testa
via dei Mercanti, 104/106
Salerno
tel. 089241192

basilicata

Andamenti climatici altalenanti e difficoltà nelle vendemmie più impegnative non gravano nella qualità vitivinicola della Basilicata, che continua a confermarsi un punto di riferimento nel panorama enologico del Sud Italia. Con l'inserimento di una nuova fascia di prezzo che comprende i vini fino a 13 euro è stato possibile includere nuove etichette e aziende da tempo garanti nelle nostre guide della qualità. Quest'anno sono ben dieci le cantine che hanno ottenuto il nostro Oscar qualità prezzo, sette di queste premiate per l'Aglianico del Vulture, la più importante e nota denominazione regionale. Martino, Paternoster, Terra dei Re e Cantina di Venosa sono solo alcune delle assidue presenze nelle nostre pubblicazioni incluse in questa edizione del Berebene. Debutta nel club il Greco Muse di I Talenti – Padri Trinitari, cantina e casa di accoglienza di Venosa che assiste persone diversamente abili, indirizzandole verso l'autonomia con il lavoro nei campi. Ma la Basilicata del vino non si limita al comprensorio del Vulture: suscita interesse l'area della Doc Matera dove ritroviamo la cantina Taverna che, attiva dal 1950, è oggi diretta da Pasquale Lunati che tenta di preservare le tradizioni enologiche nella provincia. Ma il premio regionale quest'anno spetta all'Aglianico del Vulture Balì '13 della Cantina di Venosa. Rosso armonico, fresco e succoso, dal prezzo davvero esemplare.

Aglianico del Vulture Balì '13
Cantina di Venosa
loc. Vignali
via Appia
Venosa [PZ]
tel. 097236702
www.cantinadivenosa.it
7.60 euro

La Cantina di Venosa è la struttura produttiva di riferimento della regione. Fondata nel 1957 oggi produce ottocentomila bottiglie l'anno, frutto della selezione delle migliori uve dei 500 soci conferitori. La sua gamma produttiva è vasta e di ottimo livello, e accanto a versioni strutturate e longeve di Aglianico, come il Carato Venusio, troviamo anche etichette dallo stile più semplice e immediato. È il caso del Balì '13, un vino dal bel colore rubino carico, di struttura snella, equilibrato, fresco e ricco di frutto. Vi appassioneranno le sue sfumature balsamiche e di erbe officinali, la morbidezza dei suoi tannini.

gli oscar

Aglianico del Vulture '13
Martino
via La Vista, 2a
Rionero in Vulture [PZ]
tel. 0972721422
www.martinovini.com
9.20 euro

La storia dei Martino comincia a fine Ottocento a Rionero in Vulture quando la famiglia commercializzava uve, mosti e vini in tutta Italia. Oggi questa realtà si avvale di una cantina moderna e tecnologica e di un ampio spazio ipogeo ricavato da grotte naturali per il lungo affinamento dei vini. Abbiamo molto apprezzato la ricchezza e la fragranza dell'Aglianico del Vulture '13 di Carolin e Armando Martino. Il vino ha un bel colore rubino cupo, e profumi eleganti di frutti rossi e neri ben maturi, e al palato si apre morbido e ricco, sostenuto da un'adeguata vena acida che ce lo consegna persistente e serbevole.

Aglianico del Vulture Likos '13
Vigne Mastrodomenico
via Nazionale per Rapolla, 87
Barile [PZ]
tel. 0972770108
www.vignemastrodomenico.com
13.00 euro

Giuseppe ed Emanuela Mastrodomenico rappresentano la quinta generazione della famiglia impegnata in vigna, dove affiancano il padre Donato. Dalle loro vigne di Barile nasce una piccola gamma di vini di livello. Anche quest'anno il loro Aglianico Likos, il 2013, dai toni di mora e prugna matura e dai morbidi tannini è tra i migliori. È un Aglianico di carattere e pienezza, ricco di note boisé e di frutti neri, che potrete mettere in cantina e lasciar invecchiare serenamente per qualche anno. Ma che già da oggi vi conquisterà per l'eleganza dei tannini e il suo bel finale di frutto.

Aglianico del Vulture Covo dei Briganti '13
Eubea
s.da prov.le 8
Ripacandida [PZ]
tel. 3284312789
www.agricolaeubea.com
12.60 euro

Eugenia Sasso conduce con passione questa bella azienda, forte di quindici ettari di vigne, di età che variano tra i 40 e i 60 anni, dislocati tra Barile e Ripacandida, scelti tra quelli meglio esposti e impiantati su esposizioni collinari su terreni drenanti di tufi e rocce vulcaniche. Il Covo dei Briganti '13 si è distinto nelle nostre degustazioni per il suo carattere ricco, concentrato ed elegante, per le note di mora e mirtillo che esprime tanto al naso quanto al palato, per la freschezza delle nuance balsamiche appena frenate da toni boisé che il tempo siamo sicuri potrà smussare.

Aglianico del Vulture Synthesi '13
Paternoster
c.da Valle del Titolo
Barile [PZ]
tel. 0972770224
www.paternostervini.it
12.50 euro

Fondata nel 1925 da Anselmo Paternoster, è uno dei marchi storici del Vulture, tra le prime aziende nel meridione d'Italia a imbottigliare i propri vini creando un brand identitario. Il suo patrimonio di vigneti ammonta a venti ettari, cui si aggiungono le uve acquistate. Recentemente entrata nel gruppo veronese della Tommasi Viticoltori, mantiene le sue etichette e la sua autonomia produttiva. Il cavallo di battaglia dell'azienda è da anni l'Aglianico Synthesi, che anche nell'annata 2013 si conferma di ottimo livello. Ha la struttura classica di un rosso del Vulture, ma anche un grande equilibrio, ricchezza di frutto e toni speziati e una freschezza di beva invidiabile.

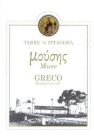

Greco Muse '15
**I Talenti
Padri Trinitari**
p.zza Don Bosco, 3
Venosa [PZ]
tel. 097234221
www.trinitarivenosa.it
10.10 euro

I Talenti - Padri Trinitari è un'azienda un po' speciale. In realtà si tratta del marchio con cui vengono commercializzati i vini ottenuti dalle vigne annesse a due belle strutture d'accoglienza dei Padri Trinitari, quella di Venosa e quella di Bernalda, dove vengono assistite persone diversamente abili nel loro cammino verso l'autonomia e il mondo del lavoro, agricolo e artigianale. Con la supervisione enologica di Oronzo Alò a Bernalda si producono un ottimo rosso e questo bianco, il Greco Muse, che abbiamo apprezzato per la bella e morbida vena fruttata, per la freschezza, per l'equilibrio e l'armonia dell'insieme.

Matera Moro I Sassi '14
Taverna
c.da Taverna, 15
Nova Siri [MT]
tel. 0835877083
www.aataverna.com
10.90 euro

Oggi la Taverna è diretta da Pasquale Lunati, omonimo del nonno che l'ha fondata nel 1950, anch'egli teso a preservare la tradizione enologica lucana producendo vini a base di aglianico, greco e primitivo nelle due provincie della regione. La superficie aziendale conta ben 280 ettari, di cui solo una piccola parte, quella più vocata, è dedicata alla viticoltura. Ottimo il Matera Moro della selezione I Sassi '14. È un rosso a base di primitivo, cabernet sauvignon e merlot, polposo e ricco, morbido e strutturato, ricco di intriganti note di frutti rossi e neri e di nuance speziate, com'è nelle corde di questa denominazione.

Aglianico del Vulture Vultur '13
Terra dei Re
via Monticchio km 2,700
Rionero in Vulture [PZ]
tel. 0972725116
www.terradeire.com
8.10 euro

Terra dei Re nasce pochi anni fa ma eredita l'antica consuetudine della famiglia Leone alla viticoltura, cui si è associata la famiglia Rabasco. Dotata di una modernissima cantina in parte interrata, dispone di trentuno ettari di vigneto con un'età media di oltre quarant'anni in diverse esposizioni del comprensorio. L'Aglianico Vultur spicca nella gamma aziendale: ha personalità, struttura e piacevolezza di beva. E racconta il territorio.

Terre di Orazio Dry Muscat '15
Cantina di Venosa
loc. Vignali
via Appia
Venosa [PZ]
tel. 097236702
www.cantinadivenosa.it
8.40 euro

In una terra avara di vini bianchi, il comprensorio del Vulture, la Cantina di Venosa ha selezionato vigne di moscato nelle zone più fresche. Anno dopo anno questo Moscato secco della linea Terre di Orazio si conferma un bianco di carattere e fascino, e merita il nostro Oscar. Il 2015, fedele alla tradizione, ha un bel colore paglierino verdolino brillante e un naso intenso e fresco ricco di note aromatiche e di sfumature vegetali di salvia e di frutta tropicale. Al palato è asciutto, nervoso, sapido e chiude con belle note agrumate. Delizioso sul pesce crudo e sui frutti di mare della tradizione mediterranea.

Aglianico del Vulture Pipoli Zero '14
Vigneti del Vulture
c.da Pipoli
Acerenza [PZ]
tel. 0971749363
www.vignetidelvulture.it
9.70 euro

Il Gruppo Farnese opera in diverse regioni del centro e del Sud Italia, e da qualche anno ha uno dei suoi centri nevralgici ad Acerenza, nel comprensorio dell'Aglianico del Vulture. Tra le numerose etichette proposte, tutte ottenute selezionando le migliori uve della zona, a noi è piaciuta moltissimo questa versione "solfiti zero" del suo Aglianico Pipoli. Ve lo raccomandiamo, con un Oscar, anche se non siete dei fan dei vini "bio" o naturali. Rimarrete incantati dalla sua ricchezza, dalla freschezza e intensità di aromi di frutti rossi, come melagrana, ribes e ciliegia nera matura, dai suoi tannini eleganti e dalla bella armonia dell'insieme. Ottimo su una bistecca oggi ma capace d'invecchiare in cantina.

gli altri vini

Bisceglia
c.da Finocchiaro
Lavello [PZ]
tel. 0972877033
www.vinibisceglia.it
**Aglianico del Vulture
Terra di Vulcano '14**
8.40 euro

Cantine del Notaio
via Roma, 159
Rionero in Vulture [PZ]
tel. 0972723689
www.cantinedelnotaio.com
La Postilla
10.90 euro

Cantine Cerrolongo
c.da Cerrolongo, 1
Nova Siri [MT]
tel. 0835536174
www.cerrolongo.it
**Matera Primitivo
Akratos '14**
9.20 euro

Casa Vinicola D'Angelo
via Padre Pio, 8
Rionero in Vulture [PZ]
tel. 0972721517
www.dangelowine.it
Aglianico del Vulture '14
10.90 euro

Eubea
s.da prov.le 8
Ripacandida [PZ]
tel. 3284312789
www.agricolaeubea.com
La Vie en Rose M. Cl. '12
8.00 euro

Michele Laluce
via Roma, 21
Ginestra [PZ]
tel. 0972646145
www.vinilaluce.com
**Aglianico del Vulture
Zimberno '12**
12.60 euro

Martino
via La Vista, 2a
Rionero in Vulture [PZ]
tel. 0972721422
www.martinovini.com
**Aglianico del Vulture
Bel Poggio '11**
8.40 euro
Greco I Sassi '15
6.70 euro

Musto Carmelitano
via Pietro Nenni, 23
Maschito [PZ]
tel. 097233312
www.mustocarmelitano.it
**Aglianico del Vulture
Maschitano Rosso '14**
10.10 euro

Paternoster
c.da Valle del Titolo
Barile [PZ]
tel. 0972770224
www.paternostervini.it
**Aglianico del Vulture
Giuv '13**
10.00 euro
Barigliòtt '15
8.20 euro

Terra dei Re
via Monticchio km 2,700
Rionero in Vulture [PZ]
tel. 0972725116
www.terradeire.com
Claris Bianco '15
5.90 euro
Claris Rosso '13
5.90 euro

Cantina di Venosa
loc. Vignali
via Appia
Venosa [PZ]
tel. 097236702
www.cantinadivenosa.it
**Aglianico del Vulture
Bali'Aggio '13**
7.60 euro

**Dry Muscat
Terre di Orazio '13**
8.40 euro

Vigneti del Vulture
c.da Pipoli
Acerenza [PZ]
tel. 0971749363
www.vignetidelvulture.it
**Aglianico del Vulture
Pipoli '13**
9.70 euro

le migliori enoteche

La Farmacia dei Sani
via Cavour, 10
Maratea [PZ]
tel. 0973876148
Più di trent'anni fa, Giovanna Rinaldi e Nicola Manfredi diedero vita a questo piccolo scrigno in cui ritrovare la Lucania del gusto. Prodotti tipici del territorio, salumi, formaggi, i peperoni di Senise, i fagioli di Sarconi e altre golosità fanno da contorno agli scaffali ricolmi di etichette. Accanto ai vini del Vulture, che fanno la parte del leone, con i grandi nomi e i piccoli emergenti, si possono trovare le referenze più interessanti del panorama nazionale. Una sosta davvero piacevole al centro di Maratea.

le altre enoteche

MATERA E PROVINCIA
Perbacco
via V. Cappelluti, 43
Matera
tel. 0835334156

POTENZA E PROVINCIA
Cantina di Bacco
via Parigi, 36
Potenza
tel. 0971449215

Scotland
c.so Umberto I, 15
Potenza
tel. 097121222

Vintage
via Marconi, 68
Potenza
tel. 09711654538

puglia

La Puglia resta senza ombra di dubbio una delle regioni più interessanti dove andare a cercare (e bere) vini dall'ottimo rapporto qualità prezzo. Nonostante la sequenza della fredda e piovosa annata 2014 - particolarmente penalizzante per i vini rossi - e della torrida 2015 - che ha reso problematica la realizzazione di vini bianchi con la giusta freschezza e acidità - non abbia certo aiutato i produttori nella realizzazione dei classici vini quotidiani "da beva" che costituiscono da sempre la maggioranza delle nostre segnalazioni, il numero di Oscar ottenuti non è affatto sceso, anzi. Sono molti infatti i vini rossi del 2015 che ci hanno convinto: vinificati spesso in solo acciaio, hanno nella maggior parte dei casi saputo unire ricchezza di frutto e piacevolezza. A questi si sono aggiunti, pur se in numero minore rispetto agli scorsi anni, alcuni vini rosati, una tipologia in cui la Puglia resta comunque ai vertici della produzione nazionale, e un paio di vini bianchi, realizzati da produttori che hanno saputo interpretare l'annata nel modo migliore. Per quanto riguarda i vitigni, la parte del leone la fanno, come al solito, primitivo e negroamaro, due uve che, se ben lavorate, riescono a dare vini di qualità tanto nell'immediato quanto dopo anni di invecchiamento, e questo sia nelle versioni a Indicazione Geografica, sia in quelle a Denominazione di Origine. L'Oscar Regionale tuttavia l'abbiamo assegnato al Tenute Nero di Troia '15 dell'azienda Rasciatano, un vino realizzato nella zona di Barletta, fresco e fruttato, di grande immediatezza e piacevolezza.

Tenute Nero di Troia '15
Rasciatano
fraz. Rasciatano
s.da st.le 93, km 13
Barletta (BT)
tel. 0883510999
www.rasciatano.com
11.00 euro

Rasciatano è situata nell'agro murgiano, a metà strada tra il mare e le colline. I vigneti sono tutto attorno alla sede aziendale e sono posti su terreni sabbiosi con substrati di roccia calcarea. Il Tenute Nero di Troia '15 è esemplare per rapporto qualità prezzo e tra i migliori Nero di Troia dell'annata. I profumi di frutti rossi sono accompagnati da sentori erbacei e balsamici e seguiti da un palato di notevole grinta e spinta acida, fresco e di piacevole beva.

gli Oscar

Aglianico '13
Amastuola
via Appia km 632,200
Massafra [TA]
tel. 0998805668
www.amastuola.it
11.50 euro

Nel vigneto aziendale, un corpo unico di oltre 100 ettari disegnato dal noto paesaggista Fernando Caruncho a onde parallele e lavorato a conduzione biologica, sono presenti soprattutto primitivo e aglianico. Quest'anno tra i vari vini della famiglia Montanaro spicca per il rapporto qualità prezzo l'Aglianico '13, dai profumi speziati, con note di radici e sfumature balsamiche, mentre il palato è piuttosto tannico, di buon frutto, grintoso, sapido e lungo.

Imprint '14
A Mano
via San Giovanni, 41
Noci [BA]
tel. 0803434872
www.amanowine.it
6.80 euro

A Mano è stata fondata nel 1998 da Elvezia Sbalchiero e Mark Shannon. Le loro etichette provengono quasi tutte da vecchie vigne, situate in territori pugliesi molto vocati, da Manduria a Sava, da Torricella a Maruggio per il primitivo, San Pietro Vernotico per il negroamaro, Putignano e Acquaviva per fiano e greco. L'Imprint '14 è un Primitivo da uve appassite che al naso presenta profumi di frutti rossi e macchia mediterranea, mentre il palato è fresco, ricco di frutto e succoso, piacevole e sapido.

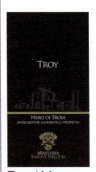

Troy '14
Masseria Barone Melodia
via XXIV Maggio, 62
Bisceglie [BT]
tel. 0809722445
www.masseriabaronemelodia.it
11.80 euro

La famiglia Racanati è proprietaria di Cicas, una società che raccoglie sotto il suo ombrello diversi marchi agroalimentari. Quello enologico risponde al nome di Masseria Barone Melodia, che su 200 ettari vitati propone una gamma di vini dal carattere mediterraneo. Come il Troy, da nero di Troia in purezza, che profuma di frutti neri maturi e spezie, mentre in bocca è lineare e succoso, con il frutto che si intreccia a una bella trama tannica.

Nardò Rosso Danze della Contessa '14
Bonsegna
via A. Volta, 17
Nardò [LE]
tel. 0833561483
www.vinibonsegna.it
9.10 euro

Nata nel 1964, l'azienda della famiglia Bonsegna conta su circa 20 ettari vitati, tutti situati nell'agro di Nardò, grazie ai quali è senza dubbio un riferimento per la denominazione di origine Nardò. La produzione è articolata in varie linee, tra le quali spicca la Danze della Contessa. Il Nardò Rosso '14 di questa linea ha profumi di frutti rossi e macchia mediterranea, mentre il palato è lungo, piacevole, di una sapidità che tende al salmastro.

Alticelli Fiano '15
Cantele
s.da prov.le Salice
Salentino-San Donaci
km 35,600
Guagnano [LE]
tel. 0832705010
www.cantele.it
8.20 euro

L'azienda della famiglia Cantele, fondata nel 1979, negli anni si è affermata come una delle cantine più interessanti della regione. Dai 200 ettari complessivi a disposizione, 50 di proprietà e 150 in conduzione, nasce un'ampia gamma di etichette, sia da uve autoctone che internazionali. L'Alticelli Fiano '15 si presenta con profumi di frutta bianca, agrumi ed erbe aromatiche, ha un palato di buona pienezza e ricchezza aromatica, per un finale fruttato e succoso.

Vero '15
Cantolio Manduria
via per Lecce km 2,5
Manduria [TA]
tel. 0999796045
www.cantolio.it
6.70 euro

Questa cantina cooperativa fondata nel 1961 oggi può contare su 700 soci per circa 800 ettari vitati. Accanto a molte etichette in cui l'uva di riferimento è il primitivo, a denominazione di origine o no, vengono prodotti anche vini da altre uve. Il Vero '15 è un Negroamaro forse un po' aggressivo, nei profumi di macchia mediterranea e con toni balsamici, ma di grande grinta, ricco di frutto nero, e con un finale in cui tornano note di erbe aromatiche, in particolare di rosmarino.

Maru '15
Castello Monaci
via Case Sparse
Salice Salentino [LE]
tel. 0831665700
www.castellomonaci.it
9.30 euro

La Castello Monaci, tenuta del Gruppo Italiano Vini, è situata alle porte di Salice Salentino e conta 150 ettari vitati che insistono su un suolo caratterizzato da due strati: quello in superficie, di tipo argilloso, che raggiunge a stento il metro di profondità, si appoggia su un'ampia fascia di tufo sottostante. Il Negroamaro Maru '15 è particolarmente piacevole e ben realizzato, con sentori di frutti neri freschi e un palato nitido, sempre sul frutto, scorrevole e grintoso.

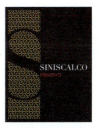

Primitivo Siniscalco '14
Coppi
s.da prov.le Turi
Gioia del Colle
Turi [BA]
tel. 0808915049
www.vinicoppi.it
10.10 euro

Antonio Coppi fonda l'azienda nel 1976, quando rileva una cantina attiva fin dal 1882, e oggi sono i figli a gestirla. Gli ettari vitati di proprietà sono circa 100, di cui il 50% sono impiantati ad alberello. Il Primitivo Siniscalco '14 è una bella interpretazione di questa difficile annata, come dimostrano i profumi speziati e di frutti rossi freschi, mentre il palato è succoso, con note di macchia mediterranea, di buona freschezza e tenuta.

San Severo Rosso Posta Arignano '15
D'Alfonso del Sordo
c.da Sant'Antonino
San Severo [FG]
tel. 0882221444
www.dalfonsodelsordo.it
5.90 euro

La D'Alfonso del Sordo è uno degli alfieri della denominazione San Severo. Sono 45 gli ettari vitati aziendali, situati a un altitudine che va dagli 80 ai 120 metri di altitudine su terreno principalmente argilloso calcareo e divisi in tre tenute: Coppanetta, dove si svolgono anche la vinificazione e l'imbottigliamento, Cotinone e Cappuccini. Il San Severo Rosso Posta Arignano '15 si presenta con profumi di china ed erbe aromatiche, è grintoso e di buona spinta acida.

Serre '15
Cantine Due Palme
via San Marco, 130
Cellino San Marco [BR]
tel. 0831617865
www.cantineduepalme.it
11.40 euro

La cooperativa Cantine Due Palme è stata fondata nel 1989 e oggi conta oltre 1000 soci conferitori, che coltivano circa 2500 ettari vitati nelle province di Brindisi, Taranto e Lecce. Il parco vigneti è composto quasi esclusivamente (il 90%) da uve a bacca rossa, con un'importante presenza di viti ad alberello. Il Susumaniello Serre '15 si presenta con sentori di frutti rossi e note speziate, mentre il palato è di buona materia, fresco ed equilibrato.

Sud del Sud '14
Tenute Eméra di Claudio Quarta Vignaiolo
c.da Porvica
Lizzano [TA]
tel. 0832704398
www.claudioquarta.it
11.60 euro

Tenute Eméra è una delle proprietà pugliesi di Claudio Quarta. I 50 ettari di vigneti sono quasi tutti in un corpo unico a ridosso della costa jonica, cui va aggiunto un ettaro a Guagnano, impiantato a negroamaro e malvasia nera. Il Sud del Sud '14 è un blend di varie uve in cui dominano negroamaro e primitivo, ha profumi di frutti neri ed erbe aromatiche e un palato coerente, ben costruito, succoso, lungo e di buona fittezza.

Alberello '15
Felline
via Santo Stasi Primo, 42b
Manduria [TA]
tel. 0999711660
www.agricolafelline.it
7.10 euro

Gregory Perrucci in questi ultimi vent'anni è stato particolarmente attento al recupero e alla salvaguardia dei vitigni autoctoni e dei vigneti ad alberello, senza rinunciare a elaborare vini di grande pulizia e precisione aromatica. L'Alberello è uno dei vini storici dell'azienda. Blend paritario da negroamaro e primitivo, si presenta con profumi di frutti rossi, è grintoso, scorrevole, di buona lunghezza e tensione, piacevole e tutto da bere.

Uno/Due/Cinque Primitivo '15
Feudi Salentini
fraz. Leporano
via Amendola, 36
Taranto
tel. 0995315370
www.feudisalentini.com
8.10 euro

Cosimo e Maria Teresa Varvaglione hanno fondato la Feudi Salentini nel 1994 e lavorano 25 ettari vitati di proprietà, tutti situati nella zona di Leporano, non lontano dalla cantina. L'Uno/Due/Cinque Primitivo '15 presenta dei classici profumi di frutti neri, in particolare susina nera e ciliegia ferrovia, e ha un palato di grande piacevolezza, certo un po' semplice ma di bella nitidezza, immediato e scorrevole.

Gioia del Colle Primitivo Lavarossa '13
Vito Donato Giuliani
via Gioia Canale, 18
Turi [BA]
tel. 0808915335
www.vitivinicolagiuliani.com
10.10 euro

L'azienda della famiglia Giuliani conta su circa 40 ettari vitati, situati sui suoli carsici tipici della Murgia Barese, tra Turi e Gioia del Colle, nella denominazione Gioia del Colle. Il Gioia del Colle Primitivo Lavarossa '13 al naso è piuttosto complesso, con note terrose e sfumature speziate, mentre al palato è più semplice, ma ricco di frutto e di bella piacevolezza, con un finale lungo e ben sostenuto da una spiccata nota sapida.

Nativo '14
Duca Carlo Guarini
l.go Frisari, 1
Scorrano [LE]
tel. 0836460288
www.ducacarloguarini.it
11.30 euro

La famiglia Guarini è presente sul territorio salentino fin dall'XI secolo e documenti scritti la vedono proprietaria di vigneti fin dal 1133. Oggi conta su circa 70 ettari vitati, in cui spicca la presenza del negroamaro. Il Nativo '14 è un Negroamaro che al naso evidenzia profumi di frutti neri e spezie, con sfumature balsamiche, mentre il palato è più semplice ma fruttato e di buona freschezza.

Gioia del Colle Primitivo Sonya '14
Cantine Imperatore
via Marconi, 36
Adelfia [BA]
tel. 0804594041
www.cantineimperatore.com
10.00 euro

Questa giovane azienda di Adelfia, nella denominazione di origine di Gioia del Colle, che conta su meno di 10 ettari vitati, propone una serie di Primitivo di buona fattura. Tra questi spicca per l'ottimo rapporto qualità prezzo il Gioia del Colle Primitivo Sonya '14, dagli intensi profumi di spezie orientali, mentre il palato è grintoso, di bella tensione acida, con note più fruttate e dal finale di buona sapidità.

350 Alture Minutolo '15
Cantine Paolo Leo
via Tuturano, 21
San Donaci [BR]
tel. 0831635073
www.paololeo.it
13.00 euro

L'azienda di Paolo Leo è presente da ormai oltre venticinque anni nel panorama vitivinicolo salentino. I vigneti di proprietà sono situati nel territorio del comune di San Donaci, su terreni tufacei e calcarei. Il 350 Alture Minutolo '15 si esprime al naso con forti caratteristiche aromatiche, come questo vitigno esige, con note di salvia e legno di rosa, mentre al palato ha note di frutta bianca e un finale amarognolo leggermente tannico.

Five Roses 72° Anniversario '15
Leone de Castris
via Senatore de Castris, 26
Salice Salentino [LE]
tel. 0832731112
www.leonedecastris.com
11.00 euro

Nato nel 1993, nel 50° anniversario dal primo imbottigliamento del 1943, la versione Anniversario del Five Roses viene realizzata con l'80% di negroamaro e il 20% di malvasia nera e proviene dalle vigne più vecchie della contrada Cinque Rose. Il Five Roses Settantaduesimo Anniversario '15 si presenta al naso con profumi floreali e speziati, accompagnati da sentori di fragoline di bosco, mentre il palato è fresco, con note di frutti rossi, di buona lunghezza e sapidità.

Primitivo di Manduria '13
Menhir
via Scarciglia, 18
Minervino
di Lecce [LE]
tel. 0836818199
www.
cantinemenhir.com
9.70 euro

Gaetano Marangelli ha fondato la Menhir nel 2005 - un'azienda che oltre ai suoi 18 ettari vitati può contare su fidati conferitori - riuscendo in poco più di 10 anni a creare una gamma di vini ampia e affidabile. Buona dimostrazione dello standard qualitativo raggiunto è questo Primitivo di Manduria '13, dai profumi di ciliegia e frutti neri, mentre il palato è fresco, ricco di frutto, scorrevole e ben eseguito.

Negroamaro Villa Mottura '15
**Mottura
Vini del Salento**
p.zza Melica, 4
Tuglie [LE]
tel. 0833596601
www.motturavini.it
10.20 euro

La famiglia Mottura è una delle protagoniste della vitivinicoltura salentina da quasi novant'anni e oggi lavora circa 200 ettari vitati, che danno vita a una serie di etichette, divise in svariate linee produttive. Il Villa Mottura Negroamaro '15 al naso evidenzia sentori terrosi, accompagnati da note speziate e di frutti rossi, mentre il palato è particolarmente ricco di frutto, immediato, fresco e piacevole, con un finale piuttosto lungo ben sostenuto da una marcata nota sapida.

Metiusco Rosato '15
Palamà
via A. Diaz, 6
Cutrofiano [LE]
tel. 0836542865
www.vinicolapalama.com
8.90 euro

L'azienda della famiglia Palamà propone da diversi anni vini di grande autenticità e territorialità. I vigneti aziendali sono situati fra Cutrofiano e Matino, su terreni di medio impasto, tendenzialmente calcareo. Il Metiusco Rosato '15, da uve negroamaro, al naso evidenzia sentori floreali di rosa, mentre il palato è fresco, sapido, con note di piccoli frutti rossi, immediato e di piacevole beva. Come spesso in questi ultimi anni, uno dei migliori vini rosati di Puglia.

Gioia del Colle Primitivo 14 Vign. Marchesana '13
Polvanera
s.da Vicinale Lamie Marchesana, 601
Gioia del Colle [BA]
tel. 080758900
www.cantinepolvanera.it
10.90 euro

I vigneti aziendali della Polvanera sono situati fra Acquaviva e Gioia del Colle, a oltre 300 metri di altitudine. L'azienda propone diverse versioni di Primitivo, da quella più strutturata a quella più scorrevole e fresca, legate anche alla differente gradazione alcolica. Il Gioia del Colle Primitivo 14 Vigneto Marchesana '13 ha intensi profumi di frutta nera matura e spezie orientali, è coerente e disteso al palato, piacevole e sul frutto, di buona lunghezza e persistenza, con un finale sapido su note di ciliegia ferrovia.

Amoroso '15
Produttori Vini Manduria
via Fabio Massimo, 19
Manduria [TA]
tel. 0999735332

www.cpvini.com
7.60 euro

Fondata nel 1932, questa cantina sociale oggi conta su 400 soci per 900 ettari vitati, più della metà allevata ancora con il tradizionale sistema ad alberello. L'Amoroso '15 è uno dei migliori vini rosati dell'annata. Da primitivo in purezza nasce in vigne che vanno dai venti ai quarant'anni di età, si propone con toni leggermente aromatici e note di albicocca e di frutti rossi freschi, mentre il palato, di grande precisione e nitidezza, è lungo e sapido, per un vino dalla beva particolarmente piacevole.

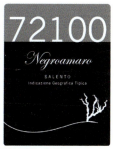

72100 '14
Risveglio Agricolo
c.da Torre Mozza
Brindisi
tel. 0831519948
www.cantinerisveglio.it
8.90 euro

Piccola cantina cooperativa, che vinifica le uve di circa 100 viticoltori, tutti dell'area cittadina di Brindisi, tanto che conta su solo 44 ettari vitati. Il 72100 (il nome del vino è il codice postale della città di Brindisi) dell'annata 2014 è un Negroamaro in purezza dai sentori di tapenade di olive nere e frutti neri, con sfumature balsamiche, mentre il palato è succoso, piacevole, ricco di frutto e succoso.

Castel del Monte Aglianico Cappellaccio Ris. '10
Rivera
s.da prov.le 231 km 60,500
Andria [BT]
tel. 0883569510
www.rivera.it
9.70 euro

La famiglia De Corato è senza dubbio una delle protagoniste storiche della vitivinicoltura di Castel del Monte e della sua denominazione di origine. Oggi la Rivera conta su differenti vigneti all'interno della denominazione, da cui nascono una serie di vini che sanno esprimere al meglio le caratteristiche del territorio. Nel Castel del Monte Aglianico Cappellaccio Riserva '10 ai profumi di ciliegia e ribes rosso, con sfumature speziate di pepe nero, fa seguito un palato equilibrato e di buona tensione, dal tannino ben integrato, lungo e sapido.

Posta Vecchia '14
Cantina San Donaci
via Mesagne, 62
San Donaci [BR]
tel. 0831681085
www.cantinasandonaci.eu
7.00 euro

Cantina cooperativa nata nel 1933, la San Donaci conta più di 700 soci per un parco vigneti di quasi 550 ettari, quasi tutti situati all'interno della denominazione di origine Salice Salentino, su terrazzamenti calcareo argillosi che ben si adattano al clima, da caldo ad arido, tipico di questa regione. Il Posta Vecchia '14 è un blend da negroamaro, cabernet sauvignon e syrah che provengono da vigne ad alberello, dai sentori di tabacco, spezie e frutti neri e dal palato aromaticamente coerente, fitto e dal finale piuttosto fresco.

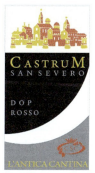

San Severo Castrum Rosso '15
L'Antica Cantina di San Severo
v.le San Bernardino, 94
San Severo [FG]
tel. 0882221125
www.anticacantina.it
6.60 euro

L'Antica Cantina di San Severo è una storica cantina sociale, nata nel 1933, che oggi può contare su 500 soci conferitori e 1000 ettari vitati. Alfiere della denominazione San Severo, realizza un'ampia gamma di etichette. Il San Severo Rosso Castrum '15, da uve montepulciano e sangiovese, al naso evidenzia profumi speziati con sentori di frutti neri, mentre il palato è morbido e pieno, con un finale in cui emergono note di prugna matura.

Vecchio Ceppo Primitivo '15
Cantine Soloperto
s.da s.le 7
Manduria [TA]
tel. 0999794286
www.soloperto.it
6.70 euro

L'azienda vinicola della famiglia Soloperto, numero uno dell'albo dei vigneti della denominazione di origine Primitivo di Manduria, conta su circa 50 ettari di proprietà, metà dei quali ad alberello, situati sia su terre rosse sia su terre brune. Nell'ampia gamma di etichette proposte ci è piaciuto soprattutto il Vecchio Ceppo Primitivo '15, tipico vino d'annata dai profumi di macchia mediterranea, in particolare mirto, e frutti rossi, e dal palato improntato all'immediatezza e alla piacevolezza di beva.

Castel del Monte Bombino Nero Colombaio '15
Conte Spagnoletti Zeuli
c.da San Domenico
s.da prov.le 231 km 60,000
Andria [BT]
tel. 0883569511
www.contespagnolettizeuli.it
11.00 euro

La famiglia Spagnoletti Zeuli è presente sul territorio di Castel del Monte fin dal XVII secolo. Oggi sono ben 120 gli ettari vitati aziendali. Il Castel del Monte Bombino Nero Colombaio '15 è uno dei migliori rosati pugliesi che abbiamo assaggiato quest'anno. Al naso emergono sentori di zenzero, seguiti da sfumature speziate, mentre il palato ha note di frutti rossi freschi, di buona grinta e piacevolezza, con un lungo finale in cui tornano gli aromi di zenzero.

Marilina Rosé '15
Spelonga
via Menola
Stornara [FG]
tel. 0885431048
www.cantinespelonga.com
9.20 euro

L'azienda Spelonga in questi ultimi anni ha saputo proporsi come una tra le più interessanti realtà del foggiano, in particolare per quanto riguarda il lavoro sull'uva nero di Troia. A riprova di questa tendenza ci è piaciuto il Marilina Rosé '15, un Nero di Troia in purezza dai profumi floreali con sfumature di frutti rossi, mentre il palato è ricco di toni fruttati, di medio corpo, con un finale piacevole e fresco.

Nero di Troia Pignataro '14
Tagaro
c.da Montetessa, 63
Locorotondo [BA]
tel. 0802042313
www.tagaro.it
8.70 euro

Situata nell'agro di Locorotondo in Valle d'Itria, una delle zone più vocate per la viticoltura di tutta la Puglia, la Tagaro lavora circa 40 ettari vitati in differenti contrade che danno il loro nome ai vini. Il Nero di Troia Pignataro '14 ha profumi di frutti neri maturi, con sentori di spezie e sfumature balsamiche, mentre il palato è pieno, compatto, con note di incenso e susine nere, lungo e con un finale in cui tornano i toni balsamici.

Passione Reale Appassimento '15
Torrevento
loc. Castel del Monte
s.da prov.le 234 km 10,600
Corato [BA]
tel. 0808980923
www.torrevento.it
9.90 euro

La Torrevento di Francesco Liantonio è situata nel Parco

Rurale della Murgia, all'interno della denominazione Castel del Monte. Nei 450 ettari a disposizione dell'azienda troviamo soprattutto le uve autoctone a dare vita a un'ampia gamma di vini. Quest'anno ci piace segnalare il Passione Reale Appassimento '15, un vino rosso da dessert, che nasce da una vendemmia tardiva di uve primitivo e nero di Troia, dai toni floreali, seguiti da sentori di frutti neri freschi, di buon corpo e grinta, con un piacevole finale ricco di frutto.

Trullo di Carnevale '14
Cantine Tre Pini
via Vecchia per Altamura
s.da prov.le 79 km 16
Cassano delle Murge [BA]
tel. 080764911
www.
agriturismotrepini.com
8.40 euro

L'azienda Tre Pini della famiglia Plantamura si trova all'interno del parco nazionale dell'Alta Murgia, e conta su 7 ettari vitati. I vigneti, che vedono la presenza di primitivo e malvasia bianca, sono situati tra i 400 e i 450 metri di altitudine sul tipico terreno carsico mediamente roccioso delle Murge. Il Primitivo Trullo di Carnevale '14 riesce a interpretare al meglio la difficile annata: giocato tutto sulla freschezza del frutto e la piacevolezza, non è di grande struttura ma ha sapidità e buona tensione acida.

12 e mezzo Primitivo '15
Varvaglione
c.da Santa Lucia
Leporano [TA]
tel. 0995315370
www.varvaglione.com
7.80 euro

Fondata nel 1921, l'azienda oggi vede al lavoro la quarta generazione della famiglia Varvaglione e conta su 155 ettari vitati, 20 di proprietà e 135 coltivati da conferitori fidati, che danno vita a una ventina di etichette. Il 12 e Mezzo Primitivo '15 ha sentori fruttati di ciliegia nera e susina, e un palato coerente, di bella precisione aromatica, succoso e piacevole, per un tipico vino d'annata, tutto da bere.

Negroamaro '14
Vecchia Torre
via Marche, 1
Leverano [LE]
tel. 0832925053
www.cantinavecchiatorre.it
6.60 euro

Questa cantina sociale può contare su più di 1300 soci viticoltori, tutti nella zona di Leverano, per una superficie vitata complessiva di oltre 1000 ettari, molti dei quali ancora con impianti ad alberello pugliese. Il Negroamaro '14 si presenta con sentori terrosi e note di frutti neri e di china calissaia al naso, mentre il palato è di buona materia, ricca di frutto, con una chiusura lunga e sapida.

Gioia del Colle Primitivo '13
Tenuta Viglione
s.da prov.le 140 km 4,100
Santeramo in Colle [BA]
tel. 0802123661
www.tenutaviglione.it
8.70 euro

L'azienda vinicola di Giovanni Zullo conta 40 ettari di proprietà nella denominazione Gioia del Colle, situati sui tipici terreni carsici ricchi di minerali a circa 450 metri di altitudine nella Murgia Barese. Il Gioia del Colle Primitivo '13 al naso presenta profumi fruttati, affiancati da note vegetali e di olive verdi, e un palato davvero ben realizzato, succoso, ricco di frutto, fresco e piacevole.

Malvasia Rosato '15
Vigneti Reale
via E. Reale, 55
Lecce
tel. 0832248433
www.vignetireale.it
7.90 euro

La Vigneti Reale conta su 85 ettari vitati, tutti situati nell'agro di Cellino San Marco, nella zona della denominazione Salice Salentino, dove i vitigni di riferimento sono il negroamaro e la malvasia nera. Ed è proprio una malvasia nera in purezza il Malvasia Rosato '15, non particolarmente espressivo al naso, ma dal palato di bella fattura, fresco e sapido, con un lungo finale in cui spiccano note di arancia sanguinella e ribes a ottenere l'Oscar.

Don Vito Prestige '15
Vinicola Mediterranea
via Maternità e Infanzia, 22
San Pietro Vernotico [BR]
tel. 0831676323
www.vinicolamediterranea.it
6.70 euro

La Vinicola Mediterranea ha ripreso nel 1997 l'attività di una cantina sociale della zona di San Pietro Vernotico, imbottigliando le migliori selezioni per una produzione annua che si aggira intorno alle 500mila bottiglie. Blend da negroamaro (60%) e primitivo, il Don Vito Prestige '15 al naso evidenzia profumi di frutti rossi freschi, mentre il palato non è particolarmente complesso, ma si dimostra di grande piacevolezza, succoso, grintoso e dinamico.

Salice Salentino Cantalupi Ris. '13
Conti Zecca
via Cesarea
Leverano [LE]
tel. 0832925613
www.contizecca.it
10.90 euro

La Conti Zecca conta su ben 320 ettari vitati, divisi in quattro tenute, tre situate a Leverano - Saraceno, Donna Marzia e Santo Stefano - e una a Salice Salentino - Cantalupi. Da ognuna viene prodotta una gamma di etichette che porta il nome della tenuta. Il Salice Salentino Rosso Cantalupi Riserva '13 evidenzia profumi di frutti rossi freschi con sfumature vegetali, è scorrevole e grintoso, ben realizzato e di piacevole beva.

gli altri vini

A Mano
via San Giovanni, 41
Noci [BA]
tel. 0803434872
www.amanowine.it
Primitivo '15
6.80 euro

Cantina Albea
via Due Macelli, 8
Alberobello [BA]
tel. 0804323548
www.albeavini.com
Petranera '14
12.10 euro

Apollonio
via San Pietro in Lama, 7
Monteroni di Lecce [LE]
tel. 0832327182
www.apolloniovini.it
Elfo Negroamaro '15
6.70 euro

I Buongiorno
c.so Vittorio Emanuele II, 71
Carovigno [BR]
tel. 0831996286
www.giasottolarco.it
Negramaro '14
10.00 euro

Cantele
s.da prov.le Salice Salentino-
San Donaci km 35,600
Guagnano [LE]
tel. 0832705010
www.cantele.it
**Teresa Manara
Negroamaro '14**
12.90 euro

Cantine San Marzano
via Regina Margherita, 149
San Marzano di San
Giuseppe [TA]
tel. 0999574181
www.cantinesanmarzano.com
Malvasia Nera Talò '15
10.10 euro
Negroamaro Talò '15
10.10 euro

Cantolio Manduria
via per Lecce km 2,5
Manduria [TA]
tel. 0999796045
www.cantolio.it
**Primitivo di Manduria
14,0 '13**
10.10 euro

Castello Monaci
via Case Sparse
Salice Salentino [LE]
tel. 0831665700
www.castellomonaci.it
Petraluce '15
9.30 euro

Chiaromonte
vico Muro Sant'Angelo, 6
Acquaviva delle Fonti [BA]
tel. 0803050432
www.tenutechiaromonte.com
Elè '14
11.80 euro

D'Alfonso del Sordo
c.da Sant'Antonino
San Severo [FG]
tel. 0882221444
www.dalfonsodelsordo.it
Dammirose '15
9.20 euro

Tenute Eméra
di Claudio Quarta
Vignaiolo
c.da Porvica
Lizzano [TA]
tel. 0832704398
www.claudioquarta.it
**Lizzano
Negroamaro Sup. '14**
8.20 euro

Felline
via Santo Stasi Primo, 42b
Manduria [TA]
tel. 0999711660
www.agricolafelline.it
Nero di Troia '15
6.00 euro

Leone de Castris
via Senatore de Castris, 26
Salice Salentino [LE]
tel. 0832731112
www.leonedecastris.com
Aleikos '15
9.80 euro
**Salice Salentino Rosso
Ris. '14**
10.20 euro

Masseria Li Veli
s.da prov.le
Cellino-Campi, km 1
Cellino San Marco [BR]
tel. 0831618259
www.liveli.it
Susumaniello Askos '15
13.00 euro

Pietraventosa
s.da vic.le Latta Latta
Gioia del Colle [BA]
tel. 3355730274
www.pietraventosa.it
**Gioia del Colle Primitivo
Allegoria '13**
10.10 euro

Plantamura
via V. Bodini, 9a
Gioia del Colle [BA]
tel. 3474711027
www.viniplantamura.it
**Gioia del Colle Primitivo
Et. Rossa Parco Largo '15**
10.90 euro

Risveglio Agricolo
c.da Torre Mozza
Brindisi
tel. 0831519948
www.cantinerisveglio.it
72100 Sel. Speciale '13
10.10 euro

gli altri vini

Rivera
s.da prov.le 231 km 60,500
Andria [BT]
tel. 0883569510
www.rivera.it
**Castel del Monte
Nero di Troia Violante '14**
8.70 euro

Rosa del Golfo
via Garibaldi, 18
Alezio [LE]
tel. 0833281045
www.rosadelgolfo.com
Bolina '15
8.40 euro

Cantina San Donaci
via Mesagne, 62
San Donaci [BR]
tel. 0831681085
www.cantinasandonaci.eu
Anticaia Negroamaro '14
6.70 euro

Schola Sarmenti
via Generale Cantore, 37
Nardò [LE]
tel. 0833567247
www.scholasarmenti.it
**Nardò Rosso
Roccamora '14**
9.80 euro

Spelonga
via Menola
Stornara [FG]
tel. 0885431048
www.cantinespelonga.com
Samà Rosso '15
9.90 euro

Cantine Teanum
via Croce Santa, 48
San Severo [FG]
tel. 0882336332
www.teanum.it
Òtre Primitivo '14
11.80 euro

Tormaresca
loc. Tofano
c.da Torre d'Isola
Minervino Murge [BT]
tel. 0883692631
www.tormaresca.it
**Castel del Monte Rosso
Trentangeli '14**
13.00 euro

Torre Quarto
c.da Quarto, 5
Cerignola [FG]
tel. 0885418453
www.torrequarto.it
Sangue Blu '14
8.30 euro

Torrevento
s.da prov.le 234 km 10,600
Corato [BA]
tel. 0808980923
www.torrevento.it
**Castel del Monte Rosato
Primaronda '15**
6.70 euro
**Castel del Monte Rosso
V. Pedale Ris. '13**
13.00 euro

Cantine Tre Pini
via Vecchia per Altamura
s.da prov.le 79 km 16
Cassano delle Murge [BA]
tel. 080764911
www.agriturismotrepini.com
**Gioia del Colle Primitivo
Piscina delle Monache '13**
10.90 euro

Agricole Vallone
via XXV Luglio, 7
Lecce
tel. 0832308041
www.agricolevallone.it
**Brindisi Rosso
V. Flaminio Ris. '12**
10.90 euro

Varvaglione
c.da Santa Lucia
Leporano [TA]
tel. 0995315370
www.varvaglione.com
**12 e mezzo
Negroamaro '15**
7.80 euro

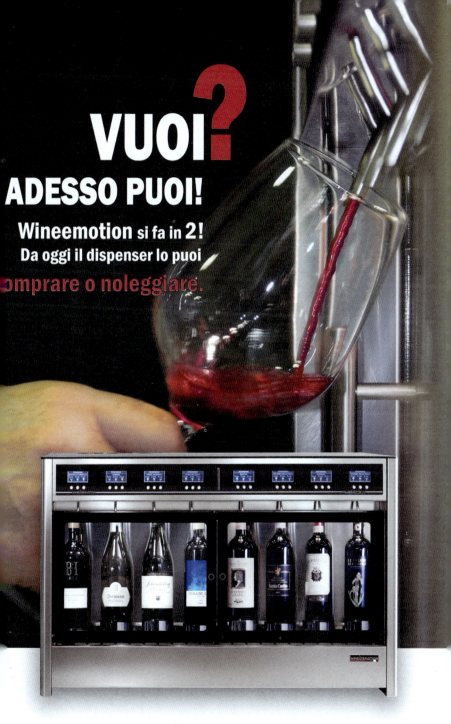

info@wineemotion.com | info@wineemotionrental.com

gli altri vini

Vecchia Torre
via Marche, 1
Leverano [LE]
tel. 0832925053
www.cantinavecchiatorre.it
Leverano Rosato '15
5.40 euro

Tenuta Viglione
s.da prov.le 140 km 4,100
Santeramo in Colle [BA]
tel. 0802123661
www.tenutaviglione.it
Gioia del Colle Primitivo Marpione Ris. '12
13.00 euro

Vinicola Mediterranea
via Maternità e Infanzia, 22
San Pietro Vernotico [BR]
tel. 0831676323
www.vinicolamediterranea.it
Salice Salentino Rosso Il Barone '14
8.40 euro

le migliori enoteche

Vinarius De Pasquale
via Marchese di Montrone, 87
Bari
tel. 0805213192

Siamo di fronte a una delle enoteche più fornite della città dove sia il semplice appassionato, sia l'enofilo più esigente potranno soddisfare ogni desiderio. L'offerta è varia e può contare su circa 4500 referenze tra cui pescare: bollicine, vini del territorio, grandi nomi internazionali, ma anche grappe e distillati. Nello scantinato a temperatura controllata riposano annate rare di Sassicaia, Ornellaia e introvabili Chateâux francesi. Gli accessori per la degustazione completano l'offerta. Per qualsiasi consiglio o per togliervi qualche curiosità, un personale attento e competente sarà sempre a vostra disposizione.

Nel Regno di Bacco
via A. Berardi, 71
Taranto
tel. 0994596218

Varcando la soglia del negozio, si capisce subito di essere al cospetto di una delle enoteche più fornite di Taranto, da anni punto di riferimento per chi ama il vino. Tra bianchi, rossi, bollicine riserve speciali e grandi annate, si contano oltre 1500 referenze, alle quali aggiungere una nutrita selezione di distillati e liquori. A completare l'offerta, contribuiscono ricercatezze dolci e salate. Inoltre l'enoteca è anche una delle più fornite grapperie d'Italia in cui, durante l'anno si tengono interessanti degustazioni per esperti del settore ed enofili.

le altre enoteche

BARI E PROVINCIA

Cucumazzo
v.le Japigia, 64
Bari
tel. 0805534212

De Candia
via Buccari, 30
Bari
tel. 0805425341

It's wine o'clock
p.zza Garibaldi, 64
Giovinazzo [BA]
tel. 0803948889

Il Tralcio
via D. Manin, 33
Monopoli [BA]
tel. 0809301366

L'Angolo Divino
c.so Giovanni Jatta, 11
Ruvo di Puglia [BA]
tel. 0803628544

BARLETTA - ANDRIA TRANI E PROVINCIA

Enoteca Dell'Olio
via G. Falcone, 41
Trani [BT]
tel. 0883403789

BRINDISI E PROVINCIA

Enoteca Anelli
via F. Consiglio, 6
Brindisi
tel. 0831563507

Fedele Spinelli
via Porta Lecce, 6
Brindisi
tel. 0831521834

Enoteca Argento
p.zza Mercato Coperto
Fasano [BR]
tel. 0804838367

le altre enoteche

Drink Shop
p.zza Italia, 27
Ostuni [BR]
tel. 0831302132

FOGGIA E PROVINCIA
Nuvola
via Trento, 5b
Foggia
tel. 0881723388

Saponaro
via Trento, 2
Foggia
tel. 0881771956

Enoteca Bisceglia
via C. Battisti, 72
Mattinata [FG]
tel. 0884551003

LECCE E PROVINCIA
Enoteca Linciano
via Duca d'Abruzzi, 59/61
Lecce
tel. 083233196

Rollo
via C. Battisti, 23
Lecce
tel. 0832302832

TARANTO E PROVINCIA
Enoteca Terruli
v.le Europa, 7/9
Martina Franca [TA]
tel. 0804801934

calabria

La storia ampelgrafica della Calabria è tra le più affascinanti, grazie ai Greci che la colonizzarono intorno all'VIII secolo a.C. Probabilmente è stata la prima regione d'Italia dove si è cominciato a coltivare la vite e produrre vino con metodi moderni. Furono infatti i Greci a introdurre l'alberello come metodo di allevamento, i primi torchi e l'uso dei vasi vinari, ma anche i loro vitigni (non a caso l'uva a bacca bianca più diffusa della regione si chiama greco). Nonostante questo passato e condizioni pedoclimatiche assolutamente favorevoli alla coltivazione della vite la Calabria attualmente è una delle ultime regioni d'Italia per produzione di vino. Per fortuna negli ultimi 15 anni, grazie a un gruppo di produttori illuminati che ha fatto da apripista tornando a fare cospicui investimenti sia in cantina che in vigna, il comparto è ripartito abbastanza bene. Il livello qualitativo dei vini si è alzato in maniera esponenziale, così come il numero delle cantine che adesso imbottigliano con il loro brand. Comprare vino calabrese adesso è conveniente: si trovano vini eccellenti a prezzi assolutamente competitivi sia tra gli entry level sia anche top di gamma.

Terre di Cosenza Sette Chiese '15
Serracavallo
c.da Serracavallo
Bisignano [CS]
tel. 098421144
www.viniserracavallo.it
8.20 euro

Demetrio Stancati, vulcanico presidente della denominazione Terre di Cosenza, è uno dei vignaioli più attivi e simpatici dell'intera regione. Nella sua tenuta di Bisignano coltiva soprattutto magliocco, spingendosi con i suoi vigneti sino a settecento metri d'altitudine. Il suo Sette Chiese '15, blend da magliocco e una piccola percentuale di merlot, ha un bel naso elegante dove ben si sposano toni erbacei di erbe officiali con note dolci e fruttate, sorso pieno, succoso, ben supportato dall'acidità e dai tannini per un finale dove tornano coerenti erbe e frutto.

gli Oscar

Cirò Rosso Cl. Sup. Solagi '14
Caparra & Siciliani
bivio s.da st.le 106
Cirò Marina [KR]
tel. 0962373319
www.caparraesiciliani.com
6.70 euro

Un binomio che dura ormai da oltre cinquant'anni quello tra queste due storiche famiglie di viticultori cirotani. Oltre a essere una grande cantina di trasformazione, l'azienda può contare su oltre 180 ettari di vigna sparsi tra le contrade più vocate del cirotano. Segnaliamo quest'anno il Cirò Rosso Classico Solagi '14, un Gaglioppo di rara piacevolezza di beva, vinificato e affinato in acciaio per conservare integro il frutto e il piacevolissimo bagaglio aromatico.

Cirò Rosso Cl. Sup. '14
Capoano
c.da Ceramidio
Cirò Marina [KR]
tel. 096235801
www.capoano.it
7.50 euro

La presenza della nobile famiglia Capoano è documentata a Cirò da ben tredici secoli. A raccogliere questa eredità è adesso Massimiliano Capoano che nel 2005 ha completamente rinnovato l'azienda agricola dotandola di una moderna cantina. Piacevolissimo il Cirò Rosso '14, al naso si colgono le caratteristiche note floreali e piccoli frutti rossi, il sorso colpisce per la freschezza del frutto e il bel finale tonico.

Savuto Si '15
Wines Colacino
via Colle Manco
Rogliano [CS]
tel. 09841900252
www.colacino.it
5.90 euro

L'azienda di Mauro e Maria Teresa Colacino è una delle cantine storiche calabresi, da sempre nota per la qualità dei suoi vini tanto da essere citata nel celebre libro "Vino al Vino" di Mario Soldati del 1969. Tutti coltivati a varietà autoctone i venti ettari di vigneto che si trovano a Marzi nel cosentino a circa 500 metri d'altitudine. Il Savuto Si '15 è speziato e floreale al naso, mentre il frutto rimanda a ciliegie e more, ben articolata la bocca: fresca, fruttata e di buona persistenza.

Cirò Bianco '15
Cataldo Calabretta
via Mandorleto, 47
Cirò Marina [KR]
tel. 3471866941
www.cataldocalabretta.it
10.10 euro

Cataldo Calabretta ha scelto come simbolo per la sua azienda l'arciglione, classico strumento da potatura cirotano appartenuto al nonno, proprio per sottolineare la volontà di continuare a produrre vino nel solco della tradizione e nel rispetto del territorio. Agricoltura biologica in vigna, mentre in cantina si usano solo lieviti indigeni e sono state recuperate le antiche vasche in cemento. Il Cirò Bianco '15 è ricco di note floreali e rimandi di frutta bianca mentre il sorso è fresco, sapido e vitale.

Cirò Rosato '15
Cote di Franze
loc. Piana di Franze
Cirò Marina [KR]
tel. 3926911606
www.cotedifranze.it
9.20 euro

Vincenzo e Francesco Scilanga, ultima generazione di una famiglia che coltiva la vite da almeno tre secoli a Cirò, appena entrati in azienda hanno innanzitutto convertito al biologico tutti i vigneti rigorosamente coltivati a gaglioppo e greco bianco tirando su nel contempo una nuova e ben attrezzata cantina dove poter lavorare comodamente. Intrigante il loro Cirò Rosato '15 che conquista per la nettezza del bouquet fatto di fiori di campo, erbe mediterranee e piccola frutta rossa, sapido, esuberante e ben disteso al sorso.

Pecorello '15
Ippolito 1845
via Tirone, 118
Cirò Marina [KR]
tel. 096231106
www.ippolito1845.it
9.40 euro

I fratelli Vincenzo e Gianluca Ippolito quando hanno preso in mano le redini dell'azienda hanno sin da subito intrapreso un percorso teso alla valorizzazione dei vitigni autoctoni e del territorio, lavorando duro sia in vigna sia in cantina, per produrre vini di taglio moderno senza perdere in territorialità. Uno dei frutti di questo lavoro, in verità ben riuscito, è il Pecorello '15, vino dai profumi erbacei e di frutta gialla, dal buon nerbo acido in bocca dove vira su sensazioni agrumate e sapide.

Cirò Rosso Cl. '15
Librandi
loc. San Gennaro
s.da st.le Jonica 106
Cirò Marina [KR]
tel. 096231518
www.librandi.it
7.20 euro

Sicuramente tutto il comprensorio cirotano deve molto a Nicodemo Librandi che da vent'anni si batte caparbiamente per ridare lustro alla denominazione Cirò in Italia e nel mondo investendo tanto tempo, energia e denaro in un lunghissimo lavoro di ricerca sui cloni dei vitigni autoctoni calabresi quali gaglioppo, greco e magliocco. Esemplare il Cirò Rosso '15, dai profumi di bacche rosse, fiori secchi e liquirizia, coerente la bocca, fresca, tonica, ricca di frutto per un finale appagante e di bella persistenza.

Terre Lontane '15
Librandi
loc. San Gennaro
s.da st.le Jonica 106
Cirò Marina [KR]
tel. 096231518
www.librandi.it
9.40 euro

Nella vasta produzione targata Librandi erano tanti i vini che quest'anno potevamo premiare nel nostro Berebene, ma abbiamo scelto una delle più buone versioni di sempre del Terre Lontane, perché il rosato è una tipologia che in Calabria è da sempre molto apprezzata dai consumatori. Blend da gaglioppo con un tocco di cabernet franc, il Terre Lontane '14 ha un bel naso pulito e intenso di frutti rossi, amarena in particolare, ed erbe aromatiche, succoso al palato, di gran bella beva, ma per nulla banale.

Savuto '14
G.B. Odoardi
c.da Campodorato, 35
Nocera Terinese [CZ]
tel. 098429961
www.cantineodoardi.it
10.00 euro

La tenuta degli Odoardi si estende per 270 ettari in una

zona collinare nei pressi di Nocera Terinese godendo dei benefici influssi del vicino mar Tirreno. Gli oltre ottanta ettari di vigneto sono tutti impiantati ad alta o altissima densità: 11mila ceppi per ettaro, che dal livello del mare si spingono sino a oltre settecento metri d'altitudine. Il Savuto '14 ha bella struttura e frutto polposo e un fitto profilo olfattivo dominato da piccoli frutti neri e fiori appassiti.

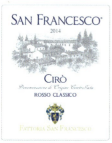

Cirò Rosso Cl. Sup. '14
Fattoria San Francesco
loc. Quattromani
Cirò [KR]
tel. 096232228
www.fattoriasanfrancesco.it
7.60 euro

La Fattoria San Francesco ha avuto un ruolo importante nella rinascita della denominazione Cirò. Negli anni Novanta è stata sicuramente l'azienda che più ha innovato nel cirotano poi, per una serie di ragioni legate alla proprietà, era praticamente caduta nel dimenticatoio sino a quando la brava Rosa Iuzzolini l'ha riportata ai livelli qualitativi di un tempo. Buonissimo il Cirò Classico '14: un vino moderno dai toni fruttati perfettamente maturi, fragrante e succoso in bocca dove chiude con una bella nota balsamica.

Cirò Rosso Cl. '15
Santa Venere
loc. Tenuta Volta Grande
s.da prov.le 04 km 10,00
Cirò [KR]
tel. 096238519
www.santavenere.com
8.20 euro

Gli Scala possiedono la tenuta Santa Venere sin dal 1600. Sono stati Francesco, l'attuale proprietario, e il padre Giuseppe ad ampliarne la parte vitata sino agli attuali 25 ettari, convertendo tutta l'azienda al biologico certificato e dotandola nel contempo di una grande e moderna cantina. Elegante il Cirò Rosso Classico '15, profuma di frutti di bosco maturi e violetta ma non mancano piccanti note balsamiche. Succoso e fragrante il sorso, dotato di un bel finale agrumato.

Arvino '13
Statti
c.da Lenti
Lamezia Terme [CZ]
tel. 0968456138
www.statti.com
7.90 euro

Quella degli Statti, dal punto di vista energetico, è probabilmente l'azienda più virtuosa dell'intera Calabria. Tutti gli scarti di lavorazione vengono infatti conferiti alla moderna centrale che trasforma il biogas in energia elettrica rendendo tutta la tenuta indipendente dal punto di vista energetico. Oscar all'Arvino '13, uvaggio da gaglioppo e cabernet, dal naso fine e fruttato, dove si riconoscono anche note di tabacco e sottobosco mediterraneo. Ben disteso il sorso tra frutto e tannini fitti e dotato di un finale di buona profondità.

Cirò Rosso Cl. Sup. Cordòne '14
Cantine Vulcano
via Indipendenza, 11
Cirò Marina [KR]
tel. 096235381
www.vulcanowine.com
10.00 euro

Come molte altre aziende del cirotano anche quella di Giuseppe Vulcano ha le radici ben solidamente impiantate nella storia di questo territorio dove si coltiva la vite sin dalle prime colonizzazioni greche. A noi è piaciuto molto il Cordòne '14 un Cirò Classico dalle belle e intense note fruttate e balsamiche, decisamente piacevole anche al palato. In buon equilibrio tra frutto e acidità e un finale persistente e senza sbavature.

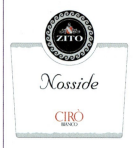

**Cirò Bianco
Nosside '15
Vinicola Zito**
fraz. Punta Alice
via Scalaretto
Cirò Marina [KR]
tel. 096231853
www.cantinezito.it
6.70 euro

La cantina della famiglia Zito fondata nel lontano 1870 è stata una delle prime a imbottigliare ed esportare i vini di Cirò con il marchio di famiglia. Intrigante il Nosside '15, un Cirò Bianco ben fatto ed elegante, dai profumi freschi di fiori di campo e agrumi, arricchiti da note iodate che tornano in bocca sotto forma di sapida freschezza. Teso e armonico il sorso, dove si riconoscono note dolci di frutta bianca e più freschi rimandi agrumati. Sfruttabile sia come aperitivo sia a tutto pasto.

gli altri vini

Cataldo Calabretta
via Mandorleto, 47
Cirò Marina [KR]
tel. 3471866941
www.cataldocalabretta.it
Ansonica '15
10.10 euro
Cirò Rosato '15
10.10 euro

Caparra & Siciliani
bivio s.s. 106
Cirò Marina [KR]
tel. 0962373319
www.caparraesiciliani.com
Cirò Rosso Cl. Sup. Volvito Ris. '13
10.00 euro
Curiale '15
6.70 euro

Roberto Ceraudo
loc. Marina di Strongoli
c.da Dattilo
Crotone
tel. 0962865613
www.dattilo.it
Grayasusi Et. Rame '15
11.80 euro
Nanà '14
11.80 euro
Petelia '15
11.80 euro

Wines Colacino
via Colle Manco
Rogliano [CS]
tel. 09841900252
www.colacino.it
Savuto
V. Colle Barabba '15
11.60 euro

Cantina Enotria
loc. San Gennaro
s.s. Jonica, 106
Cirò Marina [KR]
tel. 0962371181
www.cantinaenotria.com
Cirò Bianco '15
8.40 euro
Cirò Rosso Cl. Sup. '14
7.60 euro

Tenute Ferrocinto
c.da Ferrocinto
Castrovillari [CS]
tel. 0981415122
www.cantinecampoverde.it
Terre di Cosenza Pollino Bianco '15
13.00 euro
Terre di Cosenza Pollino Rosso '14
13.00 euro

iGreco
loc. Salice
c.da Guardapiedi
Cariati [CS]
tel. 0983969441
www.igreco.it
Catà '14
10.10 euro
Savù '15
10.10 euro

Ippolito 1845
via Tirone, 118
Cirò Marina [KR]
tel. 096231106
www.ippolito1845.it
Calabrise '15
8.40 euro
Cirò Bianco Res Dei '15
6.60 euro
Cirò Rosso Cl. Sup. Liber Pater '14
6.60 euro
I Mori '14
8.40 euro

Tenuta Iuzzolini
loc. Frassà
Cirò Marina [KR]
tel. 0962373893
www.tenutaiuzzolini.it
Artino '14
12.10 euro
Lumare '15
11.40 euro
Prima Fila '15
12.10 euro
Principe Spinelli '15
11.40 euro

Cantine Lento
via del Progresso, 1
Amato [CZ]
tel. 096828028
www.cantinelento.it
Lamezia Greco '15
10.10 euro
Lamezia Rosso Dragone '14
11.80 euro

Librandi
loc. San Gennaro
s.s. Jonica 106
Cirò Marina [KR]
tel. 096231518
www.librandi.it
Cirò Rosso Cl. Duca Sanfelice '14
11.90 euro
Critone '15
9.40 euro

Tenute Pacelli
fraz. Pauciuri
c.da Rose
Malvito [CS]
tel. 0984501486
www.tenutepacelli.it
Tèmeso '12
13.00 euro

Fattoria San Francesco
loc. Quattromani
Cirò [KR]
tel. 096232228
www.fattoriasanfrancesco.it
Cirò Bianco '15
7.90 euro
Cirò Rosato '15
7.90 euro
Settemari '15
12.40 euro

gli altri vini

Vignacorta '14
12.40 euro

Santa Venere
loc. Tenuta Volta Grande
s.da prov.le 04 km 10,00
Cirò [KR]
tel. 096238519
www.santavenere.com
Cirò Bianco '15
8.40 euro
Cirò Rosato '15
8.20 euro
Scassabarile '15
13.00 euro
Speziale '15
10.90 euro
Vescovado '15
13.00 euro

Senatore Vini
loc. San Lorenzo
Cirò Marina [KR]
tel. 096232350
www.senatorevini.com
Alikia '15
12.40 euro
Cirò Rosato
Puntalice '15
11.30 euro

Serracavallo
c.da Serracavallo
Bisignano [CS]
tel. 098421144
www.viniserracavallo.it
Besidiae '15
8.20 euro
Terre di Cosenza
Don Filì '15
11.60 euro
Terre di Cosenza
Quattro Lustri '15
11.60 euro
Terre di Cosenza
Terraccia '13
13.00 euro

**Spadafora
Wines 1915**
zona ind. Piano Lago, 18
Mangone [CS]
tel. 0984969080
www.cantinespadafora.it
Nerello '13
12.60 euro
Terre di Cosenza
Fiego Bianco '15
9.50 euro

Terre di Cosenza
Peperosso '15
9.20 euro

Statti
c.da Lenti
Lamezia Terme [CZ]
tel. 0968456138
www.statti.com
Gaglioppo '15
9.20 euro
Mantonico '14
12.10 euro

**Terre del Gufo
Muzzillo**
c.da Albo San Martino, 22a
Cosenza
tel. 0984780364
www.terredelgufo.it
Kaulos '15
12.60 euro

Tenuta Terre Nobili
loc. Cariglialto
Montalto Uffugo [CS]
tel. 0984934005
www.tenutaterrenobili.it
Alarico '14
12.60 euro
Cariglio '15
10.00 euro

Tramontana
loc. Gallico Marina
via Casa Savoia, 156
Reggio Calabria
tel. 0965370067
www.vinitramontana.it
Costa Viola '14
9.20 euro
Palizzi '14
8.10 euro

Luigi Viola
via Roma, 18
Saracena [CS]
tel. 0981349099
www.cantineviola.it
Biancomargherita '14
13.00 euro
Rossoviola '13
13.00 euro

le migliori enoteche

Marino
via M. Nicoletta, 3
Crotone
tel. 096221798

Attiva sin dal 1976, l'Enoteca Marino è un saldo punto di riferimento per gli appassionati di vino che abitano a Crotone o che capitano in Calabria. Oggi i locali son ben due: l'enoteca e l'attiguo lounge bar. In enoteca la scelta dei vini è articolata e vasta, con una grande presenza di etichette regionali e una valida selezione delle migliori bottiglie della penisola. Non manca un'accurata scelta di Champagne e le migliori bollicine italiane. Il lounge bar è un luogo ideale dove sostare soprattutto all'ora dell'aperitivo. Ci si può sedere all'aperto o all'interno del locale per gustare un buon calice di vino accompagnato da gustosi stuzzichini. E per gli amanti del cioccolato è disponibile un'ampia scelta di pralineria di produzione piemontese e belga.

le altre enoteche

CATANZARO E PROVINCIA

F.lli Augusto
v.le Cassiododro, 81
Catanzaro
tel. 096162667

Calabria in Tavola
via Settembrini, 16
Catanzaro
tel. 0961724868

Calabria Mia
via Poerio, 81
Catanzaro
tel. 0961741083

La Cascina
loc. Lido
via Corace, 50
Catanzaro
tel. 096132683

Corapi
via San Giovanni Bosco, 36
Soverato [CZ]
tel. 096721607

COSENZA E PROVINCIA

Mondo Divino
via G. Grossi, 22
Belvedere Marittimo [CS]
tel. 098582895

Luzzi
via F. Petrarca, 2
Corigliano Calabro [CS]
tel. 0983889061

La Buca dei Vini
p.zza dei Bruzi, 7
Cosenza
tel. 0984795495

le altre enoteche

Per Bacco
via V. Veneto, 30
Cosenza
tel. 0984790320

La Melissa
via Marina, 224
Longobardi [CS]
tel. 098278032

REGGIO CALABRIA E PROVINCIA

Bouteillerie
via San Francesco
da Paola, 19
Reggio Calabria
tel. 0965332548

Il Cavatappi
via Tommaso Campanella, 53
Reggio Calabria
tel. 096520900

Wine Shop
via Pio XI, 3
Reggio Calabria
tel. 096554233

VIBO VALENTIA E PROVINCIA

Vino & Dintorni
via Dante Alighieri, 117
Vibo Valentia
tel. 0963991831

sicilia

A guardare bene l'elenco dei Tre Bicchieri siciliani di quest'anno non può non saltare all'occhio che un buon terzo di questi rientrano tranquillamente nella fascia di prezzo sotto i 13 euro e tra questi se ne contano diversi perfino sotto i 10 euro. Percentuale che rimane analoga anche considerando tutti i vini siciliani che hanno raggiunto le nostre finali. Insomma a ben scegliere, bere siciliano conviene; a un prezzo con cui in altre regioni d'Italia si paga tuttalpiù un buon entry level, dalla Sicilia si porta a casa un vino da punteggi alti sulla nostra Guida dei Vini d'Italia e non solo. Sicuramente questa politica dei prezzi, sposata a un indubbio aumento della qualità media di gran parte dei vini isolani, aiuta molto i produttori siciliani sia in Italia che all'estero ma può generare confusione. Per questo il nostro Berebene diventa uno strumento indispensabile per muoversi in un mercato complesso come quello del vino siciliano. Noi ci siamo sforzati di darvi una panoramica completa di una regione, spesso definita continente, che passa dalle latitudini africane di Pantelleria e del sud della Sicilia, alla viticultura eroica dell'Etna con i suoi vigneti d'alta quota.

Sicilia Nero d'Avola '14
Feudo Principi di Butera
c.da Deliella
Butera [CL]
tel. 0934347726
www.feudobutera.it
10.00 euro

Continuano a crescere i vini del Feudo Principi di Butera, l'azienda siciliana della famiglia Zonin. Le nostre degustazioni registrano infatti punteggi medi in continua ascesa per questa bella realtà che può contare su quasi 200 ettari di vigna e una modernissima cantina. Oscar al Nero d'Avola '14, un campione di piacevolezza non privo però di complessità e struttura. Frutti neri, erbe mediterranee, inchiostro e mineralità al naso, mentre il sorso è fresco e ben distribuito tra frutto polposo e tannini fitti e levigati.

gli Oscar

Grillo '15
**Abbazia
Santa Anastasia**
c.da Santa Anastasia
Castelbuono [PA]
tel. 0921671959
www.
abbaziasantanastasia.com
6.70 euro

L'Abbazia di Santa Anastasia è l'unica azienda vitivinicola di un certo rilievo sugli oltre 200 chilometri di costa tirrenica che da Palermo giungono sino a Messina. Sulle colline di Castelbuono proprio di fronte al mare, la famiglia Lena oltre a ristrutturare l'antica abbazia risalente al medioevo, ha anche impiantato 65 ettari di vigna interamente condotti in biodinamica. Piacevole nella sua semplicità il Grillo '15, dai profumi di agrumi, fiori bianchi ed erbe aromatiche, fresco e piacevolmente sapido al palato.

Sicilia Nero d'Avola Donnatà '15
**Alessandro
di Camporeale**
c.da Mandranova
Camporeale [PA]
tel. 092437038
www.
alessandrodicamporeale.it
7.60 euro

L'azienda della famiglia Alessandro si trova a Camporeale, nel palermitano. I 35 ettari vitati, condotti in biologico, di questa solida realtà familiare si trovano in una zona collinare a circa 400 metri d'altitudine contraddistinta da una significativa escursione termica tra giorno e notte, soprattutto nei mesi estivi. Fruttato e intenso al naso, il Nero d'Avola Donnatà '15 è di un bel rubino cupo, fresco, sapido e ricco, dal lungo finale vivacizzato da una bella scia balsamica.

Ruggiero '15
Assuli
via Archi, 9
Trapani
tel. 0923546706
www.assuli.it
8.45 euro

Quello della cantina Assuli non è proprio un esordio; sino all'anno scorso era indicizzata nelle nostre pubblicazioni come Alliata. Sostanzialmente oltre al nome non è cambiato nulla: stessa squadra tecnica, stessi vigneti nel trapanese e una batteria di vini di tutto rispetto. Piacevolissimo il Syrah Ruggiero '15, elegante nei toni dei frutti di bosco e spezie al naso, integro all'assaggio, dove il frutto è ben avvolto da una fitta rete tannica.

C'D'C' Cristo di Campobello Bianco '15
Baglio del Cristo di Campobello
c.da Favarotta
s.da st.le 123 km 19,200
Campobello di Licata [AG]
tel. 0922 877709
www.cristodicampobello.it
8.20 euro

La filosofia produttiva dei fratelli Bonetta, viticoltori da generazioni, è semplicemente quella di portare in cantina delle uve sanitariamente sane e perfettamente mature in modo da intervenire il meno possibile durante i processi di vinificazione e affinamento. Premiamo volentieri il loro C'D'C' Bianco '15 blend da uve autoctone e un pizzico di chardonnay, dall'invitante profilo olfattivo di fiori gialli e salvia, mentre il sorso ha bella polpa fruttata, in buon equilibrio con sapidità e freschezza acida.

Shymer '13
Baglio di Pianetto
loc. Pianetto
via Francia
Santa Cristina Gela [PA]
tel. 0918570002
www.bagliodipianetto.com
8.00 euro

La cantina siciliana del Conte Paolo Marzotto e della nipote Ginevra Notarbartolo di Villarosa conta su due ambiti produttivi in Sicilia, il primo per novanta ettari di vigneto a Santa Cristina Gela nel palermitano, il secondo di una settantina di ettari nel sud della Sicilia in contrada Baroni di Pachino. Blend da syrah e merlot, lo Shymer '13 ha un elegante e fitto profilo olfattivo balsamico e speziato su un fondo di piccola frutta rossa, piacevole e grintoso il sorso, ricco di frutto segnato da tannini ancora in piena evoluzione.

Nero d'Avola Cavaleri '15
Biscaris
via Maresciallo Giudice, 52
Acate [RG]
tel. 0932990762
www.biscaris.it
8.40 euro

L'azienda vitivinicola della famiglia Pepi di Bonfalà si trova ad Acate, una delle zone più vocate per la viticultura dell'intero ragusano. Tutta l'azienda è condotta seguendo i principi dell'agricoltura biodinamica sia in vigna sia in cantina, scelta che ha ulteriormente accentuato la territorialità dei vini di questa piccola realtà. Oscar quest'anno al Nero d'Avola Cavaleri '14, intenso, rusticheggiante, con sfumature terrose e balsamiche e una beva piacevolmente tannica.

Aquilae Catarratto '15
Cantina Viticoltori Associati Canicattì
c.da Aquilata
Canicattì [AG]
tel. 0922829371
www.cvacanicatti.it
6.50 euro

Questa bella realtà cooperativistica agrigentina può contare su 480 conferitori e oltre 1000 ettari di vigne sparsi su ben 60 diversi contesti produttivi in un'ampia fascia di territorio che dalle colline interne si spinge sino alle coste di Agrigento. Di buon livello qualitativo tutti i vini inviati alle nostre selezioni, in particolare l'Aquilae Catarratto '15, dai profumi fruttati di banane e nespole, morbido di polpa di frutto l'attacco in bocca, ben vivacizzato da una freschissima e sapida acidità.

Peloro Rosso '14
Le Casematte
loc. Faro Superiore
c.da Corso
Messina
tel. 0906409427
www.lecasematte.it
10.00 euro

Raramente abbiamo incontrato produttori appassionati e dinamici come Gianfranco Sabbatino che nel breve lasso di tempo di un lustro, dopo un esordio in sordina, ha rapidamente trovato la quadra per far arrivare la sua bella cantina peloritana nel Parnaso dei vini italiani, conquistando con il Faro per due anni di fila i nostri Tre Bicchieri. Non è da meno il fratellino minore, il Peloro '14, blend da nerello mascalese e nocera, di grande eleganza olfattiva, ben equilibrato al sorso, tannico, pieno, succoso e ben sostenuto dall'acidità.

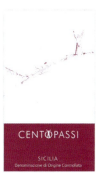

Sicilia Rosso Centopassi '15
Centopassi
via Porta Palermo, 132
San Giuseppe Jato [PA]
tel. 0918577655
www.centopassisicilia.it
8.60 euro

Il progetto Centopassi nasce quando alle cooperative Libera Terra di Don Ciotti vennero affidati terreni confiscati alle mafie nell'Alto Belice corleonese. I ragazzi di Centopassi hanno fatto il resto; oltre a curare i vigneti esistenti, ne hanno impiantato di nuovi e adesso producono e vendono i loro vini in tutto il mondo. Oscar al Centopassi '15, da nero d'Avola e merlot coltivati in regime biologico, dall'approccio olfattivo fatto di piccoli frutti rossi ed erbe aromatiche, vinoso e fruttato in bocca, dove è corroborato da una fresca vena sapida.

Scurati Grillo '15
Ceuso
c.da Vivignato
Calatafimi [TP]
tel. 092422836
www.ceuso.it
9.20 euro

I fratelli Melia, viticultori da generazioni, negli anni Novanta hanno messo a frutto la loro esperienza familiare per realizzare una cantina tutta loro nello splendido territorio di Segesta, dove già possedevano dei vigneti. Il Grillo Scurati '15 convince soprattutto per il naso intrigante e sbarazzino, fatto di toni fruttati di pesca e agrumi, e verdi di foglia di pomodoro; il sorso è ricco di frutto, fresco e sapido, di buona persistenza.

Etna Rosso Barbazzale '15
Cottanera
loc. Iannazzo
s.da prov.le 89
Castiglione di Sicilia [CT]
tel. 0942963601
www.cottanera.it
8.40 euro

La bella cantina dei fratelli Cambria si trova in un altopiano a circa 700 metri di quota poco fuori l'abitato di Passopisciaro. Premiamo volentieri il loro Etna Rosso Barbazzale '15 perché è buono e perché costa quasi la metà di tanti altri Etna di analogo livello. Fitto e intenso il naso, dove si intercettano frutti rossi, spezie e una nota minerale di grafite tipica dell'Etna. La bocca è fresca, giustamente tannica ma ben bilanciata da un bel frutto polputo; sapido e persistente il finale.

Sicilia Rosato Ramusa '15
Cusumano
c.da San Carlo
s.da st.le 113 km 307
Partinico [PA]
tel. 0918908713
www.cusumano.it
10.40 euro

Per piantare il pinot nero, i Cusumano hanno scelto la loro tenuta di Piana degli Albanesi, quasi duecento ettari di vigna intorno ai 700 metri d'altitudine, dove un'importante escursione termica favorisce al meglio la maturazione delle uve anche nelle estati più calde. Piacevolissimo questo rosato da pinot nero dai profumi fruttati di ribes e more ben sposati a più fresche note floreali e di macchia mediterranea, gradevole e di beva invitante all'assaggio, con il frutto ben sostenuto dall'acidità.

Sicilia Shamaris '15
Cusumano
c.da San Carlo
s.da st.le 113 km 307
Partinico [PA]
tel. 0918908713
www.cusumano.it
8.60 euro

La cantina di Diego e Alberto Cusumano continua a sorprenderci per la grande qualità dei vini che ogni anno sottopone al nostro esame ma soprattutto per lo straordinario rapporto qualità prezzo dell'intera gamma produttiva. Oscar allo Shamaris '15, un Grillo proveniente dalla tenuta dei Cusumano di Monte Pietroso che si distingue per il naso ampio e sfaccettato, dove fanno capolino profumi floreali e di frutta esotica, di estrema bevibilità grazie a una buona struttura ben supportata dall'acidità e dal piacevolissimo finale agrumato.

Gerbino Rosso '14
Di Giovanna
c.da San Giacomo
Sambuca di Sicilia [AG]
tel. 09251955675
www.di-giovanna.com
7.60 euro

L'azienda di Gunther e Klaus Di Giovanna si trova in contrada San Giacomo di Sambuca di Sicilia e si estende per un centinaio di ettari di cui più della metà vitati, tutti coltivati in regime biologico. Oscar al Gerbino Rosso '14, blend da nero d'Avola, merlot, syrah e cabernet in percentuali variabili. More, ciliegie e alloro al naso ma anche una fresca vena balsamica mentolata, mentre il sorso si destreggia in buona armonia gustativa tra frutto succoso, acidità e tannini.

Sicilia Grillo del Lago '15
Gaspare Di Prima
loc. Sambuca di Sicilia
via G. Guasto, 27
Sambuca di Sicilia [AG]
tel. 0925941201
www.diprimavini.it
7.60 euro

I vigneti della famiglia Di Prima sono compresi in un territorio dal particolare microclima, caratterizzato da un'accentuata escursione termica, che si estende tra il lago Arancio e il Bosco della Resinata. Proprio qui, da agricoltura biologica, nasce il Grillo del Lago '15, dai toni floreali di passiflora e ginestra, melone e altra frutta a polpa bianca. In bocca il frutto polputo trova un'ottima sponda, con una struttura piena e una fresca corrente acida.

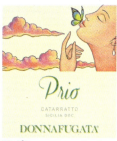

Sicilia Catarratto Prio '15
Donnafugata
via Sebastiano Lipari, 18
Marsala [TP]
tel. 0923724200
www.donnafugata.it
9.00 euro

Qualche mese fa ci ha lasciati Giacomo Rallo, uno dei padri nobili dell'enologia siciliana e uomo dalle geniali intuizioni. La sua eredità, fatta di abnegazione per il lavoro e attaccamento ai valori morali e familiari, resta in buone mani, quelle dei figli Antonio e Josè che, condividendo gli stessi valori, certamente sapranno portare ancora più avanti l'azienda fondata dal padre. Noi gli dedichiamo l'Oscar con il Catarratto Prio '15, dai profumi di frutta e fiori bianchi e una beva piacevolmente fresca e dotata di un bel finale agrumato.

Sicilia Rosso Sedàra '14
Donnafugata
via Sebastiano Lipari, 18
Marsala [TP]
tel. 0923724200
www.donnafugata.it
8.00 euro

L'annata 2014 un po' in tutta la Sicilia è stata caratterizzata da un andamento climatico equilibrato, senza picchi di pioggia o di calore, che ha favorito la perfetta maturazione delle uve anche nelle zone più calde dell'isola. Figlio di quest'annata il Nero d'Avola Sedàra '14, presenta profumi di frutta rossa matura e fiori di campo, ma anche note erbacee più fresche. Coerentemente la bocca è fresca e ben raccolta attorno al frutto polposo e ben sostenuta da tannini fitti ed eleganti, per un finale di ragguardevole persistenza.

Calanìca Frappato Syrah '14
Duca di Salaparuta
via Nazionale
s.da st.le 113
Casteldaccia [PA]
tel. 091945201
www.duca.it
10.20 euro

Fondata nel lontano 1824 la Corvo Duca di Salaparuta nel 2001 è stata acquisita dal gruppo Illva Saronno di Augusto Reina, che in pochi anni ha saputo riportarla ai fasti di un tempo rilanciandone marchio e produzione. Convincente il Calanica Frappato-Syrah '14: non solo ha un bel naso dotato di eleganti nuance fruttate, floreali e mentolate, ma anche una beva fresca e accattivante declinata sui toni del frutto e delle spezie.

Baglio del Sole Merlot Syrah '14
Feudi del Pisciotto
c.da Pisciotto
Niscemi [CL]
tel. 09331930280
www.castellare.it
7.70 euro

Che al Feudo del Pisciotto si facesse vino e in quantità lo testimonia il settecentesco e bellissimo palmento a otto vasche che occupa buona parte dell'antico e coevo baglio adesso perfettamente restaurato, conservandone le caratteristiche architettoniche originali. Il Baglio del Sole Merlot Syrah '14 brilla per i nitidi profumi di frutti rossi e sottobosco mediterraneo, arricchiti da un tocco di spezie, sorso ben equilibrato tra l'esuberanza del frutto e una trama tannica fitta e nitida.

Baglio del Sole Nero d'Avola '14
Feudi del Pisciotto
c.da Pisciotto
Niscemi [CL]
tel. 09331930280
www.castellare.it
6.90 euro

Il Feudo del Pisciotto a Niscemi non è soltanto una bella azienda agricola condotta con scrupolo e passione ammirevoli, ma anche un raffinato wine resort dotato di comode camere e di un valido ristorante. Il Nero d'Avola Baglio del Sole '14 è un vino territoriale, dai profumi varietali che rimandano a frutti rossi, fiori e una tipica ed elegante nota iodata; nel bicchiere è fragrante di frutto, fresco di acidità e di buona persistenza aromatica.

Sicilia Grillo '15
Feudo Arancio
c.da Portella Misilbesi
Sambuca di Sicilia [AG]
tel. 0925579000
www.feudoarancio.it
10.00 euro

Il gruppo Mezzacorona quando si muove fa le cose sempre in grande e così quando è sbarcato in Sicilia ha comprato due diverse tenute, una a Sambuca di Sicilia nell'agrigentino e una ad Acate nel ragusano, per un totale di oltre 700 ettari vitati. Tutta di buon livello qualitativo la gamma dei vini presentati quest'anno, in particolare il Grillo '15, piacevole al naso nei toni della frutta gialla ed erbe aromatiche, mentre la godibilissima beva si sviluppa bene tra il frutto e una freschissima spina acida.

Nero d'Avola '15
Feudo Maccari
c.da Maccari
s.da prov.le Pachino-Noto km 13,500
Noto [SR]
tel. 0931596894
www.feudomaccari.it
9.90 euro

Tutti i vigneti di Feudo Maccari sono vitati ad alberello, la forma di allevamento che meglio favorisce la maturazione durante la torrida estate siciliana. Il Nero d'Avola '15 è un piccolo capolavoro; di un bel rubino intenso, regala profumi di ribes e mora, fiori secchi e quella tipica nota tra il salino e l'affumicato che assume il nero d'Avola in questa zona. In bocca il frutto è quasi masticabile ma ben irregimentato da una cornice tannica di tutto rispetto e tenuto su da un'acidità vivace. Lungo e persistente il finale.

Sicilia Catarratto del Masso '15
Feudo Montoni
c.da Montoni Vecchi
Cammarata [AG]
tel. 091513106
www.feudomontoni.it
10.00 euro

Fabio Sireci è uno dei produttori siciliani più attenti all'ambiente: nella sua azienda non si usano prodotti chimici, gli scarti di lavorazione si usano per concimare, non si diserba se non con la zappa e per quanto possibile sia in vigna sia in cantina si lavora manualmente. Oscar meritatissimo al Catarratto del Masso '15, freschissimo e sapido al palato mentre il naso, pulitissimo, rimanda a suggestive note marine e agrumate.

Sicilia Chiaramonte Chardonnay '15
Firriato
via Trapani, 4
Paceco [TP]
tel. 0923882755
www.firriato.it
10.90 euro

La bella azienda di Vinzia e Salvatore di Gaetano può contare ormai su più di 320 ettari vitati tutti in regime di agricoltura biologica sparsi tra le colline di Paceco nel trapanese, Cavanera sull'Etna e Calamoni a Favignana. Piacevole e ben fatto lo Chardonnay Chiaramonte '15: sapido, ricco di frutto e sostenuto da una bella progressione acida al palato, mentre i profumi rimandano alla frutta esotica e ai fiori gialli.

Etna Bianco '15
Graci
loc. Passopisciaro
c.da Feudo di Mezzo
Castiglione di Sicilia [CT]
tel. 3487016773
www.graci.eu
13.00 euro

Alberto Graci, giovane e appassionato vigneron in quel fantastico territorio che è l'Etna, in pochi anni è arrivato, tra vecchi e nuovi, a una trentina di ettari vitati, tra cui alcune vigne centenarie a piede franco, adattando nel frattempo a cantina un bellissimo palmento ottocentesco. Ottimo l'Etna Bianco '15, da carricante in prevalenza, dai profumi di ginestra, frutta bianca, mentuccia e sale marino, bocca fresca e agrumata, dotata di un sapido e persistente finale.

Salina Rosso '14
Hauner
loc. Santa Maria
via G.Grillo, 61
Messina
tel. 0906413029
www.hauner.it
9.20 euro

Carlo Hauner, lasciata la professione di architetto, si occupa ormai a tempo pieno della cantina ereditata dal padre. Ne ha ampliato il vigneto, diversificando così la gamma dei vini, ma senza trascurare la Malvasia delle Lipari, il suo vino più conosciuto. Sugli allori quest'anno il Salina Rosso '14, affascinante nella sua semplicità, ricco di note minerali e fumé ma anche di piccoli frutti rossi ed erbe fresche; il bicchiere è fruttato e ben sostenuto da una vena acida fresca e persistente.

Syna' '14
Tenuta La Favola
via Principe di Piemonte, 39
Noto [SR]
tel. 0931839216
www.tenutalafavola.it
9.90 euro

La tenuta di Corrado e Valentina Gurrieri si trova in

contrada Buonivini tra Noto e Pachino e sin dal 1997 è interamente condotta in regime di agricoltura biologica. Merita la nostra attenzione il Syna' '14, blend da syrah e nero d'Avola, dai prepotenti profumi fruttati, ciliegia e mora, e una bella bocca dotata di una buona massa tannica, ma per nulla aggressiva, in buon equilibrio con il frutto denso e succoso.

Noto
Nero d'Avola '14
Marabino
c.da Buonivini
s.da prov.le Rosolini-Pachino km 8,5
Noto [SR]
tel. 3355284101
www.marabino.it
10.00 euro

Pierpaolo Messina segue con passione fuori dal comune la sua bella azienda di contrada Buonivini a Noto, 30 ettari di vigneto coltivati in biodinamica sin dal primo giorno, con al centro una modernissima cantina ben integrata nell'ambiente circostante. Tipicissimo nei suoi profumi di gelsi, viole e nuance iodate il Nero d'Avola '14, prepotente in bocca il ritorno del frutto contenuto a stento dalla pur prorompente acidità, mentre sul finale fanno capolino fresche note erbacee.

Sicilia Il Giglio Syrah '15
Masseria del Feudo
c.da Grottarossa
Caltanissetta
tel. 0934569719
www.masseriadelfeudo.it
8.30 euro

La bella azienda di Francesco e Carolina Curcurullo si trova nell'agro di Caltanissetta, in contrada Grottarossa, e ormai da anni viene interamente condotta seguendo i principi dell'agricoltura biologica. Meritevole di attenzione quest'anno il Syrah Il Giglio '15, vinificato in acciaio e affinato in vasche di cemento. Frutti rossi, spezie e polvere di cioccolato ne caratterizzano il profilo olfattivo, sorso beverino segnato da acidità, tannini levigati e frutto succoso.

Lupara '15
Cantina Modica di San Giovanni
c.da Bufalefi
Noto [SR]
tel. 09311805181
www.vinidinoto.it
8.70 euro

Non passa anno che la bella cantina di Alessandro Modica di San Giovanni non ci mandi almeno un vino da premiare con il nostro Oscar. Quest'anno tocca all'Insolia Lupara '15, il cui nome rimanda a un'enorme lupa bianca che dopo aver seminato il terrore in contrada Bufalefi fu catturata da un avo di Alessandro. Profumato di mele ed erbe aromatiche, si distingue soprattutto per una beva sapida, scorrevole, di buona lunghezza e persistenza.

Sicilia
Nero d'Avola '14
Morgante
c.da Racalmare
Grotte [AG]
tel. 0922945579
www.morgantevini.it
7.60 euro

La cantina della famiglia Morgante può contare su 50 ettari di vigna, tutta a nero d'Avola a Grotte nell'agrigentino, un territorio che, grazie a una forte escursione termica notturna e a suoli calcareo-argillosi, è particolarmente vocato alla viticultura. Molto piacevole il Nero d'Avola '14, grazie a profumi di amarena e gelso intrecciati a più piccanti note speziate; il frutto dolce e ben presente in bocca non vira mai verso lo stucchevole grazie a una bella progressione acida e a tannini fitti ed eleganti.

SICILIA, DA CINQUE GENERAZIONI

Vulkà Etna Rosso

Vulkà Etna Bianco

Sosta Tre Santi
Nero D'Avola
Tre Bicchieri
Vini d'Italia 2017

Sosta Tre Santi
Nerello Mascalese

Fondo Filara
Etna Rosso

Fondo Filara
Etna Bianco

9 095 7806767 | info@cantinenicosia.it
ntine nicosia | nicosia winery
cantinenicosia.it

Mosaikon '15
Cantine Mothia
via Giovanni Falcone, 22
Marsala [TP]
tel. 0923737295
www.cantine-mothia.com
6.60 euro

La struttura centenaria che ospita le Cantine Mothia fu a lungo utilizzata per vinificare le uve provenienti dal cosiddetto Stagnone. Recentemente è stata acquistata e ristrutturata dalla famiglia Bonomo che l'ha trasformata in una moderna cantina senza tradirne l'originale architettura. A noi è piaciuto molto il Nero d'Avola Mosaikon '15, profumato di lamponi e fiori di campo, mentre in bocca è fruttato, ben dotato di tannini morbidi e di un finale fresco e lungo.

Etna Rosso Vulkà '14
Cantine Nicosia
via Luigi Capuana, 65
Trecastagni [CT]
tel. 0957806767
www.cantinenicosia.it
9.90 euro

I vigneti etnei della cantina Nicosia si trovano nella zona del Monte Gorna, nel comune Trecastagni ad altezze variabili tra i 700 e gli 800 metri. L'Etna Rosso Vulkà '14

è un vino dallo strepitoso rapporto qualità prezzo più che meritevole del nostro Oscar. Frutta a bacca rossa e pesca gialla matura e decise note minerali ne caratterizzano l'ampio spettro olfattivo mentre il sorso sapido e vitale si dipana bene tra un bel frutto croccante e una scattante acidità che ne amplifica la persistenza.

Molino a Vento Nero d'Avola '15
Tenute Orestiadi
v.le Santa Ninfa
Gibellina [TP]
tel. 092469124
www.tenuteorestiadi.it
8.40 euro

La Tenute Orestiadi nasce da un'altra geniale intuizione di Ludovico Corrao, uomo politico, intellettuale e mecenate che fu protagonista della rinascita di Gibellina dopo il terremoto del Belice del '68, coinvolgendo nella ricostruzione artisti del calibro di Burri, Consagra, Pomodoro, Schifano, Cascella e Paladino. Il Nero d'Avola Molino a Vento '15 è un vino fresco e profumato, che rimanda a frutti rossi e liquirizia, dal palato solido, vitale e dotato di una bella pressione acida e un buon finale fruttato.

Lance Nero d'Avola '14
Cantine Paolini
c.da Gurgo, 168a
Marsala [TP]
tel. 0923967042
www.cantinapaolini.com
7.40 euro

La cantina sociale Paolini può contare su mille soci vignaioli e 3000 ettari di terreni sparsi tra i comuni di Trapani, Marsala, Salemi e Mazzara del Vallo. Piacevolissimo il Lance Nero d'Avola '14, un vino di taglio moderno fresco e beverino, di quelli che un bicchiere tira l'altro. Piacevole il profilo olfattivo fatto soprattutto di sentori vegetali e fruttati, la beva è sapida e fresca, segnata da un'importante corrente acida che dona al sorso carattere e persistenza.

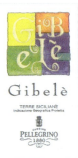

Gibelè Duca di Castelmonte '15
Carlo Pellegrino
via del Fante, 39
Marsala [TP]
tel. 0923719911
www.carlopellegrino.it
10.00 euro

Sono stati abili gli eredi di Carlo Pellegrino, negli oltre 150 anni di storia di questa azienda, a saper anticipare le tendenze del mercato globale. Così, per quanto ottimo il loro Marsala, una volta prodotto in milioni di bottiglie, adesso rappresenta solo una piccola percentuale della loro vasta produzione. Di piacevolissima beva lo Zibibbo Gibelè '15, dai profumi di frutta esotica, agrumi e rose, dolce senza mai scadere nello stucchevole grazie a una prorompente corrente acida che ne alimenta la tensione sino in fondo.

Cerasuolo di Vittoria '14
Planeta
c.da Dispensa
Menfi [AG]
tel. 091327965
www.planeta.it
11.30 euro

La tenuta di Dorilli, 34 ettari di vigneto, nella zona di produzione del Cerasuolo di Vittoria, è insieme a Menfi, Sambuca, Milazzo, l'Etna e Noto una delle sei tessere che compongono il mosaico delle cantine siciliane dei Planeta. Oscar al Cerasuolo di Vittoria '14, dal lineare profilo olfattivo fatto di frutti di bosco in confettura, spezie e note minerali, ricco e ben profilato il bicchiere, in perfetto equilibrio tra frutto dolce e morbido, acidità prorompente e tannini elegantissimi.

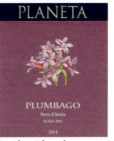

Sicilia Plumbago '14
Planeta
c.da Dispensa
Menfi [AG]
tel. 091327965
www.planeta.it
9.90 euro

Il nero d'Avola con cui è prodotto il Plumbago '14 proviene da un paio di vecchi vigneti a ridosso del lago Arancio a Sambuca di Sicilia. Di un bel rubino dai riflessi violacei e brillanti, al naso si presenta elegante e complesso, profumato di frutti di bosco, aromi balsamici, sottobosco mediterraneo e spezie. In bocca il frutto nitido e succoso è ben avvolto da una leggera ma vibrante trama tannica e corroborato da una fresca spinta acida che lo accompagna per tutto il lungo finale.

Cerasuolo di Vittoria Cl. Poggio di Bortolone '13
Poggio di Bortolone
fraz. Roccazzo
via Bortolone, 19
Chiaramonte Gulfi [RG]
tel. 0932921161
www.poggiodibortolone.it
11.60 euro

Pierluigi Cosenza riesce a forgiare i suoi vini con uno stile elegante e personalissimo senza tradire in alcun modo né il terroir né le caratteristiche varietali dei vitigni che utilizza. Oscar al Cerasuolo di Vittoria Poggio di Bortolone '13, che seduce grazie ai fascinosi ed eterei profumi di sorbo, gelso bianco e gelsomino e che si fa apprezzare al palato per la perfetta fusione tra frutto maturo e tannini dolci che ne fanno un campione di bevibilità.

Vittoria Frappato '15
Poggio di Bortolone
fraz. Roccazzo
via Bortolone, 19
Chiaramonte Gulfi [RG]
tel. 0932921161
www.poggiodibortolone.it
9.90 euro

Di questo vino delizioso non se ne fanno poi tante bottiglie, giusto qualche migliaio, per cui se vi capita sottomano in enoteca non esitate a comprarlo. Anche stavolta infatti il Frappato '15 di Pierluigi Cosenza è un piccolo capolavoro di grazia ed eleganza. Tanto frutto al naso, soprattutto ciliegie e fragoline e poi pepe, viole e qualche rimando erbaceo, coerente la bocca che restituisce bene e a lungo gli aromi avvertiti al naso in un contesto di rara piacevolezza.

Sicilia Il Principe '15
Rallo
via Vincenzo Florio, 2
Marsala [TP]
tel. 0923721633
www.cantinerallo.it
9.30 euro

Bisogna dare atto ad Andrea Vesco che rivoluzionare con successo la propria azienda in pochi anni non è stato un lavoro facile, soprattutto se ci sono da convertire al biologico oltre cento ettari di vigna, cambiando nel contempo l'intera squadra tecnica e perfino il packaging e la comunicazione aziendale. Da Oscar Il Principe '15, dagli intensi profumi di bacche rosse e prato in fiore e una beva vivace, piacevolmente fruttata e dotata di un finale lungo e sapido.

Sicilia Grillo '15
Tenute Rapitalà
c.da Rapitalà
Camporeale [PA]
tel. 092437233
www.rapitala.it
9.60 euro

Rapitalà si estende per oltre 230 ettari tra Camporeale e Alcamo in un contesto naturale di rara bellezza, un territorio da sempre

considerato dall'uomo particolarmente adatto alla viticultura per via dei suoli argillosi e sabbiosi e l'elevata escursione termica. Bissa l'Oscar dello scorso anno il Grillo '15, dai sentori delicatamente minerali ma anche di frutti e fiori bianchi, sensazioni sapide e agrumate ne rendono invece particolarmente piacevole la beva.

Nero d'Avola Le Origini '15
Feudo Rudinì
c.da Camporeale
Pachino [SR]
tel. 0931595333
www.vinirudini.it
8.20 euro

La cantina di Saro e Giuseppe Di Pietro, viticoltori da generazioni, si trova a Pachino nell'estremo sud della Sicilia Orientale, territorio d'elezione del nero d'Avola, dove sin dalle prime colonizzazioni fenicie e greche si coltiva la vite. Meritatissimo Oscar al Nero d'Avola Le Origini '15, dai profumi intensi di ciliegia, foglie di cappero e sale marino, ricco di frutto al palato ma in buona armonia con tannini e acidità, lungo e balsamico il finale.

Sicilia Nero d'Avola '14
Sallier de la Tour
c.da Pernice
Monreale [PA]
tel. 0916459711
www.tascadalmerita.it
6.70 euro

L'azienda della famiglia Sallier de La Tour è ormai da tempo gestita per intero dai cugini Tasca d'Almerita che, oltre alla produzione, sovrintendono anche alla commercializzazione dei vini prodotti nei 50 ettari vitati della tenuta. Meritevole di nota il Nero d'Avola '14, di un bel rubino violaceo, con profumi che rimandano ai frutti rossi e a toni erbacei e speziati, solido il sorso, ben governato da acidità e tannini, di buona persistenza il finale.

Etna Rosso Tenuta San Michele '14
Emanuele Scammacca del Murgo
via Zafferana, 13
Santa Venerina [CT]
tel. 095950520
www.murgo.it
8.20 euro

La Tenuta San Michele a Santa Venerina, sotto le pendici dell'Etna, oltre ai vigneti più vecchi ospita anche la bella cantina della famiglia Scammacca del Murgo. Vale più del suo prezzo questo eccellente millesimo dell'Etna Rosso Tenuta San Michele, dai profumi di una pulizia cristallina che rimandano a frutti di bosco, pesca matura ed erbe officinali, sorso persistente, ampio e ben giocato tra tannini levigati, sapidità e frutto da vero figlio del suo terroir.

Mandrarossa Grillo '15
Cantine Settesoli
s.da st.le 115
Menfi [AG]
tel. 092577111
www.cantinesettesoli.it
7.60 euro

La Settesoli non è solo una grande cooperativa con numeri da capogiro, ma anche una delle realtà più dinamiche dell'intero meridione d'Italia, dove nonostante gli ottimi risultati degli ultimi anni, si continua senza sosta a fare ricerca e sperimentazione soprattutto sui vitigni autoctoni siciliani. Non a caso premiamo il Mandrarossa Grillo '15, dalla rara piacevolezza di beva e dall'intenso bagaglio aromatico, che parla di agrumi, lavanda e frutta a polpa bianca.

Sicilia Seligo Rosso '15
Cantine Settesoli
s.da st.le 115
Menfi [AG]
tel. 092577111
www.cantinesettesoli.it
9.20 euro

Dal 1998 le Cantine Settesoli hanno diversificato i marchi, distinguendoli per canali di vendita. Così il brand Settesoli è destinato esclusivamente alla GDO mentre il Brand Mandrarossa è destinato al canale Horeca. Davvero molto buono il Seligo Rosso '15, da nero d'Avola e syrah in medesima percentuale, che si propone al naso con profumi intensi di frutti rossi ben maturi, spezie ed erbe mediterranee, pieno, vellutato al palato, vivacizzato però da una bella fonte acida e tannini ancora pimpanti.

Sicilia Nero d'Avola Lamùri '14
Tasca d'Almerita
c.da Regaleali
Sclafani Bagni [PA]
tel. 0916459711
www.tascadalmerita.it
11.70 euro

Regaleali, la stupenda tenuta dei conti Tasca d'Almerita dove il tempo sembra essersi fermato tra palme che ornano le antiche dimore e vigne curate come un giardino, è invece il cuore attivo e pulsante di una dinamica realtà dove negli ultimi due secoli si è scritta gran parte della storia enologica siciliana. Oscar al Nero d'Avola Lamùri '14, intenso nei toni fruttati e balsamici, strutturato, armonico e ricco di frutto in bocca dove mostra notevole persistenza aromatica.

Vittoria Frappato Il Frappato '15
Valle Dell'Acate
c.da Bidini
Acate [RG]
tel. 0932874166
www.valledellacate.com
13.00 euro

La bella cantina di Francesco Ferreri e Gaetana Jacono è una di quelle che meglio interpreta il frappato, vitigno eclettico capace di esaltare il carattere, ingentilendolo e smussandolo, del nero d'Avola con cui convive nel Cerasuolo. Da solo il frappato si presta bene nell'interpretare perfettamente il ruolo di vino quotidiano di beva generosa e spontanea, dai profumi gentili e sbarazzini, fragrante nel frutto e morbido nei tannini, da bere senza pensieri proprio come Il Frappato '15 di Valle dell'Acate.

gli altri vini

Abbazia Santa Anastasia
c.da Santa Anastasia
Castelbuono [PA]
tel. 0921671959
www.abbaziasantanastasia.com
Passomaggio '13
10.10 euro

Alessandro di Camporeale
c.da Mandranova
Camporeale [PA]
tel. 092437038
www.alessandrodicamporeale.it
Sicilia Catarratto Benedè '15
7.90 euro
Sicilia Grillo V. di Mandranova '15
12.60 euro

Assuli
via Archi, 9
Trapani
tel. 0923546706
www.assuli.it
Carinda '15
9.70 euro
Fiordiligi '15
9.70 euro

Baglio del Cristo di Campobello
loc. c.da Favarotta
s.da st.le 123 km 19,200
Campobello di Licata [AG]
tel. 0922877709
www.cristodicampobello.it
C'D'C' Cristo di Campobello Rosato '15
8.20 euro
Sicilia Bianco Adènzia '15
11.60 euro

Baglio Oro
c.da Perino, 235
Marsala [TP]
tel. 0923967744
www.bagliooro.it
Donsar '14
9.20 euro

Benanti
via G. Garibaldi, 475
Viagrande [CT]
tel. 0957893399
www.vinicolabenanti.it
Etna Bianco '14
12.80 euro

Biscaris
via Maresciallo Giudice, 52
Acate [RG]
tel. 0932990762
www.biscaris.it
Cerasuolo di Vittoria Principuzzu '15
12.60 euro

Bonavita
loc. Faro Superiore
c.da Corso
Messina
tel. 3471754683
www.bonavitafaro.com
Rosato '15
8.00 euro

Caruso & Minini
via Salemi, 3
Marsala [TP]
tel. 0923982356
www.carusoeminini.it
Sicilia Nero d'Avola Naturalmente Bio '15
12.40 euro

Cottanera
loc. Iannazzo
s.da prov.le 89
Castiglione di Sicilia [CT]
tel. 0942963601
www.cottanera.it
Etna Rosso Diciassettesalme '14
13.00 euro

Curatolo Arini
loc. Baglio Curatolo Arini
via Vito Curatolo Arini, 5
Marsala [TP]
tel. 0923989400
www.curatoloarini.com
Coralto Grillo '14
10.10 euro

Cusumano
loc. c.da San Carlo
s.da st. le 113 km 307
Partinico [PA]
tel. 0918908713
www.cusumano.it
Angimbé Tenuta Ficuzza '15
10.40 euro
Benuara Tenuta Presti e Pegni '15
11.30 euro

Di Giovanna
c.da San Giacomo
Sambuca di Sicilia [AG]
tel. 09251955675
www.di-giovanna.com
Gerbino Rosato Nerello Mascalese '15
7.60 euro
Grillo '15
10.10 euro

Di Legami
via Marzabotto, 7
Castellammare del Golfo [TP]
tel. 3381749679
www.cantinedilegami.it
Zafaràna Nero d'Avola '14
7.90 euro

Gaspare Di Prima
loc. Sambuca di Sicilia
via G. Guasto, 27
Sambuca di Sicilia [AG]
tel. 0925941201
www.diprimavini.it
Sicilia Nero D'Avola Gibilmoro '13
10.90 euro

Feudo Disisa
fraz. Grisì
c.da Disisa
Monreale [PA]
tel. 0919127109
www.vinidisisa.it
Adhara '14
9.20 euro

Duca di Salaparuta
via Nazionale, s.da st.le 113
Casteldaccia [PA]
tel. 091945201
www.duca.it
Irmàna Floris Corvo '15
10.20 euro

Cantine Ermes
c.da Salinella
Santa Ninfa [TP]
tel. 092467153
www.cantineermes.it
Marchese Montefusco Sangiovese '15
4.90 euro
Vento di Mare Nero d'Avola Cabernet '15
7.10 euro

Cantina Sociale Europa
loc. bivio Triglia Scaletta
s.da st.le 115, km 42,400
Petrosino [TP]
tel. 0923961866
Capofeto Nero d'Avola '15
3.00 euro

Ferreri
c.da Salinella
Santa Ninfa [TP]
tel. 092461871
www.ferrerivini.it
Zibibbo '15
10.90 euro

Tenuta di Fessina
c.da Rovittello
via Nazionale, 22
s.da st.le 120
Castiglione di Sicilia [CT]
tel. 0942395300
www.tenutadifessina.com
Laeneo Nerello Cappuccio '14
11.80 euro

Feudo di Santa Tresa
s.da com.le Marangio, 35
Vittoria [RG]
tel. 09321846555
www.santatresa.it
Cerasuolo di Vittoria Cl. '13
8.40 euro
Frappato '15
7.70 euro

Feudo Maccari
s.da prov.le Noto-Pachino
km 13,500
Noto [SR]
tel. 0931596894
www.feudomaccari.it
Grillo '15
9.90 euro

Feudo Principi di Butera
c.da Deliella
Butera [CL]
tel. 0934347726
www.feudobutera.it
Sicilia Chardonnay '15
11.30 euro

Geraci
via Corsica,18
Palermo
tel. 0916154146
www.tarucco.com
Tarucco Grillo '15
8.00 euro

Graci
loc. Passopisciaro
c.da Feudo di Mezzo
Castiglione di Sicilia [CT]
tel. 3487016773
www.graci.eu
Etna Rosso '14
12.60 euro

Hauner
loc. Santa Maria
via G.Grillo, 61
Messina
tel. 0906413029
www.hauner.it
Hierà '14
11.80 euro

Judeka
c.da San Mauro Sotto
s.da prov.le 39/11
Caltagirone [CT]
tel. 09331895310
www.judeka.com
Vittoria Frappato '14
10.00 euro

Tenuta La Favola
via Principe di Piemonte, 39
Noto [SR]
tel. 0931839216
www.tenutalafavola.it
Fravolato '15
9.90 euro

Maggiovini
via Filippo Bonetti, 35
Vittoria [RG]
tel. 0932984771
www.maggiovini.it
Vittoria Frappato V. di Pettineo '15
10.10 euro
Vittoria Grillo V. di Pettineo '15
10.10 euro

Cantine Nicosia
via Luigi Capuana, 65
Trecastagni [CT]
tel. 0957806767
www.cantinenicosia.it
Etna Bianco Vulkà '15
9.90 euro
Sicilia Nerello Mascalese Fondo Filara '14
10.10 euro

Cantine Pepi
v.le del Lavoro, 7
Mazzarrone [CT]
tel. 093328001
wwww.cantinepepi.it
Agate Frappato '15
8.40 euro

Planeta
c.da Dispensa
Menfi [AG]
tel. 091327965
www.planeta.it
Noto Moscato Bianco '15
10.20 euro

Poggio di Bortolone
fraz. Roccazzo
via Bortolone, 19
Chiaramonte Gulfi [RG]
tel. 0932921161
www.poggiodibortolone.it
Addamanera '14
9.90 euro

Quignones
via Vittorio Emanuele, 62
Licata [AG]
tel. 0922773744
www.quignones.it
Castel San Giacomo Rosso '13
7.60 euro

Rallo
via Vincenzo Florio, 2
Marsala [TP]
tel. 0923721633
www.cantinerallo.it
Al Qasar Zibibbo '15
11.40 euro
Sicilia Bianco Maggiore '15
11.40 euro
Sicilia La Clarissa '12
8.00 euro

Emanuele Scammacca del Murgo
via Zafferana, 13
Santa Venerina [CT]
tel. 095950520
www.murgo.it
Etna Bianco '15
8.60 euro

Scilio
v.le delle Provincie, 52
Giarre [CT]
tel. 095932822
www.scilio.com
Etna Bianco Valle Galfina '15
10.10 euro
Etna Rosso Valle Galfina '14
10.10 euro

Cantine Settesoli
s.da st.le 115
Menfi [AG]
tel. 092577111
www.cantinesettesoli.it
Mandrarossa Zibibbo '15
9.90 euro
Sicilia Mandrarossa Urra di Mare '15
10.00 euro

Tasca d'Almerita
c.da Regaleali
Sclafani Bagni [PA]
tel. 0916459711
www.tascadalmerita.it
Sicilia Perricone Guarnaccio '14
11.70 euro

Terre di Giurfo
via Palestro, 536
Vittoria [RG]
tel. 0957221551
www.terredigiurfo.it
Sicilia Nero d'Avola Kudyah '14
9.20 euro
Vittoria Frappato Belsito '15
9.20 euro

Vaccaro
c.da Comune
Salaparuta [TP]
tel. 092475151
www.vinivaccaro.it
Luna Grillo '15
4.90 euro

Vivera
loc. c.da Martinella
s.da prov.le 59 IV
Linguaglossa [CT]
tel. 095643837
www.vivera.it
Altrove '15
8.60 euro

Zisola
c.da Zisola
Noto [SR]
tel. 057773571
www.mazzei.it
Sicilia Azisa '15
12.10 euro

Tante Scuole per un'unica passione: la Pizza!

Se il tuo desiderio è diventare un professionista dell'Arte Bianca, se ami impasti e lievitazioni, Professione Pizzaiolo è il corso che fa per te! Troverai i migliori docenti e le materie prime più ricercate in un percorso professionale che Gambero Rosso Food&Wine Academy ha strutturato sulle tue esigenze.

[Roma]

Tonda, in teglia e alla pala: mettere le mani in pasta non è mai stato così facile! Grazie alla struttura della Città del gusto di Roma troverai aule attrezzate, docenti di alto livello e materie eccellenti per sperimentare e apprendere tutti i segreti della pizza perfetta.

[Napoli]

Vuoi conoscere tutti i segreti della vera pizza napoletana con i migliori maestri pizzaioli selezionati dalla Gambero Rosso ed imparare come si gestisce una pizzeria di successo? Grazie a Professione Pizzaiolo di Città del gusto Napoli il mondo della pizza non avrà più segreti.

[Torino]

Pizza classica, gourmet e al tegamino: dalla scelta delle farine, con un focus sul lievito madre, alle tendenze alimentari e di mercato. Moduli su web marketing del settore Food e sul Controllo di gestione aziendale per i pizzaioli che vogliono eccellere nella ristorazione 2.0.

INFO: WWW.GAMBEROROSSO.IT

PARTNER

Enoteca Momenti
via Garibaldi, 64
Messina
tel. 090671950

In pochi anni la bella enoteca di Giovanni Franchina, grazie ad una vasta scelta di vini e ricarichi onestissimi, è riuscita a diventare il punto di riferimento di tanti appassionati enofili messinesi. Partito in sordina con i grandi classici dell'enologia italica, negli ultimi anni Giovanni ha molto ampliato la scelta sia italiana che soprattutto estera, tanto che adesso, accanto alle tantissime etichette che coprono i territori più vocati della penisola, Piemonte ed Alto Adige tra tutte, si possono trovare anche tanti altri vini francesi, Champagne e Borgogna in testa senza trascurare però il resto, come Mosella e Wachau. Ovviamente non mancano le specialità alimentari italiane ed estere, birre artigianali e conserve d'ogni sorta. Non c'è un angolo degustazione, ma basta spostarsi nell'adiacente bistrot Urban Lescà, stessa proprietà, per poter bere un bicchiere magari accompagnato da un tagliere di salumi e formaggi o da uno dei tanti piatti di un menù che cambia spessissimo. Ovviamente si può scegliere una bottiglia in enoteca e portarsela al bistrot senza sovrapprezzo.

Enoteca Buonivini
via Dante Alighieri, 8
Palermo
tel. 0917845054

La bella enoteca di Claudio Conte si trova in centro, a pochi passi da Piazza Politeama. L'ambiente è caratterizzato dalle pareti interamente ricoperte di bottiglie e dai bei arredi in legno, curatissimo anche l'angolo bar fornito di una notevole carta degli spirits così come quella delle birre, artigianali e non. Il locale dispone anche di un suggestivo cortile interno, arredato con gusto e con comode sedute, che a queste latitudini è sfruttabile almeno sei mesi l'anno. Tantissime le etichette in vendita a cominciare da un'accurata e ricca selezione di vini siciliani dove non mancano i produttori storici ma neanche tantissime piccole realtà. Di livello anche il resto, con tante etichette significative dal resto d'Italia, una bella selezione di Champagne, mirate presenze anche da Francia, Germania ed Austria, tutto

AGRIGENTO E PROVINCIA

Leon d'Oro
loc. San Leone
v.le Emporium, 102
Agrigento
tel. 0922414400

Spizzulio
via Panoramica dei Templi, 23
Agrigento
tel. 092220712

Artevino
v.le Carlo Alberto, 188
Canicattì [AG]
tel. 0922858570

Gioie di Bacco
v.le della Vittoria, 35
Sciacca [AG]
tel. 0925902623

Non Solo Vini
via Cappuccini, 69
Sciacca [AG]
tel. 092525052

CALTANISSETTA E PROVINCIA

Lupica
via N. Colajanni, 58
Caltanissetta
tel. 0934575873

Fresco di Vigna
p.zza Risorgimento, 16
San Cataldo [CL]
tel. 0934574270

CATANIA E PROVINCIA

La Cantina
via Kennedy, 5
Acireale [CT]
tel. 0957649240

Il Cantiniere
v.le della Libertà, 153
Catania
tel. 095532122

le migliori enoteche

le altre enoteche

con ricarichi più che onesti. Ma oltre a prendere un aperitivo, attingendo magari dalla vasta selezione di vini al bicchiere, questo bel locale offre anche una serie di piatti ben fatti e generosi che spaziano nel vasto ambito della tradizione mediterranea e siciliana in particolare.

Enoteca & Bistrò Vino Veritas
via Boris Giuliano, 22 (già via Piemonte)
Palermo
tel. 091342117

L'enoteca di Giuseppe Lisciandrello è il paradiso degli amanti del bere bene, nonché il loro ritrovo preferito. Quasi 3000 etichette ne foderano le pareti, il meglio da tutto il mondo a disposizione a prezzi onestissimi. Italia, Francia, Champagne e Borgogna in particolare, ma anche Germania ed Austria e tantissime altre etichette ancora, con un occhio di riguardo al settore bio e naturale. Un posto di tendenza assai piacevole arricchito da un delizioso dehors, dove si può andare a bere un bicchiere di vino o una bottiglia semplicemente prelevandola dallo scaffale e facendosela aprire allo stesso prezzo da enoteca salvo che per un modesto diritto di tappo. Il titolare e i suoi sorridenti e competentissimi collaboratori ne hanno fatto un autentico luogo "cult" dove trascorrere dei bei momenti in relax o godersi una squisita cena. In abbinamento, oltre ai classici formaggi e salumi di gran pregio, piatti caldi e freddi sfiziosi di notevole livello, frutto di una cucina che sa il fatto suo. Nella sede di via Sammartino solo servizio enoteca e la possibilità di bere al calice.

Cilda
v.le Jonio, 37
Catania
tel. 095383610

Enoteca Regionale di Sicilia
via Vittorio Emanuele II, 155
Catania
tel. 0957462210

Florio
via Orlando, 129
Catania
tel. 095505262

Voglia di Vino
via F. Crispi, 236
Catania
tel. 095537178

MESSINA E PROVINCIA

Eurobevande
via Consolare Pompea, 9
Messina
tel. 090354364

Musso
via Centonze, 78
Messina
tel. 090673692

Caravello La Cantina del Sommelier
via Umberto I, 88
Milazzo [ME]
tel. 0909281933

Enoteca Emozioni
via San Giovanni, 53
Milazzo [ME]
tel. 0909223009

La Cantinetta
via Plebiscito, 11
Sant'Agata di Militello [ME]
tel. 0941702630

le altre enoteche

La Cantina del Sole
c.so Umberto, 220/230
Taormina [ME]
tel. 094223941

PALERMO E PROVINCIA

Bacco on line
c.so Ruggero, 38
Cefalù [PA]
tel. 0921421753

Le Petit Tonneau
via Vittorio Emanuele, 49
Cefalù [PA]
tel. 0921421447

Enoteca Butticè
p.zza S. Francesco di Paola, 12
Palermo
tel. 0912515394

Ai Vini d'Oro
p.zza F. Nascè, 9/11
Palermo
tel. 091586274

RAGUSA E PROVINCIA

Sapori Doc
c.so V. Veneto, 54
Pozzallo [RG]
tel. 0932955990

Taste Sicily
via Vito Giardino, 9
Pozzallo [RG]
tel. 0932798676

Ristorvip
via O. M. Corbino, 29
Ragusa
tel. 0932652990

Angelo Vini e Affini
c.so XXV Aprile, 62
Ragusa
tel. 3336481782

SIRACUSA E PROVINCIA

Solaria
via Roma, 86
Siracusa
tel. 0931463007

TRAPANI E PROVINCIA

Ciacco Putia Gourmet
via Sebastiano Cammareri Scurti, 3
Marsala [TP]
tel. 0923711160

Enoteca Garibaldi
via Garibaldi, 30
Marsala [TP]
tel. 0923712947

Divinando
via Fardella, 65
Trapani
tel. 09231781733

Per Bacco
via Fardella, 346
Trapani
tel. 092322062

sardegna

La Sardegna vinicola in chiave "low cost" ha sempre offerto tanto. Non solo in termini quantitativi e di qualità media (come spesso le due parole inglesi portano a pensare), ma soprattutto per il livello generale molto alto, che permette di bere grandi bottiglie senza spendere una fortuna. In più, con l'aumento della soglia massima a 13 euro a scaffale, c'è veramente da divertirsi. Un grande aiuto arriva dalle tante cooperative presenti nell'Isola, vero e proprio esempio per tutta Italia per il livello qualitativo raggiunto. Tanti vini che troverete sono frutto delle cantine sociali, prodotti in numero tale da poterli trovare in grande distribuzione su e giù per lo stivale. Altri vini arrivano invece da piccoli produttori artigiani, a confermare che, in alcuni casi, riusciamo a spendere poco anche davanti a piccole nicchie di mercato. Constatiamo inoltre che la maggior parte dei vini da Oscar fanno parte delle Denominazioni di Origine e non sono più classificati come generici Igt, il che permette di collegarli a precisi territori. Oltre alle due grandi denominazioni regionali (Vermentino di Sardegna e Cannonau di Sardegna) troviamo vini della Gallura, del Mandrolisai, del Sulcis e dell'Oristanese. Un solo rosato entra nel Berebene: è il buonissimo Carignano del Sulcis della cantina Giba. Tra i rossi hanno la meglio le etichette di vini giovani, soprattutto i 2014 e 2015, che offrono dei vini genuini e succosi, molto profumati, che giocano la loro partita più sulla complessità aromatica che sulla profondità gustativa. Chiudiamo con l'Oscar Regionale. Quest'anno va a I Papiri di Santa Maria La Palma. Vermentino di Sardegna sapido e fresco, dalla bontà assoluta e costante, nonostante le migliaia di bottiglie prodotte.

Vermentino di Sardegna I Papiri '15
Santa Maria La Palma
fraz. Santa Maria La Palma
Alghero [SS]
tel. 079999008
www.santamarialapalma.it
10.10 euro

Gli ottimi risultati riscontrati nelle ultime annate della cantina cooperativa Santa Maria La Palma passano anche attraverso I Papiri, delizioso Vermentino di Sardegna prodotto in circa 70mila bottiglie. Parliamo di una selezione accurata dell'uva sarda a bacca bianca, capace di offrire profumi complessi e tipici che vanno dal limone candito alle erbe marine, dalla nespola al frutto della passione. La bocca non tradisce le aspettative ed ecco una freschezza magistrale che attraversa il sorso, non mancano struttura e corpo e il finale è tutto incentrato sulla sapidità e le percezioni di iodio. Per noi è Oscar Regionale. Abbinatelo a gamberi rossi crudi.

gli oscar

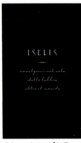

Monica di Sardegna Sup. Iselis '14
Argiolas
via Roma, 28/30
Serdiana [CA]
tel. 070740606
www.argiolas.it
10.40 euro

Prima che un vino Iselis è un progetto volto ad aiutare di anno in anno le popolazioni svantaggiate del mondo. Lo si attua grazie a due etichette, un Nasco di Cagliari e una Monica di Sardegna Superiore. Quest'ultima entra a pieni voti nella pubblicazione, non solo per un prezzo vantaggioso, ma per una qualità che emerge a partire dal naso. I profumi ricordano la ciliegia matura, le spezie dolci e non manca un tocco balsamico. In bocca è cremoso e avvolgente come un vino mediterraneo deve essere, ma sempre delineato da freschezza balsamica e da un tannino presente e maturo. Finale lungo e di ottimo sapore. Da abbinare con formaggi stagionati e con carni rosse arrosto.

Cannonau di Sardegna Indolente '14
Tenuta Asinara
loc. Marritza
Golfo dell'Asinara
Sorso [SS]
tel. 0793402017
www.tenutaasinara.com
10.00 euro

Asinara è un'azienda giovane che fin dalle prime produzioni ha dimostrato di aver intrapreso la strada giusta riguardo alla qualità. A convincere maggiormente i vini rossi, come si evince dall'Indolente, freschissimo Cannonau di Sardegna. A sorprendere i profumi di viola, rosa e ribes riscontrati al naso, seguiti da una bocca succosa e fresca, scorrevole grazie a una bella acidità e a un finale sapido gradevole e profondo. Da abbinare a ricotta affumicata o minestre saporite.

Cannonau di Sardegna V. Sorella '14
Poderi Atha Ruja
loc. Pradonos
Dorgali [NU]
tel. 3478693936
www.atharuja.com
10.10 euro

Atha Ruja è una realtà di Dorgali che possiede tra le più belle vigne di cannonau in un'area particolarmente vocata per la produzione del vitigno autoctono sardo. Il Vigna Sorella è il più giovane dei vini prodotti ma convince per la sua semplicità di beva accompagnata da uno spettro aromatico esemplare. Al naso i profumi spaziano dalle spezie, ai fiori, passando per un frutto rosso turgido e nitido. La bocca è fin da subito cremosa e accogliente, ritmica per acidità e dalla sapidità incredibile. Da abbinare a costine di agnello e formaggi di pecora giovani.

Vermentino di Sardegna '15
Audarya
s.da st.le 466 km 10,100
Serdiana [CA]
tel. 070740437
www.audarya.it
8.70 euro

Sono Salvatore e Nicoletta Pala i giovanissimi titolari di Audarya, cantina nata di recente a Serdiana, paese di forte vocazione vinicola. A qualche anno di distanza dalla prima vendemmia i risultati iniziano ad arrivare e lo dimostra anche il Vermentino di Sardegna '15. Al naso c'è spazio per un frutto a pasta bianca, ma anche per fiori di campo, limone ed erbette. Al palato spicca la parte più sapida e iodata e la buona struttura del vino è ben contrastata da una spalla acida che attraversa il sorso. Da abbinare a ricciola in salsa di pomodoro o a frittata di verdure estive.

Carignano del Sulcis Piede Franco '14
Cantina di Calasetta
via Roma, 134
Calasetta [CI]
tel. 078188413
www.cantinadicalasetta.it
9.20 euro

Calasetta è una piccola cooperativa che opera a Sant'Antioco, l'Isola sulcitana unita da un estimo di terra alla Sardegna. I rossi sono il suo forte, grazie anche al vitigno carignano che qui gode di un ambiente particolarmente favorevole al suo sviluppo. Il Piede Franco è un Carignano del Sulcis che proviene da vigne sabbiose, impiantate senza il supporto di vite americana e viene vinificato col solo uso dell'acciaio. Fresco, succoso e scorrevole al palato, ma con la timbrica aromatica di un grande vino del Sud: profumi di ciliegia matura e prugna si alternano a sentori di spezie e tabacco. Da abbinare a tartare di manzo.

Vermentino di Gallura Sup. Cucaione '15
Cantina delle Vigne Piero Mancini
loc. Cala Saccaia
via Madagascar, 17
Olbia
tel. 078950717
www.pieromancini.it
8.30 euro

Piero Mancini è sinonimo in Sardegna di vini di qualità, prodotti in volumi importanti e sempre contraddistinti da prezzi onestissimi. Il Cucaione è un Vermentino di Gallura che rispecchia in pieno le politiche aziendali, si trova anche in grande distribuzione e il suo acquisto a prezzi contenuti è sempre una garanzia. L'annata 2015 offre uno spettro aromatico di buona complessità, caratterizzato da profumi di erbette aromatiche, buccia di limone e lievi sensazioni di frutto bianco. In bocca è sapido, di buona freschezza e dal finale pulito e piacevole. Da abbinare ad aragosta alla catalana.

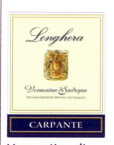

Vermentino di Sardegna Longhera '15
Carpante
via Garibaldi, 151
Usini [SS]
tel. 079380614
www.carpante.it
7.70 euro

Carpante è una cantina di Usini, zona fortemente vocata per la produzione di Cagnulari e di Vermentino di Sardegna. Entra a pieno diritto in questa pubblicazione il Longhera, un Vermentino di grande sapidità e dagli aromi affascinanti e territoriali. Al naso spiccano i profumi di frutto a pasta bianca, agrumi e nespola, affiancati da sensazioni floreali (ginestra) e di iodio. In bocca è di buon corpo, ma la struttura è ben equilibrata da buona spalla acida, sapidità e freschezza. Perfetto se abbinato a trancio di pesce spada alla griglia o a formaggi caprini di media stagionatura.

Cannonau di Sardegna Capo Ferrato Rei '14
Cantina Castiadas
loc. Olia Speciosa
Castiadas [CA]
tel. 0709949004
www.cantinacastiadas.com
8.40 euro

Castiadas è una cooperativa che può contare su alcune decine di soci e opera nel sud est, in una microregione denominata Sarrabus. Qui il Cannonau di Sardegna si può fregiare della sottozona Capo Ferrato, proprio come il Rei, rosso del 2014 convincente e genuino. Profuma di spezie, sottobosco e frutto rosso, in bocca è compatto, dal tannino puntuto ma maturo e mai amaro, l'acidità si fa sentire regalando piacere di beva e freschezza. Perfetto se abbinato a carni rosse in umido.

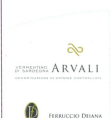

Vermentino di Sardegna Arvali '15
Ferruccio Deiana
loc. Su Leunaxi
via Gialeto, 7
Settimo San Pietro [CA]
tel. 070749117
www.ferrucciodeiana.it
10.60 euro

Ferruccio Deiana, enologo, è il titolare di una bella realtà a due passi da Cagliari. Si punta perlopiù su vini da singolo vitigno come dimostra l'Arvali, sempre valido Vermentino di Sardegna. L'annata 2015, calda specie nel sud dell'Isola, offre un bianco dai netti sentori di frutto bianco maturo, in cui spicca l'ananas e l'albicocca e non mancano sensazione floreali e di erbe aromatiche. In bocca è fresco, delineato da buona sapidità che ravviva la beva e spinge il sorso in un finale profondo.

Familia '15
Deperu-Holler
via Mazzini, 80
Perfugas [SS]
tel. 079564788
www.deperuholler.com
8.30 euro

Primo anno di invio dei campioni e subito un Oscar nel Berebene. Deperu Holler (il nome deriva dai due cognomi della coppia che gestisce la cantina) è una realtà del nord Sardegna e vanta dei bellissimi appezzamenti tra l'Anglona e la Gallura. Il Familia è un blend da cannonau, muristellu e saldo di cabernet. L'annata 2015 si caratterizza per i profumi di pepe nero e sottobosco, la bocca è fitta ma mantiene una buona scorrevolezza. Profondo il finale caratterizzato dalle sensazioni aromatiche olfattive. Abbinatelo a cinghiale in umido.

Vermentino di Sardegna Chlamys '15
Tenute Fois
loc. Ungias Galantè Lotto E1
Alghero [SS]
tel. 079980394
www.accademiaolearia.it
9.90 euro

La famiglia Fois è conosciuta, ad Alghero e in tutta l'Isola, perché capace di produrre degli extravergine straordinari, sotto il nome di Accademia Olearia. Da qualche anno l'azienda si cimenta anche col vino grazie a una vigna di proprietà. Il Chlamys, unica etichetta prodotta, è un Vermentino di Sardegna dalle note di nespola, erbe aromatiche, agrume e ginestra. In bocca è sapido, marino, delineato da una freschezza magistrale che ravviva la beva e spinge il sorso in profondità. Ottimo se abbinato all'aragosta alla catalana.

Mandrolisai Azzàra '14
Fradiles
loc. Crecchèri
Atzara [NU]
tel. 3331761683
www.fradiles.it
9.90 euro

Fradiles è una bella realtà artigiana gestita a dovere da Paolo Savoldo, bravissimo vigneron. L'Azzàra è il vino più semplice e immediato prodotto e rientra nella denominazione Mandrolisai, una delle più centrate della Sardegna perché mette in evidenza unicamente il territorio in cui si opera. Le varietà sono cannonau, bovale e monica e il risultato lo si trova in un naso fitto di aromi di frutto rosso, in cui non mancano cenni di tabacco e corteccia. La bocca è fresca, dinamica, di buona struttura e corpo. Da abbinare con polpette di maiale.

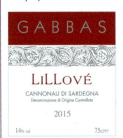

Cannonau di Sardegna Lillové '15
Giuseppe Gabbas
via Trieste, 59
Nuoro
tel. 078433745

www.gabbas.it
9.70 euro

Sono tre i Cannonau di Sardegna prodotti dal vignaiolo Giuseppe Gabbas e il Lillové è la versione più giovane e vinificata solo in acciaio. È un classico vino quotidiano, di cui non ci si stanca mai: profuma di mora, ribes, ciliegia e lampone, che si affiancano a toni più delicati di rosa e violetta. In bocca è succoso, fresco, perfettamente equilibrato tra un'acidità bilanciata, un tannino cremoso e maturo e una sapidità che riesce a spingere il vino in un bel finale pulito e convincente. Da abbinare a formaggi di media stagionatura e a spezzatino di vitello.

Vermentino di Gallura Piras '15
Cantina Gallura
via Val di Cossu, 9
Tempio Pausania (OT)
tel. 079631241
www.cantinagallura.com
7.20 euro

Passano gli anni, ma sembra che il Piras abbia l'abbonamento al Berebene. Il suo prezzo rimane onestissimo e la bontà sempre da manuale. Difficile bere un vino così in Gallura. L'annata 2015 regala un bianco maturo, ma sempre caratterizzato da note di agrume, fiori bianchi ed erbe mediterranee. La bocca è freschissima, lunga e profonda: l'acidità svolge un ruolo fondamentale per beva ed eleganza, mentre la sapidità si fa sentire nel finale. Da abbinare a cozze gratinate alla gallurese.

Carignano del Sulcis Giba Rosato '15
Cantina Giba
via Principe di Piemonte, 16
Giba [CI]
tel. 0781689718
www.cantinagiba.it
9.90 euro

Il Carignano del Sulcis Rosato è la novità in casa Giba. La 2015 è la prima vendemmia prodotta e il risultato non può che essere positivo. Beva golosa, profumi affascinanti e buona lunghezza sono le caratteristiche di un vino che regala profumi di rosa, piccoli frutti di bosco e spezie dolci. La bocca è incredibilmente sapida, quasi marina e iodata, attraversata da acidità che rinfresca il sorso. Molto bello il finale, con le sensazioni olfattive che riemergono e il sapore che sembra non finire mai. Da abbinare a tartare di pecora.

Vermentino di Gallura Sup. Giogantinu '15
Cantina Giogantinu
via Milano, 30
Berchidda [OT]
tel. 079704163
www.giogantinu.it
6.60 euro

Il Giogantinu prende il nome dalla cooperativa gallurese e tutti gli anni lo consideriamo un best buy, anche per la sua diffusione nazionale, tra grande distribuzione ed enoteche. L'annata 2015 offre un Vermentino di Gallura tutto giocato su limone candito, albicocca, elicriso e zagara. La bocca è sapida e fresca, avvolgente e morbida. Lungo il finale, pulito aromaticamente e scandito da note ammandorlate leggermente amaricanti. Perfetto se abbinato con trancio di salmone alla piastra.

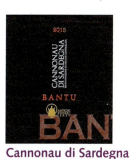

Cannonau di Sardegna Bantu '15
Antichi Poderi Jerzu
via Umberto I, 1
Jerzu [OG]
tel. 078270028
www.jerzuantichipoderi.it
8.20 euro

Il Bantu è il Cannonau giovane, d'annata, della cantina di Jerzu, cooperativa ogliastrina specializzata nella produzione della varietà a bacca rossa più importante in Sardegna. Dimostra come un vino semplice e immediato possa dare grandi soddisfazioni, specie se lo sviluppo è incentrato sull'aromaticità e non su struttura e corpo. Profuma di viola e rosa passita, emerge poi il frutto rosso, mentre in bocca è fresco e l'alcolicità è contrastata da acidità e da un tannino morbido e avvolgente. Perfetto con maialino alla brace.

Nalboni '14
Li Duni
loc. Li Parisi
Badesi [OT]
tel. 0799144480
www.cantinaliduni.com
8.40 euro

Li Duni è una bellissima realtà artigiana del nord Sardegna, che può vantare un patrimonio di vigne a due passi dal mare, su sabbia, alcune delle quali a piede franco. Il Nalboni è un rosso ottenuto da diversi vitigni autoctoni. L'annata 2014 regala profumi di mora, tabacco e spezie, che anticipano un sorso compatto e fitto, delineato da un tannino maturo ma puntuto e da una freschezza esemplare. Buonissimo il finale, sapido e persistente. Da abbinare a cinghiale in umido.

Cannonau di Sardegna Jerzu Sa Mola '14
Alberto Loi
s.da st.le 125 km 124,1
Cardedu [OG]
tel. 070240866
www.albertoloi.it
8.40 euro

Quella dei fratelli Loi è una realtà storica in Sardegna che, fin dagli esordi produttivi, ha contribuito a valorizzare il Cannonau e i vari territori d'appartenenza. Sa Mola si avvale della sottozona Jerzu, area tra le più vocate per la produzione del famoso rosso isolano. Profuma di corteccia e resine nobili, emerge il frutto rosso maturo e non mancano cenni di spezie, tabacco e fiori secchi. In bocca è secco, sapido, dalla buona trama tannica e dalla freschezza mentolata. Perfetto se abbinato a brasato di manzo.

Mandrolisai Sup. V. V. '13
Cantina Sociale del Mandrolisai
c.so IV Novembre, 20
Sorgono [NU]
tel. 078460113
www.cantinadelmandrolisai.com
8.00 euro

Mandrolisai è una piccola denominazione del cuore della Sardegna che prevede l'utilizzo di tre vitigni autoctoni, cannonau, bovale, monica. È anche il nome della piccola cantina cooperativa del territorio. Vi segnaliamo la selezione Vecchie Vigne, frutto di impianti decennali ad alberello. Profuma di mirto, macchia mediterranea e prugna, in bocca è fitto, di buon corpo, ma delineato da freschezza balsamica e mentolata che ravviva la beva. Da abbinare a cacciagione da piuma in tegame.

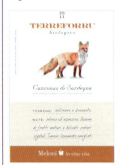

Cannonau di Sardegna Terreforru '12
Meloni Vini
via Gallus, 79
Selargius [CA]
tel. 070852822
www.melonivini.com
8.60 euro

Meloni è una storica realtà che ha sede nell'hinterland di Cagliari. Pionieri del biologico da tempi non sospetti, vantano una produzione importante basata sui vitigni tradizionali del sud Sardegna. Il Terreforru è un Cannonau di Sardegna importante per struttura e corpo, che rimane nella fascia ammessa dalla pubblicazione. Profuma di frutto rosso maturo, ciliegie sotto spirito e spezie, non manca un tocco di macchia e al palato morbidezza e avvolgenza sono contrastate da un tannino cremoso e da freschezza balsamica. Vista la sua struttura è bene abbinarlo a brasato di manzo.

Mora Bianca '15
**Cantina di Mogoro
Il Nuraghe**
s.da st.le 131 km 62
Mogoro [OR]
tel. 0783990285
www.cantinadimogoro.it
5.00 euro

La Cantina di Mogoro negli ultimi anni ci ha abituato a grandi vini, specie quelli prodotti con gli autoctoni del suo comprensorio, come bovale e semidano. Al primo anno di produzione vi segnaliamo invece Mora Bianca, un vino prodotto dalla particolarissima uva monica a bacca bianca. Da sempre coltivata qui, entrava a far parte degli assemblaggi, fino a quando la cooperativa non ha deciso di vinificarla in purezza. Profuma di nespola e fiori di campo, al palato è bucciosa, sapida, profonda. Da abbinare a trancio di salmone alla piastra.

Cannonau di Sardegna Nepente '14
Cantina Cooperativa di Oliena
via Nuoro, 112
Oliena [NU]
tel. 0784287509
www.cantinasocialeoliena.it
9.40 euro

Un grande classico dell'enologia dell'entroterra sardo. A produrlo la piccola cooperativa di Oliena, paese barbaricino specializzato nella coltivazione del cannonau. Il rosso frutto della sottozona Nepente profuma di prugna, ciliegia sotto spirito e more, al palato è fitto, di buon corpo e l'alcolicità è ben contrastata da freschezza balsamica e sapidità. Molto bello il finale, pulito, scorrevole e succoso, contraddistinto dal riemergere delle note olfattive. Perfetto con capretto in umido.

Vermentino di Sardegna Evento '15
Paulis - Cantina di Monserrato
via Giulio Cesare, 2
Monserrato [CA]
tel. 070652641
www.cantinadimonserrato.it
11.80 euro

Paulis è il progetto della storica cantina sociale di Monserrato volto a individuare le migliori vigne dei conferitori al fine di mettere in bottiglia vini di qualità che sappiano valorizzare vitigni e territori. A pochi anni dalla prima annata prodotta segnaliamo Evento, un Vermentino di Sardegna '15 dai profumi floreali, di frutta tropicale ed erbe aromatiche. Di buona sapidità al palato è vivo e vitale anche grazie alla spalla acida che spinge il vino in un bel finale. Da abbinare a insalata di polpo.

**Cannonau di Sardegna '15
Pusole**
loc. Perda 'e Cuba
Lotzorai [OG]
tel. 3334047219
10.10 euro

Roberto Pusole è un giovane vignaiolo ogliastrino, specializzato nella produzione di Cannonau. Il suo è volutamente un rosso d'annata, vinificato col solo uso dell'acciaio, fresco, fragrante e profumato. Ben lontano dai Cannonau strutturati e corposi, si distingue per i sentori di ciliegia, frutti di bosco, rosa e spezie dolci; la bocca è scorrevole, tonica e ritmica, e non manca un tocco di tannicità che equilibra il buon tenore alcolico. Nonostante un'annata particolarmente calda il vino è fresco d'acidità e dal finale sapido. Ottimo con arista di maiale al forno.

Cannonau di Sardegna Mirau '14
Rigàtteri
loc. Santa Maria La Palma
reg. Flumelongu, 56
Alghero [SS]
tel. 3408636375
www.rigatteri.com
10.10 euro

Rigàtteri è una realtà algherese che nasce in località Santa Maria La Palma. I vigneti sono impiantati a due passi dal mare su suoli argillosi, nella riviera del Corallo. Si punta sui vitigni della tradizione, come dimostra il Mirau '14, Cannonau di Sardegna dalle note di frutto maturo e spezie. La bocca, sapida, cremosa, avvolgente e dal tannino maturo e garbato, è anticipata da sentori di prugna, amarena, pepe nero e sottobosco. Ottima la freschezza salina, garantita da buona acidità. Da provare con parmigiana di melanzane.

Carignano del Sulcis Grotta Rossa '14
Cantina di Santadi
via Cagliari, 78
Santadi [CI]
tel. 0781950127
www.cantinadisantadi.it
8.90 euro

Il Grotta Rossa è un vino abbonato al Berebene, forte di un prezzo competitivo e di una qualità che riesce ad avere costanza negli anni. È il rosso più semplice e immediato della cantina di Santadi, un Carignano del Sulcis d'annata fresco e profumato. La sua complessità è data dai profumi di mora selvatica, prugna, fragola e accentuata da una bocca avvolgente e cremosa, di buona alcolicità, dal tannino maturo e appena accennato. Nel finale si sente tutta la vicinanza al mare, sapidità e sensazioni iodate la fanno da padrone. Perfetto se abbinato a spezzatino di carne e verdure.

Carignano del Sulcis Nur '14
Sardus Pater
via Rinascita, 46
Sant'Antioco [CI]
tel. 0781800274
www.cantinesarduspater.com
10.80 euro

Tra i tanti rossi della cantina Sardus Pater (cooperativa storica di Sant'Antioco) vi proponiamo Nur, un Carignano del Sulcis giovane, frutto unicamente di uve proveniente da vecchie vigne della piccola isola del sud ovest sardo. Semplice ma non banale, regala profumi intensi di frutto rosso, macchia, erbe spontanee e spezie. In bocca il sorso è caratterizzato da un bel contrasto tra le parti più puntute (tannino e sapidità) e una buona avvolgenza data dall'alcol. Finale pulito e leggermente amaricante. Perfetto con filetto di tonno rosso appena scottato.

Cannonau di Sardegna Mamuthone '14
Giuseppe Sedilesu
via Vittorio Emanuele II, 64
Mamoiada [NU]
tel. 078456791
www.giuseppesedilesu.com
11.80 euro

L'innalzamento a 13 euro come limite di prezzo massimo per rientrare nella pubblicazione ci permette di assegnare l'Oscar al Mamuthone di Sedilesu, da sempre per noi un grande vino dall'ottimo rapporto qualità prezzo. È un Cannonau di Sardegna di Mamoiada, vera espressione del particolare terroir del paese barbaricino. Vinificato col solo uso dell'acciaio regala profumi di ciliegia matura e rosa passita, mentre al palato è soave e leggiadro, di gran beva, avvolgente e lungo. Da abbinare a formaggi di pecora a latte crudo.

Cannonau di Sardegna Soi '14
Agricola Soi
via Cucchesì, 1
Nuragus [CA]
tel. 0782818262
www.agricolasoi.it
13.00 euro

Primi assaggi per noi per l'azienda Soi e subito ingresso nel Berebene per il vino che porta il nome della cantina e del suo fondatore, Stefano Soi. Parliamo di una realtà appena nata a Nuragus, paesino della Marmilla da sempre vocato alla produzione di vino. Il Cannonau di Sardegna Soi è frutto di una vigna di circa 2 ettari, posta a 400 metri sul livello del mare, su un terreno a disfacimento granitico. Sincero e affascinante nei suoi profumi di frutto rosso e spezie, regala una bocca di grande scorrevolezza e complessità aromatica. Perfetto con ratatuille di verdure al forno.

Vermentino di Gallura Sup. Taerra '15
Cantina Tani
loc. Conca Sa Raighina, 2
Monti [SS]
tel. 3386432055
www.cantinatani.it
10.90 euro

Il Taerra è uno dei pochi Vermentino di Gallura Superiore che entrano a pieni voti nella pubblicazione, forte di un prezzo onestissimo per la tipologia. Lo produce Tani, piccola realtà del nord Sardegna che opera da meno di dieci anni a questa parte. Tra le quattro etichette prodotte questo bianco del 2015 è quello che più convince. I profumi spaziano dall'elicriso alla scorza di limone e non mancano sensazioni di erbe aromatiche e mandorla fresca. Ottimo, fresco e sapido il palato. Da abbinare a spaghetti arselle e bottarga.

Cannonau di Sardegna Corte Auda '14
Cantina Trexenta
v.le Piemonte, 40
Senorbì [CA]
tel. 0709808863
www.cantinatrexenta.it
5.70 euro

Sempre convincenti i rossi (e soprattutto i Cannonau) della Cantina Trexenta, cooperativa che deve il nome all'area geografica in cui opera. Ci troviamo nel sud dell'Isola, in una zona vocata per la produzione di Cannonau di Sardegna. Vi segnaliamo il Corte Auda, vino dal prezzo accessibile, reperibile anche in grande distribuzione. La 2014 regala profumi di mirto e macchia, non manca il frutto più maturo, mentre al palato è fitto, terroso e dal tannino presente ma morbido e maturo. Con le carni bollite sarà ancora più piacevole.

Vermentino di Gallura S'Èleme Oro '15
Cantina del Vermentino
via San Paolo, 2
Monti [SS]
tel. 078944012
www.vermentinomonti.it
5.50 euro

Le cooperative in Gallura sono tre e una di queste è Monti, chiamata anche Cantina del Vermentino. Sempre ben fatti, convincenti e dai prezzi vantaggiosi i Vermentino di Gallura tra cui vi segnaliamo il S'Èleme Oro, versione dedicata al canale Horeca. La maturità del millesimo 2015 si esprime attraverso profumi di agrume candito e zagara, albicocca e mango. Non manca un cenno erbaceo che anticipa un sorso caldo e avvolgente, ma sempre delineato da freschezza acida e da un tocco amaricante finale. Da abbinare a zuppa di pesce al pomodoro.

Nieddera Montiprama '13
Cantina Sociale della Vernaccia
loc. Rimedio
via Oristano, 6a
Oristano
tel. 078333383
www.vinovernaccia.com
4.80 euro

La cantina della Vernaccia è specializzata nella produzione di vini da uve del territorio oristanese, vernaccia in primis, ma anche niedddera se parliamo di vitigni a bacca rossa. Il Montiprama è ottenuto proprio da quest'uva e si distingue dagli altri rossi sardi per una concentrazione olfattiva basata su sentori di tabacco, corteccia, resine e marasca. In bocca è corposo e di buona struttura, scandito da un tannino presente e puntuto, ben equilibrato dall'alcol. Fresco il finale, dal sapore deciso ma mai pesante. Da abbinare a selvaggina in umido.

gli altri vini

Argiolas
via Roma, 28/30
Serdiana [CA]
tel. 070740606
www.argiolas.it
**Cannonau di Sardegna
Costera '14**
12.10 euro
**Monica di Sardegna
Perdera '14**
10.40 euro
**Vermentino di Sardegna
Costamolino '15**
10.30 euro

Poderi Atha Ruja
loc. Pradonos
Dorgali [NU]
tel. 3478693936
www.atharuja.com
Cannonau di Sardegna '12
12.60 euro

**Cantina delle Vigne
Piero Mancini**
loc. Cala Saccaia
via Madagascar, 17
Olbia
tel. 078950717
www.pieromancini.it
**Vermentino di Gallura
Brut Adelasia**
11.10 euro

Carpante
via Garibaldi, 151
Usini [SS]
tel. 079380614
www.carpante.it
Cagnulari '14
11.30 euro
Cannonau di Sardegna '14
10.90 euro

Cantina Castiadas
loc. Olia Speciosa
Castiadas [CA]
tel. 0709949004
www.cantinacastiadas.com
**Vermentino di Sardegna
Notteri '15**
10.10 euro

**Giovanni Maria
Cherchi**
loc. Sa Pala e Sa Chessa
Usini [SS]
tel. 079380273
www.vinicolacherchi.it
Cannonau di Sardegna '14
11.80 euro

Chessa
via San Giorgio
Usini [SS]
tel. 3283747069
www.cantinechessa.it
**Vermentino di Sardegna
Mattariga '15**
13.00 euro

**Consorzio
San Michele**
loc. San Michele
Berchidda [OT]
tel. 078923865
www.consorziosanmichele.com
**Vermentino di Gallura
Sinfonia Gallurese '15**
10.90 euro

Attilio Contini
via Genova, 48/50
Cabras [OR]
tel. 0783290806
www.vinicontini.it
**Cannonau di Sardegna
Sartiglia '10**
11.00 euro
Karmis '15
12.50 euro

Vigne Deriu
loc. Signoranna
Codrongianos [SS]
tel. 079435101
www.vignederiu.it
Cannonau di Sardegna '14
12.20 euro

**Cantine
di Dolianova**
loc. Sant'Esu
sda. st.le 387 km 17,150
Dolianova [CA]
tel. 070744101
www.cantinedidolianova.it
**Cannonau di Sardegna
Blasio Ris. '11**
11.80 euro

Cantina Gallura
via Val di Cossu, 9
Tempio Pausania
tel. 079631241
www.cantinagallura.com
**Vermentino di Gallura Sup.
Canayli '15**
8.80 euro

Cantina Giogantinu
via Milano, 30
Berchidda [OT]
tel. 079704163
www.giogantinu.it
**Vermentino di Gallura
Lunghente '15**
10.10 euro

Tenuta l'Ariosa
loc. Predda Niedda Sud
s.da 15
Sassari
tel. 079261905
www.lariosa.it
**Vermentino di Sardegna
Galatea '15**
13.00 euro

Andrea Ledda
via Musio, 13
Bonnanaro [SS]
tel. 079845060
www.vitivinicolaledda.com
**Vermentino di Sardegna
Acero '15**
13.00 euro

Alberto Loi
s.s. 125 km 124,1
Cardedu [OG]
tel. 070240866
www.albertoloi.it
**Cannonau di Sardegna
Jerzu Cardedo Ris. '13**
11.60 euro

glialtrivini

Masone Mannu
loc. Su Canale
s.da st.le 199 km 48
Monti [SS]
tel. 078947140
www.masonemannu.com
Vermentino di Gallura Petrizza '15
11.10 euro

Abele Melis
via Santa Suina, 3
Terralba [OR]
tel. 0783851090
Cannonau di Sardegna Horreum '14
12.50 euro
Terralba Bovale Dominariu '14
11.10 euro

Meloni Vini
via Gallus, 79
Selargius [CA]
tel. 070852822
www.melonivini.com
Vermentino di Sardegna Le Sabbie '15
11.60 euro

Mesa
loc. Su Baroni
Sant'Anna Arresi [CA]
tel. 0781965057
www.cantinamesa.it
Carignano del Sulcis Buio '15
11.40 euro
Carignano del Sulcis Rosa Grande '15
10.90 euro

Cantina di Mogoro Il Nuraghe
s.s. 131 km 62
Mogoro [OR]
tel. 0783990285
www.cantinadimogoro.it
Moscato di Sardegna Capodolce '14
11.60 euro

Mura
loc. Azzanidò, 1
Loiri Porto San Paolo [OT]
tel. 078941070
www.vinimura.it
Cannonau di Sardegna Cortes '14
12.10 euro

Murales
loc. Piliezzu, 1
Olbia
tel. 078953174
www.vinimurales.com
Cannonau di Sardegna Arcanos '13
10.10 euro

Olianas
loc. Porruddu
Gergei [CA]
tel. 0558300411
www.olianas.it
Cannonau di Sardegna '15
11.80 euro
Vermentino di Sardegna '15
11.80 euro

Cantina Cooperativa di Oliena
via Nuoro, 112
Oliena [NU]
tel. 0784287509
www.cantinasocialeoliena.it
Lanaitto '14
6.00 euro

Pala
via Verdi, 7
Serdiana [CA]
tel. 070740284
www.pala.it
Cannonau di Sardegna I Fiori '15
11.80 euro
Chiaro di Stelle '15
11.80 euro
Monica di Sardegna I Fiori '15
11.80 euro

Cantina Pedres
zona ind. settore 7
Olbia
tel. 0789595075
www.cantinapedres.it
**Cannonau di Sardegna
Sulitài '14
11.60 euro**

Agricola Punica
via Cagliari, 78
Santadi [CI]
tel. 0781941012
www.agripunica.it
**Samas '15
11.60 euro**

Pusole
loc. Perda 'e Cuba
Lotzorai [OG]
tel. 3334047219
**Il Rosé di Pusole '15
13.00 euro**

**Quartomoro
di Sardegna**
via Dino Poli, 33
Arborea [OR]
tel. 3467643522
www.quartomoro.it
**Vermentino di Sardegna
Orriu '15
10.40 euro**

Rigàtteri
loc. Santa Maria La Palma
reg. Flumelongu, 56
Alghero [SS]
tel. 3408636375
www.rigatteri.com
**Alghero Cagnulari '14
10.10 euro**

**Santa Maria
La Palma**
fraz. Santa Maria La Palma
Alghero [SS]
tel. 079999008
www.santamarialapalma.it
**Alghero Rosso
Cabirol '14
9.40 euro**

Cantina di Santadi
via Cagliari, 78
Santadi [CI]
tel. 0781950127
www.cantinadisantadi.it
**Vermentino di Sardegna
Cala Silente '15
11.90 euro
Vermentino di Sardegna
Villa Solais '15
7.80 euro**

Tenute Sella & Mosca
loc. I Piani
Alghero [SS]
tel. 079997700
www.sellaemosca.com
**Alghero Oleandro '15
10.20 euro
Monica di Sardegna
Acino M '14
10.90 euro
Vermentino di Gallura
Sup. Monteoro '15
13.00 euro**

Su Entu
s.da prov.le km 1,800
Sanluri [CA]
tel. 07093571200
www.cantinesuentu.com
**Cannonau di Sardegna '14
12.60 euro
Vermentino
di Sardegna '15
12.60 euro**

Vigne Surrau
s.da prov.le Arzachena -
Porto Cervo
Arzachena [OT]
tel. 078982933
www.vignesurrau.it
**Vermentino di Gallura
Branu '15
12.60 euro**

Cantina Tani
loc. Conca Sa Raighina, 2
Monti [SS]
tel. 3386432055
www.cantinatani.it
**Vermentino di Gallura
Meoru '15
10.90 euro**

Cantina Trexenta
v.le Piemonte, 40
Senorbì [CA]
tel. 0709808863
www.cantinatrexenta.it
**Cannonau di Sardegna
Bingias '14
7.10 euro**

**Cantina Sociale
della Vernaccia**
loc. Rimedio
via Oristano, 6a
Oristano
tel. 078333383
www.vinovernaccia.com
**Cannonau di Sardegna
Corash Ris. '13
11.80 euro**

le migliori enoteche

le altre enoteche

CAGLIARI E PROVINCIA

Enoteca Biondi 1959
v.le Regina Margherita, 83
Cagliari
tel. 070 6670426

Arredi moderni e curati, atmosfera calda e familiare, cassette e bottiglie che occhieggiano ovunque: tutto questo è l'enoteca Biondi 1959. Grandi rossi, bollicine, Champagne, etichette nazionali ed estere sono selezionati con cura e competenza per un'offerta in grado di accontentare ogni appassionato. Tra nomi pregiati e chicche meno note, fatevi accompagnare nella scelta dai preziosi suggerimenti del personale che saprà trovare quello che fa per voi. Da sottolineare anche una grande selezione di bibite e birre artigianali, distillati, una strepitosa proposta di salumi e formaggi, oltre a foie gras, pasta, sughi, cioccolata, biscotti e conserve di prim'ordine. Tenete d'occhio i social dell'enoteca per rimanere aggiornati sugli eventi organizzati.

Antica Enoteca Cagliaritana
Scalette Santa Chiara
Cagliari
tel. 0702351254

Bonu Cose Buone dalla Sardegna
l.go Carlo Felice, 33
Cagliari
tel. 070650745

CUCINA.eat
via Galileo Galilei, 1
Cagliari
tel. 0700991098

Enoteca Lancillotto
via Rockfeller Giovanni Davison, 22
Cagliari
tel. 0704560496

Liquorvini
v.le Trieste, 51
Cagliari
tel. 070650825

CARBONIA IGLESIAS E PROVINCIA

Enoteca Nasacca
c.so dei Battellieri, 3
Carloforte [CI]
tel. 0781854919

NUORO E PROVINCIA

Deiana & Pischedda
via Catte, 116
Nuoro
tel. 078437827

sardegna

Spirito di Vino
v.le Repubblica, 134
Nuoro
tel. 0784260544

OLBIA TEMPIO E PROVINCIA

Enoteca Regionale della Sardegna
via Grazia Deledda, 151
Berchidda [OT]
tel. 079704587

Buioni
v.le A. Moro, 133
Olbia
tel. 078957174

SASSARI E PROVINCIA

Enosarda
via Napoli, 43
Sassari
tel. 079272368

Enotecaclub
via Torino, 14
Sassari
tel. 079274031

Enoteca Paoli
via Paoli, 51
Sassari
tel. 079232324

berebeneindici

Oscar qualità/prezzo
Alfabetico produttori

indice oscar qualità/prezzo

A Mano
Imprint '14 — 252,261
Abbazia di Novacella
Omnes Dies '15 — 78,87
Abbazia Santa Anastasia
Grillo '15 — 278,290
Abrigo, F.lli
Nebbiolo d'Alba
Tardiss '14 — 18,35
Accordini, Stefano
Valpolicella Cl. '15 — 94
Accornero e Figli, Giulio
Barbera del M.to Giulin '14 — 18,35
Adorno, Marchese
OP Pinot Nero
Brugherio '14 — 51,59
Adriano, Marco e Vittorio
Langhe Sauvignon
Basarico '15 — 18,35
Agnes, F.lli
OP Bonarda Vivace
Cresta del Ghiffi '15 — 52,59
Agricoltori
del Chianti Geografico
Chianti Cl.
Contessa di Radda '13 — 146,155
Agrintesa
Romagna Sangiovese
Poderi delle Rose '15 — 130,138
Agriverde
Montepulciano d'Abruzzo
Eikos '14 — 208,218
Ai Galli
Lison-Pramaggiore
Chardonnay '15 — 94
Aia dei Colombi
Falanghina del Sannio
Guardia Sanframondi '15 — 228,239
Aldeno, Cantina
Teroldego '15 — 68,74
Alessandri, Carlo
Ormeasco di Pornassio '15 — 46,49
Alessandro di Camporeale
Sicilia Nero d'Avola
DonnaTà '15 — 278,290
Alfieri, Marchesi
Piemonte Grignolino
Sansoero '15 — 18
Alice Bel Colle
Barbera d'Asti Al Casò '15 — 19,35
Allevi, Maria Letizia
Offida Rosso Mida '13 — 164
Alois
Settimo '14 — 228,239
Amarano
Fiano di Avellino
Dulcinea '15 — 228
Amastuola
Aglianico '13 — 252

Ancarani
Sâvignon Rosso
Centesimino '15 — 130,138
Angeli di Varano
PinKonero '15 — 164
Anna Bosco, Vitivinicola
Armonico '15 — 228
Antica Cascina
Conti di Roero
Nebbiolo d'Alba '14 — 19
Antonelli - San Marco
Baiocco '15 — 184,191
Antonutti
Friuli Grave
Refosco P. R. '14 — 118
Apicella, Giuseppe
Piedirosso '15 — 229,239
Argiolas
Monica di Sardegna Sup.
Is Selis '14 — 298,307
Armangia, L'
Moscato d'Asti Canelli '15 — 19,35
Aschero, Laura
Riviera Ligure di Ponente
Pigato '15 — 46
Asinara, Tenuta
Cannonau di Sardegna
Indolente '14 — 298
Assuli
Ruggiero '15 — 278,290
Astroni, Cantine
Campi Flegrei Piedirosso
Colle Rotondella '15 — 229,239
Atha Ruja, Poderi
Cannonau di Sardegna
V. Sorella '14 — 298,307
Audarya
Vermentino di Sardegna '15 — 298
Avanzi
Rebo Montecorno '13 — 52,59
Avezza, Paolo
Barbera d'Asti '15 — 19
Avignonesi
Rosso
di Montepulciano '14 — 146
Badia a Coltibuono
Chianti Cetamura '15 — 146,155
Badia di Morrona
Chianti
I Sodi del Paretaio '15 — 146,155
Baglio del Cristo
di Campobello
C'D'C' Cristo
di Campobello Bianco '15 — 278,290
Baglio di Pianetto
Shymer '13 — 279
Balia di Zola
Romagna Sangiovese Sup.
Balitore '15 — 130

Berebene 2017

Ballabio
**OP Pinot Grigio
Clastidium '15** 52,59
Balter, Nicola
Lagrein-Merlot '15 68
Bambinuto
Greco di Tufo '14 229,239
Banti, Erik
Morellino di Scansano '15 146
Barbera dei Sei Castelli,
Cantina Sociale
**Barbera d'Asti
50 Anni di Barbera '14** 19
Barone, Cantine
Primula Rosa '15 229,239
Barone Cornacchia
**Controguerra Passerina
Villa Torri '15** 208,218
Barone de Cles
**Teroldego Rotaliano
Primo '14** 68,74
Barone di Valforte, Tenute
Montepulciano d'Abruzzo '15 208
Barone Melodia, Masseria
Troy '14 252
Barone Ricasoli
Chianti Cl. Brolio '14 147
Basile
**Montecucco Sangiovese
Cartacanta '13** 147
Beato Bartolomeo
**Breganze Cabernet Sup.
Savardo '14** 94
Beconcini, Pietro
IXE '14 147,155
Bellanotte, La
Bianco Armonico '14 118
Bellicoso, Antonio
Barbera d'Asti Amormio '15 20
Benazzoli
Bardolino Dafne '15 94
Bera
**Moscato d'Asti
Su Reimond '15** 20,35
Bergaglio, Cinzia
**Gavi del Comune di Gavi
Grifone delle Roveri '15** 20,35
Bergamini
Bardolino '15 94
BiancaVigna
Prosecco Brut ' 95
Bigi
Orvieto Cl. Torricella '15 184,191
BioVio
**Riviera Ligure di Ponente
Vermentino Aimone '15** 46,49
Biscaris
Nero d'Avola Cavalieri '15 279,290

Bisi
**OP Bonarda Vivace
La Peccatrice '15** 52,59
Bisson
**Portofino Cimixià
L'Antico '15** 46
Bocale
Montefalco Rosso '14 184,191
Boccadigabbia
**Colli Maceratesi Ribona
Le Grane '15** 164,176
Bolzano, Cantina
**A. A. Santa Maddalena
Cl. '15** 78,87
Bonsegna
**Nardò Rosso
Danze della Contessa '14** 252
Borgo di Colloredo
Biferno Rosato Gironia '15 224,225
Borgo Molino
Venezia Merlot '15 95
Borgo Paglianetto
**Verdicchio di Matelica
Petrara '15** 164,176
Borgo Savaian
Collio Friulano '15 118,125
Borgo Stajnbech
Pinot Grigio '15 95
Borgodangelo
Irpinia Rosato '15 230
Boschis, Francesco
Dogliani V. in Pianezzo '15 20
Bosco, Nestore
**Cerasuolo d'Abruzzo
Donna Bosco Rosé '15** 208,218
Bosco del Merlo
**Venezia Chardonnay
Nicopeja '15** 95
Boveri, Luigi
**Colli Tortonesi Barbera
Boccanera '15** 21,36
Brandolini, Alessio
Il Bardughino '15 53,59
Bricco del Cucù
Dogliani '15 21,36
Bricco Maiolica
**Langhe Sauvignon
Castella '15** 21
Bricco Mondalino
**Malvasia di Casorzo
Dolce Stil Novo '15** 21
Brigatti, Francesco
**Colline Novaresi
Vespolina Maria '15** 21
Brigl, Josef
**A. A. Schiava Grigia
Kaltenburg '15** 78,87
Bruna
Bansigu '15 47,49

Brunelli, Luigi
Valpolicella Cl. '15 95
Bruzzone, Enoteca Andrea
**Val Polcevera
Bianchetta Genovese
Bunassa '15** 47
Buonamico, Tenuta del
Montecarlo Bianco '15 147
Bussoletti, Leonardo
05035 Rosso '15 184,191
Buzzinelli, Maurizio
Collio Malvasia '15 118
Cà Maiol
**Valtènesi Chiaretto
Roseri '15** 53
Ca' Corner
Manzoni Bianco '15 96
Ca' d'Gal
Moscato d'Asti Lumine '15 22
Ca' del Gè
Il Marinoni '15 53,59
Ca' di Frara
OP Bonarda La Casetta '15 53,59
Ca' Ferri
**Corti Benedettine
del Padovano Merlot
Ser Ugo '15** 96
Ca' Liptra
**Verdicchio dei Castelli
di Jesi Cl. Sup. Kypra '15** 165
Ca' Lojera
Lugana '15 53
Ca' Nova
**Colline Novaresi
Nebbiolo Melchiòr '09** 22
Ca' Rugate
Soave Cl. San Michele '15 96,112
Ca' Tessitori
OP Bonarda Vivace '15 54,60
Calabretta, Cataldo
Cirò Bianco '15 268,273
Calasetta, Cantina di
**Carignano del Sulcis
Piede Franco '14** 299
Calatroni
OP Riesling '13 54,60
Caldaro, Cantina di
**A. A. Lago di Caldaro Cl. Sup.
Greifenberg '15** 77,87
Calleri, Cantine
**Riviera Ligure di Ponente
Pigato di Albenga
Saleasco '15** 47,49
Camillo, Antonio
**Maremma Toscana
Ciliegiolo Principio '15** 148
Canà, Le
Rosso Piceno Solagne '15 165

Canicattì, Cantina Viticoltori Associati	Cascina Barisél	Cavalchina
Aquilae Catarratto '15 279	Barbera d'Asti '15 23	Custoza '15 98,112
Caniette, Le	Cascina Fonda	Cavazza
Offida Pecorino Veronica '15 165,176	Moscato Spumante	Gambellara Cl. La Bocara '15 99
Cantele	Tardivo '14 23,37	Cavicchioli
Alticelli Fiano '15 253,261	Cascina Gilli	Lambrusco di Sorbara
Cantina del Barone	Barbera d'Asti Le More '15 23,37	Tre Medaglie '15 131,138
Particella 928 '14 230	Cascina Giovinale	Cavit
Cantina del Castello	Barbera d'Asti Sup. '12 23,37	Trentino Müller Thurgau
Soave Cl. Castello '15 96	Cascina La Barbatella	Zeveri '15 69,74
Cantina del Taburno	M.to Rosso Ruanera '13 24	Cecchetto, Giorgio
Falanghina del Sannio	Casebianche	Cabernet Sauvignon '15 99
Taburno '15 230,239	La Matta Dosaggio Zero '15 230	Celli
Cantina delle Vigne	Casematte, Le	Romagna Sangiovese Sup.
Piero Mancini	Peloro Rosso '14 279	Le Grillaie '15 131,138
Vermentino di Gallura Sup.	Castel Sallegg	Cenatiempo Vini d'Ischia
Cucaione '15 299,307	A. A. Lago di Caldaro	Ischia Biancolella '15 231
Cantina Sociale di Trento	Scelto Sup. Bischofsleiten '15 78,87	Cenci, Cantina
Santacolomba Solaris '15 68	Castelfeder	Anticello '15 185
Cantolio Manduria	A. A. Pinot Grigio	Centopassi
Vero '15 253,261	Mont Mès '15 79,87	Sicilia Rosso Centopassi '15 279
Caparra & Siciliani	Castella, Renzo	Centorame
Cirò Rosso Cl. Sup.	Dolcetto di Diano d'Alba	Montepulciano d'Abruzzo
Solagi '14 268,273	Sorì della Rivolia '15 24	Scuderie Ducali '14 209,218
Caplana, La	Castello del Poggio	Centorame
Dolcetto di Ovada '15 22,36	Grignolino d'Asti '15 24,37	Trebbiano d'Abruzzo
Capoano	Castello di Potentino	San Michele '15 209,218
Cirò Rosso Cl. Sup. '14 268	Sacromonte '12 148	Cerulli Spinozzi
Cappuccina, La	Castello di Razzano	Cortalto Pecorino '15 209
Soave '15 98	Barbera d'Asti La Leona '15 24	Cerutti
Careglio, Pierangelo	Castello di Tassarolo	Barbera d'Asti '15 25
Roero '13 22	Gavi del Comune di Tassarolo	Cesani, Vincenzo
Carini	Spinola '15 25	Vernaccia
C. del Trasimeno Rile '15 184,191	Castello di Uviglie	di S. Gimignano '15 148,156
Carminucci	Grignolino del M.to Casalese	Cesarini Sforza
Offida Pecorino Belato '15 165,176	San Bastiano '15 25,37	Cuvée Brut Riserva 67
Carpante	Castello di Verduno	Cescon, Italo
Vermentino di Sardegna	Verduno Basadone '15 25	Pinot Grigio Tralcetto '15 99
Longhera '15 299,307	Castello Monaci	Ceuso
Carpi e Sorbara, Cantina Sociale di	Maru '15 253,261	Scurati Grillo '15 280
Lambrusco di Sorbara Secco	Castelnuovo, Cantina di Bardolino Chiaretto Cl.	Château Feuillet Valle d'Aosta
Omaggio	Cà Vegar '15 98	Petite Arvine '15 12,14
a Gino Friedmann '15 130,138	Castiadas, Cantina	Château Feuillet
Carpineti, Marco	Cannonau di Sardegna	Valle d'Aosta
Capolemole Bianco '15 195,202	Capo Ferrato Rei '14 299,307	Torrette Sup. '14 12,14
Casa Cecchin	Castignano, Cantine di	Chiarli Tenute Agricole, Cleto
Il Durello '15 98,112	Templaria '14 166,176	Rosé Brut '15 131,138
Casa Roma	Castorani	Chigi Saracini, Fattorie
Mazemina Bianca '15 98	Montepulciano d'Abruzzo	Chianti '15 148
Casale del Giglio	Cadetto '14 208,209,218	Chiorri
Albiola Rosato '15 196	Castorani	Sangiovese '15 185
CasalFarneto	Trebbiano d'Abruzzo	Cincinnato
Verdicchio dei Castelli di Jesi Cl. Sup.	Majolica '15 208,209,218	Ercole Nero Buono '13 196,202
Grancasale '14 165,176	Cataldi Madonna, Luigi Cataldino '15 209,218	Cincinnato Pozzodorico Bellone '14 196,202
Casavecchia	Cautiero	Cinque Terre, Cantina
Nebbiolo d'Alba	Falanghina del Sannio	Cinque Terre
Piadvenza '12 23	Fois '15 230,239	Costa da' Posa '15 47

Ciocca, La
Gutturnio Sup. '15 131
Ciolli, Damiano
**Cesanese
di Olevano Romano Sup.
Silene '14** 196
Cirelli
**Montepulciano d'Abruzzo
La Collina Biologica '15** 210,218
Cirulli
Hédoné Rosso '14 185
Citra, Codice
**Abruzzo Pecorino Sup.
Ferzo '15** 210
Ciù Ciù
Merlettaie Brut ' 166,176
Clavesana, Cantina
Dogliani '15 25
Col di Bacche
Morellino di Scansano '15 148
Colacino, Wines
Savuto Si '15 268,273
Collalto, Conte
Rosabianco '15 99
Colle Ciocco, Cantina
Montefalco Rosso '12 185,191
Colle di Bordocheo
Bianco dell'Oca '15 149
Colle Duga
Collio Friulano '15 118
Collefrisio
Montepulciano d'Abruzzo '14 210
Collestefano
**Verdicchio di Matelica
Collestefano '15** 166
Colli di Castelfranci
Greco di Tufo Grotte '15 231
Colli Ripani, Cantina dei
**Rosso Piceno Sup.
Settantase7e '12** 166,177
Colomberа, La
**Colli Tortonesi Croatina
La Romba '15** 26
Colonnara
**Verdicchio dei Castelli
di Jesi Cl. Sup. Cuprese '15** 167
Colpaola
Verdicchio di Matelica '15 167
Colterenzio, Cantina Produttori
A. A. Chardonnay Altkirch '15 79
Comelli, Paolino
FCO Malvasia '14 119,125
Concilio
**Trentino Pinot Nero
Mokner '13** 69
Conte Romano, Tenuta
FCO Sauvignon '15 119
Contesa
**Montepulciano d'Abruzzo
V. Corvino '15** 210,218

Conti, Leone
**Romagna Albana Secco
La mia Albana Progetto 1 '15** 131
Conti degli Azzoni
Rosso Piceno '13 167
Contrada, Michele
Fiano di Avellino '15 231,239
Contrada Salandra
Campi Flegrei Piedirosso '13 231,239
Coppi
Primitivo Siniscalco '14 253
Coppi, Vigne Marina
**Colli Tortonesi Barbera
Sant'Andrea '15** 26
Cordeschi
Saino '13 196,202
Cormòns, Cantina Produttori
Friuli Isonzo Malvasia '15 119,125
Corte Adami
Soave '15 99
Corte dei Papi
**Cesanese del Piglio
Colle Ticchio '15** 197
Corte Gardoni
Bardolino Le Fontane '15 100,112
Corte Moschina
Soave Roncathe '15 100
Cortese, Giuseppe
Langhe Nebbiolo '14 26
Corzano e Paterno, Fattoria
Chianti Terre di Corzano '14 149
Costantini, Antonio
**Montepulciano d'Abruzzo
Febe '15** 210
Costaripa
**Valtènesi Chiaretto
Rosamara '15** 54,60
Coste di Brenta
Abruzzo Pecorino '15 211,218
Cote di Franze
Cirò Rosato '15 269
Cottanera
Etna Rosso Barbazzale '15 280,290
Crêtes, Les
Valle d'Aosta Pinot Noir '15 12
Crocizia
**Otòbbor Barbera
Frizzante '15** 132
Crotta di Vegneron, La
**Valle d'Aosta Nus
Malvoisie '15** 11
Crotta di Vegneron, La
**Valle d'Aosta
Chambave Muscat '15** 11
Custoza, Cantina di
Custoza Val dei Molini '15 100
Cusumano
Sicilia Rosato Ramusa '15 280,290
Cusumano
Sicilia Shamaris '15 280,290

D'Alfonso del Sordo
**San Severo Rosso
Posta Arignano '15** 253,261
D'Antiche Terre
Coriliano '14 232
Dal Cero
**Tenuta di Corte Giacobbe
Soave '15** 93
Dal Maso
Colli Berici Tai Rosso '15 100,112
De Angelis Corvi
**Trebbiano d'Abruzzo
Fonte Raviliano '15** 211
De Cicco, Cantine
Sannio Falanghina '15 232
De Conciliis, Viticoltori
Bacioilcielo Rosso '15 232,239
Decugnano dei Barbi
Il Rosso '14 186
Deiana, Ferruccio
**Vermentino di Sardegna
Arvali '15** 300
Deperu-Holler
Familia '15 300
Di Filippo
Colli Martani Grechetto '15 186
Di Giovanna
Gerbino Rosso '14 281,290
di Lenardo
**Pinot Grigio Ramato
Gossip '15** 119
Di Majo Norante
Molì Rosso '15 224,225
Di Marzo
Greco di Tufo '15 232
Di Meo
Fiano di Avellino F '15 233,240
Di Prima, Gaspare
Sicilia Grillo del Lago '15 281,290
Dionisio, Fabrizio
**Cortona Syrah
Castagnino '15** 149
Domus - Picta
Valdobbiadene Extra Dry 100
Donà, Tenuta
A. A. Schiava Cl. '15 79
Donati, Marco
**Teroldego Rotaliano
Marco Donati '14** 69
Donelli
**Reggiano Lambrusco Brut
Sergio Scaglietti '15** 132
Donnachiara
Falanghina '15 233,240
Donnafugata
Sicilia Rosso Sedàra '14 281
Donnafugata
Sicilia Catarratto Prio '15 281
Drusian, Francesco
Valdobbiadene Dry Mill. '15 101

Duca della Corgna
C. del Trasimeno
Baccio del Rosso '15 — 186
Duca di Salaparuta
Calanica Frappato
Syrah '14 — 281,291
Due Palme, Cantine
Serre '15 — 254
Ebner
Florian Unterthiner, Tenuta
A. A. Schiava '15 — 79
Egger-Ramer
A. A. Lagrein Gries '15 — 79
Eméra di Claudio Quarta
Vignaiolo, Tenute
Sud del Sud '14 — 254,261
Eredi Legoziano
Montepulciano d'Abruzzo
Anxanum '14 — 211
Erste+Neue
A. A. Lago di Caldaro Cl. Sup.
Leuchtenburg '15 — 80,87
Eubea
Aglianico del Vulture
Covo dei Briganti '13 — 246,249
Eucaliptus
Bolgheri Rosso Clarice '14 — 149
Falchetto, Tenuta Il
Moscato d'Asti
Tenuta del Fant '15 — 26
Falesco
Est! Est!! Est!!!
di Montefiascone
Poggio dei Gelsi '15 — 197
Fattori
Soave Danieli '15 — 101
Fauri, Tenuta I
Montepulciano d'Abruzzo
Baldovino '15 — 207,211,218
Fauri, Tenuta I
Cerasuolo d'Abruzzo
Baldovino '15 — 207,211,218
Federiciane
Monteleone, Cantine
Penisola Sorrentina
Lettere '15 — 233,240
Felici, Andrea
Verdicchio dei Castelli
di Jesi Cl. Sup.
Andrea Felici '15 — 163
Felline
Alberello '15 — 254,261
Feudi del Pisciotto
Baglio del Sole
Nero d'Avola '14 — 282
Feudi del Pisciotto
Baglio del Sole Merlot
Syrah '14 — 282
Feudi Salentini
Uno/Due/Cinque Primitivo '15 — 254

Feudo Antico
Pecorino Casadonna '14 — 212
Feudo Arancio
Sicilia Grillo '15 — 282
Feudo di San Maurizio
Saro Djablo ' — 12
Feudo Maccari
Nero d'Avola '15 — 282,291
Feudo Montoni
Sicilia
Catarratto del Masso '15 — 283
Feudo Principi di Butera
Sicilia Nero d'Avola '14 — 277,291
Fiamberti
OP Sangue di Giuda
Lella '15 — 54,60
Fiorini
Bianchello del Metauro Sup.
Andy '14 — 167,177
Firriato
Sicilia Chiaromonte
Chardonnay '15 — 283
Fois, Tenute
Vermentino di Sardegna
Chlamys '15 — 300
Fontana Candida
Frascati Sup.
Terre dei Grifi '15 — 197,202
Fontanavecchia
Sannio Rosso '15 — 233,240
Fontefico
Montepulciano d'Abruzzo
Fontefico '13 — 212
Fontesecca, Podere
Ciliegiolo '14 — 186,191
Fonzone
Greco di Tufo '14 — 233
Fortezza, La
Falanghina del Sannio
Taburno '15 — 234,240
Fossa Mala
Friuli Grave Merlot '13 — 119
Fracce, Le
OP Bonarda Vivace
La Rubiosa '15 — 54
Fradiles
Mandrolisai Azzarra '14 — 300
Fraghe, Le
Bardolino '15 — 101,112
Frecciarossa
OP Pinot Nero Carillo '14 — 55,62
Frentana, Cantina
Abruzzo Pecorino
Costa del Mulino '15 — 212
Gabbas, Giuseppe
Cannonau di Sardegna
Lillové '15 — 300
Gaggioli, Maria Letizia
C. B. Pignoletto Frizzante
P '15 — 132

Gallegati
Romagna Sangiovese
Brisighella Corallo Rosso '14 — 132
Gallino, Filippo
Roero Arneis '15 — 27
Gallura, Cantina
Vermentino di Gallura
Piras '15 — 301,307
Gamba Gnirega
Valpolicella Cl.
Le Quare '15 — 101
Gambrinus
Venezia
Cabernet Sauvignon '15 — 101
Generaj
Barbera d'Alba Sup.
Cà d' Pistola '13 — 27
Generaj
Barbera d'Alba Sup.
Ca' d' Pistola '13 — 27
Gentile
Pecorino Pié della Grotta '15 — 212
Giangirolami, Donato
Propizio '15 — 197
Giba, Cantina
Carignano del Sulcis
Giba Rosato '15 — 301
Gigante,
FCO Refosco P. R. Ris. '13 — 120,126
Giogantinu, Cantina
Vermentino di Gallura Sup.
Giogantinu '15 — 301,307
Girlan, Cantina
448 slm '15 — 80,87
Giro di Vento, Fattoria
Ciliegiolo di Narni
Spifferö '15 — 186
Giubertoni
Il Vecchio Ponte '15 — 55
Giuliani, Vito Donato
Gioia del Colle Primitivo
Lavarossa '13 — 255
Giusti Wine
Chardonnay Dei Carni '15 — 102
Glögglhof - Franz Gojer
A. A. Santa Maddalena
Cl. '15 — 80,87
Gorgo
Bardolino '15 — 102,112
Graci
Etna Bianco '15 — 283,291
Grecchi, Podere
CEV Merlot
Poggio Ferrone '15 — 198,202
Grieco, Tenimenti
Molise Tintilia
200 Metri '15 — 223,225
Griesbauerhof
Georg Mumelter
A. A. Santa Maddalena
Cl. '15 — 80

Gruppo Cevico
Romagna Sangiovese Sup.
Vign. Galassi '15 129
Guardiense, La
Sannio Guardia Sanframondi
Janare Ris. '13 234
Guarini, Duca Carlo
Nativo '14 255
Guarini Matteucci, Guido
Sangiovese di Romagna Sup.
Ebe '13 132
Guastaferro, Raffaele
Irpinia Aglianico Memini '12 234
Guerra, Albano
FCO Friulano '15 120
Gumphof
Markus Prackwieser
A. A. Pinot Bianco
Mediaevum '15 81
Haas, Franz
A. A. Müller Thurgau
Sofi '15 81
Hauner
Salina Rosso '14 283,291
Illuminati, Dino
Montepulciano d'Abruzzo
Riparosso '15 212,218
Imperatore, Cantine
Gioia del Colle Primitivo
Sonya '14 255
Ippolito 1845
Pecorello '15 269,273
Isimbarda
OP Riesling V. Martina '15 55,62
Isola
C. B. Pignoletto Cl. V. V. '13 133
Jerzu, Antichi Poderi
Cannonau di Sardegna
Bantu '15 301
Ka' Manciné
Dolceacqua Beragna '15 47
Komjanc, Alessio
Malvasia Istriana '15 120
Kurtatsch, Cantina
A. A. Pinot Grigio '15 81
La Favola, Tenuta
Synà '14 283,291
La Spina, Cantina
Rosso Spina '14 187,191
La-Vis/Valle di Cembra
Trentino Sauvignon
Simboli '15 69,74
Laimburg
A. A. Müller Thurgau '15 81
Lamberti
Bardolino Cl. Santepietre '15 102,112

Langasco, Tenuta
Dolcetto d'Alba
Madonna di Como
V. Miclet '15 27
Larcherhof - Spögler
A. A. Lagrein '15 81,88
Lebovitz, Cantine
Al Scagarün '15 55,62
Lenotti
Bardolino Cl. '15 102
Leo, Cantine Paolo
350 Alture Minutolo '15 255
Leonardo da Vinci, Cantine
Chianti '15 150,158
Leone de Castris
Five Roses
72° Anniversario '15 255,261
Li Duni
Nalboni '14 302
Librandi
Cirò Rosso Cl. '15 269,273
Librandi
Terre Lontane '15 269,273
Loi, Alberto
Cannonau di Sardegna
Jerzu Sa Mola '14 302,307
Lombardini, Cantine
Lambrusco Reggiano
Il Campanone '15 133
Lucarelli, Roberto
Bianchello del Metauro Sup.
Rocho '15 167,177
Luisa, Tenuta
Friuli Isonzo Friulano
I Ferretti '13 120,126
Lunae Bosoni, Cantine
Colli di Luni Vermentino
Et. Grigia '15 48
Lunarossa
Camporeale Falanghina '15 234,240
Lungarotti
Torgiano Rosso Rubesco '13 183
Maccario Dringenberg
Rossese di Dolceacqua '15 45
Macellio, Podere
Erbaluce di Caluso '15 27
Madrevite
Il Reminore '15 187
Malabaila di Canale
Roero Bric Volta '13 27,38
Manaresi
C.B. Pignoletto Frizzante '15 133
Mancini
Verdicchio Castelli
di Jesi Cl. Sup. Villa Talliano '15 168
Mandrolisai, Cantina Sociale del
Mandrolisai Sup. V. V. '13 302
Manzane, Le
Conegliano Valdobbiadene
Extra Dry 104

Marabino
Noto Nero d'Avola '14 284
Maraviglia, Filippo
Verdicchio di Matelica
Alarico '15 168
Marca di San Michele, La
Verdicchio dei Castelli
di Jesi Cl. Sup.
Capovolto '15 168
Marchese, Casale
Frascati Sup. '15 198,202
Marchesi De' Cordano
Brilla Cococciola '15 213
Marchesi Incisa
della Rocchetta
Barbera d'Asti
Valmorena '14 28
Martini & Sohn, K.
A. A. Chardonnay
Palladium '15 82,88
Martino
Aglianico del Vulture '13 246,249
Masciarelli
Montepulciano d'Abruzzo
Gianni Masciarelli '14 213,218
Masera, La
Erbaluce di Caluso
Anima '15 28
Masini, Cosimo Maria
Nicole '15 150
Maso Hemberg
Klaus Lentsch
A. A. Pinot Bianco
Amperg '15 82
Masseria del Feudo
Sicilia Il Giglio Syrah '15 284
Mastrodomenico, Vigne
Aglianico del Vulture
Likos '13 246
Mattielli, Villa
Soave Cl. Campolungo '15 104
Mazzi, Roberto
Valpolicella Cl. '15 104
Mazzola
Lacrima di Morro d'Alba Sup.
Sangvineto '14 168
Mecella, Enzo
Verdicchio di Matelica
Pagliano '15 169
Medici & Figli, Ermete
Reggiano Lambrusco
I Quercioli '15 133,139
Meloni Vini
Cannonau di Sardegna
Terreforru '12 302,308
Mencaroni, Federico
Verdicchio dei Castelli
di Jesi Isola '13 169
Menegotti
Custoza '15 104

Menhir
Primitivo di Manduria '13 256
Meran Burggräfler, Cantina
A. A. Schiava Meranese
Schickenburg '15 82,88
Mesma, La
Gavi del Comune di Gavi
Et. Gialla '15 28
Mezzacorona
Teroldego Rotaliano
Castel Firmian '15 70,75
Mezzanotte
Castelli di Jesi Verdicchio Cl.
Verdemare Ris. '14 169
Mocine
Santa Marta '15 150
Modeano
Friuli Latisana
Cabernet Sauvignon '13 120
Modica di San Giovanni,
Cantina
Lupara '15 284
Mogoro - Il Nuraghe,
Cantina di
Mora Bianca '15 303,308
Monchiero Carbone
Barbera d'Alba Pelisa '14 28,38
Mont Blanc de Morgex
et La Salle, Cave du
Valle d'Aosta Blanc
de Morgex et de La Salle '15 13,14
Montalbera
**Ruchè di Castagnole M.to
Vegan '15** 29,38
Monte Cicogna
Lugana Imperiale '15 55
Monte del Frà
Custoza '15 104,113
Monteforte d'Alpone,
Cantina Sociale di
Soave Cl. Il Vicario '15 105,113
Montelvini
Asolo Brut ' 105
Montemagno, Tenuta
Ruchè di Castagnole M.to '15 29
Montereggi, Fattoria
Chianti Ris. '10 150
Montori, Camillo
**Cerasuolo d'Abruzzo
Fonte Cupa '15** 213,218
Morelli, Claudio
Bianchello del Metauro
Borgo Torre '15 169
Morellino di Scansano, Cantina
Vignaioli del
Morellino di Scansano
Roggiano '15 145,159
Morgante
Sicilia Nero d'Avola '14 284

Morisfarms
Maremma Toscana
Mandriolo '15 150
Morra, Stefanino
Roero Arneis '15 29,38
Mossio, F.lli
Dolcetto d'Alba
Piano delli Perdoni '15 29,39
Mothia, Cantine
Mosaikon '15 286
Mottola, Il
Comezzara Merlot '14 105
Mottura, Sergio
Orvieto Tragugnano '15 198,202
Mottura Vini del Salento
Negroamaro
Villa Mottura '15 256
Mucci, Cantine
Pecorino Valentino '15 213
Muri-Gries, Cantina Convento
A. A. Lagrein '15 82,88
Mustilli
Falanghina del Sannio
Sant'Agata dei Goti '15 235,241
Muzic
Collio Malvasia '15 121,126
Nals Margreid, Cantina
A. A. Pinot Bianco '15 82
Nardello, Daniele
Soave Cl. Meridies '15 105,113
Nebbiolo di Carema,
Cantina dei Produttori
Carema Et. Nera '13 29
Negro e Figli, Angelo
Roero Arneis Serra Lupini '15 30
Neri, Cantine
Orvieto Cl. Sup. Ca' Viti '15 187,191
Niccolai - Palagetto, Tenute
Vernaccia di S. Gimignano '15 152
Nicodemi, Fattoria
Trebbiano d'Abruzzo
Le Murate '15 213
Nicosia, Cantine
Etna Rosso Vulkà '14 286,291
Nifo Sarrapochiello, Lorenzo
Sannio Fiano '15 235,241
Niklaserhof - Josef Sölva
A. A.
Lago di Caldaro Scelto Cl. '15 83,88
Nizza, Cantina Sociale di
Barbera d'Asti Le Pole '15 30
Nugareto
C. B. Bologna Rosso
Monello '15 134
Obermoser
H. & T. Rottensteiner
A. A. Santa Maddalena
Cl. '15 83

Obiz
Friuli Aquileia Cabernet Franc
Cromazio '15 121
Oddero, Figli Luigi
Langhe Nebbiolo '12 30
Odoardi, G.B.
Savuto '14 269
Officina del Sole
Sensi '15 169
Oliena,
Cantina Cooperativa di
Cannonau di Sardegna
Nepente '14 303,308
Olivastri, Tommaso
Montepulciano d'Abruzzo
La Grondaia '12 214
Oliviera
Chianti Cl. '14 152
Orestiadi, Tenute
Molino a Vento
Nero d'Avola '15 286
Orlandi Contucci Ponno
Cerasuolo d'Abruzzo
Vermiglio '15 214,218
Ottaviani, Enio
Romagna Sangiovese
Caciara '15 134
Ottomani
Chianti Colli Fiorentini '14 152
Pacchiarotti, Antonella
Cavarosso '15 198,202
Palamà
Metiusco Rosato '15 256
Palazzola, La
Verdello '14 187,191
Palazzone
Orvieto Cl. Sup.
Terre Vineate '15 188
Pallavicini, Principe
Amarasco '14 198,202
Panizzi
Vernaccia
di S. Gimignano '15 152
Pantaleone
**Falerio Pecorino
Onirocep '15** 170
Paolini, Cantine
Lance Nero d'Avola '14 286
Pardi, F.lli
Montefalco Rosso '14 188,192
Pasetti
Abruzzo Pecorino
Colle Civetta '14 214
Pasini - San Giovanni
Valtènesi Il Chiaretto '15 56,63
Paternoster
Aglianico del Vulture
Synthesi '13 246,249

Paulis - Cantina di Monserrato
Vermentino di Sardegna
Evento '15   303
Pazzaglia, Tenuta La
Poggio Triale '14   199,202
Pegoraro
Colli Berici Tai Rosso '15   106
Pellegrino, Carlo
Gibelè
Duca di Castelmonte '15   286
Peppucci, Cantina
Todi Rosso Petroro 4 '15   188,192
Perazzeta
Montecucco Rosso Alfeno '14   152
Perticaia
Spoleto Trebbiano
Spoletino '15   188
Pertinace, Cantina
Dolcetto d'Alba '15   17
Pertinello, Tenuta
Colli Romagna Centrale
Sangiovese Il Bosco '15   134,139
Pfannenstielhof
Johannes Pfeifer
A. A. Santa Maddalena
Cl. '15   83
Picchioni, Andrea
OP Bonarda Vivace '15   56
Piccolo Bacco dei Quaroni
OP Riesling
Vign. del Pozzo '13   56,63
Picedi Benettini, Conte
Colli di Luni Vermentino '15   48,49
Pietra di Tommasone, La
Ischia Biancolella '15   235,241
Pietra Pinta
Chardonnay '15   199
Pietracupa
Fiano di Avellino '15   235
Pietrafitta
Vernaccia di S. Gimignano
Il Borghetto '15   153
Pila, La
Furnace '13   170,178
Pinni, Tenuta
Pinot Grigio '15   121
Piona, Albino
Custoza '15   106,113
Pisoni
Nosiola '15   70
Pitars
Friuli Grave
Cabernet Franc '14   121
Planeta
Sicilia Plumbago '14   287,291
Planeta
Cerasuolo di Vittoria '14   287,291
Plonerhof, Tenuta
A. A. Santa Maddalena
Cl. '15   83

Poderi dal Nespoli
Romagna Sangiovese Sup.
Il Prugneto '15   134
Poggio, Paolo Giuseppe
Colli Tortonesi Timorasso
Derthona Ronchetto '14   30
Poggio di Bortolone
Cerasuolo di Vittoria Cl.
Poggio di Bortolone '13   287,292
Poggio di Bortolone
Vittoria Frappato '15   287,292
Poggio Le Volpi
Donnaluce '15   199
Poggio Trevvalle
Morellino di Scansano
Passera '15   153,159
Polvanera
Gioia del Colle Primitivo 14
Vign. Marchesana '13   256
Ponte, Viticoltori
Piave Manzoni Bianco
Campe Dhei '15   106
Pontoni, Flavio
FCO Chardonnay '15   121
Porro, Guido
Barbera d'Alba
V. S. Caterina '15   31
Porto di Mola
Colle Lepre '15   235
Pradio
Friuli Grave Refosco P. R.
Tuaro '14   122
Prandi, Giovanni
Dolcetto di Diano d'Alba Sörì
Colombè '15   31,39
Pratello
Valtènesi Torrazzo '15   56
Pravis
Sauvignon Teramara '15   70,75
Primosic
Collio Sauvignon '15   122
Produttori del Gavi, Cantina
Gavi Il Forte '15   31,39
Produttori Vini Manduria
Amoroso '15   256
Pusole
Cannonau di Sardegna '15   303,309
Quacquarini, Alberto
Vernaccia di Serrapetrona
Dolce   170,179
Quadrigato
Sannio Greco '15   236,241
Quercia, La
Montepulciano d'Abruzzo
Primamadre '12   214,220
Quistello, Cantina Sociale Cooperativa di
80 Vendemmie Rosso '15   58,63
Raia, La
Gavi '15   31,39

Raina
Rosso della Gobba '14   188,192
Rallo
Sicilia Il Principe '15   288,292
Rapitalà, Tenute
Sicilia Grillo '15   288
Rasciatano
Tenute Nero di Troia '15   251
Ricci, Noelia
Romagna Sangiovese Sup.
Il Sangiovese '15   134,140
Rigàtteri
Cannonau di Sardegna
Mirau '14   304,309
Risveglio Agricolo
72100 '14   257,261
Ritterhof, Tenuta
A. A. Lago di Caldaro
Cl. Sup. '15   84,88
Riunite & Civ, Cantine
Reggiano Lambrusco
Foglie Rosse
Albinea Canali '15   135,140
Riunite & Civ, Cantine
Lambrusco di Sorbara Secco
Gaetano Righi '15   135,140
Riva del Garda
Maso Lizzone '14   70,75
Rivera
Castel del Monte Aglianico
Cappellaccio Ris. '10   257,262
Rivolta, Fattoria La
Aglianico del Taburno '13   236,241
Rizzi
Barbera d'Alba '13   31
Rocca di Castiglioni
Offida Pecorino
Valeo Si Vales '15   170,179
Roccafiore
Todi Rosso Melograno '14   189
Roccapesta
Morellino di Scansano
Ribeo '14   153,159
Rocche Malatestiane, Le
Romagna Sangiovese Sup.
I Diavoli '15   135
Rocche Malatestiane, Le
Romagna Sangiovese Sup.
Tre Miracoli '15   135
Roeno
La Rua Marzemino '15   106,113
Romagnoli, Cantine
Gutturnio Sup.
Colto Vitato della Bellaria '15   135
Ronca
Bardolino '15   106
Ronchi di Manzano
FCO Bianco Ellègri '15   122,127
Ronchi San Giuseppe
FCO Ribolla Gialla '15   122

Ronci di Nepi, Tenuta
Grechetto '15 199
Ronco Scagnet
Collio Pinot Grigio '15 122
Rotaliana, Cantina
Trentino Lagrein '15 70,75
Rottensteiner, Tenuta Hans
A. A. Santa Maddalena Cl.
Premstallerhof '15 84
Rovellotti
Colline Novaresi Nebbiolo Valplazza '12 32
Roverè della Luna, Cantina Sociale
Trentino Pinot Grigio '15 72,75
Rudinì, Feudo
Nero d'Avola Le Origini '15 288
Ruffini, Rossana
Colli di Luni Vermentino Portolano '15 48
Sabbioni, I
Romagna Sangiovese Sup. I Voli dei Gruccioni '15 136,140
Sallier de la Tour
Sicilia Nero d'Avola '14 288
Salvatore, Cantine
L'IndoVINO Falanghina '15 224,225
San Diego
Primigenius '13 172
San Donaci, Cantina
Posta Vecchia '14 257,262
San Filippo
Offida Rosso Lupo del Ciafone '13 172,179
San Francesco, Fattoria
Cirò Rosso Cl. Sup. '14 270,273
San Francesco, Tenuta
Costa d'Amalfi Tramonti Bianco '15 236,241
San Giacomo
Pecorino '14 214,220
San Giovanni
Offida Pecorino Kiara '15 172,179
San Lazzaro, Poderi
Piceno Sup. Podere 72 '13 172
San Lorenzo Vini
Montepulciano d'Abruzzo Sirio '14 215
San Marcello, Tenuta
Lacrima di Morro d'Alba Bastaro '15 172,179
San Michele a Ripa
Offida Pecorino Falchetti '15 173
San Michele Appiano, Cantina Produttori
A. A. Pinot Bianco '15 84
San Nazario
Moscato Ca' Suppiej '15 107

San Paolo, Cantina Produttori
A. A. Pinot Bianco Plötzner '15 84,88
San Salvatore
Palinuro '15 236,241
San Severo,
L'Antica Cantina di
San Severo Castrum Rosso '15 257
Sandre
Piave Merlot '14 107
Sanpaolo di Claudio Quarta Vignaiolo
Falanghina '15 237,241
Sant'Agata, Cantine
Ruchè di Castagnole M.to Il Cavaliere '15 32
Sant'Andrea
Circeo Bianco Dune '14 199,202
Sant'Anna, Tenuta
Lison Pramaggiore Chardonnay Goccia '15 107
Santa Croce, Cantina Sociale
Lambrusco Salamino di S. Croce Secco Linea '15 136
Santa Margherita
Valdobbiadene Extra Dry 107,113
Santa Maria La Palma,
Vermentino di Sardegna I Papiri '15 297,309
Santa Venere
Cirò Rosso Cl. '15 270,274
Santadi, Cantina di
Carignano del Sulcis Grotta Rossa '14 304,309
Santi
Bardolino Cl. Ca' Bordenis '15 108
Saputi, Alvaro
1° Senso '15 173
Sardus Pater
Carignano del Sulcis Nur '14 304
Sarotto, Roberto
Gavi del Comune di Gavi Bric Sassi Tenuta Manenti '15 32
Sasso dei Lupi
L'Intruso '15 189
Scammarca del Murgo, Emanuele
Etna Rosso Tenuta San Michele '14 288,292
Sclavio
Calù '15 227
Scubla, Roberto
FCO Friulano '15 123
Sedilesu, Giuseppe
Cannonau di Sardegna Mamuthone '14 304

Selva Capuzza, Cantine
San Martino della Battaglia Campo del Soglio '15 58,63
Sergio Grimaldi
Ca' du Sindic
Moscato d'Asti Capsula Oro '15 32,39
Serra San Martino, Fattoria
Roccuccio '13 173
Serracavallo
Terre di Cosenza Sette Chiese '15 267,274
Settecani, Cantina Sociale
Lambrusco Grasparossa di Castelvetro Secco '15 136
Settesoli, Cantine
Sicilia Seligo Rosso '15 289,292
Settesoli, Cantine
Mandrarossa Grillo '15 289,292
Sibilla, La
Campi Flegrei Falanghina '15 237,241
Silva, Giovanni
Erbaluce di Caluso Dry Ice '15 33
Simon di Brazzan
Blanc di Simon '15 117,127
Sirch
FCO Bianco Cladrecis '14 123,127
Smilla, La
Gavi '15 33,39
Soi, Agricola
Cannonau di Sardegna Soi '13 305
Soi, Agricola
Cannonau di Sardegna Soi '14 305
Soloperto, Cantine
Vecchio Ceppo Primitivo '15 258
Spagnol - Col del Sas
Valdobbiadene Extra Dry Col del Sas '15 108
Spagnoletti Zeuli, Conte
Castel del Monte Bombino Nero Colombaio '15 258
Spelonga
Marilina Rosé '15 258,262
Sportoletti
Assisi Rosso '15 189
Staffa, La
Verdicchio dei Castelli di Jesi Cl. Sup. La Staffa '15 173
Statti
Arvino '13 270,274
Stefanoni
Est! Est!! Est!!! di Montefiascone Cl. Foltone '15 200

Stoppa, La
**Trebbiolo Rosso
Frizzante '14** 136,140
Strappelli
Trebbiano d'Abruzzo '15 215
Sutto
Chardonnay '15 108
Tagaro
Nero di Troia Pignataro '14 258
Talenti - Padri Trinitari, I
Greco Muse '15 247
Tani, Cantina
**Vermentino di Gallura Sup.
Taerra '15** 305,309
Tantini, Giovanna
Bardolino '14 108,114
Tasca d'Almerita
**Sicilia Nero d'Avola
Lamùri '14** 289,292
Taverna
Matera Moro I Sassi '14 247
Tenaglia, Tenuta
**Grignolino del M.to
Casalese '15** 33
Tende, Le
Custoza '15 108
Tenuta de' Stefenelli
Swing Bianco '15 137
Tenuta di Fiorano
Fioranello Bianco '15 200
Tercic, Matijaz
Vino degli Orti '13 123
Terenzi, Giovanni
Quercia Rossa '12 200
Terlano, Cantina
A. A. Pinot Bianco '15 84,88
Terra dei Re
**Aglianico del Vulture
Vultur '13** 247,249
Terra delle Ginestre
Lentisco '14 200,202
Terra Fageto
Offida Pecorino Fenèsia '15 174
Terraviva, Tenuta
**Cerasuolo d'Abruzzo
Giusi '15** 215,220
Terre di Ger
Limine '13 123
Terre Stregate
Falanghina Trama '15 237,241
Teruzzi & Puthod
**Vernaccia
di S. Gimignano '15** 153
Tibaldi
Roero Arneis Monic '15 33
Tiberio
**Montepulciano
d'Abruzzo '14** 215,220

Tiefenbrunner
**A. A. Müller Thurgau
Classic '15** 85
Tinazzi
**Bardolino Chiaretto
Campo delle Rose '15** 109
Titignano, Tenuta di
Orvieto Cl. Sup. Salviano '15 189
Toblino
Trento Brut Antares '11 72,75
Todini
Marte Rosso '15 190,192
Tollo, Cantina
**Montepulciano d'Abruzzo
Biologico '15** 215,216,220
Tollo, Cantina
**Trebbiano d'Abruzzo
Biovegano '15** 215,216,220
Tomasella, Tenute
Friuli Grave Friulano '15 109
Torre dei Beati
**Abruzzo Pecorino
Giocheremo con i Fiori '15** 216
Torre Rosazza
FCO Friulano '15 123
Torre San Martino
**Romagna Sangiovese
Modigliana Sup. Gemme '15** 137
Torrevento
**Passione Reale
Appassimento '15** 258,262
Traerte
Irpinia Coda di Volpe '15 237
Tramin, Cantina
A. A. Pinot Grigio '15 85,88
Trappolini
Grechetto '15 201,203
Tre Pini, Cantine
Trullo di Carnevale '14 259,262
Tre Rose, Tenuta
**Rosso di Montepulciano
Salterio '15** 154
Trexenta, Cantina
**Cannonau di Sardegna
Corte Auda '14** 305,309
Tudernum
Todi Rosso '15 190,192
Ugolino, Tenuta dell'
**Verdicchio dei Castelli
di Jesi Cl. Le Piaole '15** 174
Unterhofer, Thomas
A. A. Chardonnay '15 85,88
Untermoserhof
Georg Ramoser
**A. A. Santa Maddalena
Cl. '15** 85
Valdo, Spumanti
**Valdobbiadene Brut
Cuvée del Fondatore '14** 109

Valentina, La
**Trebbiano d'Abruzzo Sup.
Spelt '15** 216
Vallarom
Moscato Giallo '15 72,75
Valle Dell'Acate
Vittoria Frappato '15 289
Valle Isarco,
Cantina Produttori
**A. A. Valle Isarco
Sylvaner '15** 85
Valle Martello
Pecorino Brado '15 216
Valle Reale
Trebbiano d'Abruzzo '15 216
Valori
Abruzzo Pecorino '15 217
Valpantena Verona, Cantina
Corvina Torre del Falasco '15 109
Valtidone, Cantina
**C. P. Ortrugo
Armonia Frizzante '15** 137
Vanzini
OP Bonarda Vivace '15 58,63
Varvaglione
12 e mezzo Primitivo '15 259,262
Vecchia Torre
Negroamaro '14 259,264
Venosa, Cantina di
**Aglianico del Vulture
Bali '13** 245,247,249
Venosa, Cantina di
**Terre di Orazio Dry
Muscat '15** 245,247,249
Verdi, Bruno
**OP Bonarda Vivace
Possessione
di Vergombera '15** 58,63
Vermentino, Cantina del
**Vermentino di Gallura
S'Eleme Oro '15** 305
Vernaccia,
Cantina Sociale della
Nieddera Montiprama '13 306,309
Veroni, I
Chianti Rufina '14 154
Vestini Campagnano
Pallagrello Bianco '15 237,242
Vicari
**Lacrima di Morro d'Alba
Essenza del Pozzo Buono '15** 174,180
Vicentini, Agostino
**Soave
Vign. Terre Lunghe '15** 110
Vidussi
**Collio Traminer
Aromatico '15** 124
Viglione, Tenuta
**Gioia del Colle
Primitivo '13** 259,264

Vigna Roda
**Colli Euganei Cabernet
Espero '15** 110
Vigna Traverso
FCO Refosco P. R. '12 124
Vigne di Clementina Fabi, Le
Offida Pecorino '15 174,180
Vigneti del Vulture
**Aglianico del Vulture
Pipoli Zero '14** 248,249
Vigneti Reale
Malvasia Rosato '15 260
Vigneti Valle Roncati
**Colline Novaresi Bianco
Particella 40 '15** 33
Villa Caviciana
Tadzio '15 201,203
Villa Forano
**Colli Maceratesi Ribona
Monteferro '15** 174
Villa Imperium
Rosso Piceno Sup. '13 175
Villa Lazzarini
Vellente '14 175
Villa Matilde
**Greco di Tufo
Tenute di Altavilla '15** 238,242
Villa Medici
Custoza '15 110,114
Villa Medoro
Trebbiano d'Abruzzo '15 217,220
Villa Papiano
**Romagna Sangiovese Sup.
Le Papesse di Papiano '15** 137
Villabella, Vigneti
Bardolino Chiaretto Cl. '15 110,114
Vinchio Vaglio Serra,
Cantina Sociale di
**Barbera d'Asti
Sorì dei Mori '15** 34,40
Vinicola Mediterranea
Don Vito Prestige '15 260,264
Visintini, Andrea
FCO Pinot Bianco '15 124
Vite Colte
**Barbera d'Asti Bio
Terre da Vino '15** 34
Volpetti, Cantine
Shiraz Le Piantate '14 201,203
Votino
**Falanghina del Sannio
Cocceius '15** 238
Vulcano, Cantine
**Cirò Rosso Cl. Sup.
Cordòne '14** 270
Waldgries, Tenuta
**A. A. Santa Maddalena
Cl. '15** 86

Wassererhof
**A. A. Santa Maddalena
Cl. '15** 86,90
Weger, Josef
**A. A. Gewürztraminer
Artyo '15** 86
Zaccagnini
**Verdicchio dei Castelli
di Jesi Cl. Sup. Viterosa '15** 175
Zaccagnini, Ciccio
**Abruzzo Pecorino
La Cuvée dell'Abate '15** 217,220
Zaglia
**Friuli Latisana
Pinot Grigio '15** 124
Zanchi
Amelia Rosso Armané '13 190
Zecca, Conti
**Salice Salentino
Cantalupi Ris. '13** 260
Zemmer, Peter
A. A. Pinot Grigio '15 86,90
Zeni 1870
**Bardolino Cl.
Vigne Alte '15** 110,114
Zito, Vinicola
Cirò Bianco Nosside '15 272

PROFESSIONE CHEF

PROFESSIONE PASTICCERE

PROFESSIONE PIZZAIOLO

PROFESSIONE SALA

LAVORARE CON IL VINO

PROGETTARE E GESTIRE UN RISTORANTE DI SUCCESSO

INGLESE PER L'ENOGASTRONOMIA

LA TUA PASSIONE OGGI, IL TUO LAVORO DOMANI

WWW.GAMBEROROSSO.IT

ROMA - NAPOLI - CATANIA - SALERNO
PALERMO - TORINO - LECCE

PARTNER

indice alfabetico produttori

Valle d'Aosta

Château Feuillet	12,14
Crêtes, Les	12
Crotta di Vegneron, La	11
Feudo di San Maurizio	12
Mont Blanc de Morgex et La Salle, Cave du	13,14
Source, La	14

Piemonte

Abbona	35
Abbona, Anna Maria	35
Abrigo, F.lli	18,35
Abrigo, Orlando	35
Accornero e Figli, Giulio	18,35
Adriano, Marco e Vittorio	18,35
Alario, Claudio	35
Alfieri, Marchesi	18
Alice Bel Colle	19,35
Antica Cascina Conti di Roero	19
Antichi Vigneti di Cantalupo	35
Antico Borgo dei Cavalli	35
Armangia, L'	19,35
Avezza, Paolo	19
Banfi Piemonte	35
Barbera dei Sei Castelli, Cantina Sociale	19
Barberis, Osvaldo	35
Bea - Merenda con Corvi	35
Bellicoso, Antonio	20
Bera	20,35
Bergaglio, Cinzia	20,35
Bergaglio, Nicola	35
Borgo Maragliano	36
Boschis, Francesco	20
Boveri, Luigi	21,36
Bovio, Gianfranco	36
Braida	36
Brangero	36
Bric Castelvej, Gallino Domenico	
Bricco del Cucù	21,36
Bricco Maiolica	21
Bricco Mondalino	21
Brigatti, Francesco	21
Broglia Tenuta La Meirana	36
Burlotto, G. B.	36
Ca' d'Gal	22
Ca' del Baio	36
Ca' Nova	22
Caplana, La	22,36
Careglio, Pierangelo	22
Carussin	36
Casalone	36
Casavecchia	23
Cascina Barisél	23
Cascina Bongiovanni	37
Cascina Chicco	37
Cascina Corte	
Cascina Flino	37
Cascina Fonda	23,37
Cascina Galarin Giuseppe Carosso	37
Cascina Gilli	23,37
Cascina Giovinale	23,37
Cascina La Barbatella	24
Cascina Val del Prete	37
Castella, Renzo	24
Castellari Bergaglio	37
Castello del Poggio	24,37
Castello di Razzano	24
Castello di Tassarolo	25
Castello di Uviglie	25,37
Castello di Verduno	25
Cerutti	25
Chionetti	37
Clavesana, Cantina	25
Col dei Venti	37
Colombera, La	26
Conterno Fantino	37
Coppi, Vigne Marina	26
Coppo	
Cornarea	
Cortese, Giuseppe	26
Costa, Stefanino	
Deltetto	37
Doglia, Gianni	37
Einaudi, Poderi Luigi	37
Falchetto, Tenuta Il	26
Favaro, Benito	38
Ferro, Carlo	38
Gallino, Filippo	27
Garetto, Tenuta	38
Generaj	27
Ghibellina, La	38
Giacosa, Carlo	38
Gironda, La	38
Langasco, Tenuta	27
Macellio, Podere	27
Malabaila di Canale	27,38
Manzone, Paolo	38
Marchese Luca Spinola	38
Marchesi Incisa della Rocchetta	28
Masera, La	28
Mesma, La	28
Monchiero Carbone	28,38
Montalbera	29,38
Montemagno, Tenuta	29
Morra, Stefanino	29,38
Mossio, F.lli	29,39
Nada, Fiorenzo	39
Nebbiolo di Carema, Cantina dei Produttori	29
Negro e Figli, Angelo	30
Nizza, Cantina Sociale di	30

Name	Page
Oddero, Figli Luigi	30
Pecchenino	39
Pelissero	39
Pertinace, Cantina	17
Pescaja	39
Poggio, Paolo Giuseppe	30
Porro, Guido	31
Prandi, Giovanni	31,39
Produttori del Gavi, Cantina	31,39
Raia, La	31,39
Ressia	39
Rizzi	31
Rocchin, Il	39
Roddolo, Flavio	39
Rosso Giovanni, Poderi	39
Rovellotti	32
San Bartolomeo	39
San Sebastiano, Tenuta	39
Sant'Agata, Cantine	32
Saracco, Paolo	39
Sarotto, Roberto	32
Scagliola, Giacomo	39
Sergio Grimaldi	
Ca' du Sindic	32,39
Silva, Giovanni	33
Smilla, La	33,39
Socré	40
Sottimano	40
Spinetta, La	40
Tacchino	40
Tenaglia, Tenuta	33
Tibaldi	33
Trediberri	40
Vaiot, Poderi	40
Vicara	40
Vigneti Valle Roncati	33
Villa Giada	40
Vinchio Vaglio Serra, Cantina Sociale di	34,40
Virna	40
Vite Colte	34

Liguria

Name	Page
Alessandri, Carlo	46,49
Aschero, Laura	46
Baia del Sole Federici, La	49
BioVio	46,49
Bisson	46
Bregante, Cantine	49
Bruna	47,49
Bruzzone, Enoteca Andrea	47
Calleri, Cantine	47,49
Cinque Terre, Cantina	47
Fontanacota	49
Giacomelli	49
Ka' Manciné	47
Levante, Cantine	49
Lunae Bosoni, Cantine	48
Maccario Dringenberg	45
Monticello, Il	49
Picedi Benettini, Conte	48,49
Podere Grecale	49
Poggio dei Gorleri	49
Ruffini, Rossana	48
Torchio, Il	49
Valdiscalve	49
Vecchia Cantina, La	49

Lombardia

Name	Page
Adorno, Marchese	51,59
Agnes, F.lli	52,59
Anteo	59
Antica Tesa	59
Avanzi	52,59
Ballabio	52,59
Basia, La	59
Bertagna	59
Bignolino, Podere	59
Bisi	52,59
Bosco, Tenuta Il	59
Brandolini, Alessio	53,59
Brugherata, La	59
Cà Maiol	53
Ca' del Gè	53,59
Ca' del Santo	59
Ca' di Frara	53,59
Ca' Lojera	53
Ca' Tessitori	54,60
Calatroni	54,60
Cantrina	
Castello di Cigognola	60
Castello di Luzzano	60
Chiusure, Le	60
Citari	60
Conte Vistarino	60
Costa, La	60
Costaripa	54,60
Ferghettina	60
Fiamberti	54,60
Finigeto	62
Fracce, Le	54
Frecciarossa	55,62
Gessi, I	62
Giorgi, F.lli	62
Giubertoni	55
Isimbarda	55,62
La Pergola - Civielle	62
Lebovitz, Cantine	55,62
Lurani Cernuschi	62
Marangona	62
Martilde	62
Mazzolino, Tenuta	62
Monsupello	63
Montagna, Francesco	63
Monte Cicogna	55
Montelio	63
Monterucco	63
Pasini - San Giovanni	56,63
Perla del Garda	63
Picchioni, Andrea	56
Piccolo Bacco dei Quaroni	56,63
Pratello	56
Quaquarini, Francesco	63
Quistello, Cantina Sociale Cooperativa di	58,63
Ricci Curbastro	63
Selva Capuzza, Cantine	58,63
Torti, Pietro	63
Travaglino	63
Turina, F.lli	63
Vanzini	58,63
Verdi, Bruno	58,63
Virgili, Cantine	64
Visconti	64
Ziliani, Chiara	64

Trentino

Name	Page
Aldeno, Cantina	68,74
Avio, Cantina Sociale di	
Balter, Nicola	68
Barone de Cles	68,74
Bellaveder	74
Bolognani	74
Borgo dei Posseri	74
Cantina Sociale di Trento	68
Cavit	69,74
Cesarini Sforza	67
Concilio	69
d'Isera, Cantina	74
De Vescovi Ulzbach	74
Donati, Marco	69
Dorigati	74
Endrizzi	74
Fondazione Mach	74
Gaierhof	74
Grigoletti	74
La-Vis/Valle di Cembra	69,74
Maso Grener	74
Maso Poli	74
Mezzacorona	70,75
Monfort, Casata	75
Mori - Colli Zugna	75
Moser	75
Pisoni	70
Pojer & Sandri	75
Pravis	70,75
Riva del Garda	70,75
Rotaliana, Cantina	70,75
Roverè della Luna, Cantina Sociale	72,75
San Leonardo, Tenuta	75
Sandri, Arcangelo	75
Spagnolli, Enrico	75
Toblino	72,75
Vallarom	72,75
Villa Corniole	75
Zanini, Luigi	75

Zeni, Roberto	75	Baron von Kripp	88	Gregoletto	112
		Terlano, Cantina	84,88	Guerrieri Rizzardi	112
Alto Adige		Tiefenbrunner	85	Lamberti	102,112
Abbazia di Novacella	78,87	Tramin, Cantina	85,88	Lenotti	102
Befehlhof	87	Unterhofer, Thomas	85,88	Manara	112
Bolzano, Cantina	78,87	Untermoserhof		Mandolare, Le	113
Brigl, Josef	78,87	Georg Ramoser	85	Manzane, Le	104
Caldaro, Cantina di	77,87	Unterortl		Masari	113
Castel Sallegg	78,87	Castel Juval, Tenuta	90	Mattielli, Villa	104
Castelfeder	79,87	Valle Isarco,		Mazzi, Roberto	104
Colterenzio,		Cantina Produttori	85	Menegotti	104
Cantina Produttori	79	Waldgries, Tenuta	86	Monte dall'Ora	113
Donà, Tenuta	79	Wassererhof	86,90	Monte del Frà	104,113
Ebner		Weger, Josef	86	Monte Santoccio	113
Florian Unterthiner, Tenuta	79	Zemmer, Peter	86,90	Monte Tondo	113
Egger-Ramer	79			Monteforte d'Alpone,	
Erbhof Unterganzner		**Veneto**		Cantina Sociale di	105,113
Josephus Mayr	87	Accordini, Stefano	94	Montelvini	105
Erste+Neue	80,87	Ai Galli	94	Monteversa	113
Girlan, Cantina	80,87	Armani, Albino	112	Morette	
Glögglhof - Franz Gojer	80,87	Balestri Valda	112	Valerio Zenato, Le	113
Griesbauerhof		Beato Bartolomeo	94	Mosconi, Marco	113
Georg Mumelter	80	Benazzoli	94	Mottolo, Il	105
Gummerhof - Malojer	87	Bergamini	94	Nardello, Daniele	105,113
Gumphof		BiancaVigna	95	Pegoraro	106
Markus Prackwieser	81	Borgo Molino	95	Piona, Albino	106,113
Haas, Franz	81	Borgo Stajnbech	95	Ponte, Viticoltori	106
Kettmeir	87	Bosco del Merlo	95	Prà, Graziano	113
Klosterhof		Brunelli, Luigi	95	Recchia, F.lli	113
Oskar Andergassen, Tenuta	87	Ca' Corner	96	Roeno	106,113
Köfererhof		Ca' Ferri	96	Ronca	106
Günther Kerschbaumer	87	Ca' Rugate	96,112	San Nazario	107
Kurtatsch, Cantina	81	Campi, I	112	San Rustico	113
Laimburg	81	Cantina del Castello	96	Sandre	107
Larcherhof - Spögler	81,88	Cappuccina, La	98	Sant'Anna, Tenuta	107
Martini & Sohn, K.	82,88	Casa Cecchin	98,112	Santa Margherita	107,113
Maso Hemberg		Casa Roma	98	Santi	108
Klaus Lentsch	82	Castelnuovo, Cantina di	98	Spagnol - Col del Sas	108
Meran Burggräfler,		Cavalchina	98,112	Stefanini, I	113
Cantina	82,88	Cavazza	99	Suavia	114
Muri-Gries,		Cecchetto, Giorgio	99	Sutto	108
Cantina Convento	82,88	Cescon, Italo	99	T.E.S.S.A.R.I.	114
Nals Margreid, Cantina	82	Collalto, Conte	99	Tantini, Giovanna	108,114
Niklaserhof		Corte Adami	99	Tende, Le	108
Josef Sölva	83,88	Corte Gardoni	100,112	Tinazzi	109
Obermoser		Corte Mainente	112	Tomasella, Tenute	109
H. & T. Rottensteiner	83	Corte Moschina	100	Trabucchi d'Illasi	114
Pfannenstielhof		Custoza, Cantina di	100	Valdo, Spumanti	109
Johannes Pfeifer	83	Dal Cero		Valpantena Verona, Cantina	109
Plonerhof, Tenuta	83	Tenuta di Corte Giacobbe	93	Vicentini, Agostino	110
Prälatenhof		Dal Maso	100,112	Vigna Roda	110
Roland Rohregger		Domus - Picta	100	Vigne di San Pietro, Le	114
Ritterhof, Tenuta	84,88	Drusian, Francesco	101	Villa Medici	110,114
Rottensteiner,		Farina	112	Villabella, Vigneti	110,114
Tenuta Hans	84	Fattori	101	Zanoni, Pietro	114
San Michele Appiano,		Fraghe, Le	101,112	Zenato	
Cantina Produttori	84	Gamba Gnirega	101	Zeni 1870	110,114
San Paolo,		Gambrinus	101	Zymè	114
Cantina Produttori	84,88	Giusti Wine	102		
Stachlburg		Gorgo	102,112		

Friuli Venezia Giulia

Antonutti	118
Anzelin	125
Attems	125
Bastianich	125
Bellanotte, La	118
Beltrame, Tenuta	125
Blason	125
Blazic	125
Borgo delle Oche	125
Borgo Savaian	118,125
Bortolusso, Cav. Emiro	125
Buzzinelli, Maurizio	118
Cadibon	125
Cappello, Fernanda	125
Castello Sant'Anna	125
Castelvecchio	125
Colle Duga	118
Colmello di Grotta	125
Colutta, Gianpaolo	125
Comelli, Paolino	119,125
Conte Romano, Tenuta	119
Coos, Dario	125
Cormòns, Cantina Produttori	119,125
di Lenardo	119
Dorigo	126
Ermacora	126
Fedele Giacomo	
Feudi di Romans, I	126
Foffani	126
Fossa Mala	119
Gigante,	120,126
Gori	126
Gradis'ciutta	126
Guerra, Albano	120
Komjanc, Alessio	120
Luisa, Tenuta	120,126
Modeano	120
Muzic	121,126
Obiz	121
Pascolo, Alessandro	126
Perusini	126
Petrucco	126
Pinni, Tenuta	121
Pitars	121
Pittaro, Vigneti	127
Pizzulin, Denis	127
Pontoni, Flavio	121
Pradio	122
Primosic	122
Reguta	127
Ronc Soreli	127
Ronchi di Manzano	122,127
Ronchi San Giuseppe	122
Ronco Blanchis	127
Ronco Scagnet	122
Roncùs	127
Russolo	127
San Simone	127
Scarbolo	127
Scubla, Roberto	123
Simon di Brazzan	117,127
Sirch	123,127
Specogna, Leonardo	
Tercic, Matijaz	123
Terre di Ger	123
Torre Rosazza	123
Valchiarò	127
Valpanera	127
Vidussi	124
Vigna Petrussa	127
Vigna Traverso	124
Villa de Puppi	127
Visintini, Andrea	124
Vosca, Francesco	127
Zaglia	124

Emilia Romagna

Agrintesa	130,138
Ancarani	130,138
Balìa di Zola	130
Bellei, Francesco	138
Braschi	138
Ca' di Sopra	138
Carpi e Sorbara, Cantina Sociale di	130,138
Castelluccio	138
Cavicchioli	131,138
Caviro	138
Celli	131,138
Chiarli	
Tenute Agricole, Cleto	131,138
Ciocca, La	131
Conti, Leone	131
Costa Archi	138
Crocizia	132
Donelli	132
Drei Donà	
Tenuta La Palazza	138
Emilia Wine	138
Ferrucci, Stefano	139
Fiorini	139
Formigine Pedemontana, Cantina Sociale	139
Gaggioli, Maria Letizia	132
Gallegati	132
Gruppo Cevico	129
Guarini Matteucci, Guido	132
Isola	133
Lini 910	139
Lombardini, Cantine	133
Lusenti	139
Lusignani, Alberto	139
Madonia, Giovanna	139
Manaresi	133
Masselina, Tenuta	139
Mattarelli	139
Medici & Figli, Ermete	133,139
Moretto, Fattoria	139
Nicolucci, Fattoria	139
Nugareto	134
Ottaviani, Enio	134
Paltrinieri, Gianfranco	139
Paradiso, Fattoria	139
Pertinello, Tenuta	134,139
Poderi dal Nespoli	134
Puianello e Coviolo, Cantina	139
Quarticello	140
Ricci, Noelia	134,140
Riunite & Civ, Cantine	135,140
Rocche Malatestiane, Le	135
Romagnoli, Cantine	135
Sabbioni, I	136,140
San Patrignano	140
Santa Croce, Cantina Sociale	136
Santini, Tenuta	140
Settecani, Cantina Sociale	136
Stoppa, La	136,140
Tenuta de' Stefenelli	137
Terraquilia	140
Torre San Martino	137
Trerè, Azienda Agricola	140
Valtidone, Cantina	137
Venturini Baldini	140
Vezzelli, Francesco	140
Villa di Corlo	142
Villa Papiano	137
Villa Venti	142
Zerbina, Fattoria	142
Zucchi	142

Toscana

Acquabona	155
Acquacalda	155
Agricoltori del Chianti Geografico	146,155
Altesino	155
Ambra, Fattoria	155
Avignonesi	146
Badia a Coltibuono	146,155
Badia di Morrona	146,155
Badiola, Tenuta La	155
Bagnolo, Fattoria di	155
Balzini, I	155
Bandini - Villa Pomona	155
Banti, Erik	146
Barone Ricasoli	147
Basile	147
Beconcini, Pietro	147,155
Berne, Podere Le	155
Bibbiano, Tenuta di	155
Bruni	155
Buccelletti Winery	155
Buonamico, Tenuta del	147

Cacciagrande	155	Panizzi	152	Colonnara	167
Camillo, Antonio	148	Parmoleto	159	Colpaola	167
Capezzana, Tenuta di	155	Parrina, Tenuta La	159	Conte Villa Prandone, Il	177
Cappella Sant'Andrea	156	Perazzeta	152	Conti degli Azzoni	167
Casa alle Vacche	156	Petra	159	Conti di Buscareto	177
Casa Emma	156	Pianirossi	159	Dianetti, Emanuele	177
Castello d'Albola	156	Pietrafitta	153	Domodimonti	177
Castello del Trebbio	156	Pieve Santo Stefano	159	Felici, Andrea	163
Castello di Fonterutoli	156	Pitigliano		Fiorano	177
Castello di Potentino	148	Cantina Cooperativa di	159	Fiorini	167,177
Cecchi, Famiglia	156	Poggio Argentiera	159	Garofoli, Gioacchino	177
Cesani, Vincenzo	148,156	Poggio Trevvalle	153,159	Guerrieri, Luca	177
Chigi Saracini,		Poggiotondo	159	La Valle del Sole	177
Fattorie	148	Rocca delle Macìe	159	Landi, Luciano	177
Col di Bacche	148	Rocca di Frassinello	159	Leopardi Dittajuti,	
Collazzi, Fattoria	156	Rocca di Montemassi	159	Conte	177
Colle di Bordocheo	149	Roccapesta	153,159	Libenzi, Laila	177
Colle Massari	156	San Benedetto	159	Lucarelli, Roberto	167,177
Colognole	156	San Felo, Fattoria	159	Mancini	168
Corti, Villa Le	156	San Michele a Torri	160	Maraviglia, Filippo	168
Corzano e Paterno,		Sant'Agnese	160	Marca di San Michele, La	168
Fattoria	149	Santa Lucia	160	Marchetti, Maurizio	178
Dal Cero		Selvapiana, Fattoria	160	Marotti Campi	178
Tenuta Montecchiesi	157	Sensi	160	Mazzola	168
Dionisio, Fabrizio	149	Sticciano, Tenuta di	160	Mecella, Enzo	169
Eucaliptus	149	Terenzi	160	Mencaroni, Federico	169
Fattoi	157	Terenzuola		Mezzanotte	169
Fibbiano, Fattoria	157	Teruzzi & Puthod	153	Monacesca, La	178
Fitto, Il	157	Tre Rose, Tenuta	154	Monte Schiavo	178
Fontemorsi, Poderi	157	Uccelliera, Fattoria	160	Montecappone	178
Frank & Serafico	157	Vagnoni, F.lli	160	Morelli, Claudio	169
Gentili	157	Val di Toro	160	Muròla	178
Ginori Lisci, Marchesi	157	Valentini	160	Officina del Sole	169
Grignano, Fattoria di	157	Veroni, I	154	Offida, Cantina	178
Lamole di Lamole	158	Villa Sant'Anna	160	Pantaleone	170
Lastra, La	158			Pievalta	178
Lavandaro, Podere		**Marche**		Pila, La	170,178
Leonardo da Vinci,		Allevi, Maria Letizia	164	Podere sul Lago	178
Cantine	150,158	Angeli di Varano	164	Quacquarini, Alberto	170,179
Livernano	158	Aurora	176	Rocca di Castiglioni	170,179
Lunadoro	158	Belisario	176	Sabbionare	179
Malenchini	158	Bisci	176	San Diego	172
Mantellassi, Fattoria	158	Boccadigabbia	164,176	San Filippo	172,179
Masini, Cosimo Maria	150	Borgo Paglianetto	164,176	San Giovanni	172,179
Mastrojanni	158	Bucci	176	San Lazzaro, Poderi	172
Melini	158	Ca' Liptra	165	San Marcello, Tenuta	172,179
Mocine	150	Calcinara, La	176	San Michele a Ripa	173
Montemercurio	158	Canà, Le	165	San Savino	
Montenidoli	158	Caniette, Le	165,176	Poderi Capecci	179
Montereggi, Fattoria	150	Carminucci	165,176	Santa Barbara	179
Monterinaldi	158	CasalFarneto	165,176	Saputi, Alvaro	173
Morellino di Scansano,		Castignano, Cantine di	166,176	Serra San Martino, Fattoria	173
Cantina Vignaioli del	145,159	Centanni, Giacomo	176	Spinelli, Tenuta	179
Morisfarms	150	Cherri d'Acquaviva	176	Staffa, La	173
Motta, Mario	159	Ciù Ciù	166,176	Tavignano, Tenuta di	179
Niccolai		Cocci Grifoni, Tenuta	177	Terra Fageto	174
Palagetto, Tenute	152	Collestefano	166	Terre Cortesi Moncaro	179
Oliviera	152	Colli Ripani, Cantina dei	166,177	Tombolini, Fulvia	179
Ottomani	152	Cològnola		Ugolino, Tenuta dell'	174
Palagione, Il	159	Tenuta Musone, Cantina	177	Umani Ronchi	179

Venturi, Roberto	179	**Lazio**			Gentile	212	
Vicari	174,180	Carpineti, Marco	195,202		Illuminati, Dino	212,218	
Vignamato	180	Casale del Giglio	196		Marchesi De' Cordano	213	
Vigne di Clementina Fabi, Le	174,180	Castel de Paolis	202		Masciarelli	213,218	
Villa Forano	174	Cincinnato	196,202		Montori, Camillo	213,218	
Villa Imperium	175	Ciolli, Damiano	196		Mucci, Cantine	213	
Villa Lazzarini	175	Coletti Conti, Antonello	202		Nicodemi, Fattoria	213	
Zaccagnini	175	Cominium	202		Olivastri, Tommaso	214	
		Cordeschi	196,202		Orlandi Contucci Ponno	214,218	
Umbria		Corte dei Papi	197		Pasetti	214	
Adanti	191	Ferriera, La	202		Quercia, La	214,220	
Antonelli - San Marco	184,191	Fontana Candida	197,202		San Giacomo	214,220	
Argillae	191	Formiconi	202		San Lorenzo Vini	215	
Barberani	191	Giangirolami, Donato	197		Strappelli	215	
Bigi	184,191	Grecchi, Podere	198,202		Terraviva, Tenuta	215,220	
Bocale	184,191	Marchese, Casale	198,202		Tiberio	215,220	
Bussoletti, Leonardo	184,191	Mottura, Sergio	198,202		Tollo, Cantina	215,216,220	
Carini	184,191	Pacchiarotti, Antonella	198,202		Torre dei Beati	216	
Castello di Corbara	191	Pallavicini, Principe	198,202		Ulisse, Tenuta	220	
Castello di Magione	191	Pazzaglia, Tenuta La	199,202		Valentina, La	216	
Cenci, Cantina	185	Pietra Pinta	199		Valle Martello	216	
Chiorri	185	Poggio Le Volpi	199		Valle Reale	216	
Cirulli	185	Ronci di Nepi, Tenuta	199		Valori	217	
Colle Ciocco, Cantina	185,191	Sant'Andrea	199,202		Villa Medoro	217,220	
Colsanto, Fattoria	191	Stefanoni	200		Zaccagnini, Ciccio	217,220	
Decugnano dei Barbi	186	Tenuta di Fiorano	200				
Di Filippo	186	Terenzi, Giovanni	200		**Molise**		
Duca della Corgna	186	Terra delle Ginestre	200,202		Borgo di Colloredo	224,225	
Falesco	197	Trappolini	201,203		Di Majo Norante	224,225	
Fontesecca, Podere	186,191	Valle Vermiglia	203		Grieco, Tenimenti	223,225	
Giro di Vento, Fattoria	186	Villa Caviciana	201,203		Salvatore, Cantine	224,225	
La Spina, Cantina	187,191	Villa Gianna	203				
Lungarotti	183	Volpetti, Cantine	201,203		**Campania**		
Madeleine, La	191				Aia dei Colombi	228,239	
Madrevite	187	**Abruzzo**			Alois	228,239	
Moretti Omero	191	Agriverde	208,218		Amarano	228	
Neri, Cantine	187,191	Barone Cornacchia	208,218		Anna Bosco, Vitivinicola	228	
Ninni, Cantina		Barone di Valforte, Tenute	208		Apicella, Giuseppe	229,239	
Palazzola, La	187,191	Bosco, Nestore	208,218		Astroni, Cantine	229,239	
Palazzone	188	Bove	218		Bambinuto	229,239	
Pardi, F.lli	188,192	Casal Bordino	218		Barone, Cantine	229,239	
Pennacchi, Domenico	192	Castorani	208,209,218		Bellaria	239	
Peppucci, Cantina	188,192	Cataldi Madonna, Luigi	209,218		Boccella	239	
Perticaia	188	Centorame	209,218		Borgodangelo	230	
Pucciarella	192	Cerulli Spinozzi	209		Caggiano, Antonio	239	
Raina	188,192	Cirelli	210,218		Cantina del Barone	230	
Roccafiore	189	Citra, Codice	210		Cantina del Taburno	230,239	
Sandonna	192	Col del Mondo	218		Capolino Perlingieri	239	
Sasso dei Lupi	189	Collefrisio	210		Casebianche	230	
Scacciadiavoli	192	Contesa	210,218		Cautiero	230,239	
Sportoletti	189	Costantini, Antonio	210		Cenatiempo Vini d'Ischia	231	
Terre de la Custodia	192	Coste di Brenta	211,218		Colle di San Domenico	239	
Titignano, Tenuta di	189	De Angelis Corvi	211		Colli di Castelfranci	231	
Todini	190,192	Eredi Legonziano	211		Contrada, Michele	231,239	
Tudernum	190,192	Fauri, Tenuta I	207,211,218		Contrada Salandra	231,239	
Velette, Tenuta Le	189	Feudo Antico	212		D'Antiche Terre	232	
Zanchi	190	Fontefico	212		De Cicco, Cantine	232	
		Frentana, Cantina	212		De Conciliis, Viticoltori	232,239	

Berebene 2017

Name	Page
Di Marzo	232
Di Meo	233,240
Donnachiara	233,240
Farro	240
Federiciane Monteleone, Cantine	233,240
Filadoro	240
Fontanavecchia	233,240
Fonzone	233
Fortezza, La	234,240
Guardiense, La	234
Guastaferro, Raffaele	234
Lunarossa	234,240
Manimurci	240
Martusciello, Salvatore	240
Mustilli	235,241
Nifo Sarrapochiello, Lorenzo	235,241
Pietra di Tommasone, La	235,241
Pietracupa	235
Porto di Mola	235
Quadrigato	236,241
Regina Viarum	241
Rivolta, Fattoria La	236,241
Sammarco, Ettore	241
San Francesco, Tenuta	236,241
San Salvatore	236,241
Sanpaolo di Claudio Quarta Vignaiolo	237,241
Sclavia	227
Setaro	241
Sibilla, La	237,241
Terre Stregate	237,241
Torre Varano	241
Traerte	237
Verro, Il	241
Vestini Campagnano	237,242
Vigne Guadagno	242
Villa Matilde	238,242
Villa Raiano	242
Votino	238

Puglia

Name	Page
A Mano	252,261
Albea, Cantina	261
Amastuola	252
Apollonio	261
Barone Melodia, Masseria	252
Bonsegna	252
Buongiorno, I	261
Cantele	253,261
Cantine San Marzano	261
Cantolio Manduria	253,261
Castello Monaci	253,261
Ceci, Giancarlo	261
Chiaromonte	261
Coppi	253
D'Alfonso del Sordo	253,261
Due Palme, Cantine	254
Eméra di Claudio Quarta Vignaiolo, Tenute	254,261
Felline	254,261
Feudi Salentini	254
Giuliani, Vito Donato	255
Guarini, Duca Carlo	255
Imperatore, Cantine	255
Leo, Cantine Paolo	255
Leone de Castris	255,261
Masseria Li Veli	261
Menhir	256
Mottura Vini del Salento	256
Palamà	256
Pietraventosa	261
Plantamura	261
Polvanera	256
Produttori Vini Manduria	256
Rasciatano	251
Risveglio Agricolo	257,261
Rivera	257,262
Rosa del Golfo	262
San Donaci, Cantina	257,262
San Severo, L'Antica Cantina di	257
Schola Sarmenti	262
Soloperto, Cantine	258
Spagnoletti Zeuli, Conte	258
Spelonga	258,262
Tagaro	258
Teanum, Cantine	262
Tormaresca	262
Torre Quarto	262
Torrevento	258,262
Tre Pini, Cantine	259,262
Vallone, Agricole	262
Varvaglione	259,262
Vecchia Torre	259,264
Viglione, Tenuta	259,264
Vigneti Reale	260
Vinicola Mediterranea	260,264
Zecca, Conti	260

Basilicata

Name	Page
Bisceglia	249
Cantine del Notaio	249
Cerrolongo, Cantine	249
D'Angelo, Casa Vinicola	249
Eubea	246,249
Laluce, Michele	249
Martino	246,249
Mastrodomenico, Vigne	246
Musto Carmelitano	249
Paternoster	246,249
Talenti - Padri Trinitari, I	247
Taverna	247
Terra dei Re	247,249
Venosa, Cantina di	245,247,249
Vigneti del Vulture	248,249

Calabria

Name	Page
Calabretta, Cataldo	268,273
Caparra & Siciliani	268,273
Capoano	268
Ceraudo, Roberto	273
Colacino, Wines	268,273
Cote di Franze	269
Enotria, Cantina	273
Ferrocinto, Tenute	273
iGreco	273
Ippolito 1845	269,273
Iuzzolini, Tenuta	273
Lento, Cantine	273
Librandi	269,273
Odoardi, G.B.	269
Pacelli, Tenute	273
San Francesco, Fattoria	270,273
Santa Venere	270,274
Senatore Vini	274
Serracavallo	267,274
Spadafora Wines 1915	274
Statti	270,274
Terre del Gufo - Muzzillo	274
Terre Nobili, Tenuta	274
Tramontana	274
Viola, Luigi	274
Vulcano, Cantine	270
Zito, Vinicola	272

Sicilia

Name	Page
Abbazia Santa Anastasia	278,290
Alessandro di Camporeale	278,290
Assuli	278,290
Baglio del Cristo di Campobello	278,290
Baglio di Pianetto	279
Baglio Oro,	290
Benanti	290
Biscaris	279,290
Bonavita	290
Canicattì, Cantina Viticoltori Associati	279
Caruso & Minini	290
Casematte, Le	279
Centopassi	279
Ceuso	280
Cottanera	280,290
Curatolo Arini	290
Cusumano	280,290
Di Giovanna	281,290
Di Legami	290
Di Prima, Gaspare	281,290
Disisa, Feudo	291
Donnafugata	281
Duca di Salaparuta	281,291
Ermes, Cantine	291
Europa, Cantina Sociale	291
Ferreri	291

Fessina, Tenuta di	291
Feudi del Pisciotto	282
Feudo Arancio	282
Feudo di Santa Tresa	291
Feudo Maccari	282,291
Feudo Montoni	283
Feudo Principi di Butera	277,291
Firriato	283
Geraci	291
Graci	283,291
Hauner	283,291
Judeka	291
La Favola, Tenuta	283,291
Maggiovini	291
Marabino	284
Masseria del Feudo	284
Modica di San Giovanni, Cantina	284
Morgante	284
Mothia, Cantine	286
Nicosia, Cantine	286,291
Orestiadi, Tenute	286
Paolini, Cantine	286
Pellegrino, Carlo	286
Pepi, Cantine	291
Planeta	287,291
Poggio di Bortolone	287,292
Quignones	292
Rallo	288,292
Rapitalà, Tenute	288
Rudinì, Feudo	288
Sallier de la Tour	288
Scammacca del Murgo, Emanuele	288,292
Scilio	292
Settesoli, Cantine	289,292
Tasca d'Almerita	289,292
Terre di Giurfo	292
Vaccaro	292
Valle Dell'Acate	289
Vivera	292
Zisola	292

Sardegna
Argiolas	298,307
Asinara, Tenuta	298
Atha Ruja, Poderi	298,307
Audarya	298
Calasetta, Cantina di	299
Cantina delle Vigne Piero Mancini	299,307
Carpante	299,307
Castiadas, Cantina	299,307
Cherchi, Giovanni Maria	307
Chessa	307
Consorzio San Michele	307
Contini, Attilio	307
Deiana, Ferruccio	300
Deperu-Holler	300
Deriu, Vigne	307
Dolianova, Cantine di	307
Fois, Tenute	300
Fradiles	300
Gabbas, Giuseppe	300
Gallura, Cantina	301,307
Giba, Cantina	301
Giogantinu, Cantina	301,307
Jerzu, Antichi Poderi	301
l'Ariosa, Tenuta	307
Ledda, Andrea	307
Li Duni	302
Loi, Alberto	302,307
Mandrolisai, Cantina Sociale del	302
Masone Mannu	308
Melis, Abele	308
Meloni Vini	302,308
Mesa	308
Mogoro - Il Nuraghe, Cantina di	303,308
Mura	308
Murales	308
Olianas	308
Oliena, Cantina Cooperativa di	303,308
Pala	308
Paulis Cantina di Monserrato	303
Pedres, Cantina	309
Punica, Agricola	309
Pusole	303,309
Quartomoro di Sardegna	309
Rigàtteri	304,309
Santa Maria La Palma,	297,309
Santadi, Cantina di	304,309
Sardus Pater	304
Sedilesu, Giuseppe	304
Sella & Mosca, Tenute	309
Soi, Agricola	305
Su Entu	309
Surrau, Vigne	309
Tani, Cantina	305,309
Trexenta, Cantina	305,309
Vermentino, Cantina del	305
Vernaccia, Cantina Sociale della	306,309